À la société d'Émulation de Montbéliard
de la part de S.¹ Jordan, professeur
à l'École Centrale

HISTOIRE
DE
L'ÉCOLE CENTRALE.

PARIS. — IMPRIMERIE DE GAUTHIER-VILLARS,
Quai des Augustins, 55.

PL. I.

HISTOIRE
DE
L'ÉCOLE CENTRALE
DES
ARTS ET MANUFACTURES

DEPUIS SA FONDATION JUSQU'A CE JOUR,

PAR

CH. DE COMBEROUSSE,

Ingénieur civil, Professeur de Mécanique à l'École Centrale,
Ancien Élève et Membre du Conseil de l'École.

PARIS,
GAUTHIER-VILLARS, IMPRIMEUR-LIBRAIRE
DU BUREAU DES LONGITUDES, DE L'ÉCOLE POLYTECHNIQUE
Quai des Augustins, 55.
—
1879
(Tous droits réservés.)

A M. LE MINISTRE

DE

L'AGRICULTURE ET DU COMMERCE

AUX FONDATEURS,

AUX MEMBRES DU CONSEIL, AUX PROFESSEURS,

AUX ANCIENS ÉLÈVES

DE L'ÉCOLE CENTRALE DES ARTS ET MANUFACTURES,

Ce Livre est dédié.

PRÉFACE.

L'École Centrale des Arts et Manufactures a été fondée en 1829. Elle fonctionne donc depuis un demi-siècle.

Malgré le succès croissant qu'elle a obtenu et qui lui a permis de rendre à la France d'incontestables services, on peut dire que l'École Centrale n'est pas encore suffisamment appréciée.

On nous pardonnera donc d'essayer d'exposer son Histoire, d'indiquer la portée de son enseignement, de résumer les résultats déjà acquis et ceux qui nous paraissent désirables pour l'avenir.

Ancien Élève de l'École Centrale (promotion de 1850), aujourd'hui membre de son Conseil, nous croyons être bien placé à la fois pour l'aimer et pour en parler avec une large impartialité.

Nous y sommes entré en 1847, dix-huit ans après sa création, et nous ne l'avons pour ainsi dire plus quittée. Nous avons connu ses Fondateurs et les plus éminents des Élèves qu'elle a formés. Nous avons assisté à ses progrès, nous souhaitons avec passion de la voir encore grandir. Voilà bien des raisons pour que ces pages échappent en partie, au moins par le sentiment intime, à l'aridité un peu forcée du sujet.

L'Administration de l'École Centrale a bien voulu s'intéresser à notre travail, et elle a mis libéralement à notre disposition les documents et les renseignements qui pouvaient nous être nécessaires.

Nous en offrons ici nos plus sincères remercîments à l'illustre Secrétaire perpétuel de l'Académie des Sciences, à M. Dumas, Président du Conseil de l'École et le dernier survivant de ses quatre fondateurs; à M. le colonel Solignac, son Directeur actuel, si profondément et si intelligemment dévoué à tout ce qui la touche; à M. Cauvet, Directeur des Études, initié depuis si longtemps aux besoins de l'École, et dont l'influence s'est toujours exercée au profit des élèves.

Nous avons été heureux de constater que l'École Centrale n'a jamais dévié de la pensée qui a présidé à sa réalisation. C'est là le propre des œuvres destinées à durer : fruit d'une idée juste et féconde, elles contiennent en germe toutes les améliorations qu'elles doivent recevoir du temps, elles se développent par une croissance continue qui n'est que le prolongement naturel de leur premier essor.

Il est donc impossible de séparer l'histoire de l'École,

d'abord *établissement privé*, de l'histoire de l'École devenue plus tard *établissement de l'État;* et cette transformation singulière motive la division même de notre Livre, d'après les périodes successivement traversées.

Dans la première Partie de notre Ouvrage, nous racontons la vie de l'École comme établissement privé (1829-1857); dans la deuxième Partie, nous la considérons depuis la cession à l'État, si généreusement réalisée par son Directeur-Fondateur, M. Lavallée, jusqu'à l'année qui vient de s'écouler (1857-1878); enfin, dans une troisième Partie, nous étudions rapidement l'avenir de l'École Centrale ou, du moins, ce que cet avenir nous semble devoir être au point de vue des intérêts les plus évidents du pays. Un Appendice renferme les Notices qui nous ont paru un utile et juste complément du texte et les Pièces justificatives.

Nous croyons essentiel d'expliquer le sens attaché par nous à la double dédicace qui, sous une forme un peu inusitée, est inscrite en tête de ces pages.

La puissance et les conditions de croissance d'une École de haut enseignement dépendent surtout du génie particulier et du dévouement personnel de ses Fondateurs, du zèle et des lumières de ses Professeurs, de l'affection reconnaissante qu'elle a su inspirer à ses anciens élèves : c'est ce qu'une partie de notre dédicace a voulu rappeler.

Mais l'acte de cession à l'État a été pour l'École (nous espérons l'avoir démontré dans notre deuxième Partie) un nouveau et heureux baptême, une date décisive à graver dans son histoire. Nous ne pouvions mieux faire, pour marquer toute l'importance de cette date et de cette fusion entre l'initiative privée et l'impulsion gouvernementale, que d'offrir aussi l'hommage de notre travail à M. le Ministre de l'Agriculture et du Commerce; nous n'ignorons pas d'ailleurs combien le développement de l'Industrie et du Commerce français et les destinées de la grande École qui a sur ce développement une influence prépondérante lui tiennent au cœur.

En publiant cet essai, nous avons la conviction d'avoir rempli, dans la mesure de nos forces, un véritable devoir. Des circonstances particulières, qui ne peuvent intéresser le lecteur, semblaient nous l'imposer. Nous n'avons pas voulu le décliner, malgré les difficultés de tout genre que nous avions à prévoir. Nous réclamons donc, non la bienveillance de nos collègues et de nos anciens camarades, elle ne saurait nous faire défaut; mais toute leur indulgence.

Quant au grand public, auquel nous nous adressons plus timidement, nous lui dirons qu'il est utile, indispensable même, pour les établissements comme l'École Centrale, de jeter, à un certain moment de leur carrière, un regard vers le passé et de mesurer le chemin franchi pour mieux assurer celui qui reste à parcourir.

Nous ajouterons que les nécessités du travail national n'ont jamais été plus manifestes. La Science pénètre de plus en plus l'Industrie, et l'éducation classique tend à se transformer, non pas au point de vue de l'abandon des connaissances littéraires toujours si indispensables, mais au point de vue de l'introduction, plus réfléchie et mieux préparée, des connaissances concrètes et positives. Ce mouvement ne peut que rendre plus haute et plus évidente la mission de l'École Centrale.

La Faculté des Lettres et la Faculté des Sciences proprement dites ont les plus glorieux états de service, mais nous ne possédons pas encore la Faculté des Sciences appliquées.

C'est cette lacune que remplit, dans les cadres de l'enseignement supérieur, l'École Centrale telle que l'ont organisée des intelligences d'élite et un demi-siècle d'efforts.

D'après un mot très-vrai et très-saisissant de Perdonnet, qui fut le deuxième Directeur de l'École et qui y créa le premier Cours de chemins de fer professé dans le monde, *l'École Centrale, c'est la Sorbonne industrielle.*

Raconter, au moment même de l'achèvement et du succès incontestable de l'Exposition universelle de 1878, les commencements de cette nouvelle Sorbonne ; montrer les services qu'elle a rendus, ceux peut-être plus décisifs encore qu'elle peut rendre ; appeler sur elle l'attention ; la populariser, pour l'élever à sa vraie place et pour la mettre à même d'achever sa remarquable évolution : c'est, pour nous, faire œuvre non-seulement de reconnaissant disciple, mais aussi de bon citoyen.

Les questions d'instruction et d'éducation dominent en effet, aujourd'hui, toutes les autres. Elles conduiront au salut de la Patrie, si l'on veut bien les résoudre dans le sens d'une ferme raison et d'une noble conciliation.

Si l'on passait en revue les forces morales et intellectuelles dont nous disposons, l'École Centrale ne pourrait être oubliée : c'est le Chapitre qui devrait alors lui être consacré que nous avons tenté d'écrire.

Juin 1879.

HISTOIRE
DE
L'ÉCOLE CENTRALE

PREMIÈRE PARTIE.

L'ÉCOLE CENTRALE, ÉTABLISSEMENT PRIVÉ.
1829-1857.

CHAPITRE PREMIER.

INTRODUCTION.

A aucune époque, sans doute, tout ce qui touche à l'instruction publique n'a mérité plus d'attention. Toutes les questions qui s'y rattachent doivent être étudiées avec un soin scrupuleux. La grandeur et l'avenir de la France en dépendent.

Jusqu'à la fin du XVIIIe siècle, la culture des lettres et des beaux-arts, avec les notions morales qui en découlent nécessairement, ont fait, pour la masse de la nation, tout le fonds de l'instruction et de l'éducation. Les spécialités dans les sciences se produisaient alors spontanément. Les dispositions heureuses, les conditions de milieu, de parenté, de goût personnel, en décidaient d'une manière absolue. Une seule chaire au Collège de France, des leçons données dans quelques écoles spéciales à un petit nombre d'ingénieurs ou de gentilshommes, c'était là tout notre enseignement mathématique à une époque où nos savants s'appelaient Clairault, d'Alembert et Laplace; car les éléments de Géométrie et d'Algèbre, qu'on essayait d'ajouter dans les colléges au cours de Physique qui constituait la seconde année de Philosophie, ne pouvaient vraiment compter.

L'état de la société n'exigeait alors rien de plus. Au point de vue des lettres et des sciences, la France occupait en Europe un rang élevé, et les progrès de l'industrie n'avaient pas encore démontré la nécessité de modifier profondément notre système scolaire. Mais la crise qui éclata violemment à la fin du siècle dernier plaça la nation dans des conditions tout autres.

Depuis trois siècles, les sciences avaient été renouvelées de fond en comble, et l'on peut dire sans exagération qu'elles avaient marché pendant cette période d'un pas plus rapide que pendant la longue suite des âges précédents. Elles arrivaient à ce point de perfection où, sortant de leur long enfantement théorique, elles pouvaient rendre dans l'application les plus grands services. En même temps et comme par une coïncidence naturelle, les richesses matérielles du pays s'accroissaient dans une énorme proportion, et réclamaient chez leurs détenteurs une intelligence plus pratique et des connaissances spéciales plus étendues.

C'est à ce moment, au milieu des déchirements et des efforts de la Révolution, que l'Institut, le Bureau des Longitudes et le Muséum d'Histoire naturelle furent organisés; que l'École Polytechnique et le Conservatoire des Arts et Métiers furent créés; que les Écoles centrales enfin vinrent remplacer, à Paris et dans les départements, les anciens colléges. On rompait avec le système purement classique et l'on essayait d'édifier, suivant les tendances et les besoins du siècle, un nouvel enseignement.

Un peu plus tard, toutes ces grandes institutions, qui venaient à leur heure, furent respectées. Elles sont encore debout, plus ou moins modifiées. Mais les Écoles centrales succombèrent, et ce n'est que depuis quelques années qu'une longue expérience tend à les faire renaître sous le pavillon de l'enseignement professionnel ou spécial.

Nous resterons dans notre sujet en rappelant brièvement le brillant acte de naissance de l'École Polytechnique, de cette école qui a été un modèle pour notre pays et pour l'Europe, qui a aidé si puissamment l'invincible mouvement de transformation déterminé par les événements, et dont la fondation reste peut-être le plus beau titre de gloire de l'illustre Monge.

Avant 1789, la célèbre école de Mézières formait nos officiers du génie. L'artillerie instruisait les siens à la Fère, à Bapaume ou à Châlons-sur-Marne. L'École des Ponts et Chaussées, celle des Mines et celle des Constructions navales avaient leur siége à Paris.

L'École de Mézières, fondée en 1748, jouissait d'une grande réputation et la méritait en partie. On y avait inauguré une précieuse méthode en faisant exécuter manuellement aux élèves les constructions indiquées théoriquement dans les salles d'étude. C'est là que Monge, pendant plusieurs années, enseigna la Géométrie descriptive, qui lui doit d'être devenue une science et dont les tracés graphiques étaient jalousement tenus secrets par les officiers du génie.

Mais toutes les institutions que nous venons de nommer étaient en réalité bien languissantes, malgré l'éclat partiel jeté par l'École de Mézières. Peu ou pas de leçons orales, des examens très-faibles ou pas d'examens du tout, la faveur trop souvent préférée au mérite, des collections incomplètes, quand elles existaient. Les élèves qui aspiraient au titre d'ingénieur des mines allaient même étudier à l'étranger. Le Gouvernement les y encourageait. Il y avait sagesse de sa part à le faire, mais c'était prononcer en même temps la condamnation de sa propre École qui restait déserte. Quant aux ingénieurs géographes, on ne les préparait nulle part aux fonctions qu'ils devaient remplir. On se fiait pour eux au hasard. Ce hasard était souvent heureux, parce que, dans ce noble pays de France, l'initiative individuelle et le ressort personnel ont toujours joué un rôle immense. Mais il est bien imprudent de se fier toujours au hasard, et c'est prêter soi-même les mains à la décadence.

Quand la guerre éclata (1792), à la suite et au milieu de nos convulsions politiques, les ingénieurs militaires manquèrent. On mit tous les ingénieurs civils en réquisition : on ne fit que désorganiser ainsi l'École des Ponts et Chaussées et toutes ses annexes. L'habile directeur Lamblardie eut alors la pensée que le vrai remède au mal dont on souffrait serait la création d'une école préparatoire où les principes généraux des sciences seraient enseignés, et qui deviendrait une sorte de pépinière commune pour les ingénieurs civils et pour les ingénieurs militaires. Monge s'empara avec enthousiasme de ce premier aperçu et, soutenu par Fourcroy, Carnot et Prieur, de la Côte-d'Or, fit décréter l'établissement d'une École centrale des travaux publics qui, très-peu de temps après, prit le nom d'École Polytechnique.

Rien de plus élevé que le but qu'on se proposait. On voulait préparer les élèves, soit directement aux fonctions d'ingénieurs de toute espèce, soit incidemment aux professions particulières qui exigent des hommes éclairés dans les sciences et dans les arts. On voulait offrir un modèle propre à guider d'autres établissements d'instruction et répandre les connaissances scientifiques si utiles en tout temps, mais que les difficultés effrayantes au milieu desquelles la France se débattait rendaient encore plus indispensables et plus précieuses. On espérait enfin, grâce à la réunion de tous les efforts et de tous les talents rattachés à la grande fondation qu'on tentait, enrichir le domaine scientifique de nouvelles découvertes ou d'ingénieuses et fécondes applications. Mais ce vaste programme ne put être rempli qu'à moitié. Dès 1804, le nombre des élèves admis fut grandement diminué; ils furent définitivement casernés, soumis au régime militaire et destinés sans exception aux services publics.

Malgré cette déviation, on ne saurait dire, sans la plus criante injustice et sans la plus réelle ingratitude, que le but poursuivi n'a pas été atteint. En dépit des entraves et des attaques, soutenue par les hommes de génie qui en étaient les parrains et les maîtres, l'École Polytechnique prit bien vite le rang considérable qu'elle n'a cessé d'occuper.

Mais cela reconnu, il faut ajouter que la plupart des forces vives de cette grande École furent sacrifiées à la terrible guerre qui remplit, pour ainsi dire sans aucune trêve, tout le premier empire. Notre artillerie gagnait les batailles, mais au prix de quels sacrifices! Napoléon ne ménageait guère ce qu'il appelait cependant « sa poule aux œufs d'or ».

Il en résulta que, sous la Restauration, lorsque la France rendue à la paix chercha à panser ses blessures et, après avoir si longtemps tenu l'épée, demanda d'autres succès aux lettres, aux sciences, aux arts et à l'industrie, le nombre des hommes capables de guider le pays dans les nouvelles voies ouvertes au commerce et à la production ne fut plus suffisant.

Nous ne manquions certes pas d'ingénieurs éminents,

de savants profonds; mais c'était un état-major sans armée. A proprement parler, le corps des ingénieurs civils n'existait pas. Il existait au contraire, en Angleterre, soigneusement entretenu et renouvelé, et puisant dans la considération dont on l'entourait l'élan nécessaire et la volonté de réussir. C'est là, sans nul doute, la vraie cause de la supériorité que l'Angleterre acquit sur tous les marchés du monde après la paix de 1815.

Il aurait fallu alors réorganiser l'École Polytechnique d'après les premiers plans conçus en 1794, c'est-à-dire revenir à l'externat et restreindre un peu au profit des applications le domaine de la Science pure. Le Gouvernement de la Restauration ne crut pas devoir entrer franchement dans cette voie, et bien des raisons devaient l'engager à modifier le moins possible le régime et les plus récentes traditions d'une École déjà si célèbre. C'est ainsi qu'après avoir supprimé complétement le régime militaire en 1816, il le rétablit en 1822.

La force des choses devait alors limiter de plus en plus le nombre des élèves qu'on pouvait recevoir à l'École Polytechnique. Les besoins des services publics et des armes savantes n'exigeaient, en effet, qu'un certain chiffre d'admissibles presque impossible à dépasser, puisque l'État prenait moralement à l'entrée l'engagement d'assurer à la sortie une position à tout sujet ayant convenablement satisfait aux épreuves intérieures. Et cependant le nombre des candidats augmentait tous les ans. La réputation de l'École, l'amour-propre des familles, le désir d'entrer dans une carrière certaine et de parvenir à des fonctions si honorables, tous les stimulants se réunissaient pour accroître dans une proportion inattendue la liste des aspirants.

Deux ou trois années étaient indispensables, alors comme

aujourd'hui, pour acquérir les connaissances exigées. La limite d'âge fixée à vingt ans pouvait priver l'École de candidats dont le rang, lors des dernières épreuves qui leur avaient été permises, faisait cependant pressentir le succès ultérieur. Il n'était donc pas rare de voir un jeune homme intelligent définitivement éliminé après deux ou trois examens insuffisants et quatre ou cinq années consacrées aux études mathématiques. On peut juger du désespoir de ce jeune homme et de ses parents! Quelle carrière choisir après ces efforts dépensés en vain? dans quelle voie s'engager?

Ce serait une erreur de prétendre que les connaissances acquises par le candidat malheureux pouvaient encore réellement lui profiter dans les autres carrières similaires. Il y a des nécessités d'instruction qui ne s'improvisent pas et que rien ne peut remplacer; il y a dans la discipline imposée, dans la régularité, la concordance des leçons et des exercices, une influence intellectuelle et morale que les efforts personnels les plus intelligents et les plus énergiques sont impuissants à suppléer. L'École Polytechnique ne présentait pas seulement un ensemble de cours analogues à ceux des facultés, elle possédait une méthode d'enseignement qui lui était propre, et, en préparant de futurs savants, elle les préparait aussi aux fonctions qu'ils devaient remplir. Ne pas y entrer, c'était donc échouer presque sans espoir.

D'un autre côté, les cours libres du Conservatoire des Arts et Métiers, excellents sans aucun doute pour éveiller la curiosité des grands manufacturiers et leur inspirer le goût et la volonté du progrès, pour élever le niveau des ouvriers capables et leur donner une ambition éclairée, qui est souvent aussi l'ambition du bien sous toutes ses formes, ces cours, dont nous reconnaissons toute l'utilité et tout le mérite, ne pouvaient certainement pas fournir à l'industrie les ingénieurs habiles et armés de toutes pièces que les conditions nouvelles de la société rendaient indispensables.

A plus forte raison, les leçons des facultés, revendiquées par la science pure, ne pouvaient être que d'une faible ressource à cet égard.

Cette situation paraissait sans issue, et l'initiative privée, en fondant l'École Centrale, résolut un problème bien complexe. En recueillant tous ceux qu'un échec plus ou moins mérité avait écartés de la première école nationale, elle rendait au pays le plus signalé service. L'absence de toute éducation professionnelle chez les jeunes gens qui sortent du collége est en effet un grand mal, aujourd'hui surtout que tant de carrières industrielles, agricoles, commerciales, administratives, exigent impérieusement la connaissance des principales notions scientifiques.

Dans l'âge des passions et de l'activité, l'homme a besoin de compter sur l'avenir; il peut faire de grandes choses, si les premiers obstacles jetés sur sa route ne l'empêchent pas d'agir. Offrir l'École Centrale comme nouveau but à ceux que le sort n'avait pas favorisés une première fois, c'était les sauver de toute inquiétude et de toute indécision, c'était faire profiter la société tout entière des résultats de leurs premières études, c'était diminuer au profit de l'ordre sagement progressif et de la raison le bataillon flottant des fruits secs et des ambitieux aigris par l'insuccès.

Mais les fondateurs de l'École Centrale voyaient encore les choses de plus haut. Ils ne désiraient pas seulement créer une succursale de l'École Polytechnique, ils pressentaient les besoins qui allaient surgir; ils avaient jugé qu'une immense révolution économique allait s'accomplir, et ils voulaient préparer des chefs à cette armée industrielle que les temps nouveaux allaient voir se développer dans des proportions à la fois effrayantes et nécessaires. A leurs yeux, l'École Polytechnique restait notre première école, la plus féconde en savants illustres, la plus renommée. L'École Centrale devait tenter de devenir à son tour la première école du génie civil, la plus féconde en ingénieurs capables, en industriels éclairés, en agents et en directeurs de la production française.

Nous pouvons dire dès à présent que les hommes éminents qui ont créé l'École Centrale n'ont pas failli à leur œuvre et ne se sont pas trompés sur son opportunité. La France doit leur conserver, comme à l'illustre Monge et à ses collaborateurs, en faisant la part de la différence des temps et des choses, un souvenir reconnaissant.

CHAPITRE II.

FONDATION DE L'ÉCOLE CENTRALE.

Tout le monde sait quelle importance l'industrie a acquise sous la Restauration. Ce fut à ce point que des utopistes célèbres, prenant la partie (une grande partie il est vrai) pour le tout, fondèrent leur nouveau système politique et social sur l'avénement de la classe industrielle à la tête de la nation.

Nous voulons parler de Saint-Simon et de ses disciples.

C'est ainsi que dans le *Catéchisme industriel* du grand seigneur réformateur (1er cahier, p. 2), publié en 1823, on peut lire ces lignes :

« La classe industrielle doit occuper le premier rang, parce qu'elle est la plus importante de toutes, parce qu'elle peut se passer de toutes les autres et qu'aucune autre ne peut se passer d'elle; parce qu'elle subsiste par ses propres forces, par ses travaux personnels. Les autres classes doivent travailler pour elle, parce qu'elles sont ses créatures et qu'elle entretient leur existence; en un mot, tout se faisant par l'industrie, tout doit se faire pour elle. »

Nous n'avons pas besoin de discuter ici les aberrations et les hérésies économiques de Saint-Simon. On est d'accord aujourd'hui, dans les écoles sensées et réfléchies, pour voir dans la société un organisme complet où nulle fonction ne doit être sacrifiée aux autres, où la concorde doit s'affirmer par tous les moyens possibles, où tout est nécessaire, à son rang et à sa place : *La Science comme l'Industrie, la Littérature comme les Arts, l'Éducation comme l'Instruction.*

Mais il n'en est pas moins vrai que, le plus souvent, lorsqu'on rencontre dans l'histoire de l'esprit humain ces vues fausses et bornées, elles sont inspirées par un état particulier de la Société qui éblouit les yeux faibles et prévenus en leur masquant la vérité. Et rien ne prouve mieux que les rêves mêmes de Saint-Simon l'influence et la puissance des progrès industriels déjà réalisés à cette époque et qui allaient s'accroître dans des proportions si extraordinaires.

D'importants recueils étaient consacrés alors aux questions économiques et industrielles, discutées avec passion. Les savants demeuraient peut-être moins qu'aujourd'hui renfermés dans leur spécialité. La France, échappée à l'écrasement et aux désastres de l'empire, fière de ses anciennes victoires et même de ses héroïques et inégales défaites, était heureuse des bienfaits de la paix et de la liberté parlementaire recouvrée. Elle avait foi en l'avenir. C'était une ère nouvelle qui s'ouvrait. De grands désirs, de grandes pensées agitaient les esprits. C'est à ce moment que se rapportent les préliminaires de la création de l'École Centrale.

Les quatre fondateurs de cette grande École sont MM. Olivier, Péclet, Lavallée, Dumas. Les trois premiers ont disparu successivement, et M. Dumas représente seul aujourd'hui la tradition commune.

Les quatre Fondateurs doivent être placés au même rang, tous furent indispensables à la réussite de l'œuvre ; mais notre devoir d'historien nous oblige à essayer d'indiquer de quelle manière les éléments constitutifs, nécessaires à la réalisation d'une conception si importante, se rencontrèrent et se groupèrent. C'est ce que nous allons faire, en laissant de côté les détails secondaires, bien difficiles à retrouver à pareille distance. Nous ajouterons seulement qu'en nous efforçant d'être exact, nous croyons rendre un meilleur hommage aux hommes éminents dont nous devons parler qu'en les confondant tous dans une banale formule d'admiration.

M. Théodore Olivier, l'un des quatre fondateurs, a réuni ses Mémoires de Géométrie descriptive dans un Ouvrage (¹) publié en 1851. Cet Ouvrage est précédé d'un travail sous forme de préface, relatif à l'organisation de l'ancienne et de la nouvelle École Polytechnique Le quatrième paragraphe de cette Préface traite précisément *De l'École Centrale des Arts et Manufactures*.

Les lignes écrites à ce sujet par M. Olivier n'ont jamais soulevé aucune réclamation. Nous devons donc en tenir grand compte et les regarder, jusqu'à preuve contraire, comme l'expression même des faits.

Voici comment s'exprime M. Olivier au début du paragraphe (²) auquel nous faisons allusion :

« En 1828, trois hommes, jeunes encore, qui ne se connaissaient point, se trouvèrent, par des circonstances singulières, mis en contact, à Paris. . . . .

. . . .

Ayant causé entre eux de l'état périlleux dans lequel se trouvait, à cette époque, l'industrie française, ils reconnurent que la création des *ingénieurs civils* pourrait remédier au mal.

» Ils songèrent donc à organiser une École industrielle pour former des ingénieurs, qu'ils désignaient entre eux

---

(¹) Théodore Olivier, *Mémoires de Géométrie descriptive, théorique et appliquée*. Carillan-Gœury et Victor Dalmont, 1851.

(²) Théodore Olivier, *Mémoires de Géométrie descriptive*, p. xvii de l'*Introduction*, datée de juillet 1847.

par le nom pittoresque de *médecins des usines et des fabriques;* et ils ne songèrent à l'organisation d'une telle école qu'après s'être convaincus que les diverses écoles soumises au gouvernement ne pouvaient, vu leur organisation spéciale, fournir les *ingénieurs civils* dont l'industrie avait besoin. »

Avant d'aller plus loin, il nous paraît utile autant que juste d'esquisser en quelques mots le portrait des trois savants qu'un hasard heureux venait de réunir dans une commune aspiration, tandis que M. Lavallée, nous le verrons bientôt, nourrissait de son côté un désir analogue.

Nous nous arrêterons d'abord devant la physionomie originale et sympathique du physicien Eugène Péclet. Né à Besançon, le 10 février 1793, il entra le premier à l'École Normale supérieure(¹), dans la section des Sciences, en novembre 1812. Son rang de sortie, croyons-nous, fut le même. Ampère, l'abbé Haüy, Dulong, le prirent en vive affection pendant son séjour à l'École, et ce fut Ampère qui le fit nommer, pour ses débuts dans l'enseignement, professeur de Physique au Lycée de Marseille, à la fin de 1815. Le spectacle de cette belle cité, dont la fortune renaissait, frappa son intelligence et lui ouvrit une nouvelle voie. Il se lia bientôt avec les chefs des maisons et des usines les plus considérables et fut ainsi conduit à fonder en 1818, c'est-à-dire le premier sans doute en France, l'un de ces Cours municipaux si utiles destinés au personnel des ateliers. C'est à Mar-

---

(¹) M. Péclet aimait à raconter qu'à la suite des examens d'admission il se présenta timidement chez le Directeur, pour savoir quelles étaient ses chances. Le Directeur, absorbé par ses occupations et bourru bienfaisant, parait-il, lui cria, dès qu'il l'aperçut sur le seuil de la porte : « Laissez-moi tranquille, je n'ai pas le temps, vous êtes le premier, allez-vous-en. » Il m'a reçu comme un chien, ajoutait en souriant M. Péclet, et je suis parti heureux comme un roi.

seille qu'il publia son *Traité de Chimie* et les trois premières éditions de son remarquable *Traité de Physique*, tout en s'occupant des applications pratiques de ces sciences et en rendant les plus sérieux services à l'industrie de notre grand port de commerce. Esprit modéré et nettement libéral, il déplut par sa franchise au Gouvernement de la Restauration et perdit, en 1827, sa position universitaire. Revenu à Paris, Péclet travaillait avec ardeur à la rédaction de l'Ouvrage qu'il a consacré à l'Éclairage. Il préparait en même temps son *Traité de la Chaleur et de ses applications aux Arts et aux Manufactures*, traité parvenu aujourd'hui à sa quatrième édition ([1]) et qui est son vrai titre de gloire, lorsqu'il rentra, en 1828, sous le ministère Martignac, comme Maître de Conférences à l'École Normale supérieure, après treize années d'un labeur continu et fortifiant.

Son contemporain, Théodore Olivier, né à Lyon le 21 janvier 1793, avait été à l'École Polytechnique un des élèves aimés de Hachette et de l'illustre Monge. Il devait à cet homme de génie la passion de la Géométrie descriptive et, chez cette nature nerveuse, peut-être quelquefois trop entière et trop personnelle, qui mêlait à doses égales les doctrines démocratiques et absolutistes, le culte rendu à Monge avait vraiment quelque chose de touchant. Officier d'artillerie, puis Instituteur adjoint à l'École d'Application, Olivier avait donné, dès 1815, la Théorie des Engrenages de *White*, et rédigé, en 1818, cette instruction sur le Lavis qui peut être admirée comme un modèle. En 1821, il avait été appelé en Suède par Bernadotte, avec l'autorisation du Gouvernement français, pour diriger les études scientifiques du Prince royal.

([1]) Péclet, *Traité de la Chaleur et de ses applications aux Arts et aux Manufactures*. Victor Masson, 1878. 4ᵉ édition, revue par M. Hudelo, répétiteur de Physique à l'École Centrale.

Il y avait réorganisé les Écoles d'Application du génie et de l'artillerie et fondé une chaire de Géométrie descriptive considérée dans ses rapports avec les différents services militaires. De retour en France, il était rentré pendant quelque temps à l'École de Metz, et l'ambition scientifique venait de le ramener à Paris.

Le troisième savant qui se trouva associé à Péclet et à Olivier était plus jeune qu'eux. Né à Alais, en 1800, le soin de ses études avait conduit J.-B. Dumas à Genève, en 1814. Ses remarquables dispositions, son intelligence et ses facultés précoces frappèrent l'illustre Candolle, qui lui témoigna une paternelle bonté et lui donna les meilleurs encouragements. A l'âge où l'on est encore sur les bancs de l'école, il avait publié, en collaboration avec le Dr Prévost, de Genève, des Mémoires extrêmement importants sur le sang, sur la transfusion, sur les sécrétions. Lorsqu'il vint s'établir à Paris, en 1821, sa réputation l'avait précédé, et Thenard l'accueillit comme M. de Candolle l'avait fait quelques années auparavant. Nommé, en 1823, répétiteur à l'École Polytechnique et professeur à l'Athénée, il lisait la même année, à l'Académie des Sciences, en son nom et en celui du Dr Prévost, son travail sur les phénomènes qui accompagnent la contraction de la fibre musculaire. Il publiait l'année suivante, dans les *Annales des Sciences naturelles*, sa nouvelle et profonde Théorie de la génération, point de départ de tous les travaux ultérieurs. En 1828, il commençait à rédiger son *Traité de Chimie appliquée aux Arts*, et il fondait les *Annales de l'Industrie française et étrangère*.

Tels étaient MM. Dumas, Olivier et Péclet, à l'époque de leur rencontre en 1828.

Théoriciens par l'étendue de leurs connaissances, la nature de leurs travaux leur avait montré en même temps les nécessités de la pratique, les avait habitués à tenir le plus grand compte des faits. Ils savaient tous trois que la pratique ne peut se passer de la théorie, que sans son aide elle risquerait de s'emprisonner dans le cercle d'une routine misérable et sans avenir; mais ils savaient en même temps que la Théorie ne doit pas dédaigner de descendre du ciel idéal de la Science, qu'elle aussi puise des forces nouvelles dans son contact avec la réalité, que ce contact la guérit des rêves quelquefois grandioses, mais erronés, que son isolement lui inspirerait nécessairement. En un mot, les nouveaux amis avaient pour devise :

La Théorie doit éclairer la Pratique avec autant de soin que la Pratique doit vérifier la Théorie.

Comment naquit, dans leurs entretiens, l'idée d'une École Centrale? Qui prononça le premier mot, qui montra le but à atteindre? Il est plus que probable que leur collaboration s'affirma le même jour, à la même heure; et que, les mêmes préoccupations, les mêmes inquiétudes sur l'avenir de notre industrie les assiégeant, le remède cherché leur apparut aussi, sans transition de l'un à l'autre.

Ce remède, c'était *la création du corps des ingénieurs civils*, puisque notre grande École nationale ne nous donnait que des ingénieurs d'État ou des officiers d'élite pour nos armes savantes.

Il fallait, suivant l'expression originale que nous avons rappelée, fournir à l'Industrie ces Ingénieurs, ces *médecins des fabriques et des usines*, dont elle était si dépourvue à cette époque.

Il était donc indispensable d'organiser une École industrielle sur un plan tout nouveau, comme le dit Th. Olivier dans la Préface dont nous avons cité des extraits au commencement de ce Chapitre.

Le sort avait en quelque sorte préparé les trois savants professeurs à la mission qu'ils voulaient s'imposer. Dans cette favorable union, l'un représentait l'École Normale, l'autre l'École Polytechnique, le troisième la Science libre, l'initiative personnelle et féconde...

Ils se mirent promptement d'accord sur les *bases* de l'organisation et sur les *principes* de l'enseignement ([1]). Mais, quand ils voulurent passer à l'exécution et régler les conditions spéciales d'existence de l'établissement qu'ils désiraient fonder, bien des difficultés se présentèrent, que, dans le premier feu de l'élaboration, ils avaient regardées d'abord comme négligeables.

Il y a loin, en effet, de la théorie à la pratique, et l'École projetée prouvait ainsi d'avance toute son utilité.

Quels que soient les besoins qui la nécessitent, quelques garanties qu'elle puisse offrir, on n'ouvre pas une École sans autorisation. Les traditions bureaucratiques, les règles ministérielles sont là. Ce sont des parapets parfois utiles, parfois funestes, toujours gênants.

Qu'était-ce que cette École privée qui, en face des Écoles publiques et du monopole universitaire, prétendait concourir, elle aussi, et sous une forme neuve et spéciale, à la diffusion du haut enseignement? L'État n'avait-il pas tout prévu, tout organisé? Pouvait-il permettre, en dehors de lui, une pareille tentative? Si elle échouait, il aurait eu tort d'y consentir; si elle réussissait, ne devenait-elle pas à son égard une sorte de reproche vivant? Quelques savants isolés auraient mieux vu, mieux jugé la situation que les directeurs attitrés de l'enseignement national : pouvait-on le laisser croire?

([1]) TH. OLIVIER, *loc. cit.*

On se rendra compte, sans que nous insistions, des préjugés qu'il fallait vaincre.

Heureusement que le Ministre de l'Instruction publique était alors M. de Vatimesnil. Assez éclairé pour comprendre toute l'importance de l'entreprise qu'on avait à cœur d'essayer, assez ami de son pays pour s'y intéresser vivement, il aplanit la voie sous les pas des novateurs.

Grâce à sa bonne volonté, la question fut réduite aux termes suivants : il fallait trouver un associé qui pût ouvrir l'École comme établissement privé et la représenter en qualité de Directeur auprès de l'Administration.

C'est ici que se placerait l'intervention de M. Binet-Sainte-Preuve, professeur de Physique bien connu.

Nous avons retrouvé dans le *Globe*, sur ce point spécial, deux articles datés des 8 et 11 octobre 1828. Ces articles ([1]), dus à l'éminent fondateur de ce journal, P. Dubois (de la Loire-Inférieure), nous ont paru éclairer d'un jour très-net les préliminaires de la création de l'École Centrale

Dans le premier de ces articles, M. Dubois félicite le Ministre en ces termes :

« M. de Vatimesnil, en autorisant une Société de citoyens notables à établir l'École d'industrie manufacturière, crée une sorte d'*École Polytechnique civile*. Ce que nous savons jusqu'ici des Membres du Conseil, du Directeur et du professorat, promet un long avenir. Nous pouvons citer MM. Péclet, un des élèves les plus distingués de l'ancienne École Normale, ex-Professeur de Sciences physiques à Marseille....; Dumas, Professeur de Chimie au Jardin des Plantes, Répétiteur de Chimie à l'École Polytechnique; Olivier, ex-pro-

---

([1]) *Voir* leur reproduction intégrale dans l'*Appendice*, ainsi que la Notice consacrée à M. Péclet.

fesseur à l'École d'application de Metz; Gourlier, architecte, etc. Un vaste local, dépendant de la Sorbonne, a été mis à la disposition du Directeur, M. Binet-Sainte-Preuve, et prochainement les travaux y commenceront.... »

Il ne nous semble pas douteux que les trois savants Professeurs, après avoir exposé leur plan au Ministre et forts de son assentiment, ont cherché autour d'eux, ont accueilli les offres de M. Binet-Sainte-Preuve, l'ont présenté et l'ont aidé à obtenir l'investiture administrative nécessaire.

Mais le second article, pour qui sait lire entre les lignes, indique que M. Binet-Sainte-Preuve n'avait pas apprécié exactement la valeur du projet élaboré, et qu'une scission s'était produite bientôt entre les initiateurs d'une grande pensée et celui qui devait participer à sa réalisation.

En effet, ce second article, qui n'est à proprement parler qu'une Note rectificative, s'exprime ainsi :

« .... Il est bien vrai que le projet d'une *École d'industrie* a été formé par M. Binet-Sainte-Preuve.... D'autre part, il est bien vrai encore que MM. Péclet, Olivier et Dumas sont entrés en pourparlers avec M. Binet-Sainte-Preuve; mais rien n'est terminé entre eux, nous sommes autorisés à l'affirmer. Quoi qu'il arrive, le public ne saurait toujours qu'y gagner, soit que M. Binet-Sainte-Preuve, pourvu déjà d'une autorisation, l'exploite avec les savants Professeurs que nous avons nommés, soit que ces Professeurs fondent eux-mêmes une nouvelle entreprise avec le secours de quelques actionnaires.... »

On voit que le futur Directeur de l'École pouvait seul être pourvu d'une autorisation. Voilà pourquoi M. Binet-Sainte-Preuve est représenté comme ayant formé le projet d'une École d'industrie. Mais ce projet n'était autre que celui des trois Professeurs, qui, ne trouvant chez M. Binet-Sainte-preuve, ni les ressources pécuniaires indispensables, ni l'entente complète de leurs vues, avaient déjà rompu avec lui.

C'est à ce moment que MM. Péclet, Olivier et Dumas rencontrèrent en M. Lavallée l'homme plein de persévérance qui devait donner un corps à leur conception, et devenir avec eux fondateur de l'École Centrale.

La famille de M. Lavallée, qui habitait Savigné-l'Évêque, non loin du Mans, le destinait au barreau ou à la magistrature. Mais sa vocation était ailleurs.

Un instant établi à Nantes, où l'union contractée par une de ses sœurs l'avait attiré, M. Lavallée fut sur le point de s'associer avec son beau-frère, M. Haentjens, armateur, pour l'exploitation du domaine de Grand-Jouan ([1]), qu'il aurait transformé en ferme modèle. Mais ce projet n'aboutit pas, et il épousa, en 1825, Mlle Laurans aînée, jeune fille d'origine française, née à la Nouvelle-Orléans, et dont la famille venait de quitter la Louisiane; puis, il vint définitivement s'établir à Paris, en 1827.

Le journal *le Globe* jouissait alors d'une influence universelle et d'une vogue justifiée par le talent des hommes éminents qui le dirigeaient.

On nous permettra de transcrire à ce propos une page caractéristique de M. Mignet ([2]), si bon juge en pareille matière. Ces lignes n'étaient pas un hors-d'œuvre en 1853, elles ne le sont pas non plus aujourd'hui.

« Dans notre pays, dit M. Mignet, il y avait toujours eu de l'esprit, il y avait de plus alors l'esprit public. Tout ne se réduisait pas au bien-être; gagner et jouir n'y étaient pas l'unique affaire d'une société civilisée. On y avait des désirs plus hauts; on y recherchait de plus nobles satisfactions; on

---

([1]) Ce domaine est devenu depuis une École régionale d'Agriculture.
([2]) MIGNET, *Éloge historique de Th. Jouffroy*, prononcé à l'Institut le 25 juin 1853.

y honorait la pensée, on y aimait la liberté, on y tenait au droit. Ces beaux sentiments, qui animaient à peu près toute la jeunesse française, ce fut pour les faire prévaloir en ce qu'ils avaient de plus élevé et de plus généreux, qu'avec un grand nombre de ses amis, la plupart exclus de l'Université et réfugiés dans la Presse, M. Jouffroy coopéra vers cette époque à un journal qui devint rapidement célèbre, le *Globe*. Ce journal occupe une place considérable dans l'histoire intellectuelle de la Restauration. Il fut l'œuvre de jeunes gens pleins d'esprit, de savoir, de talent, de confiance, qui, libéraux dans les lettres comme dans la politique, eurent l'ambition de concilier les doctrines littéraires en ce qu'elles contenaient de vrai, d'unir les principes sociaux en ce qu'ils avaient de nécessaire, d'être justes envers tous les pays sans rester moins attachés au leur..... Ils y poursuivirent les plus nobles buts, dans ces jours de conviction et d'espérance, de lutte mesurée et d'honnêteté enthousiaste, où la Presse, contenue par la loi, était libre sans être subversive, éclairait l'opinion publique et ne l'égarait point, servait d'instruction aux uns et de frein aux autres, rendait tant de mauvaises choses impossibles et tant de bonnes obligatoires, ne laissait pas arriver au mépris de l'honnête ni persister dans la résistance à l'utile, et où l'on croyait avec bonheur que, la France s'éclairant de plus en plus, les progrès constants de ses idées assureraient des succès durables à ses institutions. ».

On comprendra sans peine, d'après ce qui précède, les mobiles élevés qui portèrent M. Lavallée à se rendre acquéreur d'une action du *Globe* devenue disponible. Il entrait ainsi de plain-pied dans le cénacle, il se trouvait mis en rapport avec les hommes les mieux faits pour fortifier ses vues et pour y participer.

Cette intuition de M. Lavallée contribua, sans nul doute, à

la réussite de l'École Centrale lors des premières années de son existence, et il ne nous déplaît pas de retrouver et de souligner dans son acte de naissance l'influence éloignée d'un journal qui fit honneur à la France à cette époque, en représentant ses aspirations les plus pures et les plus élevées.

M. Lavallée devint à la même époque un des membres les plus assidus de l'Athénée. Cet établissement, important à cette heure et où des Cours remarquables avaient été ouverts, semblait alors une sorte de complément du *Globe*. Si le journal va frapper à toutes les portes et fait souffler le vent de l'esprit aux quatre coins du ciel, la chaire du savant concentre la lumière avec plus de force au profit d'un public choisi

M. Dumas professait la Chimie à l'Athénée en même temps que M. Mignet y professait l'Histoire. M. Lavallée a raconté souvent qu'il se trouvait dans le salon de réception, lorsqu'on vint prévenir le jeune savant pour une de ses leçons d'ouverture. Il avait l'air encore plus jeune que ses vingt-huit ans. L'appariteur, changé d'une année à l'autre, ne le connaissait pas et se trompa plusieurs fois avant d'arriver à lui. M. Lavallée assista ce jour-là à la leçon de l'illustre chimiste et en sortit avec l'impression qu'il venait d'entendre l'un des premiers Professeurs de son temps.

En lisant la Note du *Globe* qui faisait allusion aux difficultés qui s'étaient élevées entre MM. Dumas, Olivier et Péclet, et M. Binet-Sainte-Preuve, M. Lavallée se décida sans hésitation : sa carrière était tracée, l'avenir qu'il rêvait était assuré. Il vint trouver M. Dumas, offrit les capitaux dont il pouvait disposer, et répondit du succès de la création d'une École de haut enseignement industriel. Sa loyale assurance entraîna l'assentiment des trois savants Professeurs.

L'acte d'association fut rédigé et signé, et M. Lavallée reconnu comme fondateur au même titre que ses trois collègues et sur un pied d'égalité absolue avec eux. Il devait seulement ajouter à cette qualité celle de Directeur effectif de la nouvelle École, dont les trois savants devaient se montrer les Professeurs les plus dévoués et les plus capables.

L'initiative personnelle de M. Lavallée doit être ici appréciée à sa juste valeur ; sa présence, sa connaissance des affaires, son activité, son esprit conciliant, levaient toutes les difficultés.

Sans lui, les célèbres professeurs auraient eu le chagrin de ne pouvoir réaliser leur rêve ; avec lui, ils ont pu doter leur pays d'un nouveau centre intellectuel, si bien approprié aux besoins de l'époque.

Aussi, les anciens élèves de l'École Centrale réuniront-ils toujours dans une même et profonde reconnaissance les noms, devenus célèbres, des quatre fondateurs qui ont donné réellement la vie à l'École et assuré son existence.

N'oublions pas, en leur rendant cette pleine et entière justice, qu'une fois la création effectuée, ils ont rencontré de nombreux, d'éminents collaborateurs, dévoués à la même pensée, heureux de travailler à son développement, et qui ont, sur les pas des promoteurs de l'entreprise, suivi et élargi le même sillon. Ces collaborateurs, nous leur ferons aussi leur part, en répétant le mot sincère de M. Lavallée :
« *L'École, nous avons mis trente ans à la fonder!* »

CHAPITRE III.

FONDATION DE L'ÉCOLE CENTRALE
(suite).

Après le récit qui remplit le Chapitre précédent et qui se rapporte aux faits eux-mêmes, nous devons développer davantage la pensée des fondateurs et mettre en relief son mérite et sa nouveauté.

Les considérations générales publiées par eux en 1829, au moment de l'ouverture de l'École, n'ont presque rien perdu de leur actualité : elles président encore aujourd'hui à la Direction de l'École, elles en représentent tout l'esprit et toute la tradition. Il est rare qu'une œuvre puisse être ainsi accomplie, pour ainsi dire, d'un seul jet. Après cinquante ans, se retrouver dans la même voie, sur le même terrain, c'est la marque d'une heureuse conception; c'est la preuve irrécusable qu'on répond à une nécessité évidente.

Nous devons donc analyser l'important document auquel nous venons de faire allusion et qui est placé en tête du premier prospectus destiné à faire connaître l'École. On peut y reconnaître la plume de M. Dumas, qui fut réellement le Ministre des relations extérieures de l'École Centrale.

Les fondateurs constatent que, depuis quelques années, la plupart des entreprises industrielles éprouvent des obstacles sérieux. Ce n'est pas le hasard qui est cause de cette situation fâcheuse, c'est le manque d'hommes spéciaux.

La supériorité de l'Angleterre est due à la division du travail, à la perfection de chacun des éléments qui concourent à la production. C'est à ses ingénieurs libres, à ses ingénieurs civils que notre redoutable rivale doit presque toutes les découvertes, presque tous les perfectionnements qui rendent son industrie si accomplie. Pour lutter avec elle, il faut que nous ayons comme elle des ouvriers exercés, des contre-maîtres instruits, des directeurs d'usines éclairés et des ingénieurs civils capables d'approfondir toutes les difficultés pratiques.

Le besoin le plus pressant pour notre pays, ajoutent les fondateurs, c'est de former ces ingénieurs. Il faut donc ouvrir pour eux une École spéciale. Mais une pareille fondation exige des dépenses considérables. Si le Gouvernement ne la soutient pas et si elle s'adresse aux seuls élèves-ingénieurs, il est bien douteux qu'elle puisse prospérer. Il faut donc agrandir le cadre. L'instruction que cette École est appelée à répandre convient aux directeurs d'usines, aux capitalistes qui ont à cœur de concourir à la richesse générale, aux jeunes gens qui se destinent à l'enseignement des sciences industrielles. Si tous ces éléments divers comprennent de quelle utilité la nouvelle fondation peut être pour eux, l'École réussira sans doute à s'établir.

Le moment paraît favorable. Depuis quelques années, on apprécie de plus en plus l'importance de l'étude des sciences. Mais ici une distinction est nécessaire.

Pour certains esprits, la recherche de la vérité suffit; elle devient une noble passion à laquelle tous les intérêts sont sacrifiés. Pour ces natures d'élite, qui étudient la Science indépendamment de tout but défini, qui aiment à en sonder les profondeurs, à en vaincre ou à en mesurer les difficultés, aucun enseignement ne saurait être ni trop détaillé, ni trop abstrait.

Pour la masse des intelligences, au contraire, l'étude des

sciences n'est qu'un utile complément d'instruction. Il faut donc leur offrir un enseignement clair, rapide, nourri de faits et riche de règles précises.

Enfin, entre ces deux catégories si distinctes s'en place une troisième encore considérable. Elle est formée de tous les hommes que leur carrière oblige à faire une application continuelle des conceptions scientifiques. Pour ceux-là, la Science n'est, en général, ni une passion, ni un simple accroissement de culture : elle devient un instrument indispensable. C'est la question d'application qui prime tout. Les idées primordiales doivent être soigneusement dégagées des théories incertaines, rien ne doit obscurcir leur netteté. Les applications doivent être étudiées avec profondeur, aucun détail ne doit être négligé. C'est ainsi que, tout en conservant une idée juste de l'ensemble, les esprits préparés de cette manière peuvent être initiés aux difficultés de la pratique, apprendre à examiner les phénomènes sous toutes leurs faces, à parer aux accidents et s'habituer à ces précautions minutieuses qui jouent un si grand rôle dans les succès de l'ingénieur. C'est à cette troisième catégorie d'esprits que s'adresse l'École Centrale.

A leur sortie du collége, les jeunes gens trouvent, en France, des écoles spéciales pour le Droit, la Médecine, les Beaux-Arts, le Commerce ([1]). Ceux d'entre eux qui veulent devenir ingénieurs de l'État, au point de vue civil, militaire

---

([1]) *L'École supérieure de Commerce*, de Paris, avait été fondée en 1820, neuf ans avant *l'École Centrale des Arts et Manufactures*. Établie d'abord rue de Grenelle-Saint-Honoré, *Hôtel des Fermes*, elle fut transportée rue Saint-Antoine, *Hôtel de Sully*; puis, après la Révolution de 1830, petite rue Neuve-Saint-Gilles. C'est en 1839 qu'elle a pris possession de son siége actuel, rue Amelot. Durant ses premières années, elle fonctionna sous le patronage d'un Conseil de Perfectionnement qui comptait parmi ses membres : MM. Chaptal, Jacques Laffitte, Casimir Périer, J.-B. Say, Ternaux, Charles Dupin.

ou maritime, doivent traverser l'École Polytechnique pour se rendre ensuite dans les diverses Écoles d'application. Mais ceux qui se destinent à l'industrie ne peuvent trouver dans aucun établissement l'ensemble des éléments d'instruction qui leur sont indispensables.

Personne ne peut méconnaitre l'utilité et l'importance des cours isolés du Conservatoire des Arts et Métiers; mais tout le monde sait aujourd'hui que, dans l'étude des sciences appliquées, les leçons orales ne suffisent pas. Il faut qu'elles soient accompagnées de fréquents examens, d'expériences et de manipulations répétées, de travaux graphiques qui, par une réaction naturelle, fassent comprendre dans tous ses détails la solution générale dont l'intelligence a d'abord embrassé l'ensemble.

Les Écoles de Châlons, d'Angers, de Saint-Étienne, très-dignes d'être encouragées, préparent, pour quelques spécialités seulement, des contre-maîtres exercés. Mais l'enseignement, avant tout pratique, qu'on y reçoit, n'est ni assez varié, ni assez élevé, pour qu'on puisse y recruter des ingénieurs directeurs en quantité suffisante.

Quant aux cours publics de Géométrie et de Mécanique établis récemment dans un grand nombre de villes, sur l'initiative de M. Charles Dupin, et dont le type le plus complet et le plus remarquable a été créé à Metz par M. Poncelet, ils sont institués principalement en faveur de la classe ouvrière.

Il est donc permis d'avancer que l'enseignement complet des sciences industrielles n'existe pas encore en France. Il y a là une lacune, de plus en plus fâcheuse, à remplir et une place bien utile à prendre : c'est l'ambition des fondateurs de l'École Centrale des Arts et Manufactures.

Cette institution a pour objectif général la propagation des connaissances qui se rapportent à la Géométrie, à la Méca-

-nique, à la Physique, à la Chimie, à l'Histoire naturelle et à la Statistique, toutes ces sciences étant considérées au point de vue de leurs applications aux arts industriels. Son but spécial est de former des ingénieurs civils, des directeurs d'usines, des chefs de manufactures, des constructeurs, et, en outre, de donner à tous ceux qui veulent prendre part au développement des affaires industrielles l'instruction qui leur manque, soit pour en apprécier la valeur, soit pour en surveiller la marche.

Dans l'organisation de l'École Centrale, on a pris pour modèle l'ancienne École Polytechnique, en adoptant les modifications commandées par la nature du but à atteindre. Ainsi, l'on a écarté de l'enseignement les théories mathématiques trop élevées, c'est-à-dire la partie de cette science qui ne s'est pas encore assouplie aux applications. On a pu, par suite, consacrer plus de temps à tout ce qui touche aux arts industriels, aux travaux graphiques, aux manipulations. Une amélioration, certainement très-importante, introduite en même temps dans le système des études, c'est la création de nombreux projets exécutés par les élèves eux-mêmes d'après des données réelles. On excitera par là en eux l'esprit d'invention réclamé si souvent par la pratique des arts, tout en le dirigeant vers un résultat utile, et en apprenant soigneusement aux imaginations trop vives et trop mobiles à se modérer et à s'équilibrer.

Un point sur lequel il faut insister, parce qu'il est le principe même de la création qu'on essaye, c'est que tous les cours de la nouvelle École n'en forment réellement qu'un seul. On chercherait vainement à établir des limites arbitraires, pour circonscrire l'instruction des différents groupes d'élèves dans des cadres se rapportant plus ou moins aux directions qu'ils doivent suivre à leur sortie de l'École. Pour les fondateurs de l'École Centrale, la science industrielle est une, et tout industriel doit la connaître dans son ensemble sous peine de rester inférieur à sa tâche.

C'est à cause de cette pensée nouvelle, et qui peut paraître hardie, que les cours de l'École Centrale diffèrent essentiellement de tous les cours analogues, par cela même qu'ils se rattachent à un plan d'ensemble qui n'a sans doute jamais été mis en pratique dans l'enseignement des sciences.

En laissant même de côté cette vue d'ensemble, il faut reconnaître que les cours de sciences appliquées doivent avoir aujourd'hui leur place à côté des cours de sciences purement théoriques. S'il est vrai que toutes les branches de l'industrie, sans exception, se rattachent à une ou plusieurs sciences exactes, il n'est pas moins évident que les arts industriels ne sont pas de simples annexes des sciences théoriques. Il suffit, pour s'en convaincre, de citer la Mécanique, la Physique et la Chimie industrielles.

Dans les sciences théoriques, on a principalement en vue d'arriver autant que possible à des lois générales. Presque toujours, les difficultés du calcul obligent à négliger des éléments qui, dans la pratique, ont cependant une réelle importance. Pour simplifier, on s'arrête à des suppositions qui conduisent à des résultats, non pas faux, mais inapplicables dans les conditions où l'on est le plus souvent placé. C'est ainsi que plusieurs lois du mouvement des fluides sont démenties par la pratique, parce que les hypothèses qu'on a introduites pour pouvoir attaquer la question ne se vérifient pas dans la nature. C'est ainsi encore que, dans les recherches de laboratoire, on ne tient aucun compte ni du nombre des opérations, ni du temps qu'elles ont absorbé, ni de la quantité de combustible consommée, parce qu'on fait de la Science pure; tandis que, dans les arts, tous ces éléments jouent un rôle prépondérant, parce qu'ils ont la plus grande influence sur la dépense et, par conséquent, sur la valeur de l'objet produit.

Il y a donc aux yeux des fondateurs une science industrielle très-étendue, très-importante à tous les points de vue; et c'est pour cela qu'ils créent une École d'industrie, trop heureux s'ils lui voyaient mériter un jour le nom, qu'ils ne veulent pas prendre, mais dont on les a flattés, d'École Polytechnique industrielle.

Voilà, dans ses grandes lignes, la pensée tout entière des promoteurs de l'École Centrale. Ils l'ont suivie dans tous ses détails, l'améliorant, la complétant au cours des années, mais ne la modifiant jamais.

En résumé, laissant à l'École Polytechnique l'enseignement tout à fait supérieur, aux Écoles d'Arts et Métiers l'apprentissage professionnel, les fondateurs de l'École Centrale se proposaient de remplir un programme d'études capable de porter l'instruction des élèves assez loin pour qu'ils pussent en appliquer indistinctement les principes aux diverses opérations du travail industriel. A leur point de vue, l'unité scientifique dominait toute la variété des applications, et les ingénieurs, les constructeurs de machines, les chefs d'usines, les métallurgistes, les directeurs de travaux publics, devaient puiser aux mêmes sources. Cette vérité, rendue vulgaire par le succès même de l'entreprise, venait à cette époque à l'encontre de toutes les idées reçues; pour être acceptée d'abord, il a fallu qu'elle fût patronnée et défendue par des hommes aussi éminents et aussi expérimentés que les fondateurs de l'École Centrale.

CHAPITRE IV.

INSTALLATION ET OUVERTURE DE L'ÉCOLE.

Les fondateurs une fois d'accord sur le but à atteindre, il fallait avant tout trouver un local convenable. C'est là une difficulté toujours très-grande ; mais qui, pour une création nouvelle, prend une importance capitale. Tout peut être compromis, en effet, par un choix malheureux.

M. Lavallée eut le mérite très-rare de se rendre compte immédiatement des nécessités de l'avenir. Pour lui, l'École devait avoir un jour cinq cents élèves ou ne pas exister : dans le germe à peine éclos, il voyait le fruit mûr.

Ses collègues, dont l'École Polytechnique était le terme de comparaison, n'avaient point une ambition si grande, mais ils le laissèrent libre d'agir.

Après bien des recherches infructueuses, M. Lavallée traverse enfin la rue des Coutures-Saint-Gervais. Par la porte entre-bâillée, il aperçoit la façade de l'hôtel de Juigné et son jardin. Il entre, un examen sommaire lui suffit. L'espace disponible permettra une vaste installation au premier moment et, plus tard, tous les agrandissements nécessaires. Il a découvert le berceau de l'École Centrale. Décrivons-le rapidement.

On sait que l'hôtel de Juigné est situé au Marais, où il occupe un terrain de 6000^{mq} environ, limité par la rue de Thorigny et la rue des Coutures d'une part, et, de l'autre, séparé de la rue de la Perle et de la rue Vieille-du-Temple par une ligne de maisons.

Bâti en 1626 par le financier Aubert de Fontenay, il passa plus tard des mains du duc de Villeroy dans celles de Juigné, archevêque de Paris. On peut encore admirer son escalier monumental, l'un des plus beaux qui existent à Paris, les sculptures qui décorent sa façade et son ancienne salle des gardes ou salle de Jupiter, sans compter de charmants panneaux dans le goût décoratif du XVIIIe siècle.

Les *Pl. I* et *II* représentent le plan de l'École actuelle et l'élévation perspective du bâtiment principal, à angle droit sur la rue des Coutures-Saint-Gervais. Nous donnerons plus loin les explications que nécessite l'examen du plan, sur lequel les modifications successives apportées aux constructions ont été indiquées.

M. Lavallée cependant s'adresse au gardien.

Il n'est plus temps. L'hôtel, habité alors par un seul locataire, un vieil abbé logeant au dernier étage, a dû être pris à bail le matin même.

M. Lavallée ne se tient pas pour battu. Peut-être le bail n'est-il pas encore signé. Il demande l'adresse du propriétaire et court l'interroger.

Le bail n'est pas encore définitivement ratifié, mais toutes ses conditions sont réglées. Il est donc trop tard en effet.

« Mais enfin, dit M. Lavallée au propriétaire, n'avez-vous rien cédé ? Ne puis-je mieux vous contenter ?

— Je voulais 15 000 francs par an, on ne m'en donne que 13 000, lui répond-on.

— Eh bien, moi, reprend le Directeur de l'École Centrale, j'accepte votre premier prix, et nous pouvons signer le bail immédiatement. »

Le propriétaire entraîné consent, et l'intelligente décision

PLANCHE II.

PLAN DE L'ÉCOLE ACTUELLE.

1. Entrée des Élèves.
2. Entrée de l'Administration.
3. Cour.
4. Jardin.
5. Vestibule.
6. Escalier de l'Administration.
7. Amphithéâtre de Chimie.
8. Amphithéâtre de Géométrie.
9. Amphithéâtre de première année.
10. Petit Amphithéâtre.
11. Cour des Amphithéâtres.
12. Laboratoire de préparation des Cours de Chimie.
13. Laboratoire de Chimie industrielle.
14. Laboratoires des Élèves (1re année).
15. Laboratoires des Élèves (2e et 3e années).
16. Magasins.
17. Escaliers des Élèves (2e et 3e années).
18. Salle des Machines.
19. Salles d'Examens.
20. Salles des Élèves (1re année).
21. Cabinet de Physique.
22. Laboratoire de Physique.
23. Cuisines.
24. Réfectoire.

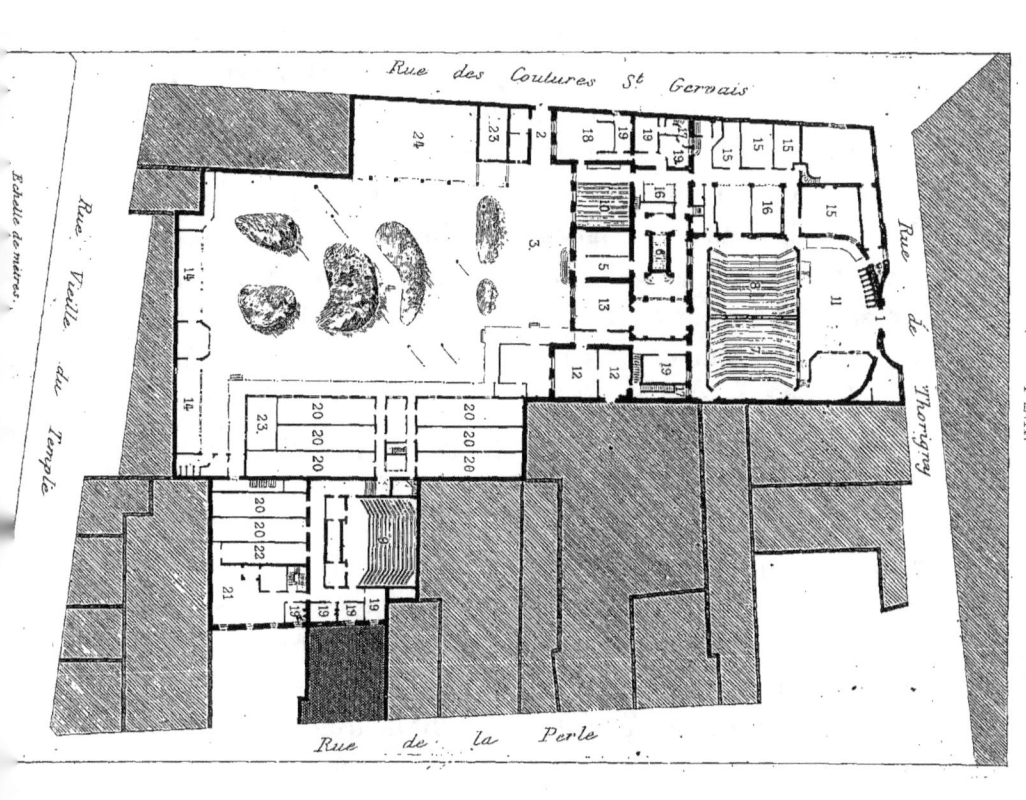

de M. Lavallée dote l'École Centrale du local, devenu bien restreint, mais à cette époque parfaitement approprié, qu'elle occupe depuis cinquante ans. L'enfant est homme aujourd'hui et fait craquer ses vêtements.

En agissant avec cette promptitude de coup d'œil, M. Lavallée rendit un grand service à ses collègues et à la fondation commune. Dans les choses de ce monde, il y a certainement d'heureuses chances, mais il y a aussi l'intuition rapide qui mène droit au succès. Cette intuition ne manqua pas ce jour-là à M. Lavallée.

Sa fermeté put s'affirmer une seconde fois, quelque temps avant l'ouverture de l'École. Il avait prié le propriétaire de l'hôtel de Juigné de lui laisser emménager d'avance tout le matériel que les cours et l'installation des élèves exigeaient. Cet emménagement ne pouvait troubler en rien le vieil abbé, seul locataire comme nous l'avons dit, et qui devait quitter au milieu d'octobre le petit appartement isolé qu'il habitait dans l'hôtel. Pour je ne sais quel motif, le propriétaire résista et ne voulut pas accorder cette faveur si simple.

Le temps pressait, les cours de l'École s'ouvraient le 3 novembre 1829, et l'on était à trois semaines de la date obligée. M. Lavallée, à bout de patience, fit charger sur des voitures tout le mobilier, l'amena rue de Thorigny et l'installa de son autorité privée.

Il y eut procès : M. Lavallée le perdit de très-bonne grâce, mais l'ouverture de l'École ne fut pas compromise.

Au moment de cette ouverture, M. de Vatimesnil était Ministre de l'Instruction publique. Comme nous l'avons déjà indiqué, il accorda aux fondateurs son autorisation et son appui, il leva les obstacles opposés par la routine et par des règlements rédigés dans un esprit trop étroit et trop exclusif. Les fondateurs de l'École Centrale lui en conservèrent une noble gratitude. En août 1830, à l'heure où les fautes du Gouvernement de la Restauration venaient d'entraîner sa disparition, ils écrivaient :

« M. de Vatimesnil, en approuvant notre création, ne s'était point mépris sur son importance. Il en avait prévu les résultats, prédit l'avenir. Dans les Conférences qu'il voulut bien nous accorder, la dignité du Ministre ne faisait que rehausser la chaleur d'âme d'un grand citoyen. Il fit taire toutes nos craintes et changea nos espérances de succès en une conviction profonde qui n'a pas été trompée. C'est ce que nous n'oublierons jamais ([1]). »

La reconnaissance est un sentiment qui semble bien naturel, mais combien ce sentiment est louable au lendemain d'une Révolution! Nous avons pensé que le fait était trop honorable pour le passer sous silence.

Nos savants les plus illustres, nos hommes politiques et nos industriels les plus populaires n'avaient pas dédaigné de s'associer à la fondation projetée, qui leur était apparue comme une nécessité de l'époque. Le Conseil de perfectionnement de l'École Centrale était, en effet, composé de MM. Chaptal, Arago, Berthier, Alex. Brongniart, D'Arcet, Héricart de Thury, Héron de Villefosse, Jomard, Molard aîné, Poisson, Thenard, Laffitte, Casimir Périer, Odier, Payen et Ternaux.

Dès la première année (1829-1830), 140 élèves suivirent les cours. Sur ce nombre, 48 avaient plus de vingt et un ans, et l'âge de quelques-uns dépassait trente ans. On vit s'asseoir sur les bancs des amphithéâtres des élèves plus vieux que leurs maîtres : ces auditeurs inattendus étaient de courageux manufacturiers, qui n'avaient point hésité à quitter

---

([1]) *École Centrale des Arts et Manufactures*, Prospectus publié en 1830.

l'usine patrimoniale pour venir recueillir les notions scientifiques qui leur faisaient défaut.

Les étrangers, eux aussi, avaient répondu à l'appel. L'École reçut des pensionnaires du gouvernement espagnol et du comité grec, des Allemands, des Suisses, plusieurs Américains. Pendant les huit mois qui précédèrent son ouverture, on avait traduit ses programmes et son prospectus dans presque toutes les langues, et l'on peut dire qu'ils sont devenus le point de départ de nombreux perfectionnements introduits dans quelques-unes des Écoles savantes de l'Europe.

Le professeur qui prit le premier la parole dans les amphithéâtres de l'École Centrale fut l'un des fondateurs, le savant Péclet. C'est lui qui inaugura cette longue suite de leçons, dont l'industrie nationale a tiré un si grand profit.

Dans cette nouvelle École, Péclet créait un nouveau cours : celui de *Physique industrielle*, qu'on a imité, surtout à l'étranger, dont on n'a peut-être pas encore apprécié en France toute l'utilité, et qui reste à la fois l'un des meilleurs titres scientifiques du fondateur et l'un des traits caractéristiques de l'enseignement de l'École Centrale.

Voulant hâter le développement de l'industrie jusque dans les départements les moins avancés, le Conseil de l'École avait décidé la création de 110 demi-bourses en faveur des candidats sans fortune. Vingt d'entre elles avaient été mises à la disposition des Ministres de l'Instruction publique, de l'Intérieur, du Commerce, de la Marine et de la Guerre, qui avaient bien voulu, en acceptant, témoigner de leur considération pour le but poursuivi. Cinq autres avaient été offertes à la Société d'encouragement pour l'industrie nationale, au profit du département de la Seine. Les quatre-vingt-cinq dernières, destinées aux autres départements, avaient été confiées à l'appréciation de la plus ancienne société savante ou industrielle de chaque chef-lieu.

Il y avait là un élan généreux qui permettait de mesurer le dévouement sincère des fondateurs. Un peu plus tard, les frais considérables qu'il fallait couvrir obligèrent de diminuer le nombre des bourses accordées. Mais une bonne semence avait été répandue, la carrière avait été ouverte à des intelligences distinguées. C'était un heureux baptême pour la nouvelle institution, il lui a porté bonheur.

Nous n'avons pas, jusqu'ici, prononcé le nom de M. Benoît. Cet ingénieur, ancien élève de l'École Polytechnique et ancien professeur à l'École d'État-Major, fit cependant partie du Conseil des fondateurs et fut associé à leurs premiers travaux.

Le prospectus de 1829, qu'on peut regarder en quelque sorte comme la charte de l'École Centrale, a en effet pour titre :

École Centrale des Arts et Manufactures, destinée à former des Ingénieurs civils, des Directeurs d'usines, des chefs de Manufactures, etc.; fondée avec l'autorisation de M. de Vatimesnil, Ministre de l'Instruction publique, par MM. Lavallée, Directeur, Benoît, Dumas, Olivier et Péclet, Professeurs.

Il est donc impossible de ne pas reconnaître la participation de M. Benoît à la fondation de l'École Centrale. Mais il faut ajouter que cette participation cessa presque immédiatement après l'ouverture. M. Benoît, se séparant de ses collègues, fut suppléé d'abord par M. Colladon, et remplacé dès 1830 par l'illustre auteur du *Traité de la Mécanique des corps solides et du calcul de l'effet des Machines*, G. de Coriolis, dont Péclet allait devenir le beau-frère, et qui traça véritablement le premier les cadres de l'enseignement mécanique de l'École.

CHAPITRE V.

PREMIÈRE ORGANISATION.

Les rouages de l'École à cette époque étaient et sont restés très-simples.

Le Directeur, M. Lavallée, chargé de tous les détails de l'administration, de la représentation et de la correspondance, composait avec les autres fondateurs un Conseil supérieur qui avait la haute main sur toutes les affaires de l'École. Ce Conseil choisissait les professeurs et répétiteurs, nommait les chefs d'études et les répétiteurs temporaires, admettait ou rejetait les candidats d'après les résultats de leurs examens.

Le Conseil des études, saisi spécialement des questions d'enseignement et de discipline, était formé du directeur et de tous les professeurs de l'École. Ce Conseil prononçait en particulier sur le passage des élèves d'une division dans l'autre et dressait, après le concours de sortie, la liste de ceux qui avaient rempli les conditions imposées pour l'obtention du diplôme.

Enfin, le Conseil de perfectionnement se réunissait au moins une fois par an pour apprécier le concours de sortie, pour entendre un rapport sur les travaux et l'état de l'École, pour proposer les modifications qu'il pouvait sembler convenable d'apporter au système d'enseignement.

Dans le principe, on n'osa pas demander aux familles et aux jeunes gens plus de deux années d'études. Mais le

Conseil des fondateurs fit pressentir, dès le premier jour, que ce temps lui paraissait trop limité; car, en déclarant que ces deux années pouvaient suffire pour ceux qui devaient conduire des industries peu compliquées, s'occuper d'affaires industrielles en qualité de bailleurs de fonds ou qui n'étaient venus chercher à l'École qu'un complément d'instruction, il avait soin d'ajouter que la direction des industries générales ou le génie civil embrassé dans son ensemble exigeait un enseignement plus approfondi et, par conséquent, *au moins* une troisième année d'études.

On trouvera ces prévisions du Conseil bien justifiées, si l'on songe que l'École Centrale, tout en restant placée à son point de vue particulier, a résolu ce problème de condenser en trois années l'enseignement reçu par les élèves de l'École Polytechnique en quatre ou cinq ans, soit à l'École Polytechnique elle-même, soit dans les Écoles d'application qu'elle alimente. Aussi, dès 1830, fut-il décidé que les cours dureraient le temps que nous venons d'indiquer, c'est-à-dire trois ans.

Le Conseil jugea avec raison que, les candidats à l'École Centrale venant de tous pays et pouvant avoir reçu des enseignements très-différents, une année préparatoire (surtout théorique), destinée à remplir les lacunes de leur préparation, à les amener autant que possible au même niveau et à leur permettre de suivre avec fruit les cours (surtout industriels et pratiques) des deux autres années, était absolument indispensable. Par la force des choses, comme nous l'expliquerons, cette division entre les trois années est devenue moins tranchée; mais, dans le principe, il était essentiel de l'établir, et cette décision fut pour beaucoup dans le succès ultérieur.

Les élèves devaient avoir au moins quinze ans le jour de

leur entrée à l'École. Il n'y avait pour l'admission aucune limite d'âge supérieure.

L'École ne recevait que des élèves externes.

La limite inférieure fixée à quinze ans était évidemment trop faible. Les travaux de l'École exigent plus de maturité et, surtout, plus de force d'attention qu'on n'en possède ordinairement à cet âge. Bien peu de candidats profitèrent donc de la faculté qu'on leur accordait; et le Conseil, à partir de 1835, substitua la limite de seize ans à celle de quinze, à l'imitation des conditions d'entrée à l'École Polytechnique.

Par contre, il resta toujours fidèle à sa résolution primitive de n'imposer aux candidats aucune limite d'âge supérieure, et il n'eut pas lieu de s'en repentir. Les relevés statistiques n'ont jamais prouvé que les élèves plus âgés aient été moins studieux, moins soumis à la discipline, et aient moins bien réussi que leurs camarades plus jeunes. Si l'on avait élevé une barrière infranchissable à l'entrée de l'École Centrale, comme on l'a réalisé pour l'École Polytechnique en écartant tout candidat âgé de vingt ans, on aurait sans doute rejeté la bonne moitié de ceux qui ont fait le plus d'honneur à la grande École industrielle et qui ont retiré le meilleur profit de son enseignement. On aurait perdu d'abord tous les sujets distingués que des causes bien diverses avaient pu faire échouer au dernier moment aux examens de l'École Polytechnique. C'eût été une faute qu'on ne pouvait commettre.

Il y avait des examens d'entrée, il n'y avait pas de concours d'admission.

Qui dit concours dit publicité absolue, égalité aussi exacte que possible maintenue entre les candidats, liste dressée par ordre de mérite; mais, dans une période d'enfantement, il est dangereux d'opérer ainsi. Il faut d'abord que l'œuvre vive, il faut qu'elle grandisse. Il fut donc arrêté que l'École recevrait tous ceux dont l'examen indiquerait de suffisantes aptitudes, et qu'on ne choisirait pas entre eux.

Un examinateur spécial fut désigné pour interroger les candidats à Paris. En province, on pria les professeurs de Mathématiques spéciales des lycées de vouloir bien accepter cette fonction, moyennant une légère rétribution. Pour l'étranger, on adressa la même demande aux professeurs des universités.

C'est là un système trop facile à critiquer; mais, si l'on veut bien réfléchir un instant, on se rendra compte qu'on avait pris le meilleur parti au point de vue des nécessités de toute nature qu'impose la fondation d'une institution destinée à devenir si considérable.

Se montrer trop difficile dans les premières années, c'était détourner beaucoup de jeunes gens de la voie féconde qu'on voulait leur ouvrir, c'était tuer l'œuf dans son germe. Les fondateurs avaient foi dans leur œuvre. Ils savaient qu'à l'École même les intelligences se dénoueraient, qu'il y avait dans leur système d'enseignement une vertu secrète par laquelle les lacunes de la première heure seraient en partie comblées. Ils comptaient sur cette singulière force d'impulsion que toutes les jeunes institutions puisent dans le dévouement et l'ardeur de leurs créateurs, dans le zèle de leurs premiers élèves et, en quelque sorte, dans la conscience même de leurs destinées. Ils se rappelaient les premiers examens d'entrée effectués d'une manière à peu près analogue, lors de la naissance de l'illustre École Polytechnique, et les sages instructions données alors aux professeurs qui en étaient chargés.

Comme on a toujours cherché à les appliquer à l'École

Centrale, il n'est peut-être pas inutile de rappeler ici ces instructions :

« Une description pure et simple des connaissances acquises par les candidats ne peut suffire : il est encore essentiel de s'assurer de leurs dispositions naturelles pour en accroître l'étendue. Le but qu'on poursuit étant de donner une grande instruction, le choix doit se fixer plutôt sur les candidats dont les heureuses dispositions les rendent propres à mieux profiter de cette instruction, que sur ceux qui, avec plus de connaissances, auraient cependant moins de moyens intellectuels de les augmenter; et c'est dans ce sens que celui qui sait le mieux doit être naturellement préféré à celui qui sait le plus. C'est donc à reconnaître le degré d'intelligence et les dispositions des candidats qu'on doit principalement s'attacher ([1]). »

Plus tard, quand l'institution est en pleine activité, que le nombre des candidats s'est accru, qu'une partie d'entre eux doivent être forcément éliminés, il faut bien remplacer, tout en agissant dans le même esprit, les examens privés par un véritable concours; car la première nécessité est alors d'écarter toute accusation de faveur, toute pensée qu'elle pourrait sacrifier le mérite. En outre, le choix devient plus difficile et plus important que dans la période de fondation, et il faut s'entourer de toutes les garanties possibles.

C'est ce qui arriva pour l'École Polytechnique, c'est ce qui devait arriver plus tard pour l'École Centrale. Mais de même que les trois cent quarante neuf élèves admis à l'École Polytechnique, après les premiers examens, en 1794, comptent parmi eux : Biot, Brisson, Brochant de Villiers, de

---

([1]) Circulaire adressée aux examinateurs par la Commission des Travaux publics (1794).

Chézy, Choron, de Wailly, Francœur, Héron de Villefosse, Jomard, Malus, Poinsot, Rendu, Rohault, Sédillot et Walckenaer, les élèves reçus à l'École Centrale, de 1829 à 1834, peuvent être fiers, dans un autre ordre de connaissances et de facultés, des noms de Pétiet, de Fontenay, de Boudsot, de Dufournel, de Callon, de Prisse, de Thomas, de Laurens, de du Pan, de Mathias, d'Alcan, de Chevandier de Valdrôme, de Bineau, de Loustau, de Smet, de Faure, de Gros et de Noblot.

La rétribution scolaire, fixée d'abord à 700 francs, fut portée dès l'année suivante à 800 francs. Les frais d'études constituaient donc, pour les trois années, 2400 francs. L'École ne recevant que des externes, il fallait de ce chef ajouter, pour l'entretien de l'élève pendant le même laps de temps, une somme d'au moins 4500 francs. Un ingénieur de l'École Centrale, à cette époque, revenait donc (qu'on nous pardonne cette expression) à environ 7000 francs. Un avocat coûtait un peu moins, un médecin davantage. Et combien ces dernières carrières étaient-elles plus encombrées. Il est donc certain qu'au point de vue économique la fondation de l'École Centrale a été un bienfait pour les familles.

L'externat a été critiqué. Il faut donc s'arrêter un moment sur ce sujet, et expliquer le point de vue très-désintéressé et très-élevé des fondateurs. Il est de notoriété que, dans tous les établissements d'instruction, le principal bénéfice est fourni par les internes; mais il est aussi de notoriété que les nécessités de la discipline obligent de les soumettre à une règle uniforme et inflexible qui ne convient ni à toutes les natures, ni à toutes les aptitudes. Or, l'entrée à l'École Centrale était le premier pas fait par les jeunes gens dans une carrière délicate. Leur responsabilité commençait, il fallait la leur laisser tout entière. Les soumettre à l'internat, c'était faire disparaître cette responsabilité, c'était retarder l'éclosion de leur caractère personnel et prolonger pour eux l'influence quelquefois fâcheuse et énervante des lycées. Les positions qui les attendaient à la sortie exigeaient, non-seulement des connaissances spéciales, mais encore une certaine fermeté morale qu'il était bon de développer en eux pendant leur séjour même à l'École, en les mettant face à face avec la liberté. Mais, comme naturel contre-poids et pour rassurer les familles, il était nécessaire d'organiser un contrôle vigilant. Il fallait que chaque oubli, chaque légèreté, fussent marqués par un échec, par un abaissement des notes, par un rang inférieur. Et c'est à quoi toutes les épreuves imposées aux élèves concouraient naturellement.

Comme nous l'avons dit, l'École Centrale a toujours admis les élèves étrangers au même titre que les régnicoles. Les sentiments libéraux du Conseil lui en eussent fait une loi, lors même que l'intérêt des finances de l'École ne l'y aurait pas porté. Mais il y voyait avant tout, nous en sommes certain, un nouveau service rendu au pays, service dont l'importance ne peut être proclamée trop haut. Les élèves étrangers, en traversant l'École, devenaient à moitié français, et les liens qu'ils conservaient avec leurs camarades profitaient plus tard à l'influence commerciale et politique de la France. On peut affirmer, sans rien exagérer, que ce recrutement inaperçu a valu à la mère-patrie un accroissement réel dans le chiffre de ses affaires industrielles et dans la puissance de son crédit.

En résumé :

Dans cette première organisation, le gouvernement de l'École était confié à trois Conseils.

Celui des fondateurs représentait l'impulsion créatrice et l'âme même de l'institution, celui des études guidait sa marche journalière, le Conseil de perfectionnement intervenait comme modérateur et protecteur.

Les élèves, tous externes, étaient reçus sans concours, après des examens qui avaient strictement pour but de les reconnaître et de les déclarer capables de suivre les cours de l'École avec chances de succès. Ils pouvaient se présenter à tout âge, à partir de seize ans.

Les élèves étrangers étaient soumis aux mêmes épreuves, admis aux mêmes conditions que les élèves français.

La durée des cours était de trois ans.

Des bourses avaient été créées pour venir en aide à ceux que leur manque d'aisance aurait pu empêcher d'obéir à une heureuse vocation.

CHAPITRE VI.

ENSEIGNEMENT ET DISCIPLINE.

Après avoir indiqué, pour ainsi dire, la partie extérieure de l'organisation primitive de l'École, nous devons décrire la partie intérieure, celle qui se rapporte à l'enseignement et à la discipline. Là, tout était à faire, tout était à créer et à combiner.

Les examens d'admission avaient lieu du 1er août au 1er novembre de chaque année. Les candidats étaient interrogés sur l'Arithmétique, sur la Géométrie élémentaire complète, et sur l'Algèbre élémentaire jusqu'aux équations du second degré inclusivement. Ils devaient, en outre, traiter par écrit en français un sujet de composition donné et copier une tête au trait.

Ce programme, aujourd'hui bien dépassé, était précisément celui des connaissances exigées des candidats à l'École Polytechnique, lors des premiers examens en 1794.

Chaque année, les élèves admis devaient être rendus au siége de l'École le 3 novembre([1]). Ils en suivaient les cours jusqu'au 1er août de l'année suivante, et passaient leurs examens généraux du 1er août au 1er septembre.

Le tableau suivant indique l'emploi du temps des élèves pendant les trois années d'études, à partir de 1830.

([1]) Cette date a varié à plusieurs reprises du 3 novembre au 20 novembre, et a été fixée pendant longtemps au 10 novembre pour la rentrée des élèves de première année.

EMPLOI DU TEMPS.

	PREMIÈRE ANNÉE D'ÉTUDES.					DEUXIÈME ANNÉE D'ÉTUDES.					TROISIÈME ANNÉE D'ÉTUDES.				
Jours.	De 8 h. à 8 h. 30	De 8 h. 30 à 10 h. 30.	De 10 h. 30 à 11 h.	De 11 h. à 3 h.	De 3 h. à 4 h. 30.	De 8 h. à 8 h. 30	De 8 h. 30 à 10 h. 30.	De 10 h. 30 à 11 h.	De 11 h. à 3 h.	De 3 h. à 4 h. 30	De 8 h. à 8 h. 30	De 8 h. 30 à 10 h. 30.	De 10 h. 30 à 11 h.	De 11 h. à 3 h.	De 3 h. à 4 h. 30.
Lundi...	Appel.	Leçon de Chimie.	Déjeuner.	Manipulation.		Appel.	Géométrie descriptive.	Déjeuner.	Dessin.	Mécanique.	Appel.	Machines.	Déjeuner.	Dessin.	Arts chimiques.
Mardi...	Appel.	Géométrie descriptive.	Déjeuner.	Dessin.	Physique.	Appel.	Physique industrielle.	Déjeuner.	Dessin.	Géologie et Minéralogie.	Appel.	Exploitation des Mines.	Déjeuner.	Dessin.	Histoire naturelle.
Mercredi...	Appel.	Chimie.	Déjeuner.	Dessin.		Appel.	Arts chimiques.	Déjeuner.	Manipulation.		Appel.	Constructions.	Déjeuner.	Manipulation.	
Jeudi...	Appel.	Mécanique.	Déjeuner.	Dessin.		Appel.	Mécanique.	Déjeuner.	Manipulation.		Appel.	Manipulation.	Déjeuner.	Manipulation.	
Vendredi.	Appel.	Mécanique.	Déjeuner.	Dessin.		Appel.	Constructions.	Déjeuner.	Dessin.	Physique industrielle.	Appel.	Économie industrielle.	Déjeuner.	Dessin.	Machines.
Samedi..	Appel.	Géométrie descriptive.	Déjeuner.	Dessin.	Physique.	Appel.	Histoire naturelle.	Déjeuner.	Dessin.	Arts chimiques.	Appel.	Arts chimiques.	Déjeuner.	Dessin.	Hygiène.

A $4^h 30^m$, tous les élèves qui n'avaient pas à passer d'examens particuliers se trouvaient libres; mais cette liberté pouvait être difficilement employée à mal faire, comme les détails dans lesquels nous allons entrer le prouveront.

Des chefs d'études, choisis par le Conseil parmi les meilleurs élèves, étaient chargés de maintenir l'ordre dans les salles et d'aider de leurs avis leurs camarades plus faibles. Ils étaient nommés pour cinq mois et recevaient une légère indemnité. A la seconde nomination, les élèves de chaque salle devaient présenter trois d'entre eux pour remplir cette fonction, et c'était d'après cette liste que le Conseil fixait son choix. Les chefs d'études coupables de négligence ou d'une faute grave pouvaient être révoqués.

Les chefs de brigades de la première École Polytechnique avaient donné l'idée de cette création des chefs d'études, avec cette différence que les chefs de brigades étaient pris parmi les élèves ayant quitté l'École.

Les seuls moyens de répression employés consistaient dans l'admonition amicale et particulière du directeur à l'élève coupable; dans la réprimande publique du Conseil des études; dans le renvoi de l'École. Pour agir d'une manière parfaitement légale, un compte était ouvert à chaque élève. On y inscrivait les résultats de son travail et de sa conduite, en évaluant en nombres les différents documents qui composaient en quelque sorte sa propre histoire à l'École. Suivant la somme des nombres inscrits et en compensant le bien et le mal, l'élève, s'il y avait lieu, se trouvait soumis à l'un des moyens de répression indiqués.

Des interrogations fréquentes et régulières étaient faites par les professeurs à la fin de leurs cours et, en dehors des cours, par les professeurs adjoints ou les répétiteurs temporaires attachés à chaque faculté. Le hasard ayant une grande part dans le tour d'interrogation de chaque élève, il était impossible de rien prévoir à cet égard. Il en résultait que toute la promotion avait le plus grand intérêt à se tenir au courant dans toutes les branches de l'enseignement.

Pendant la première année, on avait à résoudre des problèmes sur les diverses parties des cours théoriques.

Les travaux graphiques se composaient d'épures, de croquis à main levée et de projets gradués destinés à familiariser les élèves, d'abord avec les différents détails des constructions industrielles, puis ensuite avec les dispositions d'ensemble relatives aux usines de toute espèce.

Chaque division manipulait une ou deux fois par semaine dans les laboratoires de l'École et, en outre, exécutait toutes les expériences de Physique et de Mécanique jugées nécessaires par les professeurs.

Quelques grands appareils d'art devaient de plus être construits sur place par les élèves eux-mêmes, d'après des cotes et des dessins donnés.

Des machines démontées étaient mises aussi entre leurs mains. Ils les rétablissaient ou en faisaient modifier certains éléments par les ouvriers attachés à l'École, pour vérifier ensuite si le résultat produit était d'accord avec les prévisions du calcul.

Enfin, à la terminaison de chaque année scolaire, des examens généraux, faits par les professeurs de chaque cours, étaient subis par les élèves sur toutes les parties de l'enseignement.

On voit quel travail, sérieux et varié à la fois, était exigé des élèves. Les cours oraux, les travaux graphiques, les manipulations, les interrogations particulières ou générales, absorbaient tout leur temps pendant leur séjour à l'École. Le soir, ils devaient reviser leurs notes d'amphithéâtre de manière à les tenir constamment au courant, puis les étudier à fond pour être prêts à répondre aux examens et pour se rendre capables de résoudre les problèmes ou d'exécuter les projets demandés.

Il y avait là, en même temps qu'une forte gymnastique intellectuelle, comme une impossibilité de penser à aucune distraction nuisible ou dangereuse. Pour se dérober à cet engrenage si artistement et si utilement combiné, il fallait résister violemment. C'est ce qui explique comment, avec l'externat, avec un si grand nombre d'élèves venus de tous les points de l'horizon, avec des moyens de répression absolument moraux, la discipline de l'École a pu être si facilement et si heureusement maintenue.

Qu'on ne s'y trompe pas. La curiosité éveillée par toutes ces grandes choses de l'industrie entrevues seulement jusquelà; l'incertitude même de l'avenir qui surexcite la volonté de l'élève, parce que, dès la première minute, il est fait appel à son énergie et qu'il sait que tout dépend de son travail; l'émulation produite par ces épreuves et par ces examens continuels; le goût de l'invention développé et sollicité; tout cela constitue un régime excellent, qui doit contribuer autant à faire des hommes qu'à former des ingénieurs.

Du reste, dès qu'un ralentissement quelconque dans le travail s'apercevait, qu'une conduite moins bonne s'accusait, les parents ou les correspondants étaient prévenus par le Directeur.

Lorsque l'École s'ouvrit, neuf cours étaient institués : ils se rapportaient à la Géométrie descriptive, à la Physique, à la Mécanique industrielle, à la Chimie et aux arts chimiques, à l'Histoire naturelle industrielle, à l'exploitation des Mines, à l'Art de bâtir, à l'Économie industrielle, au Dessin. Les Professeurs titulaires, dont nous allons énumérer les noms dans le même ordre, offraient les plus hautes garanties de science et d'expérience. C'étaient : MM. Olivier, Péclet, Benoît et Dumas, fondateurs; le D^r Ad. Brongniart; Bineau, ingénieur des Mines; Gourlier, architecte des Travaux publics; Guillemot, avocat à la Cour d'appel; Leblanc, professeur au Conservatoire des Arts et Métiers.

Les professeurs adjoints, chargés de l'examen des élèves, étaient : MM. Choquet, pour la Géométrie descriptive; Colladon, pour la Physique et la Mécanique; Bergouhnioux, pour la Chimie et les arts chimiques.

Nous devons ajouter immédiatement, pour n'y plus revenir, que M. Benoît, dès la première année, comme nous l'avons déjà marqué, ne put remplir les fonctions dont il s'était chargé, et que l'administration dut avoir recours au professeur adjoint, le savant M. Colladon. C'est à ses occupations particulières que M. Benoît fit ce sacrifice. Mais ce fait explique pourquoi, dans tous les documents historiques concernant l'École Centrale, le nom de l'habile industriel n'a pu être maintenu parmi ceux des fondateurs. Il a donné ses conseils, montré son intérêt, assisté à la naissance de l'œuvre : il n'a pas payé de sa personne.

Il n'est pas douteux que des cours professés par des maîtres tels que MM. Dumas, Olivier, Péclet et Brongniart; par des spécialistes tels que MM. Bineau et Gourlier, devaient vivement piquer l'attention publique.

Nous avons eu le bonheur d'entendre à l'École MM. Olivier, Péclet et Dumas.

Olivier, professeur enthousiaste, élevait la Géométrie descriptive à la hauteur d'une religion. Nous le voyons encore exécuter ses épures en relief, sur deux plans de liège, avec des fiches de diverses longueurs, d'un geste noble et convaincu. Sa voix bien timbrée, sa ressemblance lointaine avec Napoléon Ier après 1813, ressemblance dont il était fier et qu'il accentuait encore en conservant au milieu du front la touffe de cheveux légendaire, tout cela intéressait et frappait les élèves.

Péclet, plein de rondeur, de franchise, de spontanéité, se faisait aimer et respecter à la fois. Visant surtout à la clarté, il cachait, sous une forme qu'il ne prenait pas la peine d'orner, un talent vraiment original. Ce n'est qu'après la leçon, toujours écoutée avec plaisir et profit, qu'on se rendait pleinement compte de la finesse de ses aperçus; car le savant physicien ne cherchait qu'à nous instruire et s'effaçait lui-même, nous parlant de ses travaux sans se nommer.

M. Dumas unissait la lucidité à l'élégance, la largeur des vues à la richesse des détails. Les rapports les plus lointains, saisis et démontrés par lui, enlevaient toute aridité à la Chimie éclairée d'un jour nouveau. Les phénomènes les plus complexes semblaient s'ordonner et se simplifier. En sortant de l'amphithéâtre, on croyait tout savoir, grâce à cette parole limpide, aussi sûre d'elle à la dernière minute qu'au début de la leçon.

De pareils cours montraient, pour la première fois peut-être dans ce détail et avec cette évidence, comment la science la plus profonde peut se mettre au service de l'industrie, s'associer à la pratique, féconder et relever par son heureuse intervention les travaux professionnels de toute nature. Ils indiquaient la limite jusqu'où cette science, qui ne doit jamais cesser d'être elle-même, peut cependant descendre sans danger pour se rendre accessible et pour se vulgariser. Ils créaient un enseignement parallèle à ceux de la Sorbonne et de l'École Polytechnique et en fixaient les cadres.

En même temps, deux tentatives remarquables étaient

faites. On essayait d'exposer l'Histoire naturelle, en la considérant surtout dans ses rapports avec l'industrie, et l'on initiait les élèves à l'Économie industrielle.

Le premier cours n'a jamais cessé de fonctionner à l'École. Des nécessités de plusieurs sortes ont obligé de supprimer le second. On peut certainement le regretter, tout en avouant que le temps et le cerveau des jeunes gens ne sont pas élastiques, et que, lorsqu'on ajoute d'une part, il faut nécessairement supprimer de l'autre. Nous reviendrons sur cette question, que nous considérons comme très-importante.

Le Cours de Géométrie descriptive comprenait alors les notions générales sur la ligne droite et le plan, sur les plans tangents aux surfaces courbes et sur les intersections de surfaces([1]). Le professeur donnait *par la Géométrie* les propriétés fondamentales des sections coniques et des surfaces du second ordre, ainsi que celles des courbes transcendantes et des surfaces de degré supérieur usitées dans les arts. Il développait ensuite les applications de la Géométrie descriptive à la perspective linéaire, aux ombres, à la coupe des pierres et à la charpente. Enfin, il terminait par des notions sur le tracé des engrenages, sur celui des cadrans solaires et sur la topographie.

Dans le Cours de Physique, la théorie et les applications se trouvaient réunies; plusieurs chapitres de Mécanique y étaient joints, à tort selon nous. Ce que nous devons surtout signaler, c'est l'introduction de la chaleur et de l'éclairage considérés, pour la première fois et dans tous les détails, au point de vue industriel. Cette innovation donnait au cours de M. Péclet un caractère tout spécial : nous avons rappelé

([1]) C'est précisément ce qui constitue aujourd'hui le Programme d'admission, au point de vue de la Géométrie descriptive.

plus haut les ouvrages qu'il a consacrés à ces importants sujets.

Le programme du Cours de Mécanique accusait, non le mérite de son auteur, mais l'état même de la science qui, depuis cette époque, a fait des progrès si considérables. Nous en marquerons rapidement les points principaux, pour qu'on puisse mieux juger plus tard des réformes accomplies et des améliorations obtenues.

Après avoir décrit les machines simples, le professeur passait immédiatement à l'étude de la résistance des matériaux et du frottement; mais cette étude se bornait à l'indication des résultats d'expériences. Il revenait ensuite aux transformations de mouvement les plus usitées, qu'il faisait suivre de l'examen des machines servant à déplacer les fardeaux, à presser les corps ou à agir sur eux par le choc, à élever l'eau, à aspirer ou à lancer les gaz. Les divers appareils de pesage et les compteurs chronométriques formaient une section particulière. M. Benoît considérait ensuite les machines fondées sur la puissance motrice de l'eau ou de l'air, sur celle de la vapeur, en indiquant les diverses applications de ces machines, soit aux épuisements, soit aux différents genres de transports. Il parcourait enfin les appareils spéciaux employés dans l'agriculture; dans la meunerie, dans la préparation des fécules; dans celle des vins, des huiles et des sucres; dans la fabrication des briques et des cordages; dans la filature du chanvre, du coton, de la laine, de la soie, des tissus de toutes sortes; dans l'apprêt des étoffes; dans l'impression; dans la fabrication du papier et du carton; dans le sciage et le rabotage; dans la construction des machines.

On voit par ce rapide aperçu que le Cours ainsi tracé était, à proprement parler, non un Cours de Mécanique théorique ou appliquée, mais un vaste essai de technologie mécanique au point de vue de la transformation des matières premières employées par l'industrie. Il avait son utilité ; mais on y remarquait à la fois trop de lacunes et trop de chapitres nécessairement répétés dans les autres Cours.

Le programme de Chimie était au contraire admirablement conçu dans toutes ses parties. La Chimie théorique, minérale et organique, était parcourue dans la première année. Le professeur insistait surtout sur ces grandes lois générales qui sont la clef de la science, qui permettent de prévoir à l'avance les faits de combinaison et de décomposition, et qui forment toute la Philosophie chimique. Les arts chimiques étaient développés et approfondis dans la deuxième année. Aux notions générales sur les combustibles et leurs applications, sur les différents emplois des eaux, succédaient de nombreuses leçons sur l'extraction et la fabrication des produits chimiques les plus importants, depuis le soufre et l'acide sulfurique jusqu'aux matières à cimenter, aux poteries et aux verres.

Le travail des métaux venait ensuite, précédé de principes généraux sur la Métallurgie. Puis, le cours était terminé par l'étude des produits se rattachant industriellement à la Chimie organique, depuis la fabrication du vinaigre, du sucre ou de l'amidon, jusqu'à l'extraction des huiles essentielles et à la préparation des vernis. La teinture était traitée dans tous ses détails, et quelques leçons originales et nouvelles initiaient les élèves aux différentes applications de la Chimie aux arts graphiques, c'est-à-dire à l'impression et à la gravure. De nombreuses manipulations, des analyses et des essais gradués, la construction directe de quelques grands appareils et cent soixante et une épures se rapportant aux différentes fabrications exposées dans le cours complétaient cet ensemble et donnaient à ce programme si intéressant toute sa valeur et toute sa portée.

Dans le Cours d'exploitation des Mines, des notions de Minéralogie et de Géologie aidaient à mieux comprendre la description de toutes les espèces minérales employées dans les arts, depuis les pierres que la bijouterie met en œuvre jusqu'aux substances recherchées comme engrais par l'Agriculture, ainsi que l'exposé des différents systèmes ou procédés d'extraction et d'exploitation.

Le cours d'Histoire naturelle industrielle faisait connaître tous les êtres organisés, végétaux ou animaux, qui, par eux-mêmes ou par leurs produits, interviennent dans les arts industriels. Des notions sur l'organisation, la structure intime des végétaux et leur culture; sur l'organisation, les fonctions et la classification des animaux, donnaient à ce Cours toute l'importance scientifique dont il était susceptible.

Dans le Cours consacré à l'Art de bâtir, après avoir indiqué les matériaux divers employés dans les constructions et les préparations qu'on doit leur faire préalablement subir, on étudiait les édifices de toute espèce dans leurs parties successives; les lois qui concernent les bâtiments de toute nature; les règles qui servent à mesurer, à estimer les constructions et à rédiger les devis et mémoires qui s'y rapportent; les principes généraux qui doivent guider l'architecte ou l'ingénieur dans la conception du plan d'un ouvrage quelconque; enfin les divers modes d'exécution des travaux.

Le Cours d'Économie industrielle présentait aux élèves les éléments de la théorie générale de l'industrie, sans oublier l'examen des lois instituées pour garantir, modifier ou imposer la propriété industrielle. On y insistait sur la division du travail, sur ses principes et ses effets, sur la nature et les fonctions des divers agents de la production, sur les bâtiments nécessaires à l'exploitation, sur la comptabilité industrielle, sur la circulation des produits, sur les droits de toute sorte qui entravent cette circulation ou qui ont pour but de la protéger. La Statistique devait être constamment appelée en témoignage pour donner aux principes exposés toute l'autorité d'un fait expérimental ; et les documents fournis par elle devaient être utilisés pour exercer les élèves à dresser des cartes industrielles de la France.

Le Cours de Dessin, annexe indispensable de tous les autres Cours, avait surtout pour but d'exercer les élèves à manier rapidement et habilement la règle et le compas, de manière à conserver à leurs moindres croquis l'exactitude et l'apparence qui caractérisent les dessins finis. Le professeur devait donc surveiller tous les travaux exécutés par les élèves dans leurs salles ; il leur donnait des notes spéciales, en ne tenant compte que des résultats graphiques, et ces notes entraient dans le compte général dressé pour chaque élève.

Tel fut l'ensemble des premiers programmes élaborés par les Fondateurs et par les Professeurs de l'École. Cet ensemble ne manquait ni d'originalité, ni de largeur. Presque toutes les branches de connaissances que l'expérience a conseillé plus tard d'ajouter ou d'étendre s'y trouvent en germe. Le plan primitif a été conservé ; au bout de cinquante ans, on peut en suivre encore tous les linéaments. On dirait une ville qui s'est accrue autour et dans la direction même des limites qu'on pourrait retrouver sous les additions nouvelles. On nous pardonnera donc d'être entré dans les détails qui précèdent. Nous avons dit plusieurs fois que la pensée qui avait présidé à la création de l'École Centrale avait été conçue d'un seul jet : il nous a semblé utile d'en donner la preuve.

CHAPITRE VII.

PREMIER RAPPORT DU CONSEIL DE PERFECTIONNEMENT. NOUVELLE RÉPARTITION DES COURS.

Après la première année d'exercice, le Conseil de perfectionnement se réunit sous la présidence de Chaptal, et, après une visite attentive, chargea MM. D'Arcet, Héricart de Thury et Payen de lui présenter, après nouvel examen, un Rapport détaillé sur les premiers résultats obtenus.

Nous croyons devoir analyser ce Rapport dû à M. Payen.

Le savant chimiste constate que, malgré les dispositions locales, dispendieuses et multipliées, que la création d'une pareille entreprise a nécessitées, l'ouverture de l'École a eu exactement lieu au jour annoncé, c'est-à-dire le 3 novembre 1829. Salles d'études, amphithéâtres, laboratoires, cabinets de collection, tout s'est trouvé prêt. Les cours de la deuxième division ont seuls été ouverts, parce que les jeunes gens capables de suivre les cours de la première division se sont présentés en trop petit nombre.

Afin d'établir plus d'uniformité dans les connaissances mathématiques des élèves, une partie des leçons destinées à la Géométrie descriptive ont été consacrées à la Trigonométrie, à la théorie des logarithmes, à l'usage des tables correspondantes et des règles à calculer. On a d'ailleurs fait marcher de front la Géométrie descriptive; et les épures des élèves, ainsi que les diverses voûtes qu'ils ont construites eux-mêmes, d'après les leçons relatives à la coupe des pierres, font foi de leurs progrès.

Le Cours de Physique générale a dû nécessairement comprendre des questions particulières d'un grand intérêt au point de vue industriel. Les élèves ont fait de nombreuses expériences sur la résistance des matériaux et sur les lois de l'écoulement des fluides. Des résultats utiles pour la pratique ont été obtenus. M. Colladon, en s'occupant de ces expériences, a été conduit à la découverte d'un nouveau siphon qui pourra trouver son emploi dans les grands travaux d'architecture hydraulique.

Le Cours de Chimie a été accompagné de nombreuses manipulations sur les sujets traités dans les différentes leçons. On a donné aux élèves un grand nombre de courbes à construire. Ces courbes, destinées à représenter les divers degrés de solubilité des sels, la richesse des acides suivant leurs densités, etc., reposent en partie sur des expériences nouvelles. Les élèves ont eu aussi à tracer une esquisse de la classification naturelle des corps non métalliques, simples ou composés. La plupart des compositions écrites par eux à cette occasion sont remarquables, et beaucoup d'entre elles figureraient avec honneur dans un Traité de Chimie.

L'École a été moins heureuse en ce qui touche l'enseignement de la Mécanique: M. Benoît, dont le choix offrait toutes les garanties désirables, n'a pu remplir ses fonctions; et il a fallu s'adresser au dévouement du professeur adjoint pris ainsi à l'improviste. L'année prochaine, la pensée de l'administration, ajournée par ces circonstances imprévues, pourra recevoir son entière réalisation, et l'industrie aura enfin à sa disposition un enseignement complet de la Mécanique, qui n'existe nulle part et pour lequel il a fallu tout créer : méthodes, dessins et modèles.

Depuis son ouverture, ajoute le rapporteur, l'ordre le plus parfait n'a cessé de régner dans l'École, où les étrangers se trouvent mêlés aux élèves français. Le succès même qu'on a obtenu prouve combien le besoin d'un tel établissement se faisait sentir de toutes parts. Nous sommes heureux d'apprendre au Conseil que l'administration a reçu de l'Université anglaise des offres avantageuses, pour donner en communication son portefeuille de dessins et ses leçons sténographiées. Ces offres n'ont pas été acceptées, mais elles indiquent que les Anglais n'ont pas vu avec indifférence cette création nationale ou, pour mieux dire, européenne. L'École Centrale est donc pleine de vie et de jeunesse. Il faudrait, pour arrêter son essor, que la France ne comprît pas que l'industrie a aujourd'hui son École Polytechnique, et que le nombre des élèves ne fût pas assez considérable pour couvrir les frais de cette institution. Mais nous n'avons à cet égard aucune inquiétude, et nous verrons les élèves de l'École produire dans l'industrie une révolution dont l'époque peut déjà se prévoir, et dont l'heureuse influence contribuera fortement au développement de la richesse nationale.

M. Payen a été prophète.

Encouragé par une première victoire, le Conseil des fondateurs, passant à l'exécution complète de son plan, adopta franchement le cadre de trois années d'études ([1]). Les modifications suivantes en résultèrent.

La première année comprit seulement quatre Cours : Géométrie descriptive, par M. Olivier; Mécanique générale, par M. Coriolis; Physique générale, par M. Péclet; Chimie générale, par M. Dumas. Les professeurs adjoints ou examina-

---

([1]) Voir le Tableau, p. 46.

teurs des élèves étaient MM. Baillio-Lamotte, Didiez, Colladon et Bergouhnioux.

Le nouveau Cours de Mécanique générale contenait les préliminaires d'Algèbre et de Géométrie analytique, et les notions de Calcul infinitésimal indispensables pour la compréhension des théories mécaniques. Le programme de ce Cours était tel qu'on devait l'attendre d'un esprit aussi éminent que celui de M. Coriolis.

Le savant professeur exposait d'abord ce qui a rapport à la composition des forces, à la théorie de leurs moments, aux conditions de leur équilibre, aux centres de gravité. Il étudiait ensuite les vitesses et leur composition, la proportionnalité des forces aux accélérations, la force centrifuge et la force tangentielle, le travail des forces. Il donnait l'équation des forces vives, l'application du frein à la mesure du travail des machines, le calcul des moments d'inertie, la théorie des volants. L'écoulement des fluides le conduisait à la théorie des roues hydrauliques. Il calculait le travail dû à l'expansion d'un gaz, celui dû à la formation et à la détente de la vapeur. Il passait en revue le travail des hommes et des animaux, la résistance de l'air, les moulins à vent. Il s'étendait sur l'appréciation des moteurs et des machines, sur les moyens d'économiser leur travail, sur le frottement, sur les pertes produites par le choc des corps non élastiques. Il considérait le mouvement du centre de gravité et les moments des quantités de mouvement. Il terminait par des notions sur le tirage des voitures et par la théorie du bélier hydraulique.

Nous n'avons pas besoin de faire ressortir la supériorité de ce programme sur celui adopté primitivement.

On doit y remarquer la suppression des notions relatives à la résistance des matériaux. Ces notions se trouvaient reportées en deuxième année, au commencement du Cours de Physique appliquée, et condensées sous forme de théorie élémentaire.

Dans la deuxième année d'études, le nombre des Cours fut porté à huit : applications de la Géométrie descriptive, par M. Olivier; théorie des Machines, par M. Walter; construction des Machines, par M. Ferry; Physique industrielle par M. Péclet; Chimie industrielle, par MM. Dumas et Bussy; Constructions civiles et industrielles, par M. Courlier; Histoire naturelle industrielle, par M. Ad. Brongniart; Minéralogie et Géologie, par M. Constant Prévost.

Les deux Cours, concernant la théorie et la construction des Machines n'étaient pas encore complétement nouveaux; ils reproduisaient en grande partie le premier programme de Mécanique, indiqué page 53. Ils furent bientôt modifiés et grandement améliorés.

Dix Cours se partageaient les études en troisième année : théorie des Machines (suite), par M. Walter; construction des Machines (suite), par M. Ferry; théorie physique des Machines à vapeur, par M. Colladon; Chimie industrielle (suite), par MM. Dumas et Bussy; fin du cours de M. Gourlier, suivi du cours de Constructions et Travaux publics, par M. Raucourt; exploitation des Mines, par M. Perdonnet; Métallurgie du fer, divisée en deux parties : hauts-fourneaux, par M. Walter; fabrication du fer et de l'acier, par M. Ferry; Économie industrielle, par M. Guillemot; Anatomie et Physiologie de l'homme et Hygiène industrielle, par M. Parent-Duchatelet; Histoire naturelle industrielle (suite), par M. Ad. Brongniart.

Une place spéciale avait été réservée, avec grande raison, à la théorie des Machines à vapeur.

L'Art de bâtir se trouvait désormais représenté par deux

Cours, l'un consacré plutôt aux constructions privées ou à l'Architecture civile, l'autre aux grandes constructions ou aux Travaux d'art. Ce dernier Cours comprenait en outre le tracé des Routes, le calcul des déblais et remblais, le tracé des Chemins de fer et toutes les notions relatives à la Navigation. Le Cours d'architecture civile avait d'ailleurs été augmenté d'une section importante exposée en troisième année, et où M. Gourlier traitait de la profession d'architecte ou d'ingénieur civil, abstraction faite de ce qui a rapport à l'architecture considérée comme l'un des beaux-arts.

Le Cours d'exploitation des Mines avait été également dédoublé : la partie théorique formait le Cours de deuxième année, et l'exploitation pratique constituait celui de troisième année.

La Métallurgie du fer avait été distraite des applications de la Chimie et confiée à deux professeurs, l'un traitant de la production de la fonte et l'autre de celle du fer.

Enfin, dans le nouveau Cours confié à M. Parent-Duchatelet, d'utiles notions sur l'homme considéré en lui-même et par rapport aux agents extérieurs qui peuvent affecter sa constitution, servaient de préface à l'ensemble des connaissances relatives à l'Hygiène publique, qui sont indispensables à tous ceux appelés par leur position à diriger une nombreuse population ouvrière.

On voit, par ce qui précède, que l'expérience, d'accord avec des considérations déjà indiquées (*voir* p. 38), avait conduit les fondateurs de l'École Centrale à condenser dans la première année d'études les connaissances générales nécessaires à tous les élèves sans distinction, et à rejeter dans les deux autres années tous les cours industriels ou plus particulièrement pratiques. On pouvait ainsi, dès le milieu de la deuxième année, interroger les élèves sur la spécialité qu'ils voulaient suivre, et partager les promotions en différents groupes.

Tous les Cours restaient également obligatoires pour tous les élèves, la science industrielle n'était pas scindée et amoindrie ; mais les dessins et les manipulations étaient, à partir de cette époque, divisés en deux séries, l'une générale, l'autre spéciale. Tous les élèves devaient exécuter les manipulations générales et les dessins généraux ; et les élèves de chaque spécialité avaient en outre à reproduire la série de manipulations et de dessins qui se rapportait à cette spécialité. C'est de cette manière qu'on combinait les études générales nécessaires à tous et les études plus minutieuses et plus approfondies que la direction particulière de son avenir pouvait imposer à chaque élève.

Il y avait, dans le principe, cinq sections ou cinq spécialités. La première correspondait à la construction des machines et aux arts mécaniques, la deuxième aux constructions proprement dites et aux arts physiques, la troisième à la Chimie minérale et à toutes ses applications, la quatrième à la Chimie organique et aux arts agricoles, la cinquième à l'exploitation des mines et à la Métallurgie. Ces cinq spécialités ont été depuis réduites à quatre, par la réunion toute naturelle de la troisième et de la quatrième.

Quelle était la sanction du travail des élèves pendant les trois années d'études ?

On les partageait à la sortie en deux catégories, suivant qu'ils étaient jugés capables ou incapables de diriger des travaux industriels. Les premiers recevaient un diplôme de capacité sur lequel le compte général de l'élève, travail et conduite, était transcrit avec toutes les indications nécessaires pour en comprendre la valeur. Les autres quittaient l'École sans diplôme ni certificat, et il était interdit aux professeurs de leur accorder aucune attestation particulière.

Ces dispositions étaient parfaitement équitables; car tout le travail de l'élève à l'École était consulté, et son application, ses progrès pendant toute la durée des études influaient sur le résultat définitif.

Les frais d'études (nous l'avons dit) furent, à la fin du premier exercice, portés à 800 francs par an. Ils n'ont pas varié depuis ce moment, c'est-à-dire depuis 1830. M. Payen, dans son Rapport, explique cette nécessité comme il suit :

« A l'époque où l'École fut conçue, il était facile de se tromper sur le chiffre des dépenses qu'elle occasionnerait. Toutefois, les dépenses de fonds n'ont guère dépassé les prévisions; mais les dépenses annuelles ont été au delà de ce qu'on avait présumé. Le prix élevé du loyer, les frais de manipulations dans toutes les branches de l'enseignement, l'addition de quelques cours, la présence indispensable de beaucoup d'agents dont on avait cru ne pas avoir besoin, en sont les causes. »

Les mêmes raisons militeraient aujourd'hui, avec plus de force encore, pour une augmentation dans le chiffre des frais d'études.

Nous aurons présenté exactement le tableau de la situation de l'École, de 1829 à 1832, si nous ajoutons que les élèves ne subissaient alors aucune surveillance particulière. Les chefs d'études suffisaient pour maintenir dans les salles l'harmonie et la bonne entente indispensables au travail libre.

Comme à l'École Polytechnique, quelques places étaient réservées dans chaque amphithéâtre à des étudiants venus du dehors et admis sans examen. Ces étudiants suivaient seulement les Cours qui leur convenaient et n'étaient astreints à aucun exercice intérieur. Leur présence attestait les sentiments libéraux des fondateurs. D'anciens élèves de l'École Polytechnique ont pu ainsi venir demander à l'École Centrale un complément pratique d'instruction, en assistant à des leçons dont l'équivalent ne se rencontrait nulle part. On nous permettra de citer entre autres exemples, pour nous en honorer, celui de M. le Ministre actuel de l'Agriculture et du Commerce (¹).

Une bibliothèque choisie, ouverte pendant la journée dans l'intervalle des Cours et tous les soirs de 7 heures à 10 heures, permettait aux élèves moins fortunés d'étudier sans frais des ouvrages trop coûteux pour qu'ils pussent se les procurer.

Enfin l'École publiait un recueil mensuel intitulé : *Annales de l'industrie française et étrangère et Bulletin de l'École Centrale des Arts et Manufactures*, qui mettait les élèves à même de suivre les progrès des sciences appliquées et de se tenir au courant de tous les perfectionnements de l'industrie.

(¹) M. Teisserenc de Bort.

CHAPITRE VIII.

CRISE TRAVERSÉE PAR L'ÉCOLE EN 1832. — MODIFICATIONS SUCCESSIVES INTRODUITES DANS SON ORGANISATION ET SON ENSEIGNEMENT.

L'École n'était pas ouverte depuis un an que la Révolution de 1830 éclata.

Le second prospectus publié par le Conseil de l'École au lendemain de cette Révolution renferme d'importantes indications que nous croyons devoir placer sous les yeux du lecteur.

Après avoir rappelé la bienveillance de M. de Vatimesnil, que nous avons déjà constatée ([1]), les Fondateurs ajoutent :

« L'École considère M. de Vatimesnil comme son véritable créateur : si notre Établissement justifie le titre d'École Polytechnique industrielle qu'on a cru déjà pouvoir lui accorder, c'est à lui que l'Industrie doit en reporter l'honneur.

» ... Ce n'est qu'auprès de M. de Vatimesnil que nous avons trouvé la bienveillance et l'appui que nous avions cru pouvoir réclamer. Bientôt même, nous en fûmes privés; car, à peine avions-nous mis la main à l'œuvre, qu'un changement de Ministère vint annoncer à la France un avenir orageux. C'est sous l'influence des hommes du 8 août (Ministère Polignac) que les Cours de l'École s'ouvrirent; et, pourtant, le nombre des élèves admis dépassa toutes les

---

([1]) Voir p. 18 et 34.

prévisions. L'École Centrale ne pouvait convenir au Ministère qui a exhalé toute sa haine contre l'Industrie dans les ordonnances qui ont brisé le trône; aussi s'empressa-t-il de soumettre à la rétribution universitaire un Établissement fait pour échapper, sous tous les rapports, à cette mesure fiscale.

» Livrés à eux-mêmes, privés de tout appui auprès du Gouvernement, les Fondateurs de l'École se virent entourés de chances de désastres; mais ils n'ont reculé devant aucun sacrifice pour assurer l'existence d'un Établissement dont on proclamait partout l'utilité, et pour lui donner, dès la première année, le grand développement qu'il a pris. . . . . .

. . . .

» L'École Centrale fut établie pour un état du pays qui va bientôt se réaliser. Dès sa naissance, elle a sympathisé avec toutes les idées nationales, et elle a pris sa part dans le mouvement qui vient d'en assurer la victoire. Les Fondateurs ont vu avec joie leurs élèves rivaliser de courage avec ceux de l'École Polytechnique, et ils n'ont pas entendu sans émotion le titre de BRAVE ÉCOLE CENTRALE décerné par LAFAYETTE aux nombreux élèves dont il a bien voulu accepter les services au moment du danger.

» Nous avions, l'année dernière, appelé l'attention *sur l'importance numérique de la classe industrielle, sur le rôle politique qu'elle joue dans nos nouvelles institutions, et sur sa participation au budget de l'État.*

» Ces faits, contestés alors, ne peuvent plus l'être aujourd'hui. A l'acte qui condamnait l'Industrie à l'ilotisme politique (¹), l'Industrie a répondu en inscrivant ses lettres de

---

(¹) Il est fait ici allusion à la *deuxième* des funestes ordonnances, par laquelle la loi d'élection était abolie et remplacée par une autre qui n'accordait plus la nomina-

franchise sur le sol de Paris, dans les journées des 27, 28 et 29 juillet.

» L'avenir qui s'ouvre aux jeunes industriels n'a jamais été plus brillant; toutes les barrières élevées contre eux sont tombées d'un seul coup; il ne reste plus qu'à leur procurer des lumières qui pourront leur assurer une autre victoire plus douce et non moins avantageuse au pays. Les Fondateurs de l'École Centrale, qui n'ont pas hésité à remplir leur mission avec une scrupuleuse fidélité dans des temps difficiles, vont redoubler d'ardeur aujourd'hui que l'avenir est sans nuage. Ils marcheront droit à leur but, la destruction de tous les monopoles, en jetant dans le pays des hommes capables de diriger toutes les grandes entreprises et libres de tout engagement avec le Gouvernement.

» La manie des places devrait être passée de mode en France : un grand exemple vient d'en montrer l'instabilité. Les jeunes gens savent maintenant qu'il y a quelque chose qui vaut mieux qu'une place, c'est la capacité nécessaire pour se créer une existence indépendante. A ceux qui en sont doués, le pays offre mille ressources, quoiqu'ils ne soient pas inscrits sur les cadres d'une administration, quoiqu'ils n'aient aucune part aux largesses du budget..... »

Ce sont là de sages et nobles paroles qui ont été entendues.

Mais, il faut l'avouer, si la Révolution de 1830 fut favorable à l'École Centrale au point de vue d'une plus grande liberté indispensable à ses progrès ultérieurs, il en résulta, dans l'affluence des Candidats, un mouvement d'arrêt inquiétant. Ceux qui étaient entrés à l'École en 1829 ne revinrent

---

tion des Députés qu'aux Colléges départementaux, réduits en outre au quart des contribuables les plus imposés.

pas tous à l'hôtel de Juigné en novembre 1830. Une seconde promotion fut, il est vrai, admise à cette époque; mais le nombre des élèves, qui avait été de 140 en première année, ne dépassa pas 171 pour la première et la deuxième année réunies. La troisième promotion, reçue en novembre 1831, n'augmenta pas sensiblement ce chiffre. Les émeutes, qui troublèrent le commencement du règne de Louis-Philippe, impressionnèrent défavorablement les familles de province, et elles rappelèrent en partie leurs enfants.

En 1832, nouvelle et plus cruelle épreuve!

Au mois de février, le terrible choléra asiatique, alors inconnu ou oublié, s'abattit sur Paris avec une effrayante intensité. Le fléau trouva les élèves aussi calmes que les fondateurs et les professeurs groupés autour d'eux. Cependant, il fallut peu après rassurer les familles dévorées d'inquiétude; et le Conseil de l'École suspendit les Cours qui ne furent repris qu'au mois de juillet de cette funèbre année.

La situation devenait grave. Elle le fut plus encore lorsque M. Lavallée se trouva atteint par le choléra. Heureusement sauvé, il se montra, pendant sa convalescence, très-préoccupé de ce qu'un malheur possible aurait pu entraîner pour sa famille. Les intérêts de sa femme étaient engagés dans l'acte d'association que nous avons mentionné à la fin du Chapitre II. Liée par cet acte, elle ne pourrait, s'il venait à manquer, se mouvoir en toute liberté et aurait peut-être de lourdes charges à supporter. Ces inquiétudes trop naturelles, franchement exprimées par un malade à peine arraché à la mort, émurent les Professeurs-Fondateurs. Spontanément et noblement, ils rapportèrent le traité primitif et le remirent à leur collègue, en acceptant qu'il fût résilié.

C'est ainsi que M. Lavallée devint seul propriétaire de l'École, assumant comme responsabilité pécuniaire toutes les charges présentes et futures, mais demeurant maître de l'avenir et pouvant léguer après lui à Mme Lavallée l'Établissement qu'il avait contribué à créer.

Ajoutons que ses éminents collaborateurs ne se contentèrent pas d'un mouvement généreux, mais qu'ils s'empressèrent de déclarer qu'ils feraient leurs Cours gratuitement tant que la position ne se serait pas améliorée : dévouement et abnégation qu'il convient de rappeler et d'honorer !

Comme on devait s'y attendre, nombre d'élèves, surtout parmi les étrangers, assez nombreux alors, ne se présentèrent pas au moment de la réouverture, et les élèves qui, en bien petit nombre, revinrent occuper leurs places en juillet 1832 méritèrent que M. Lavallée leur décernât le titre d'*élèves-fondateurs*.

Il fallut un grand courage aux Fondateurs pour ne pas désespérer de l'avenir. Leur œuvre était si indispensable, que le succès qui l'avait d'abord favorisée était prévu par tous les bons esprits. Mais les troubles qui suivirent l'établissement du Gouvernement de Juillet, mais le choléra, n'avaient pu être inscrits par personne au passif de la nouvelle entreprise. L'État semblait d'ailleurs s'en désintéresser tout à fait, et l'École Polytechnique continuait d'appeler à elle l'élite de la jeunesse savante. Quelques familles manufacturières comprenaient seules le service éminent rendu au pays, et, par la présence de leurs enfants, fidèles au rendez-vous donné, honoraient et soutenaient l'École naissante.

Cette première promotion de sortie ne comprit que *vingt-six* diplômes ou certificats (nous expliquerons bientôt la différence établie entre le diplôme et le certificat). En 1833 et en 1834, les deux promotions suivantes virent ce nombre s'abaisser à *vingt* et à *dix-sept*. Ce n'est qu'en 1838 que la septième promotion de sortie comprit *quarante* noms, et qu'on put juger qu'une complète réussite ne se ferait plus longtemps attendre.

Le changement apporté dans les conditions d'existence de l'École, aussi bien que l'expérience acquise, entraîna d'importantes modifications, soit dans l'organisation proprement dite, soit dans la distribution de l'enseignement.

Ces modifications devaient porter d'heureux fruits ; mais ces fruits, nous venons de l'indiquer, n'apparurent que lentement. La foi de M. Lavallée et l'abnégation de MM. Olivier, Péclet et Dumas, soutinrent donc seules, pendant des années, le poids d'une si lourde entreprise.

Nous allons parcourir les principales améliorations ou transformations adoptées à cette époque.

Nous ne nommerons pas, dans cette revue rapide, tous ceux qui ont alors aidé au succès. Mais on peut consulter, à la fin de notre livre, le tableau complet du personnel enseignant de l'École et de ses agents de tout ordre, pendant ses cinquante années d'existence.

Les serviteurs, quels qu'ils soient, qui ont été à la peine, doivent être à l'honneur. Et nous remplissons un devoir strict, en gardant dans les archives de l'École Centrale une place à tous les dévouements qui l'ont secondée, que ces dévouements appartiennent à d'illustres chefs ou à de modestes soldats.

En 1832, un Cours d'anglais, confié à l'habile professeur Spiers, fut institué dans les trois années.

L'emploi du temps était trop chargé pour qu'on pût y introduire régulièrement de nouvelles leçons. Malgré son évidente utilité, ce Cours resta donc facultatif. Il devait conduire les élèves, de l'étude de la Grammaire et de la correspondance, à la traduction des ouvrages techniques se rapportant à chaque spécialité et à la compréhension de conférences faites en anglais. Il n'attira pas un assez grand nombre d'auditeurs, puisqu'il disparut en 1836.

C'est également à partir de 1832 que le bulletin de l'École Centrale cessa d'exister. Il y a lieu de le regretter. Ce bulletin serait certainement aussi précieux aujourd'hui au point de vue industriel que la célèbre correspondance de Hachette au point de vue théorique. Le temps manqua sans doute aux éminents professeurs de l'École pour écrire ce recueil, de même qu'il fit défaut à leurs élèves pour apprendre l'anglais.

A la même date, le Cours d'Économie industrielle fut supprimé. Ce dut être un sacrifice pour les fondateurs. C'était par ce Cours et par celui d'Histoire naturelle et d'Hygiène que l'esprit des élèves pouvait être sollicité aux généralisations et préservé de la sécheresse relative qu'un enseignement trop exclusivement positif et pratique risque toujours de développer. Le Cours de Littérature de l'École Polytechnique nous a toujours paru une heureuse conception et, pour l'harmoniser complétement avec le caractère général de l'École Centrale, il suffirait peut-être de le transformer en Cours de Littérature scientifique et économique. Les modèles ne manqueraient pas et, sans ébranler l'imagination des jeunes gens, on ne pourrait qu'élever par ce contact leur niveau intellectuel et moral. Nous reviendrons plus tard sur ce point très-digne d'attention.

M. Milne-Edwards remplaça à la fois MM. Ad. Brongniart et Parent-Duchatelet, dont les deux Cours furent fondus en un seul.

M. Raucourt, déjà chargé du Cours de travaux publics en troisième année, remplaça M. Gourlier en deuxième année; et son Cours, qui dura alors deux ans, prit le titre de Cours de constructions et travaux publics.

La chaire de Chimie générale en première année fut donnée à M. Pelouze. M. Dumas professa alors la Chimie analytique en deuxième année et la Chimie industrielle en troisième année. M. Péclet prolongea son Cours de Physique industrielle en troisième année et M. Colladon succéda à M. Coriolis dans la chaire de Mécanique rationnelle, tout en continuant de faire en deuxième année le cours de Machines à vapeur.

On sentit la nécessité de mieux coordonner et de développer suivant un plan d'ensemble les cours et les exercices suivis par les élèves. Pour remplir convenablement ce but, il fallait nommer un Directeur des études.

C'est M. Olivier qui fut d'abord investi de ces fonctions délicates. Son esprit d'ordre et de généralisation, ses connaissances variées le désignaient aux suffrages de ses collègues, et il voulut bien donner à l'œuvre commencée un nouveau témoignage de dévouement en ne refusant pas cette tâche difficile.

L'École avait été dirigée jusqu'alors par trois Conseils : on simplifia les rouages. Le Conseil de perfectionnement cessa de fonctionner, chacun de ses membres gardant d'ailleurs à la fondation, si bien commencée, un intérêt et un appui moral qui devinrent souvent effectifs. Quant au Conseil des fondateurs, il se joignit au Conseil des études pour former le Conseil unique de l'École. Cette mesure fut très-sage. On évita ainsi les tiraillements et les susceptibilités qui, à la longue, auraient pu se produire.

Les fondateurs avaient dû d'abord conserver une position spéciale au milieu de leurs collègues, afin que l'impulsion première fût nettement assurée et que rien ne vint changer le caractère qu'ils voulaient donner à l'institution créée. Mais, une fois que les années de formation se trouvaient franchies, ils n'avaient plus aucun motif de s'isoler.

La composition du Conseil de l'École, qu'on appela aussi Conseil des études, fut déterminée de la manière suivante.

Les titulaires des chaires de Chimie industrielle, de Constructions et Travaux publics, de construction des Machines, d'exploitation des Mines, de Géométrie descriptive, de Physique appliquée et de théorie des Machines, en firent partie de droit. Les professeurs de Chimie générale, de Mécanique rationnelle et d'Histoire naturelle furent appelés au Conseil avec voix consultative.

Cette composition du Conseil ne fut pas arrêtée d'après l'importance des différentes branches de l'enseignement, car la Chimie industrielle ne peut pas se passer davantage de la Chimie générale, que la Mécanique appliquée de la Mécanique rationnelle. On craignait seulement d'avoir un Conseil des études trop nombreux et, par suite, les choix devinrent de simples questions de personnes. C'est ainsi qu'un seul professeur de première année, M. Olivier, fondateur, fit réellement partie du Conseil.

C'est à M. Dumas qu'appartint, le premier, la présidence du Conseil. Il l'occupe encore aujourd'hui et n'a cessé de remplir ces hautes fonctions qu'à l'époque de son Ministère.

M. Perdonnet, désigné comme secrétaire du Conseil, réunit la Métallurgie générale au Cours de Minéralogie, de Géologie et d'exploitation des Mines, dont il resta titulaire en troisième année, tandis qu'il succédait à M. Constant Prévost en deuxième année.

Jusqu'alors les professeurs adjoints avaient été chargés, concurremment avec les professeurs, des interrogations journalières des élèves. On commença à attacher à l'École quelques répétiteurs, choisis autant que possible parmi les anciens élèves. Ils firent une partie des examens hebdomadaires, tout en donnant aux élèves, dans leurs salles, les explications nécessaires pour l'exécution de leurs projets.

Les premiers répétiteurs nommés furent : MM. Baillio-Lamotte et Chavonhet pour les travaux graphiques, MM. Bineau et Jacquelain pour la Chimie. De ces quatre répétiteurs, M. Bineau était seul ancien élève de l'École.

En 1833, M. Mary succéda à M. Raucourt. M. Colladon conserva le cours de Machines à vapeur, mais céda à M. Liouville la chaire de Mécanique rationnelle. MM. Boistel, Chevandier, Laurens et Thomas, tous anciens élèves, devinrent répétiteurs.

Nous n'avons pas besoin de faire ressortir le mérite de M. Mary et combien le Conseil fut bien inspiré en l'appelant à la chaire de Constructions et Travaux publics.

Esprit judicieux et prudent, la pratique faite homme, M. Mary devait, pendant plus de trente ans, mettre au service de l'École Centrale sa longue expérience, son infatigable dévouement au devoir, son caractère respecté. Mort inspecteur général des Ponts et Chaussées, il a partagé sa vie entre ses fonctions publiques et son professorat à l'École Centrale. Nous ne pouvions le nommer, nous qui l'avons vu de si près à l'œuvre pendant les examens du Concours de sortie, sans honorer sa mémoire et sans nous incliner devant lui avec respect et gratitude. En nous souvenant de lui et de plusieurs de ses éminents collègues, nous nous plaisons à reconnaître dès à présent tout ce que l'École Centrale a dû à d'anciens élèves de l'École Polytechnique.

Quant à M. Liouville, c'est avec une certaine fierté que nous inscrivons le célèbre membre de l'Institut parmi les premiers titulaires de la chaire de Mécanique rationnelle de l'École Centrale.

En 1834, M. Péclet devint Vice-Président du Conseil, et M. Peligot fut chargé des examens de Chimie.

Le nombre des élèves s'étant un peu accru, au moins en première année, nécessita une surveillance plus active. Un inspecteur et un sous-inspecteur des élèves furent placés sous les ordres du Directeur des études.

Le nombre des spécialités, nous l'avons déjà dit, fut réduit à quatre, et les élèves furent divisés, à partir du milieu de leur deuxième année d'études, en *Mécaniciens, Constructeurs, Chimistes,* et *Métallurgistes*.

Nous devons insister sur une résolution très-grave prise alors par le Conseil.

Jusqu'en 1832 (Chapitre VII), tout le travail des élèves pendant leurs trois années d'études était consulté et compté, pour l'obtention du diplôme qu'on décernait à la sortie à ceux d'entre eux que leurs notes de toute nature faisaient juger capables de diriger convenablement une exploitation industrielle.

En 1832, ces dispositions très-équitables furent abandonnées, et un concours spécial de sortie fut institué. C'est lui qui décida seul désormais, et jusqu'en 1862, du résultat définitif. Les notes des trois années furent laissées de côté, et tout dépendit d'un dernier effort de l'élève, mis en loge pour ainsi dire.

On voulut par là, sans doute, donner plus de solennité à l'obtention du diplôme, et l'on sacrifia un peu la patiente énergie du travailleur modeste aux facultés plus brillantes et moins sûres d'improvisation et d'invention.

Le Concours de sortie, dont nous parlons, fut soumis aux conditions suivantes.

On établit, pour chaque spécialité, le programme d'un projet d'ensemble. L'élève devait en arrêter, dans une journée, les dispositions principales, sans autre secours que ses notes et ses rédactions. Il avait un mois pour l'étudier dans tous ses détails au point de vue graphique et pour rédiger le Mémoire à l'appui. Il discutait et défendait ensuite son œuvre devant un jury formé des professeurs de l'École.

Plus tard, la nécessité d'arrêter les dispositions générales du projet dans une seule journée ne fût pas maintenue. On laissa plus de latitude et de liberté aux concurrents, tout en les obligeant à exécuter complétement la partie graphique de leur travail à l'École même.

Le temps accordé pour l'exécution du projet fut porté à 40 jours, puis ramené à 35. Les élèves de troisième année entrèrent alors régulièrement en concours le 25 juin, et le terminèrent le 1er août. En deuxième et en première année, les Cours prirent fin le 10 juillet, et les examens généraux correspondants furent achevés le 10 août, en même temps que la soutenance du Concours de sortie. Les vacances furent ainsi portées à trois mois.

Il serait trop facile de critiquer cet établissement d'un Concours de sortie, sans contre-poids et sans correctif cherché dans les résultats complets du travail de l'élève pendant son séjour à l'École. On y a heureusement renoncé, et nous exposerons dans notre seconde Partie les règles beaucoup plus justes qu'on a adoptées.

Nous ajouterons seulement qu'on est toujours certain de contrôler exactement le travail d'un élève pendant trois ans, et qu'on l'est beaucoup moins s'il s'agit d'apprécier une épreuve isolée et qui doit ne durer que six semaines.

N'oublions pas de dire néanmoins que le Conseil des études était composé d'hommes trop expérimentés, pour que l'entrée en Concours ne fût astreinte à aucune condition.

Les élèves de troisième année ne pouvaient y être admis que si la moyenne de toutes leurs notes atteignait un minimum déterminé. C'est de cette manière que les résultats des trois années étaient invoqués d'une manière détournée.

Le jury, pour chaque spécialité, devait être composé de cinq professeurs au moins et la soutenance du Concours était publique.

On créa aussi un degré intermédiaire entre le *diplôme* et la non-réussite absolue : c'est le *certificat de capacité* actuel.

Pour obtenir le diplôme d'ingénieur civil, il fallait satisfaire à toutes les épreuves du concours. Le certificat de capacité pouvait être accordé à ceux qui avaient satisfait, dans une mesure convenable, à une partie des épreuves.

On décida que le compte général de l'élève, conservé à la Direction des études, ne serait plus inscrit sur son diplôme ou son certificat. On convint que tout élève qui, ayant été admis au concours, aurait échoué pourrait se représenter l'une des années suivantes, aux époques fixées par le Conseil des études, pour y participer de nouveau, sans être obligé de redoubler sa troisième année d'études.

Les Mémoires et Projets de concours furent déclarés propriété de l'École.

Enfin, on posa cette règle dont on ne s'est jamais départi :

L'École ne reconnaît comme anciens élèves que ceux qui ont obtenu le diplôme d'ingénieur ou le certificat de capacité.

On ne changea rien au mode d'admission des candidats, et l'on se contenta d'avoir élevé à seize ans la limite minimum d'âge, sans fixer aucune limite maximum.

On demanda seulement en plus aux aspirants la construction graphique de quelques problèmes de Géométrie élémentaire. On essaya par là de diminuer leur faiblesse en dessin à l'entrée.

Le Cours de Mécanique rationnelle fut divisé par M. Liouville en deux parties, l'une professée en première année, l'autre en deuxième année.

La première partie comprenait la Trigonométrie, comme chapitre préliminaire, et la Statique; la seconde partie comprenait la Dynamique, l'Hydrostatique et des notions d'Hydrodynamique. Les démonstrations adoptées par le professeur étaient surtout géométriques. On abandonnait les notions de Calcul infinitésimal, sans doute à cause de l'instruction mathématique trop faible des candidats. On faisait donc évidemment un pas en arrière, relativement au programme de M. Coriolis. Cet état de choses aurait eu de graves conséquences, s'il s'était prolongé; mais, dans l'esprit du Conseil, il ne devait être que transitoire.

Le programme du Cours de théorie des Machines se fixa en s'améliorant. En deuxième année, il fut divisé en six sections : Étude des machines élémentaires; application de la théorie de la résistance des matériaux au calcul des dimensions que doivent présenter les diverses pièces de machines, d'après les fonctions à remplir, les efforts subis et la nature des matériaux employés; étude des moteurs animés et des machines correspondantes; étude des moteurs hydrauliques; étude des machines à élever l'eau; étude des moulins à vent et des machines soufflantes. En troisième année, on appliqua ces connaissances à l'exécution de projets de plus en plus compliqués.

Le Cours de construction des Machines suivit la même impulsion. Deux sections furent professées en deuxième année; elles comprirent l'étude des matériaux employés dans la construction des machines, et l'examen raisonné des formes et des assemblages des différentes pièces dont ces machines sont composées. La troisième section, professée en troisième année, traita de la construction proprement dite et de la pose des machines.

Dans le Cours de Chimie analytique, après avoir parcouru

les méthodes générales d'analyse applicables à tous les cas importants, on exposa aux élèves les méthodes rapides adoptées dans la pratique, et à l'aide desquelles on détermine la proportion des éléments utiles des différentes matières commerciales. Le professeur créa ainsi, en réalité, un nouveau cours d'essais commerciaux.

Le Cours de Constructions et Travaux publics s'accrut en troisième année, après le chapitre consacré à la navigation, de leçons nouvelles concernant le mouvement de l'eau dans les canaux et les tuyaux de conduite. C'était l'introduction de l'Hydraulique pratique dans l'enseignement de l'École. Ces notions, données d'abord par M. Péclet, n'étaient pas à leur place dans un cours de première année.

En 1836, M. Belanger, ingénieur des Ponts et Chaussées, remplaça M. Olivier en qualité de Directeur des études. Sous son influence, on se rapprocha davantage, dans le Cours de Mécanique rationnelle, du programme de M. Coriolis, en tout ce qui touche aux notions préliminaires relatives à la Géométrie analytique et au Calcul infinitésimal.

M. Abria fut chargé du cours de Physique générale en première année, M. Péclet conservant celui de Physique industrielle qu'il a créé et qui n'existe encore sous cette forme, croyons-nous, qu'à l'École Centrale ([1]).

M. Dumas, malgré son dévouement pour la nouvelle institution, fut forcé, par les impérieux devoirs que lui imposa sa carrière scientifique, de partager le fardeau avec M. Payen, chargé en deuxième année du Cours d'essais commerciaux et, en troisième année, d'une partie du Cours de Chimie industrielle.

([1]) Depuis quelques années, un ingénieur distingué, M. Grenier, ancien élève de l'École Centrale de Paris, professe ce Cours à l'École Centrale lyonnaise.

M. Thomas, ancien élève de l'École, remplaça M. Colladon et fut chargé, par intérim, du Cours de Machines à vapeur en même temps que des interrogations sur la Physique industrielle.

Le cours d'Histoire naturelle et d'Hygiène fut donné tout entier en deuxième année.

La multiplicité des travaux graphiques obligea M. Leblanc à se charger spécialement de l'enseignement du dessin des Machines et à laisser à M. Thumeloup l'enseignement du lavis et du dessin d'ornement.

En 1837, le nouveau Directeur des études, M. Belanger, modifia profondément l'organisation intérieure de l'École.

L'admission des élèves fut entourée de plus de garanties, un cadre fut tracé aux examinateurs de province. Ils durent joindre au procès-verbal de l'examen oral, avec leur appréciation personnelle, les compositions écrites désormais imposées aux candidats. Ces compositions comportaient trois questions au moins, l'une consistant dans la résolution numérique d'un problème usuel de Géométrie à l'aide des logarithmes; l'autre, dans la résolution de deux équations à deux inconnues; la troisième, dans la démonstration de l'une des propositions les plus importantes du programme. Les candidats durent également traiter un sujet littéraire choisi par l'examinateur et lui soumettre leurs études de dessin.

Toutes ces prescriptions constituaient un progrès réel. Elles pouvaient sans doute être éludées en partie; mais, du moins, l'élève était prévenu de l'importance de toutes ces épreuves, et si, arrivé trop faible à l'École, il était obligé de la quitter avant la fin de la première année, il ne pouvait s'en prendre qu'à lui.

En même temps, le programme d'admission fut développé

et précisé dans toutes ses parties, d'une manière remarquable pour l'époque. Il s'étendit, en Algèbre, jusqu'à la formule du binôme inclusivement.

On fit suivre ce programme de conseils que nous allons transcrire. Ces conseils éclairés indiquaient les tendances de l'administration de l'École pour l'avenir :

« Tout progrès à l'École Centrale étant impossible sans une bonne instruction préparatoire, qui est tout à la fois une preuve de capacité et comme un premier pas dans la carrière, c'est dans l'intérêt des jeunes gens qui s'y destinent qu'on publie le programme un peu développé des connaissances *indispensables;* mais, pour ceux qui, avant leur entrée à l'École, ont la possibilité d'étendre leurs études au delà du strict nécessaire, le Conseil des études exprime le vœu qu'ils acquièrent des notions claires, mais simples, sur les éléments de la Géométrie descriptive, de la Trigonométrie rectiligne, de la Géométrie analytique en ce qui concerne la ligne droite et le plan; qu'ils y joignent quelques notions de Physique et de Chimie; en même temps, et peut-être avant tout, il invite les aspirants à l'École Centrale à s'occuper avec suite de l'art si important du Dessin, et il indique le dessin d'ornement comme particulièrement propre à former l'œil et la main de celui qui veut un jour devenir ingénieur. »

Le nombre des Cours de première année fut porté à six; on ajouta deux Cours, composés d'un nombre de leçons moitié moindre, aux quatre grands Cours concernant la Géométrie descriptive, la Mécanique rationnelle, la Physique et la Chimie générales. Ces Cours concernaient l'Hygiène et l'Histoire naturelle appliquée à l'industrie, reportées finalement au commencement des études, et l'ensemble des transformations de mouvement, section détachée du Cours de théorie des Machines.

Deux Cours demeuraient spéciaux aux élèves de deuxième année, deux autres aux élèves de troisième. Tous les autres Cours de deuxième et de troisième année devenaient solidaires et, pour ces Cours, les élèves des deux divisions étaient réunis. Nous serons conduits plus tard à discuter cette combinaison : nous nous bornons pour le moment à l'exposer.

Les deux cours spéciaux aux élèves de deuxième année formaient la suite du Cours de Géométrie descriptive, bornée à quelques manipulations où les élèves exécutaient des modèles de coupe des pierres et aux conférences correspondantes, et la suite du Cours de Mécanique rationnelle, bornée également à des développements et à des exercices relatifs aux théories les plus importantes.

Les deux Cours spéciaux aux élèves de troisième année étaient : le Cours de Machines à vapeur, et un nouveau Cours, celui des Chemins de fer, fondé par M. Perdonnet, qui conserva en même temps celui d'exploitation des Mines et qui l'augmenta d'une section préliminaire relative à la Géographie physique.

Pour tous les autres Cours : théorie des Machines, construction des Machines, Physique industrielle, Chimie analytique, Chimie industrielle, Architecture et Travaux publics, Géognosie et exploitation des Mines, Métallurgie spéciale du fer, les matières de l'enseignement furent rangées sous deux titres, A et B, professés alternativement tous les deux ans aux élèves réunis des deux divisions supérieures.

En 1838, M. Olivier reprit par intérim la Direction des études, et M. Belanger, qui devint en même temps secrétaire du Conseil, fut chargé du Cours de Mécanique rationnelle et de celui de Mécanique industrielle qu'il créa à l'École.

Le Cours de théorie des Machines fut alors supprimé. M. Walter professa tout ce qui embrasse la construction et l'établissement des Machines. De son côté, M. Ferry, n'ayant plus à traiter ce sujet, réunit tout ce qui a rapport à la Métallurgie du fer : fonte, fer et acier.

M. Belanger, dans son Cours de première année, introduisit franchement les notions nécessaires de Calcul différentiel et de Calcul intégral. Il fit suivre ces notions de la théorie du mouvement et de l'équilibre d'un point matériel, des principes généraux du mouvement d'un système de points matériels, de la statique des corps solides et des systèmes articulés, de l'étude du frottement et de celle du choc, des éléments d'Hydrostatique.

Dans la section A du Cours de Mécanique industrielle, il donna le calcul des effets du frottement et de la roideur des cordes dans les machines, la théorie des volants, celle du pendule conique, celle des cames pour pilons ou marteaux; il traita des moteurs animés et des appareils dynamométriques.

Dans la section B, il exposa les lois du mouvement de l'eau dans les vases et dans les canaux découverts, les méthodes de jaugeage, la théorie des roues hydrauliques, des machines à colonne d'eau et des pompes; il termina par la théorie du mouvement des gaz et par les applications de cette théorie aux moulins à vent et aux machines soufflantes.

La Mécanique fut enfin enseignée à l'École d'après un plan d'ensemble qui subordonna, avec l'illustre Poncelet, la Statique à la Dynamique, et dont les divisions bien tranchées permirent et préparèrent tous les progrès ultérieurs.

On nous permettra d'insister longuement sur les services rendus par M. Belanger à l'École Centrale; ce sera en quelque sorte faire l'histoire d'une partie de sa vie. Tous les ingénieurs qui furent ses élèves ont conservé pour sa mémoire une profonde vénération. Il a doté l'École d'un enseignement mécanique qui lui appartient en propre, faisant pour cette science ce que M. Dumas a fait pour la Chimie dans toutes ses branches, ce que M. Péclet a réalisé pour la Physique industrielle, ce que M. Ch. Callon a accompli plus tard pour le Cours de construction des Machines. Dans cet ordre d'idées, nous aurions encore bien d'autres noms à citer.

C'est une des plus singulières illusions de notre temps de penser qu'il y a deux espèces de Science : la première, qualifiée de *science pure*, abstraite, idéale, perdue dans les espaces et que les grands génies seuls peuvent aborder, sans profit d'ailleurs pour l'avenir ; la seconde, qualifiée de *science appliquée*, se prêtant aux besoins de l'industrie ; ayant pour tous les cas des réponses suffisamment approchées, et seule nécessaire à l'ingénieur praticien.

En réalité, nous le répéterons sans nous lasser, la pratique ne peut se passer de la théorie. Elle ne marche dans la voie du progrès qu'à mesure que la Science elle-même pose et résout plus heureusement les problèmes dont l'étude est imposée par les besoins de chaque jour. Et qui veut être ingénieur consciencieux et distingué ne peut cesser d'apprendre et de se rendre personnelles les nouvelles découvertes ou les améliorations conquises par la théorie.

Parmi les hommes qui ont fait faire un pas décisif à la Mécanique en la mettant à la portée de tous les esprits laborieux, nul peut-être n'a marqué sa trace d'une manière plus fructueuse que M. Belanger, et son nom doit être prononcé en même temps que ceux de Navier, de Coriolis, de Poncelet. Ingénieur en chef des Ponts et Chaussées, il a professé dix ans à l'École des Ponts et Chaussées après Navier, dix ans à l'École Polytechnique lors de sa réorganisation, et vingt-huit ans à l'École Centrale, en dépit d'une constitution frêle et délicate.

M. Belanger, lui aussi, croyait qu'il n'y a qu'une Science. Il le marque finement, en indiquant dans le titre même de ses livres qu'ils renferment les *Théories* des principales *Applications* de la Mécanique.

Les Traités qu'il a publiés sont au nombre de cinq :

1° *Résumé de leçons de Géométrie analytique et de Calcul infinitésimal;*

2° *Traité de Cinématique;*

3° *Traité de la Dynamique d'un point matériel;*

4° *Traité de la Dynamique des systèmes matériels;*

5° *Théorie de la Résistance des solides.*

Les remarques que nous allons présenter sur ces différents traités font réellement partie de notre sujet; car ils furent écrits spécialement en vue de l'instruction des élèves de l'École Centrale. Cette digression montrera donc nettement dans quelles conditions, excellentes à notre avis, l'enseignement de la Mécanique s'y est développé.

Le but de l'auteur, en rédigeant le *Résumé des leçons de Calcul infinitésimal*, a été de mettre rapidement les élèves de l'École Centrale à même de suivre avec fruit les Cours de Mécanique professés après le Cours d'Analyse. Aujourd'hui que le niveau des études s'est élevé, on peut regretter dans ce Résumé l'absence de quelques pages sur des théories que M. Belanger aurait su rendre attrayantes; mais ce regret n'ôte rien au mérite propre d'un Traité où l'on retrouve toutes les qualités de l'éminent Professeur. Ajoutons que, scientifiquement, au point de vue de l'exposition des principes de la Trigonométrie, ce Traité contient une très-utile innovation qui, depuis longtemps déjà, aurait dû pénétrer tout à fait dans l'enseignement classique, si la routine n'était pas, là comme ailleurs, à l'ordre du jour. Nous ne pouvons mieux faire, à cet égard, que de citer les propres indications données par l'auteur dans l'avant-propos de sa première édition (1842) :

« L'idée de prendre la théorie des projections pour fondement de la Trigonométrie découle naturellement de l'usage qu'on fait des formules trigonométriques dans la Mécanique analytique. M. Coriolis l'avait d'ailleurs énoncé avant nous, et nous n'avons probablement fait qu'obéir à son inspiration en traitant complétement la Trigonométrie sous ce point de vue nouveau, qui écarte toute difficulté relative aux définitions et aux signes des rapports communément appelés *lignes trigonométriques*, et qui offre l'avantage d'une grande généralité dans les démonstrations aisément étendues à des angles de grandeurs et de signes quelconques. »

Le *Traité de Cinématique* est une œuvre remarquable. Lorsque M. Belanger fut appelé, en 1851, à professer le Cours de *Mécanique et Machines* à l'École Polytechnique, l'enseignement de cette nouvelle science n'existait réellement pas en France, malgré les beaux travaux de Poncelet et ses leçons à la Faculté des Sciences de Paris. S'il est juste d'ajouter que plusieurs Ouvrages sur le même sujet ont précédé celui dont nous parlons, il faut avouer que, dans aucun, la partie théorique n'est traitée avec cette lucidité qui éclaire tout et fait tout comprendre.

Le Traité de la *Dynamique d'un point matériel* développe les premiers éléments de la science des effets des forces, et c'est un livre qui restera.

M. Belanger met d'abord en pleine lumière les vérités qu'on est obligé d'emprunter à l'expérience pour constituer la science. Il énonce les trois principes sur lesquels repose tout l'édifice de la Mécanique :

Celui de *l'inertie*, dû à Kepler; celui de la *réaction égale et contraire à l'action*, dû à Newton; enfin le *principe général de la composition des effets des forces,* dont l'idée première est due à Galilée.

Une fois ces principes admis, toute la science s'en déduit rationnellement avec la rigueur mathématique.

Les lois de la Cinématique interviennent ici utilement pour simplifier tout ce qui a rapport à la *composition des forces,* donnée autrefois d'une manière si peu satisfaisante, lorsqu'on étudiait la Mécanique en commençant par la Statique.

Les théorèmes principaux, concernant les équations différentielles du mouvement d'un point, les moments de la vitesse et des forces autour d'un axe, les effets de l'impulsion et du travail, sont déduits par l'auteur, avec une grande simplicité, des parallélogrammes infinitésimaux construits sur les chemins décrits et les vitesses, et dont l'emploi avait été indiqué sommairement par Poncelet dans le programme de l'enseignement de l'École Polytechnique (1850).

La théorie si importante des forces apparentes dans le mouvement relatif ne laisse rien à désirer. Elle est terminée par l'établissement des équations du mouvement relatif d'un point matériel. Rappelons, à ce sujet, que la découverte de cette belle théorie est due à Coriolis, qui en a donné une démonstration analytique, mais que M. Belanger, le premier, en a présenté la démonstration géométrique, pour les deux cas simples de la translation et de la rotation du système de comparaison, dans son Cours de 1840 à l'École Centrale. C'est donc à lui qu'on doit l'introduction, dans l'enseignement proprement dit, de ces considérations neuves et essentielles.

De nombreuses applications terminent la *Dynamique d'un point matériel.* Parmi les plus intéressantes, nous citerons : la question du mouvement rectiligne oscillatoire, celle du mouvement d'un point soumis à deux attractions émanant de deux centres fixes suivant la loi inverse du carré des distances, celle du mouvement pendulaire et du mouvement elliptique, enfin la théorie du mouvement du pendule simple eu égard à la rotation terrestre. On voit, par cette liste incomplète, que M. Belanger pensait qu'un ingénieur ne doit pas rester étranger aux grands résultats scientifiques qui font honneur à l'esprit humain.

Dans le *Traité de la Dynamique des systèmes matériels*, l'éminent Professeur suit une marche analogue. Dans une première Section, il parcourt les théories fondamentales; dans une seconde Section, il groupe de nombreux exemples où il enseigne au lecteur l'art indispensable d'appliquer les principes abstraits à des problèmes usuels.

Il insiste, avec une grande autorité, sur la nécessité de n'employer dans les sciences que des termes dont la signification soit rigoureusement définie et parfaitement conforme aux faits qu'on veut représenter. La préface du Traité dont nous parlons est, à ce point de vue, un véritable chef-d'œuvre didactique. On y suit, avec un vif intérêt, toute la discussion relative à la notion de la force, à l'impulsion (expression due à M. Belanger), à la *puissance vive* (expression également proposée par lui avec juste raison pour remplacer celle de *demi-force vive*). On s'associe pleinement aux motifs qui ont porté l'auteur à introduire, dès 1838 et d'accord avec l'illustre Poncelet, une innovation considérable dans l'enseignement de la Mécanique, en traitant la Statique comme cas particulier de la Dynamique.

Cette marche a été blâmée, notamment par M. Duhamel; elle n'est pas encore adoptée d'une manière générale. Nous persistons à croire qu'elle constitue néanmoins un progrès des plus réels et qu'on rendra justice dans un temps rapproché aux lumières et à l'expérience de notre ancien Professeur. Comme il le fait remarquer lui-même, Lagrange s'exprime ainsi (¹) :

« Il faut avouer qu'en séparant le principe de la composition des forces de celui de la composition des mouvements, on lui fait perdre ses principaux avantages, l'évidence et la simplicité ; et on le réduit à n'être qu'un résultat de construction géométrique et d'analyse. »

Quand on a le suffrage d'un pareil juge, on peut attendre sans crainte. L'avenir donnera raison à M. Belanger.

Les vingt-cinq premières pages du *Traité de la Dynamique des systèmes matériels* suffisent à l'auteur pour démontrer les théorèmes généraux qui sont, pour ainsi dire, toute la charpente de la science. Comme on le sait, ces théorèmes sont relatifs aux projections et aux moments des quantités de mouvement et des impulsions, au mouvement du centre de gravité, au travail des forces et aux puissances vives. M. Belanger les établit, avec la plus grande simplicité, comme conséquence des théorèmes analogues de la Dynamique d'un point matériel. La notion des forces intérieures, c'est-à-dire des forces mutuelles qui s'exercent entre les éléments du système considéré, sert de lien et permet de généraliser les résultats obtenus pour un seul point matériel. Nulle méthode ne peut être plus logique et plus lumineuse.

Le Traité dont nous parlons est un excellent Ouvrage, plein de remarques fines et de développements intéressants ; mais, pour nous, il n'est pas à la hauteur du Traité de la *Dynamique du point matériel*, que nous regardons sans comparaison comme le meilleur écrit de M. Belanger.

La théorie de la *Résistance des matériaux*, s'accroissant

(¹) LAGRANGE, *Traité de Mécanique analytique*, p. 19.

toujours, est devenue une partie intégrante et considérable de la Mécanique appliquée.

Au moment où l'École Centrale fut fondée, M. Benoît devait en donner quelques notions expérimentales très-succinctes aux élèves de première année. Ce fut M. Péclet qui se chargea de ce soin.

Plus tard, M. Mary, dans son Cours de Constructions civiles et Travaux publics, développa en six ou sept leçons, et d'après les conseils de M. Belanger, les principes théoriques de la Résistance des solides.

Enfin M. Belanger, d'accord avec son collègue et ami, les introduisit, en les étendant et en les perfectionnant beaucoup, au commencement de son Cours de Mécanique des corps solides, professé aux élèves de deuxième et de troisième année réunis, Cours qui alternait d'une année à l'autre avec celui d'Hydraulique. Le nombre des leçons consacrées à cette théorie fut alors porté à dix-huit environ.

C'est comme résumé concis de ces leçons que M. Belanger publia la *Théorie de la Résistance des solides*.

Cet Ouvrage, dont la valeur ne doit pas être estimée au volume resserré, est devenu le *vade-mecum* de tous les anciens élèves de l'École Centrale et les a familiarisés avec un sujet difficile, dont la connaissance suffisamment précise est cependant indispensable dans toutes les industries qui se rattachent à la Mécanique.

Grâce à M. Belanger, les ingénieurs de l'École Centrale ont pu se créer, dans ces questions capitales, comme une sorte de spécialité. C'est honorer sa mémoire que de citer, parmi ses élèves à l'École Centrale, des hommes tels que MM. Yvon Villarceau et de Dion.

Dans son Livre sur la Résistance des solides, M. Belanger part du principe hypothétique suivant :

Si un corps prismatique, soumis à l'action de forces quelconques, subit en même temps une déformation et un changement d'état d'équilibre intérieur, les sections du corps qui étaient planes et normales à son axe avant l'application des forces considérées demeurent composées des mêmes éléments et sont encore normales à l'axe dans sa nouvelle position et dans sa nouvelle forme, après que ces forces ont agi.

Cette hypothèse présente un accord suffisant avec les faits; elle n'est en défaut que dans des cas, pour ainsi dire, exceptionnels.

On peut, sans doute, en ayant recours à la théorie mathématique de l'élasticité des corps solides, telle que Lamé, par exemple, l'a présentée dans son remarquable et profond Ouvrage, traiter les questions de résistance à un point de vue plus général. Mais les complications qui surgissent alors sont si grandes, qu'il n'y a pas à hésiter si l'on considère avant tout l'utilité directe et présente.

M. Belanger a donc eu toute raison de préférer, avec Navier et Poncelet, la marche qu'il a suivie.

Parmi les résultats curieux et intéressants que M. Belanger a signalés le premier, il faut mentionner le procédé qu'il a proposé pour diminuer le moment fléchissant maximum dans le cas des poutres prismatiques supportées par un nombre déterminé d'appuis. Le problème se trouve résolu par l'abaissement de niveau des points d'appui intermédiaires. Le savant ingénieur fut conduit à cette solution en généralisant la belle formule de Clapeyron.

M. Belanger n'a pas fait paraître ses leçons sur l'*Hydraulique;* mais les feuilles autographiées, rédigées par lui pour les élèves de l'École des Ponts et Chaussées et pour ceux de l'École Centrale, en font apprécier tout le mérite.

C'est au savant Professeur qu'on doit l'invention du

piézomètre différentiel, cet appareil si simple et si utile destiné à mesurer la différence de pression en deux points peu éloignés d'une masse liquide. Il a donné le moyen de mettre en équations les problèmes relatifs aux conduites à plusieurs branches. Les premières recherches sur le mouvement permanent varié de l'eau dans les canaux découverts lui appartiennent. Son *Essai sur le mouvement des eaux courantes* (1827) fut le point de départ de tous les travaux qui ont eu pour objet cette partie de l'Hydraulique. La théorie du ressaut se trouve exposée dans cet essai. Elle a été modifiée et améliorée plus tard par M. Belanger dans ses Cours oraux.

Disons, pour terminer, que nul auteur n'a présenté l'importante théorie des Moteurs hydrauliques avec plus de simplicité et d'élégance à la fois, que leur construction raisonnée lui doit plusieurs perfectionnements, et que dans les feuilles autographiées dont nous parlons la théorie de l'écoulement des gaz est le digne pendant de la théorie des Moteurs hydrauliques.

Nous n'avons pas cité, parmi les Traités publiés par M. Belanger, la première Partie de son *Cours de Mécanique* à l'École Centrale, concernant la Mécanique générale, et qui parut en 1847. Nous croyons nécessaire d'extraire les lignes suivantes de la préface de ce très-remarquable Volume, pour être juste envers tous et pour montrer que M. Belanger reconnaissait loyalement ce qu'il pouvait devoir à ses émules. En même temps, ces lignes définissent exactement le point de vue auquel M. Belanger se plaçait dans son enseignement à l'École Centrale.

« La première Partie (publiée aujourd'hui), dit-il, traite des lois générales du mouvement et de l'équilibre des corps relativement aux forces qui les sollicitent; elle expose les principales connaissances qui appartiennent à la Dynamique, à la Statique, à l'Hydrostatique.

» Un usage ancien et encore généralement suivi est de commencer l'étude de la Mécanique par la Statique, ce qui a le grave inconvénient d'habituer les élèves à considérer les forces d'une manière trop abstraite, indépendamment des conditions de leur existence et de leurs effets. A cet égard, une heureuse innovation a été réalisée par M. Poncelet, que ses savants et utiles travaux placent à la tête de l'école moderne de la Mécanique industrielle. Dans un Cours public fait en 1827 aux ouvriers et artistes de Metz, il a fondé son enseignement sur les principes de la Dynamique, tels qu'il les a exposés dans son *Introduction à la Mécanique industrielle, physique et expérimentale*. M. Coriolis, esprit d'une rare sagacité, dont une santé débile et une mort prématurée ont malheureusement borné la carrière, a adopté le même ordre de déduction dans sa *Mécanique générale des corps solides*. Il y a conclu des lois du mouvement les conditions de l'équilibre, considéré comme cas particulier.

» Aidé des écrits, éclairé par les entretiens de ces savants ingénieurs, mes anciens camarades à l'École Polytechnique et mes amis, j'ai imité leur exemple sans m'astreindre d'ailleurs à suivre entièrement ni l'une ni l'autre de leurs méthodes.

» Je suppose à mes lecteurs plus d'instruction acquise en Mathématiques que n'en avaient la plupart des auditeurs des Cours publics de Metz, mais beaucoup moins que n'en exigent le Traité de Mécanique de Coriolis et les autres Ouvrages destinés aux élèves de l'École Polytechnique. Je m'appuie fréquemment sur la Trigonométrie, sur la théorie de l'expression des courbes par leurs équations, sur l'emploi des éléments du Calcul différentiel et du Calcul intégral, connaissances auxquelles il suffira d'avoir consacré préalablement quelques mois d'une étude attentive (¹)....

» C'est sur cette base que je me suis efforcé d'asseoir une exposition claire et logique de la Mécanique rationnelle, qui, étudiée d'abord au point de vue purement théorique, doit ultérieurement servir de guide à la Mécanique pratique ou industrielle. Dans cette étude, la rigueur mathématique n'est pas seulement un noble exercice de l'intelligence ; je la crois utile surtout parce que des vérités non démontrées sont, comme trop d'exemples le prouvent, sujettes à être bientôt oubliées ou faussement interprétées et mal appliquées. »

En résumé, avant la cession de l'École à l'État, M. Belanger, comme Directeur des études, a grandement amélioré les conditions du concours d'entrée et celles de l'enseignement intérieur de l'École. Comme Professeur, il a contribué plus que personne à mettre la Mécanique à la portée de tous les esprits suffisamment cultivés et attentifs. Il est arrivé à ce but sans rien sacrifier de la rigueur des déductions. Il a établi au contraire les principes de la science avec plus de sévérité et de netteté que ses devanciers. Pour nous, il a créé la vraie Mécanique de l'ingénieur.

On voudra bien nous pardonner l'aridité des détails qui précèdent, en se souvenant que nous écrivons l'Histoire d'une École technique.

En même temps que la Mécanique se développait dans ses branches diverses, les Cours de Chimie recevaient une forte

---

(¹) Notre longue pratique de l'enseignement scientifique, à tous ses degrés et sous toutes ses formes, nous oblige à dire qu'en demandant seulement *quelques mois* aux jeunes gens pour acquérir les connaissances qu'il indique M. Belanger se montre beaucoup trop généreux envers la moyenne des intelligences et des capacités. Comprendre et savoir sont deux choses si différentes !

impulsion du savant éminent qui en avait, dès le premier jour, posé les bases.

Le Cours de Chimie générale s'enrichissait et se précisait de plus en plus; celui de Chimie analytique embrassait tous les procédés de recherche, toutes les méthodes utiles de dosage; enfin, la Chimie industrielle ne laissait de côté aucune des grandes applications de la Chimie moderne, envisagées sous toutes leurs faces et décrites avec un soin minutieux.

En suivant cette voie, M. Dumas restait fidèle à la pensée exprimée par lui, dès 1828, dans la Préface de son *Traité de Chimie appliquée aux arts*.

« Pour tirer quelque profit des notions précises de la Chimie dans les applications industrielles, disait-il, il est indispensable de les étudier à fond; car les moindres détails deviennent d'un intérêt majeur lorsque les opérations s'exécutent sur de grandes masses. »

Ces Cours sur une même science, Chimie, Mécanique ou Machines, se prolongeant ainsi pendant les trois années d'études et se transformant d'une année à l'autre suivant le point de vue qu'on veut faire prédominer, sont un des caractères distinctifs de l'enseignement de l'École Centrale. Ils forment de cette manière comme une encyclopédie raisonnée, dont l'intérêt se renouvelle et grandit, où les mêmes principes philosophiques servent de fondement aux différentes questions traitées, et conduisent l'auditeur et l'élève à s'élever, par une assimilation progressive dont il a à peine conscience, à la hauteur nécessaire pour saisir la liaison de toutes les parties qui lui ont été si habilement présentées et enseignées.

Il n'est que juste de reconnaître qu'ici la Chimie et son illustre représentant ont donné l'exemple.

Le Cours de Construction des machines, après des tâtonnements inévitables, reçut à son tour, un peu plus tard, une vive empreinte de M. Ch. Callon.

L'habile et consciencieux ingénieur, tout en augmentant et améliorant les leçons consacrées aux machines industrielles proprement dites, ne craignit pas de s'imposer un nouveau travail. La machinerie agricole n'avait jamais été enseignée à l'École Centrale : il y donna tous ses soins et développa cet important sujet avec une ampleur, dont le bel Album publié par lui conservera la trace et le souvenir.

Nous compléterons l'exposé de la vie intérieure de l'École à cette époque en marquant rapidement les changements principaux survenus dans le personnel enseignant ainsi que les innovations adoptées.

A la fin de 1838, M. Belanger, voulant se consacrer entièrement à son enseignement, quitte la Direction des études. Il est remplacé par M. Bardin, auquel succède M. Empaytaz en 1841.

De 1839 à 1841, l'École a l'honneur de voir la chaire de Physique générale occupée par V. Regnault. C'est M. Masson qui y est appelé après lui.

En 1840, M. Perdonnet ne conserve plus que le Cours de Chemins de fer en troisième année, et M. A. Burat lui succède dans la chaire de Géognosie et d'exploitation des Mines.

M. Cahours est nommé répétiteur de Chimie générale, et M. Sonnet, examinateur d'admission pour Paris.

Pour la première fois, un travail de vacances est exigé des élèves.

Ce travail consiste, pour ceux de première année, en levers de bâtiments et de machines.

Les élèves de deuxième année doivent faire, pendant ce temps de liberté et de repos relatifs, des visites d'usines et d'ateliers, et rédiger d'après ces visites un cahier de croquis et de notes qu'ils sont obligés de présenter à la Direction des études au moment de leur passage en troisième année.

Nous n'avons pas besoin de faire ressortir toute l'utilité de cette mesure.

En 1841, un *Cours spécial* de manipulations chimiques est institué en première année.

La marche de l'École est alors assurée pour un long espace de temps, après ces onze années d'efforts incessants, et la prospérité de l'institution suit une progression constamment croissante.

En 1842, M. Edmond Becquerel est nommé répétiteur du Cours de Physique générale et M. Des Cloizeaux, répétiteur du Cours de Géognosie et d'exploitation des Mines.

En 1843, M. Peligot supplée M. Dumas pour une partie du Cours de Chimie générale et lui succède dans la chaire de Chimie analytique. C'est M. Payen qui occupe celle de Chimie industrielle.

En 1844, MM. Alcan et Salvetat, anciens élèves, sont chargés de leçons de Technologie spéciale, le premier sur les matières textiles, le second sur la poterie.

En 1845, M. Cahours remplace M. Peligot comme suppléant de M. Dumas. M. Wurtz est chargé du Cours de manipulations chimiques en première année et devient, en 1846, Chef des travaux chimiques.

M. Camille Polonceau, ancien élève, occupe en 1851 la chaire de Construction des machines; il est remplacé en 1852 par M. Ch. Callon, également ancien élève.

En 1853, l'École perd en M. Olivier, Fondateur, l'un de ses Professeurs les plus éminents et les plus dévoués [1].

La même année, M. Belanger, appelé depuis deux ans

---

[1] *Voir* à l'Appendice les pages consacrées à M. Olivier.

à l'École Polytechnique et suppléé d'abord par M. Sonnet, est remplacé par M. Delaunay pour une partie de son Cours de Mécanique industrielle.

M. Sonnet est nommé à la chaire d'Analyse et de Mécanique rationnelle en première année, et M. Tresca lui succède comme examinateur d'admission à Paris.

M. Dumas, qui, appelé en 1849 au Ministère de l'Agriculture et du Commerce, avait quitté à cette époque la présidence du Conseil des études, la reprend en 1854. Il avait eu pour successeurs à cette présidence : en 1849, M. Péclet; en 1850, M. Mary; en 1851, M. Olivier; en 1852, M. Perdonnet.

Enfin, en 1856, MM. Peligot et L. Thomas, A. Burat et Ch. Callon, sont nommés membres du Conseil des études; un Cours de Législation industrielle est créé, et la limite minimum d'âge pour l'admission est portée à dix-huit ans.

Il n'est peut-être pas inutile d'indiquer le caractère distinctif du travail des élèves pendant ces années d'essai.

Les Cours de l'École s'élèvent constamment, leurs cadres se précisent; les Professeurs, pleins de zèle et de capacité, se tiennent au courant de tous les progrès : la Sorbonne industrielle est bien réellement fondée.

Néanmoins, quand tout à peu près est à créer, les tâtonnements, les lacunes, sont impossibles à éviter. Les élèves, au point de vue de l'exécution des projets, ne sont pas assez aidés; les programmes qu'ils doivent développer restent quelquefois un peu vagues, les modèles n'existent pas toujours ou ne sont connus qu'imparfaitement. La Science appliquée est en gestation, elle aussi, il ne faut pas l'oublier.

Ces projets exigent donc de la part des élèves des efforts souvent trop grands; les plus laborieux, les plus ardents, risquent de se décourager en face de difficultés qui leur paraissent insurmontables.

Mais, à côté de ces inconvénients sérieux, quel appel à l'initiative, à l'esprit d'invention, à l'énergie de la volonté! Il ne faut donc rien regretter. Ces travaux péniblement exécutés et qui ont coûté tant de veilles à leurs jeunes auteurs, aujourd'hui parvenus à leur maturité, les ont trempés pour la vie active et leur ont appris à ne pas reculer devant les problèmes nouveaux. Si leurs successeurs ont profité des améliorations de toutes sortes qui se sont produites à cet égard, eux du moins ont eu l'honneur d'être les premiers pionniers d'un sol encore vierge.

CHAPITRE IX.

DE LA PLACE PRISE PAR L'ÉCOLE CENTRALE DANS L'ESTIME PUBLIQUE PENDANT CETTE PREMIÈRE PÉRIODE.

Tandis que l'École Centrale cherchait sans relâche à perfectionner son enseignement et les conditions de son régime intérieur, elle faisait des progrès parallèles dans l'estime publique. Son personnel variait autour des quatre Fondateurs, en restant toujours à la hauteur de sa tâche. Le nombre des élèves augmentait par la seule force des choses, sans que l'École pût offrir aucun avantage brillant à ses candidats, sans qu'elle eût besoin d'autres réclames que les succès des ingénieurs qu'elle avait formés. Nous devons revenir sur nos pas pour raconter cette partie de son histoire, et pour conserver la trace des marques d'intérêt et des encouragements qui lui furent accordés pendant cette longue période d'enfantement et de croissance qui s'étend de 1829 à 1857.

Le 27 février 1833, le Conseil de l'École Centrale soumet au Conseil général des manufactures les premiers résultats obtenus et réclame son patronage. Il montre par les faits qu'aucun établissement scientifique ne remplit le même rôle, qu'aucun ne peut réellement former les directeurs d'usines, les ingénieurs civils que les besoins multiples de l'industrie rendent de plus en plus indispensables. Les principales déductions du Conseil ont déjà été présentées, sous une forme un peu différente, dans le Chapitre III. Nous allons les reproduire, en essayant de les préciser davantage sur quelques points.

M. Lavallée et ses collègues remarquent, dans leur Rapport au Conseil général des manufactures, que la Sorbonne et l'École Polytechnique offrent beaucoup de chaires communes, occupées souvent par les mêmes professeurs. Cependant, il n'y a aucune comparaison à faire entre ces deux grandes institutions. Les examens fréquents subis par les élèves, les travaux réguliers et étroitement coordonnés qui leur sont imposés, donnent à l'École Polytechnique une évidente supériorité. La Faculté des Sciences serait impuissante à créer cette pépinière d'hommes distingués dans toutes les branches et qui rendent au pays de si réels services.

Certes, les fondateurs de l'École Centrale ne prétendent pas nier l'utilité évidente et considérable des Facultés. Elles représentent les foyers où la Science pure se perfectionne et s'accroît. C'est là qu'on peut faire l'essai des nouvelles découvertes, c'est-à-dire les présenter avec leurs tâtonnements, leurs obscurités relatives, leurs échappées de lumière. Le professeur y est libre, aucun programme ne l'entrave ; il ne relève que de lui-même et de sa mission, qui est de cultiver la Science. Dans les Facultés, on crée ce qu'on doit enseigner ensuite dans les Écoles. De là, deux ordres d'idées profondément distincts, correspondant à deux besoins également nécessaires. Ceux qui sont déjà instruits peuvent se perfectionner en assistant aux Cours des Facultés ; ceux qui ne le sont pas ne peuvent que difficilement y apprendre quelque chose.

Il n'y a pas lieu de parler des Écoles d'Arts et Métiers. Leur but est tout différent de celui que poursuit l'École Centrale.

Quant au Conservatoire des Arts et Métiers, on peut caractériser ce grand établissement en disant que c'est un véritable Musée industriel. Ses cours publics, ses collections, sa bibliothèque, lui donnent un caractère tout particulier. Il sera toujours utile aux manufacturiers trop occupés ou trop âgés pour pouvoir venir s'asseoir régulièrement sur les bancs d'un amphithéâtre. Il le sera à tous les industriels par les documents nombreux qu'il possède, documents qu'une direction éclairée ne saurait manquer d'accroître encore, et son utilité augmentera avec l'instruction même des auditeurs qu'il est destiné à satisfaire. Mais le Conservatoire n'est pas une École dans le vrai sens du mot, et il serait très-fâcheux qu'on voulût le transformer en marchant dans cette direction, car la place qu'il occupe aujourd'hui resterait alors à remplir.

Nous n'avons donc, ajoute le Conseil, à comparer l'École Centrale qu'à l'École Polytechnique. Si la première était une simple superfétation de notre École nationale, nous n'aurions rien à demander au Conseil général des manufactures; mais nous sommes convaincus du contraire.

Les hommes qui sortent de l'École Polytechnique et des Écoles d'application civiles et militaires qui lui sont annexées possèdent des connaissances variées et profondes.

L'École Polytechnique, fondée en pleine tourmente politique, a rempli noblement sa mission. Elle a donné une vie nouvelle aux études scientifiques, imprimé une direction commune aux travaux des savants, concentré sur un même point des efforts jusqu'alors divisés, fourni aux corps des ingénieurs de l'État les sujets instruits dont ils commençaient à éprouver le besoin.

Mais ses anciens élèves, plus habitués naturellement aux déductions élevées des théories abstraites, éprouvent souvent quelque peine à se plier aux détails de la pratique, détails qui, pourtant, importent absolument au succès des entreprises. D'ailleurs, le nombre des élèves admis chaque année est très-restreint, et l'École Polytechnique ferme ainsi ses portes à de nombreux candidats dont l'esprit, moins propre sans doute à saisir les abstractions mathématiques, peut néanmoins être capable d'étudier avec fruit les sciences appliquées.

L'École des Ponts et Chaussées ne reçoit que des élèves sortis de l'École Polytechnique (¹). L'École des Mines reçoit des élèves externes, mais en très-petit nombre, et ils ne suivent qu'avec une certaine difficulté des cours spécialement destinés aux élèves ingénieurs sortis de l'École Polytechnique.

On peut donc affirmer que la France manque d'ingénieurs civils, et que notre système d'instruction publique présente à cet égard une lacune évidente. Les fondateurs de l'École Centrale ont voulu la combler.

Un ingénieur doit recevoir à la fois une instruction scientifique générale et une instruction industrielle générale; car la seconde ne peut se passer de la première, et l'étude approfondie d'une industrie exige l'étude comparative de toutes les industries qui peuvent exercer sur elle par leurs progrès une action directe ou indirecte. C'est seulement dans une École tout à fait spéciale que l'ingénieur peut acquérir cette double instruction. En outre, pour connaître dans ses moindres détails l'industrie particulière qu'il est appelé à exercer, il faut qu'il se soumette à une sorte d'apprentissage pratique que le séjour des ateliers peut seul le mettre à même d'accomplir. Mais *l'Atelier ne peut venir qu'après l'École, le Métier après la Profession.*

Les fondateurs de l'École Centrale se sont proposé de

(¹) Aujourd'hui, l'École des Ponts et Chaussées admet des élèves non sortis de l'École Polytechnique. C'est une véritable concurrence faite à l'École Centrale et que nous avouons ne pas bien comprendre. Nous ne croyons pas qu'on eût pris cette mesure, si l'École Centrale n'avait pas existé.

créer cette École spéciale, cette École Polytechnique industrielle, qui n'existait nulle part. Malgré quatre années d'expérience, ils n'osent se flatter d'avoir atteint leur but aussi complétement qu'ils le désireraient. Du moins, ils peuvent déjà s'enorgueillir des suffrages éclairés d'un grand nombre de manufacturiers qui leur ont confié leurs enfants; ils peuvent citer plusieurs de leurs élèves utilement employés dans l'industrie et qui promettent au pays des hommes capables et laborieux.

L'École se recommande donc à l'attention de tous ceux qui ont à cœur les progrès de notre prospérité nationale. C'est ce qui a conduit les fondateurs à réclamer le patronage du Conseil général des manufactures, et c'est ce qui les porte à le prier de nommer une Commission d'examen qui puisse donner son avis sur l'École Centrale.

Cette demande fut entendue. Le Conseil général des manufactures nomma une Commission composée de MM. Bérard, Roman, Desrousseaux, Saulnier et D'Arcet. Le Rapport de cette Commission, rédigé par M. D'Arcet, fut présenté au Conseil le 30 mai 1833. Voici en substance les conclusions de ce Rapport :

Après avoir reconnu qu'aucun établissement public ou privé ne pouvait être comparé à l'École Centrale quant au but poursuivi, le rapporteur fait ressortir l'indispensable nécessité d'un établissement d'enseignement industriel. La médecine, le droit, les beaux-arts, les ponts et chaussées, les mines, l'artillerie, le génie, la marine ont des Écoles spéciales. L'industrie n'en a pas une reconnue et protégée, elle qui ne mérite certes pas moins que toutes les autres branches de nos richesses et de notre puissance la sollicitude attentive du Gouvernement.

Quels avantages devrait-il accorder à l'École Centrale? Le

Conseil général des manufactures n'a pas de mandat spécial pour répondre; il doit donc se borner à émettre le vœu que cette École reçoive une organisation qui assure son développement et sa stabilité.

Il lui semble que l'administration supérieure pourrait, sans inconvénient, faire examiner dans les départements les élèves qui se destinent à l'École Centrale. Elle éviterait ainsi à l'École d'en recevoir que leur défaut d'aptitude l'oblige à renvoyer dans leur famille.

Le Gouvernement pourrait également autoriser les Conseils municipaux ou généraux qui le désireraient à créer des bourses à l'École Centrale en faveur des sujets qu'il leur conviendrait d'y destiner.

Le Conseil des manufactures croit que, si les diplômes accordés aux élèves qui ont satisfait à toutes les épreuves du concours de sortie étaient délivrés après l'intervention et avec la sanction d'examinateurs désignés par le Gouvernement, ces diplômes prendraient une importance encore plus grande qui permettrait aux jeunes ingénieurs de l'École de se placer plus avantageusement.

Enfin, il est d'avis que les élèves de l'École Centrale pourraient, dans certains cas, obtenir la faculté de concourir avec ceux de l'École Polytechnique pour l'admission dans les services publics. Ce serait là une cause de haute émulation qui profiterait certainement aux deux Écoles et aux services pour lesquels elles présenteraient des candidats.

Les considérations précédentes, dit M. D'Arcet, peuvent faire l'objet d'une discussion ou d'un doute; mais il ne saurait y en avoir aucun sur la convenance qu'il y aurait pour tous les membres du Conseil général des Manufactures à recommander un établissement auquel l'Industrie peut devoir de si grands services.

En terminant, le savant rapporteur repousse l'objection qui consiste à prétendre que l'opinion favorable émise par le Conseil, relativement à l'École Centrale, sera une atteinte portée aux intérêts des établissements rivaux. La Commission s'est assurée qu'il n'existe aucun établissement de la nature de l'École Centrale, ce qui écarte immédiatement la supposition d'une rivalité tout à fait chimérique. L'École Centrale des Arts et Manufactures, au lieu de vouloir s'emparer d'une place déjà occupée, aspire seulement à remplir une lacune qu'il était pénible de voir subsister dans le système général de l'Instruction publique en France.

Le Conseil général des manufactures adopta à l'unanimité, dans la même séance du 30 mai 1833, les conclusions du Rapport de M. D'Arcet.

La Société d'encouragement pour l'industrie nationale écouta à son tour, dans sa séance du 12 juin 1833, la lecture d'un Rapport sur l'École Centrale, présenté au nom d'une Commission composée de MM. Thenard, de Lasteyrie, Silvestre, Ch. Dupin, Francœur, Mérimée et Payen, rapporteur.

Ce Rapport est comme un écho de celui de M. D'Arcet. Nous ne l'analyserons donc pas en entier, et nous en détacherons seulement les parties suivantes.

Après avoir montré que la cause profonde du désordre qui règne dans l'industrie est, avant tout, l'absence d'un lien rationnel entre la pratique et la théorie, M. Payen ajoute :

« Une institution particulière s'est élevée avec le concours d'hommes éclairés pour essayer de satisfaire à ce besoin impérieux de l'état avancé de notre civilisation ; elle est fondée sur cette idée féconde : qu'au point où se trouvent actuellement les connaissances humaines, l'industrie doit être, sous le rapport technologique, une déduction de la Science, une application directe de ses données à la production matérielle, et non pas une simple collection de procédés routiniers, plus ou moins confirmés par l'expérience. Ses fondateurs se sont donc donné la mission importante de mettre les *pratiques industrielles* à la hauteur des *théories scientifiques*, d'organiser en quelque sorte l'éducation industrielle. »

C'est là, très-heureusement condensé en quelques mots, le programme passé, présent et futur de l'École Centrale.

Les conclusions du rapporteur concordent avec celles de M. D'Arcet. Il pense que la question posée mérite l'examen du Gouvernement et des chambres législatives.

« Il y a tant d'emplois dans les administrations de notre pays, dit M. Payen, qui utiliseraient des capacités spéciales et qui sont aujourd'hui donnés à la faveur plus ou moins justifiée, que plusieurs Écoles de spécialités ou d'application pourraient à peine y suffire. Cette destination constituerait le plus puissant aiguillon que l'on pût donner à l'instruction en France.

» La Société d'encouragement a plus d'une fois témoigné tout l'intérêt qu'elle attache à la prospérité de l'Ecole Centrale des Arts et Manufactures. Elle a suivi avec sympathie les développements de cette École depuis sa naissance; elle a vu la place qu'elle occupe dans notre système industriel s'agrandir chaque jour et acquérir plus d'importance.

» Appréciant nous-mêmes tant de sacrifices et d'efforts pour étendre et consolider le cercle de l'éducation positive, nous croyons entrer dans vos vues bienveillantes en vous proposant de donner aujourd'hui à cette École un témoignage éclatant de votre sollicitude, et de sanctionner ainsi l'existence d'un établissement qui doit contribuer à enrichir la Société d'encouragement de membres instruits dans les différentes applications des sciences à l'industrie.

» Nous avons à cet effet l'honneur de vous demander :

» 1° De créer quatre demi-bourses à l'École Centrale des Arts et Manufactures;

» 2° De faire présent à la bibliothèque de l'École de deux collections du *Bulletin de la Société d'encouragement*, à partir de cette année;

» 3° D'insérer le présent Rapport dans votre *Bulletin*. »

Ces conclusions furent adoptées par la Société dans sa séance du 10 juillet 1833.

Jusqu'en 1835, l'École Centrale ressortit au Ministère de l'Instruction publique et fut soumise, par suite d'une interprétation difficile à justifier, à la rétribution universitaire. C'était méconnaître tout à fait le rôle qu'elle remplissait et le rang qu'elle occupait réellement.

M. Dumas s'était efforcé inutilement, à plusieurs reprises, de faire cesser cette anomalie. Il n'avait pu vaincre l'obstination des bureaux. Lors d'une dernière tentative, il rencontra M. Cousin, son illustre collègue à la Sorbonne. « Vous perdez vos peines, lui dit le philosophe. Tant que vous dépendrez de l'Instruction publique, vous payerez. Vous n'avez qu'une chose à faire : changez de Ministère. »

L'avis ne fut pas perdu, et le Ministre de l'Agriculture et du Commerce consentit bientôt, avec beaucoup de bienveillance, à la mutation par laquelle il devint désormais le protecteur éclairé de l'École Centrale.

L'année scolaire 1837-1838 fut signalée par un fait important pour l'avenir de l'École. Le Ministre du Commerce chargea un membre du Comité consultatif des Arts et Manufactures de lui faire un Rapport sur l'École Centrale. A la suite de ce Rapport, il donna la preuve la plus manifeste de son approbation en consacrant des fonds à l'entretien d'un certain nombre d'élèves distingués par leur mérite, mais peu favorisés de la fortune. Les deux Chambres n'hésitèrent pas à s'associer aux vues de l'administration. Grâce à leur vote libéral, vingt-huit élèves pensionnés de l'État entrèrent à l'École en 1836 et en 1837. Les bourses ainsi créées furent d'ailleurs données après un concours qui permit de choisir les plus dignes. L'École dut à cette protection du Ministre de voir augmenter le nombre de ses bons élèves et d'être désormais accessible à toutes les classes de la société.

La somme inscrite au budget pour cet objet, en 1838, fut de 21 440 francs (¹).

Voici l'extrait du Rapport présenté par la Commission du budget pour l'exercice 1838, à la Chambre des députés :

« Quant aux 17 000 francs qui complètent la somme additionnelle qui vous est demandée, ils ont pour but de placer à l'École Centrale des Arts et Manufactures un certain nombre de jeunes gens sans fortune qui auront fait preuve d'intelligence et de dispositions studieuses. Vous connaissez tous, Messieurs, cet utile établissement, fondé en 1829 par le concours d'habiles professeurs, dans l'intention de former des ingénieurs civils, des directeurs d'usines, des chefs d'ateliers et de manufactures. Cette institution privée qui, par son importance, le dispute à nos premiers établissements publics, a créé et mis en pratique un système complet d'éducation industrielle. C'est à la fois une succursale de l'École Polytechnique et une annexe de nos diverses Écoles d'application. Une telle fondation répondait à un des premiers besoins de notre époque : aussi son succès est-il complet. Il est constaté, soit par les suffrages unanimes des premiers manufacturiers du pays, soit par la facilité avec laquelle se

---

(¹) Sur les 28 élèves encouragés, 14 reçurent seulement une demi-bourse, 6 une bourse entière; les 8 derniers reçurent, outre la bourse entière, une pension alimentaire s'élevant en moyenne à 480^f.

sont placés jusqu'ici tous les jeunes gens formés à l'École Centrale. »

Nous terminerons cette série de documents si honorables, en constatant que, dès 1842, le vote des Chambres avait permis au Ministre de l'Agriculture et du Commerce d'accroître le nombre des élèves entretenus par l'État à l'École Centrale et de le porter à quarante. Les départements avaient suivi l'impulsion. Les Conseils généraux de vingt-neuf d'entre eux avaient voté des fonds pour subvenir, en tout ou en partie, aux besoins d'un certain nombre d'élèves faisant preuve d'une aptitude distinguée; et le Conseil général du département de la Seine avait doublé, à partir du 1er janvier 1849, l'allocation depuis longtemps consacrée à cet objet.

Nous devons répéter que l'admission à l'École Centrale, avec un encouragement de l'État ou une bourse départementale, ne pouvait avoir lieu qu'à la suite d'un concours passé à Paris devant un jury nommé par le Ministre. Il ne suffisait donc pas d'être admissible, il fallait encore arriver en rang utile sur la liste des concurrents. Cette condition de concours écartait tout soupçon de faveur et assurait à l'École d'excellents élèves.

CHAPITRE X.

L'ÉCOLE CENTRALE EN 1848. — FONDATION DE LA SOCIÉTÉ CENTRALE DES INGÉNIEURS CIVILS.

Nous avons un moment hésité à parler de la nouvelle crise traversée par l'École Centrale en 1848. Les temps de troubles et d'orages politiques ne conviennent pas d'ordinaire au développement pacifique d'un vaste établissement d'instruction supérieure. Mais il nous a paru que nous ne pouvions passer tout à fait sous silence un épisode, en somme important et bien connu, de l'histoire que nous écrivons. Ceux qui ont été mêlés à ces événements lointains s'étonneraient à bon droit d'une abstention qui, par cela même qu'elle serait volontaire, serait sans doute mal interprétée. Nous laisserons d'ailleurs de côté les détails inutiles ou irritants, et nous rappellerons seulement les faits par lesquels l'École Centrale s'est rattachée d'une manière plus intime à la vie de la grande cité qui l'abrite, à la vie même de la France.

Le 24 février 1848, il faut avouer que le nombre des républicains était peu considérable; mais, dès le lendemain, il y eut dans le pays comme un acte d'adhésion spontanée à la nouvelle forme du gouvernement. Après cette révolution qui s'était effectuée sans résistance et pour ainsi dire d'elle-même, on se plut, dans les premiers instants, à espérer, à croire qu'une nouvelle ère de bonheur et de justice allait s'ouvrir pour la patrie. On comptait sans l'inexpérience et la passion des hommes, sans les convoitises et les trahisons des partis.

Le Gouvernement provisoire, symbolisé par Lamartine, bénéficia d'abord de la popularité et du génie du grand poète et de la haute position morale ou scientifique de Dupont (de l'Eure) et de François Arago, dont les opinions républicaines étaient connues et respectées, tout autant que des fautes à jamais regrettables du Gouvernement précédent.

Les adresses, les députations, se succédèrent à l'Hôtel de Ville. L'École Centrale ne fut pas la dernière à porter, elle aussi, une parole émue de patriotisme et de confiance à ceux qui avaient assumé le lourd fardeau du pouvoir, combien plus lourd en ces temps où l'implacable logique des événements condamne si souvent les meilleurs, voyant et voulant le bien, à des erreurs fatales.

Les élèves de l'École furent présentés à François Arago par MM. Lavallée et Th. Olivier, dans l'une des grandes salles du premier étage. M. Olivier connaissait particulièrement F. Arago.

L'illustre Secrétaire perpétuel de l'Académie des Sciences, Ministre de la Marine du nouveau gouvernement, venait d'improviser un beau discours pour répondre à la colonie américaine de Paris et pour saluer le drapeau étoilé des États-Unis.

Maigri, fatigué, déjà courbé et malade, son grand œil noir si intelligent lançait encore des éclairs, ses cheveux flottaient autour de sa tête noble et expressive, et il martelait ses paroles d'un grand geste puissant.

Pour l'École Centrale, il fit taire l'éloquence. Il écouta avec bonhomie les quelques paroles par lesquelles M. Th. Olivier lui présenta les élèves et l'assura du dévouement du Conseil. Il répondit en recommandant par-dessus tout à ces jeunes gens l'amour du pays et celui du travail : « Retournez à vos études, dit-il, et rendez-vous de plus en plus capables de bien servir la France. »

La jeunesse a toujours été passionnée pour l'uniforme. Lors de la révolution de 1830, les élèves de l'École Centrale avaient obtenu d'en porter un semblable à celui des élèves de l'École Polytechnique, avec cette différence que les parements rouges de l'uniforme de ces derniers devinrent bleus dans celui des futurs ingénieurs civils.

Les élèves de l'École Centrale réclamèrent instamment, de leur Directeur et du Conseil, en 1848, l'autorisation de reprendre le costume de leurs anciens.

Le Conseil des études n'accueillit pas ce désir favorablement. Il lui semblait que la concurrence essayée avec l'École Polytechnique s'affichait ainsi trop bruyamment, et que le port de l'épée ne convenait pas aux fonctions que doit remplir le plus souvent un ingénieur civil. Il céda enfin aux sollicitations renouvelées des élèves, à la condition que l'uniforme demeurerait facultatif, et que ceux qui ne voudraient pas le revêtir seraient laissés libres.

Il ne faut pas oublier, pour apprécier la sagesse de cette décision, que l'École Centrale ne reçoit que des élèves externes. Le Conseil voulut ménager, avec raison, les ressources des familles et les susceptibilités des boursiers ([1]).

Le vote sur l'adoption du costume, après autorisation de l'administration de l'École, eut lieu dans l'un des amphithéâtres. Il y eut seulement douze *non* contre cent quatre-vingts *oui*.

En y réfléchissant, on peut s'expliquer l'ardent désir de la grande majorité des élèves et l'approuver dans une cer-

---

([1]) Le prix du costume complet ne devait pas s'éloigner, pensons-nous, de 400 ou 500 francs.

taine mesure. Un uniforme commun marque nettement la solidarité qui existe entre tous, impose à ceux qui ont l'honneur de le porter le respect constant d'eux-mêmes, fait entrer pour ainsi dire par les yeux dans l'entendement du public l'utilité d'une grande institution, appelle l'attention sur elle, sur les services qu'elle a rendus et qu'elle peut rendre. Un uniforme est à la fois une garantie et un éclatant porte-voix : c'est ce que sentaient plus ou moins confusément les cent quatre-vingts adhérents indiqués plus haut.

Le Conseil, à son tour, restait dans son rôle en ne voulant porter ombrage à personne. Il s'efforçait de maintenir l'École dans une voie de recueillement, de labeur modeste et convaincu, afin d'éviter de fournir aucun aliment aux inquiétudes et aux mauvais vouloirs immérités qu'une fondation nouvelle ne manque jamais de susciter.

Quoi qu'il en soit, la question a été tranchée depuis dans le sens le plus raisonnable, comme on le verra dans la deuxième Partie de ce Livre. Nous ajouterons seulement ici que l'uniforme bleu des ingénieurs civils ne survécut pas aux circonstances qui lui avaient donné naissance, pas plus en 1848 qu'en 1830.

La création irréfléchie et funeste des Ateliers nationaux concorda avec cette première ébullition.

M. Émile Thomas, neveu de M. Payen, le célèbre chimiste, membre de l'Institut et professeur de Chimie industrielle à l'École Centrale et au Conservatoire des Arts et Métiers, venait d'être appelé à organiser et à diriger ces malheureux ateliers, qui contenaient en germe tant de désastres pour notre pays et pour la République elle-même.

Entré à l'École Centrale avec son second frère, il en était sorti au bout d'un an et demi, effrayé, comme il le dit lui-même (¹), par l'aridité des Mathématiques élevées, et s'était consacré à la Chimie industrielle sous les auspices de son oncle.

Sa première pensée, en offrant ses services à M. Marie, Ministre des Travaux publics, fut d'invoquer le concours de ses anciens camarades à l'École Centrale.

Il savait qu'il pouvait compter sur eux, dans les meilleures conditions de zèle et de discipline.

Les élèves de l'École Polytechnique venaient de s'honorer par leur conduite sage et courageuse pendant les premières journées de la Révolution. Groupés autour du Gouvernement provisoire, ils avaient montré une fermeté réfléchie qui avait impressionné la foule. Les élèves de l'École Centrale n'avaient pas besoin de cet exemple pour être animés, eux aussi, du désir d'être utiles à la chose publique, et ils avaient rédigé et signé dans ce sens une adresse au Gouvernement provisoire.

M. Émile Thomas expliqua au Ministre, plein d'excellentes intentions, mais peu familiarisé avec ces terribles difficultés, le mode d'organisation semi-militaire suivant lequel il pensait grouper les ouvriers sans travail qui se pressaient aux portes de toutes les mairies. Il se fit fort, avec l'aide des élèves de l'École Centrale, d'arriver à maintenir l'ordre parmi ces masses, en se servant surtout de l'influence morale que des jeunes gens instruits et bienveillants ne manqueraient pas d'acquérir, par un contact permanent et dévoué avec les hommes qu'ils seraient chargés de commander.

Nous ne doutons pas, pour nous, que ce qui frappa avant tout le Ministre dans les projets de M. Émile Thomas, ce fut cette fusion entre le peuple et la jeunesse des Écoles. Il y vit

---

(¹) Émile Thomas, préface de l'*Histoire des ateliers nationaux*, p. 9.

une cause d'apaisement, de concorde, un lien puissant entre les différentes classes, un des résultats les plus féconds des doctrines républicaines.

Cette armée de travailleurs que, subissant l'idée si dangereuse et si vaine des apôtres socialistes du *Droit au Travail*, le Gouvernement voulait entretenir jusqu'à des jours plus calmes, exigeait, pour être convenablement maintenue et guidée, un cadre d'officiers tout formé. Ce cadre, les anciens élèves et les élèves actuels de troisième année à l'École Centrale le réalisaient dans des conditions inespérées.

Des obstacles se dressèrent immédiatement.

M. Boulage, beau-frère de M. Marie et secrétaire général du Ministère des Travaux publics, croyait que l'on adopterait les projets déjà élaborés par les ingénieurs de l'État, et qu'on les ferait exécuter par les ateliers nationaux. Quelle serait, dans ce cas, la position hiérarchique des ingénieurs civils?

« M. Boulage comptait leur attribuer à tous le grade de conducteur ou, du moins, les considérer comme tels et, dans sa pensée, ils devaient regarder ce rang comme une faveur réelle ([1]) ».

Le Directeur des ateliers nationaux fut d'avis que cette situation ne pouvait être acceptée.

Nous l'approuvons sans réserve, sinon en face de la crise qu'il fallait franchir, dans tous les cas au point de vue de l'avenir. Quand on veut se borner à être conducteur, on n'a pas besoin de venir à l'École Centrale.

Nous avons déjà témoigné assez souvent, dans les pages qui précèdent, de notre affectueuse et reconnaissante sympathie pour notre grande École nationale. Nous ne craignons

---

([1]) Emile Thomas, *Histoire des ateliers nationaux*, p. 42.

donc pas qu'on nous accuse envers les ingénieurs de l'État d'aucun sentiment de rivalité et d'envie. Plusieurs, parmi les plus éminents, ont occupé les chaires de l'École Centrale. Ils ont travaillé à sa fondation, ils ont aidé à son développement. Nous les avons estimés et aimés, et nous sommes certain qu'ils n'auraient pas approuvé les paroles de M. Boulage.

Nous désirons que les élèves de l'École Centrale ne montrent jamais, au début de leur carrière, des prétentions qui toucheraient à la suffisance et ne dénoteraient pas un jugement solide; mais nous désirons aussi que, pleins de ténacité, d'ardeur au travail et résolus à des efforts persévérants, ils n'ignorent point leur valeur.

Un accord intervint. Il fut convenu que, lorsque les travaux seraient exécutés directement par les ateliers nationaux, les élèves de l'École Centrale seraient à la fois ingénieurs civils et officiers; mais que, lorsqu'il s'agirait d'opérer pour le compte de l'État et sous la direction de ses ingénieurs, les élèves de l'École Centrale redeviendraient de simples chefs de compagnie, chargés de maintenir la discipline et le bon ordre parmi leurs hommes, et sans aucun rapport technique avec le personnel de l'Etat.

Nous n'avons pas à faire ici l'histoire des ateliers nationaux.

Nous ferons seulement remarquer qu'un certain nombre d'anciens élèves de l'École Centrale et plus de la moitié de la promotion qui devait sortir en 1848 remplirent les nouveaux devoirs qui leur étaient subitement confiés, avec une rare abnégation et beaucoup d'intelligence.

Ces jeunes gens, chefs de compagnie ou chefs de service, n'avaient pas moins, dans le premier cas, de neuf cents hommes sous leurs ordres. Portant leur brassard de soie bleue, avec franges imitant l'argent ou l'or, ils traversaient Paris chaque matin, les conduisant sur les chantiers, les interrogeant, les calmant, les empêchant, par la seule influence de leur parole honnête et convaincue, de se mêler aux manifestations menaçantes et stériles qui se succédaient de jour en jour.

Sans cesse sur la brèche, il leur fallut souvent déployer beaucoup d'énergie et de décision. Le Ministre leur rendit publiquement et hautement justice en plusieurs circonstances. Et, en reprenant leurs études interrompues, après les funestes journées de Juin, ils purent se rendre le témoignage d'avoir agi au mieux des intérêts du pays, avec un désintéressement que je me reprocherais de louer, mais qui n'en fut pas moins méritoire.

Ainsi, dans leur passage aux ateliers nationaux, les jeunes gens appartenant à l'École Centrale déployèrent un esprit de discipline, de sagesse, de fermeté prudente et conciliante, bien rare à leur âge. Le Conseil put regretter les études retardées et péniblement reprises des élèves de troisième année; mais il n'eut qu'à se féliciter de leur attitude au dehors, de leur entrée dans la vie au milieu de circonstances si délicates. Il put s'assurer, en outre, que l'École ne dispensait pas seulement des connaissances scientifiques à ses élèves; mais qu'elle leur donnait un baptême moral et un caractère bien trempé pour la lutte.

Nous devons encore inscrire, au bilan de l'année 1848, l'importante fondation de la *Société Centrale des ingénieurs civils*, qui eut lieu le 4 mars.

Cette Société, comme l'indique la qualification *Centrale*, fut d'abord une véritable émanation et s'alimenta surtout parmi les anciens élèves de l'École Centrale.

Deux ans après, le mot *Centrale* fut supprimé, afin de

donner à la Société un caractère plus général et pour indiquer qu'elle s'ouvrait à tous les ingénieurs, quel que fût leur point de départ.

Le Bureau et le Comité, nommés le 25 mars 1848 au scrutin de liste, furent composés de la manière suivante :

Membres du Bureau : MM. Eugène Flachat, président; Ch. Callon et Degousée, vice-présidents; Victor Bois et Scribe, secrétaires; Priestley, trésorier.

Membres du Comité : MM. Boudsot, Alcan, Pétiet, Laurens, A. Barrault, Nozo, le major Poussin, Grouvelle, Paul Séguin.

Sur ces quinze ingénieurs, dix appartenaient à l'École Centrale. Les cinq autres, MM. E. Flachat, Degousée, major Poussin, Grouvelle et Paul Séguin, s'y rattachaient intimement, soit par des liens de famille, soit par d'affectueuses relations.

En prenant possession du fauteuil, le 30 mars, le Président, après avoir remercié l'Assemblée, fit ressortir la grandeur des services rendus par les élèves de l'École Centrale à l'Industrie en général.

La création de la Société des ingénieurs civils était une revendication contre le monopole et contre le privilége. Ses promoteurs voulaient faire de la profession d'ingénieur civil, dont le niveau importe aux intérêts du pays à tous les degrés, une profession largement ouverte au mérite et non jalousement fermée. Ils ont réussi. La fusion est en voie de s'accomplir. La Société y aura puissamment contribué par ses travaux et par la place qu'elle a su prendre.

La crise éprouvée en 1848 ne fit donc en réalité que donner de nouvelles forces à l'École Centrale. La perturbation, inopinément rencontrée, fut bien vite franchie sans encombre, et le mouvement ascendant reprit pour ne plus s'arrêter.

CHAPITRE XI.

RÉSUMÉ DE CETTE PREMIÈRE PÉRIODE.

Nous ne voudrions pas qu'on nous accusât d'écrire plutôt l'*Éloge* que l'*Histoire* de l'École Centrale ; et cependant nous sommes forcé de dire que la période que nous venons de parcourir et qui s'étend de 1829 à 1857, cette période longue de vingt-huit ans, fut glorieuse pour l'École et pour ses Fondateurs.

Un premier succès très-vif couronne leurs efforts ; puis tout est remis en question par la Révolution de 1830 et la première invasion du choléra (1832). Les parents effrayés rappellent leurs enfants, et les études sont forcément interrompues. Cependant, grâce au généreux dévouement de ses fondateurs, l'École n'est pas fermée. Pendant les premières années, les dépenses excèdent les recettes, mais cette situation ne tarde pas à se modifier.

Comme nous venons de le voir, le Conseil général des manufactures, la Société d'encouragement pour l'industrie nationale, accordent bientôt leur appui moral à l'École.

En 1836, le Gouvernement marque son intérêt par la création de plusieurs bourses, il engage les Conseils départementaux à suivre son exemple, et, de 1837 à 1842, la Chambre des députés alloue des crédits de plus en plus élevés pour faciliter aux jeunes gens capables, dénués de fortune, l'entrée de l'École.

Pendant ce temps, les Fondateurs et les éminents Professeurs qu'ils ont groupés autour d'eux ne songent qu'à corriger les défauts que l'expérience signale dans les premières conceptions, qu'à accroître le nombre des Cours, qu'à fortifier l'enseignement, qu'à mériter de plus en plus les témoignages qui viennent récompenser leurs efforts.

C'est en 1834 que M. Perdonnet inaugure son Cours de Chemins de fer, et c'est précisément à cette époque que les Chemins de fer commencent à s'introduire en France : celui de Saint-Germain (¹) est ouvert en 1835. En même temps, le travail de la production subit ses premières transformations, les machines se multiplient, les vastes usines se substituent aux petits ateliers, l'industrie grandit chaque année et, chaque année, l'École Centrale, qui a prévu avec tant de sagacité la nouvelle situation faite au pays, met à sa disposition un plus grand nombre de jeunes ingénieurs instruits et capables.

De 1837 à 1840, le nombre des élèves monte presque à trois cents. L'équilibre financier est enfin atteint et dépassé. L'École Centrale était jusqu'alors une œuvre utile, indispensable; elle devient une entreprise prospère. De plus nombreux candidats permettent de fortifier les examens d'admission : c'est l'intérêt des élèves, comme celui de l'École elle-même. Cette plus grande sévérité n'arrête pas la progression.

En 1848, nouvelle crise dont l'équilibre financier s'aperçoit à peine, et qui met en lumière le caractère sérieux des futurs ingénieurs; création de la Société des ingénieurs civils, véritable émanation de l'École Centrale.

En 1850, l'École abrite plus de 350 élèves; en 1856, elle

(¹) Nous laissons de côté le chemin de fer de Saint-Étienne à Lyon qui ne servit d'abord qu'aux transports de charbon.

en contient 450. Le local occupé devient insuffisant, et l'on songe à l'agrandir. De nouveaux amphithéâtres sont élevés dans la grande cour contiguë à la rue de Thorigny ; d'autres laboratoires sont construits.

Aux chefs d'études nommés par les élèves et qui recevaient de l'administration un léger émolument, ont succédé depuis longtemps les commissaires choisis dans chaque salle par le Conseil parmi les meilleurs élèves. Ces commissaires sont les intermédiaires naturels des élèves auprès de l'Administration.

La surveillance est confiée à des inspecteurs, toujours capitaines retraités de leur arme et décorés.

L'enseignement de l'Analyse et de la Mécanique, souvent refondu et modifié, reçoit de M. Belanger une empreinte durable.

Les Cours spéciaux de Chemins de fer et de Machines à vapeur, dus à MM. Perdonnet et Thomas ; les Cours si largement conçus de Physique appliquée et de Chimie industrielle et analytique, dus à MM. Péclet et Dumas, sont des créations de l'École destinées à avoir sur les progrès généraux de l'instruction la plus heureuse et la plus féconde influence.

L'enseignement du Dessin est constamment fortifié. On cherche à lui donner la plus grande rapidité possible, tout en lui conservant ses caractères de rigueur et d'exactitude.

Le Cours de construction des Machines s'améliore, se régularise, et finit par présenter comme une vaste encyclopédie mécanique, inconnue partout ailleurs. Des leçons spéciales sur des industries particulières viennent le compléter.

Le Cours si bien tracé de l'Art de bâtir est forcé de se dédoubler, pour embrasser à la fois les constructions privées et publiques.

L'exploitation des Mines et la Métallurgie du fer forment deux parties d'un même tout et reçoivent tous les accroissements nécessités par la marche de l'industrie.

L'enseignement, éminemment philosophique, de l'Histoire naturelle et de l'Hygiène remplace, à l'École Centrale, la Littérature et l'Histoire qui ont trouvé asile à l'École Polytechnique.

L'anglais et l'Économie industrielle disparaissent faute de temps, la Législation industrielle est introduite.

Les interrogations prennent tous les jours plus d'importance. Le nombre des répétiteurs, recrutés autant que possible parmi les anciens élèves de l'École, s'accroit; il égale bientôt celui des Cours eux-mêmes.

Manipulations, travaux graphiques, épures, examens de semaine, examens généraux, cahiers de notes soigneusement tenus, croquis exigés, éléments de projets, projets d'ensemble, travaux de vacances, visites d'usines et d'exploitations diverses, mémoires à l'appui, tout est calculé et réuni pour ne pas laisser une minute de désœuvrement aux élèves, pour les rompre au travail, pour affermir leur moral, pour les préparer à la fois aux problèmes de la pratique et aux difficultés de la vie.

Nous avons déjà cité les élèves qui, de 1831 à 1834, ont fait le plus d'honneur à l'École. De 1834 à 1857, nous en aurions trop à mentionner. Combien de noms, en effet, devrions-nous ajouter aux noms, célèbres ou recommandables à tant de titres, de MM. Devillez, Aimé Gros, Vuillemin, Alexis Barrault, Victor Bois, Clémandot, Guibal, Jullien, Camille Polonceau (refusé à l'École Polytechnique), Ad. Dailly, Forquenot, Cl. Mathieu, E. Daguin, Belpaire, Love, L. Orban, E. Trélat, Yvon Villarceau (refusé, lui aussi, à l'École Polytechnique), Arson, Feer-Herzog, Rhoné, Salvetat, Deligny, Hartmann, Thouin, Biver, Durenne, Marés, E. Muller, J. Farcot, Bourcart, Dollfus. On trouvera d'ailleurs, dans l'*Annuaire de l'Association amicale des anciens élèves*, leur liste complète; et, rien qu'en la parcourant, on pourra se rendre un compte exact des immenses services rendus par l'École Centrale à l'industrie française et à la science industrielle sous toutes ses formes.

Nous remarquerons seulement ici que, depuis la première promotion (1832) jusqu'à la sixième (1837), le nombre des anciens élèves, c'est-à-dire des élèves pourvus d'un diplôme ou d'un certificat de capacité, ne fut que de 127; que, de 1838 à 1847, il s'éleva à 456; et, enfin, que, de 1848 à 1857, dernière promotion réellement sortie de l'École considérée comme établissement privé, puisque la cession à l'État est du 19 juin 1857, il atteignit le chiffre de 705.

Si l'on partage à peu près par tiers ces vingt-six promotions, on trouve 211 anciens élèves de 1832 à 1839, 372 de 1840 à 1847, 705 de 1848 à 1857. On peut donc dire, approximativement, que le nombre des anciens élèves a presque doublé d'une époque à l'autre, pour chacun de ces intervalles de huit ou dix ans.

En résumé, pendant la période que nous étudions, le nombre des anciens élèves a été au total de 1291; tandis que le nombre réel des jeunes gens qui ont traversé l'École Centrale de 1829 à 1857 s'est élevé à 3342 ([1]).

Ces chiffres parlent déjà éloquemment. Nous leur donnerons toute leur signification en rappelant que, lors de l'Exposition universelle de 1851, à Londres, bien que la fondation de l'École Centrale ne remontât pas encore à une époque

---

([1]) Nous discuterons et nous expliquerons dans la deuxième Partie la différence qui existe entre les chiffres ci-dessus.

éloignée et bien que la Commission anglaise eût refusé d'accorder des récompenses aux collaborateurs, ce qui empêcha plusieurs anciens élèves de l'École d'être cités personnellement, ils obtinrent néanmoins 3 *council medal* et 17 *prize medal*.

A l'Exposition universelle de 1855, à Paris, ils reçurent comme distinctions et récompenses :

10 nominations dans l'ordre de la Légion d'honneur;
10 grandes médailles d'honneur;
17 médailles d'honneur;
50 médailles de première classe;
21 médailles de seconde classe;
14 mentions honorables.

On le voit donc, le succès grandit tous les jours : il est assuré au moment où s'achève cette première période. La science industrielle est fondée, l'avenir industriel du pays est sauvegardé.

C'est un bel exemple, trop rare en France, de ce que peut l'initiative privée, lorsqu'elle s'appuie sur des convictions inébranlables, sur des connaissances étendues, sur un dévouement généreux, et lorsqu'elle est déployée par des caractères que leur brillante expansion rend aussi remarquables que leur patiente et énergique ténacité. Un jour, l'École Centrale honorera ses quatre Fondateurs dans un même élan, et leurs noms consacrés formeront comme le blason, comme les armes de cette pépinière de l'industrie et du génie civil.

DEUXIÈME PARTIE.

L'ÉCOLE CENTRALE, ÉTABLISSEMENT DE L'ÉTAT.
1857-1878.

CHAPITRE PREMIER.

INTRODUCTION.

Nous venons d'exposer la brillante situation acquise par l'École à la fin de la première période de son existence. Cependant ses fondateurs ne se reposaient pas sur le succès présent, ils songeaient à l'avenir qui leur paraissait incertain. Deux points surtout les préoccupaient : l'École n'était pas chez elle, son hôtel ne lui appartenait pas, et la mort avait déjà frappé l'un des fondateurs. Qu'adviendrait-il lorsque tous auraient disparu, lorsqu'ils ne seraient plus là pour grouper autour d'eux le faisceau des dévouements et des efforts ?

La question de l'installation était, en effet, bien importante. L'ambition première des grandes œuvres est de s'abriter sous leur propre toit. Elles ont besoin de se sentir pleinement chez elles et de pouvoir préparer sans obstacle toutes les améliorations nécessaires. Mais il est encore plus essentiel que leur existence morale soit pleinement assurée, que l'avenir respecte la tradition établie et développe patiemment le plan sagement élaboré par les premiers créateurs. Dans notre siècle mobile, les changements de personnel et de points de vue entraînent une déperdition énorme de forces précieuses, et ruinent bien des institutions faites pour durer. On ne donne pas à l'arbre le temps de grandir, on le coupe bien souvent pour avoir ses fruits. C'était là l'inquiétude profonde de MM. Lavallée, Dumas et Péclet.

L'École, en 1855, avait pris réellement les proportions et la valeur d'un véritable établissement national. Comme nous l'avons dit, le nombre des élèves était alors de quatre cent cinquante, et les dispositions du local restreignaient seules l'accroissement naturel des candidats reçus chaque année. L'ambition des fondateurs était de conserver à leur œuvre un caractère exclusif d'utilité publique. M. Lavallée consacrait à son perfectionnement une partie des bénéfices annuels et agissait déjà comme un gouvernement seul peut agir. Aussi, c'est vers l'État que sa pensée, comme celle de ses collaborateurs, se tourna et devait forcément se tourner. Si l'État prenait possession de l'École Centrale, la classait à son rang parmi les grands établissements d'instruction publique qui préparent et utilisent les forces vives du pays, l'institution qu'ils avaient organisée avec un coup d'œil si sûr et dirigée avec tant de dévouement ne périrait pas.

Dès qu'on fut averti des tendances des fondateurs, dans le grand milieu créé et alimenté par l'École, les plus belles propositions furent faites au Directeur, M. Lavallée. D'anciens élèves, groupés en société, lui offrirent de l'École jusqu'à un million. Ils promettaient de la maintenir dans la même voie, de s'inspirer des conseils et des exemples de leurs anciens et éminents professeurs. Ils auraient certainement tenu parole et l'École, sous cette nouvelle forme, aurait pu sans doute fournir encore une belle carrière. Mais, après, le même point d'interrogation se posait toujours.

Les acquéreurs qui se présentaient ainsi pouvaient bien répondre d'eux-mêmes, ils ne pouvaient s'engager pour leurs successeurs. Malgré tout leur mérite, ils ne pouvaient de plus avoir la surface et la notoriété de ceux qu'ils aspiraient à remplacer : on improvise rarement la renommée, l'influence sur l'opinion publique.

Qui ne sent aussi tous les dangers que court une institution, lorsqu'elle est amenée par la force des choses à se fermer peu à peu aux éléments étrangers et à se transformer en une coterie, quelque distingués que soient d'ailleurs personnellement ses différents membres.

Les fondateurs, en se dérobant aux offres qu'on leur faisait, eurent donc la profonde intuition des nécessités de l'avenir, et leur décision rendit témoignage à la fois de leur sagesse et de leur abnégation. L'École était arrivée à un assez grand développement pour que sa Direction dépassât les forces d'une entreprise particulière. Elle touchait à trop d'intérêts vitaux pour que son juste désir de devenir un des grands centres d'instruction possédés par l'État ne se confondit pas avec l'intérêt national. Toute autre solution eût amené dans un temps plus ou moins long, on peut le craindre du moins, la décadence et la ruine de cette belle création.

Sans entrer, pour expliquer notre conviction, dans des détails qui ne seraient pas ici à leur place et que nous réservons pour la conclusion de ce Livre, nous pouvons dire avec un judicieux publiciste : « ..... qu'une école n'est pas une industrie, que la noble fonction de l'enseignement ne peut se transmettre comme une usine, et qu'elle ne saurait être livrée sans dommage à l'action des lois qui régissent les successions individuelles. Si l'on voit dans certains pays, en

Angleterre notamment, des fondations anciennes, des collèges, des hospices, des musées qui, survivant à ceux qui les ont créés, traversent plusieurs générations et conservent avec leur caractère primitif une prospérité durable, la législation française ne facilite pas au même degré ce genre de fondation. Nos mœurs ne s'y prêtent pas. Par l'effet de nos institutions et de nos habitudes, c'est le Gouvernement qui prend parmi nous la charge et l'honneur des grandes entreprises. Il ne s'agit pas d'apprécier cet état de choses qui est, selon les uns, la conséquence fâcheuse de notre ancien système de centralisation, et, selon les autres, le résultat nécessaire et logique de notre unité ; il suffit de constater le fait (¹) ».

Nous ajouterons que l'École Centrale ne pouvait risquer l'expérience. Trop d'exemples, autour d'elle, l'invitaient à ne pas compter sur la durée indéfinie des chances heureuses que les circonstances et le mérite de ses fondateurs lui avaient values. Nous sommes tellement enclins à changer, dirait Montaigne, qu'il est bon, pour éviter les regrets et les naufrages, de lancer nous-mêmes l'ancre qui doit nous retenir et nous fixer. L'initiative des particuliers peut créer un établissement, elle peut essayer à ses risques et périls ce que l'État ne veut pas expérimenter, la sollicitude et la passion paternelles assurent les progrès de l'œuvre commencée; mais, une fois le succès obtenu, il arrive un moment où se manifeste la fragilité des œuvres individuelles. De même que les grandes usines sont obligées un jour ou l'autre de se consolider par le régime de l'association, de même les grandes Écoles, après s'être constituées sous forme de corporations distinctes, ne peuvent garantir leur avenir qu'en se livrant à l'État, qui n'est autre chose que la corporation nationale. Ce qui survit aux indi-

---

(¹) Charles Lavollée, *Revue des Deux-Mondes* du 15 mai 1872.

vidus, c'est la pensée qui les a inspirés ainsi que le souvenir et l'exemple du bien qu'ils ont fait.

M. Lavallée montra donc une prudence éclairée lorsqu'il proposa dès 1855, d'accord avec MM. Dumas et Péclet, qui, moralement, se regardaient toujours comme ses associés, de céder gratuitement l'École Centrale à l'État. Pour apprécier ce désintéressement, bien rare à toutes les époques et dans tous les pays, il suffit de rappeler que les bénéfices annuels assurés alors à la Direction dépassaient 100000 francs.

La proposition de M. Lavallée et du Conseil de l'École Centrale fut soumise au Conseil d'État. Elle y rencontra les objections à la fois les plus inattendues et les plus honorables.

Pourquoi, disait-on, reprendre à une institution privée l'œuvre qui prospère entre ses mains? Quand il s'agit d'un grand intérêt social et que l'initiative particulière est impuissante, le devoir du Gouvernement est d'intervenir. Mais, si le dévouement, l'intelligence et les sacrifices des citoyens suffisent pour créer et pour faire durer de grands établissements d'utilité publique, l'État, déjà surchargé de trop de soins, n'a qu'à applaudir et à souhaiter qu'un pareil exemple se propage. Il doit éviter d'absorber l'École Centrale, afin qu'elle reste comme un signe éclatant de la puissance individuelle, comme un encouragement. Il a trop à faire sur ce terrain où l'initiative privée joue un rôle si faible, pour ne pas réserver ses forces au soutien des fondations qui, sans lui, n'auraient aucun avenir. L'École Centrale est florissante : elle n'a besoin ni de tutelle, ni de secours.

En parlant ainsi, on rendait un juste hommage au Conseil de l'École et aux efforts des fondateurs. Mais ceux-ci firent comprendre que cette libérale doctrine et ce refus singulier ne pouvaient les rassurer sur l'avenir de l'établissement dont ils avaient doté le pays. Ils expliquèrent que leur succès était dû à des circonstances toutes spéciales et, surtout, à une rencontre et à un ensemble de dévouement que les annales de l'association enregistrent rarement.

C'est dans une première lettre, datée du 25 février 1855, que M. Lavallée offrit la cession gratuite de l'École au chef de l'État. Cette lettre (¹) reçut un accueil favorable. Le Conseil des ministres partagea cette première impression et, à la fin de 1855, le Ministre de l'Agriculture, du Commerce et des Travaux publics, après avoir visité l'École Centrale avec le plus grand soin, autorisait M. Lavallée à considérer son offre comme acceptée en principe, sauf l'accomplissement des formalités indispensables. En vertu d'une convention signée par M. Lavallée, il continua alors d'administrer l'École pour le compte de l'État. C'est dans la lettre décisive qu'il écrivit au Ministre, le 4 décembre 1856, que nous trouvons l'indication des sentiments contraires du Conseil d'État. M. Lavallée s'exprime ainsi :

« Monsieur le Ministre,

» .... Après quelques incertitudes sur la question de savoir si la mesure projetée devait être consacrée par un simple décret ou par une loi, un projet de décret, rédigé par vos ordres, avait été présenté au Conseil d'État. Il a dû être soumis à l'examen préliminaire de la section compétente, qui s'est prononcée, quant à la forme, sur la nécessité d'une loi, mais qui, contre toute attente, a émis au fond un avis tendant à rejeter le projet.

» J'ai naturellement cherché à m'informer des motifs de

(¹) On la trouvera aux *pièces justificatives*.

cette opinion, et j'ai appris qu'ils sont tous à l'honneur de l'École Centrale. Serait-il, a-t-on prétendu, d'une bonne administration d'ôter à l'industrie privée une entreprise qu. prospère depuis vingt-sept ans et répond si bien à sa destination ? L'État ne devant, en principe, concourir aux œuvres d'intérêt général que dans la limite de la nécessité ou tout au moins de l'utilité de son intervention, la section a cru voir dans l'adoption de l'École par l'État moins d'avantage pour le pays et moins de garantie pour l'institution elle-même, que dans la continuation du régime auquel elle a dû jusqu'à ce jour son succès.

» Cette objection qui, au premier aspect, peut paraître fondée, n'a, je le sais, ébranlé en rien la conviction de Votre Excellence. Mais l'initiative que j'ai prise me fait peut-être un devoir d'y répondre. »

C'est alors que M. Lavallée entre, en continuant, dans des détails que l'histoire de l'École Centrale doit conserver avec orgueil et qui font le plus grand honneur à ses Fondateurs.

« La prospérité de l'École Centrale, dit-il, est due à plusieurs causes, dont la première sans doute a été son utilité... Cependant, la réalité et l'importance des services que l'École était appelée à rendre au pays ne suffisaient pas pour lui faire atteindre son but. Notre succès a tenu à une autre cause, essentiellement transitoire : à la parfaite harmonie, à l'estime mutuelle qui a toujours régné entre ses principaux fonctionnaires. Le lien de cette union était la volonté commune de travailler aux progrès d'une fondation de la plus haute utilité.

» On croira difficilement peut-être qu'entre la Direction et les membres du Conseil des études, qui ont fait prospérer l'École Centrale pendant plus d'un quart de siècle et dont la mort seule a pu diminuer le nombre, il n'a jamais existé de convention (¹), je ne dirai pas écrite, mais verbale. Tant j'ai trouvé de confiance et de désintéressement chez mes collègues ! Tant est puissant le sentiment, pour ainsi dire paternel, qui s'attache aux grandes créations de l'intelligence !

» Cet état de choses, Monsieur le Ministre, est un heureux phénomène, une exception unique qui ne peut pas se perpétuer. Les premiers fondateurs de l'École Centrale et leurs collègues vont bientôt être forcés par l'âge d'abandonner leurs fonctions. Ils ont dû rechercher le moyen d'assurer l'existence et la prospérité de l'établissement auquel ils ont si longtemps consacré leurs soins. Depuis dix ans, c'est le sujet de toutes leurs préoccupations; et toujours ils ont été unanimes à rejeter la pensée de prolonger une organisation qui ne repose que sur une persévérance d'entente et de dévouement, dont on chercherait vainement un second exemple dans une asociation aussi nombreuse.

» Dès que nous reconnaissions la nécessité de changer la constitution actuelle de l'École, nous n'avions à opter qu'entre deux partis : céder nos droits à une société ou nous remettre entre les mains du Gouvernement.

» Nous avons jugé que la meilleure solution était celle qui offrait le plus de garanties, non pour développer temporairement l'École considérée comme une entreprise et en accroître les bénéfices, mais pour perpétuer notre œuvre, distinction essentielle, qui va ressortir de l'examen des conditions nécessaires pour placer l'École sur une base inébranlable. (²)

(¹) Nous croyons que M. Lavallée fait ici allusion à la nouvelle situation qui, à l'honneur de tous, s'établit après la crise de 1832 (voir p. 70).

(²) Ces paroles sont très-remarquables. Elles prouvent que ceux qui rêveraient un retour impossible au premier régime de l'École Centrale seraient en contradiction complète avec les tendances et l'intime pensée des Fondateurs. Il n'est peut-être pas tout à fait inutile de le noter ici.

» Avant tout, il faut y maintenir l'enseignement à la hauteur des progrès que réalisent incessamment les sciences dans leurs applications aux travaux de l'industrie... Je ne veux pas m'étendre sur tous les perfectionnements faciles à apporter dans l'École devenue un établissement de l'État, et d'une réalisation à peu près impossible pour une École privée... Je rappellerai seulement à ce sujet l'opinion du regrettable M. Fortoul. En visitant l'École, il y a bientôt quatre ans, il nous disait : « Vous avez fait tout ce qu'on » pouvait attendre des efforts d'une administration privée; » mais ce n'est encore qu'un très-heureux essai. »

» Toute la question de l'avenir de l'École se résume dans ces paroles, et j'ajoute que l'expérience se prononce dans ce sens d'une manière absolue. En effet, dans aucun pays du monde civilisé, il n'existe une École de haut enseignement ayant la moindre analogie avec l'École Centrale, qui ne soit dépendante du gouvernement. Cela ne peut faire aucun doute pour les Écoles de l'Europe qui, toutes, sont des établissements publics qui reçoivent une subvention de l'État, sauf en Angleterre, où cette protection nécessaire est remplacée par d'antiques priviléges et de larges dotations. Mais il est intéressant de rechercher si le fait se vérifie sur le nouveau continent. Les États-Unis de l'Amérique du Nord vont nous en offrir le meilleur exemple; car on sait que cette République n'emprunte aux anciens gouvernements, au point de vue de la législation, que des principes compatibles avec la plus extrême extension de la liberté individuelle. Voici des renseignements que je dois à deux délégués de l'État de New-York, qui venaient étudier l'École Centrale pour transporter chez eux les procédés que l'expérience a justifiés chez nous. « Il n'existe aux États-Unis, m'ont dit ces délégués, » qu'une École d'enseignement supérieur de l'industrie : c'est

» l'Union-College de Schenectady. Cet établissement, tout
» en continuant de donner l'instruction secondaire à de
» jeunes élèves, comprend aujourd'hui une École spéciale,
» littéralement calquée sur la vôtre. Le Directeur du Col-
» lége, qui a fondé cette École publique, y a consacré de ses
» propres fonds plus de 3 millions de francs, après avoir
» obtenu de l'État de New-York plus de 2 millions qui lui
» manquaient encore pour entreprendre son œuvre. »

» L'acte libéral de ce Directeur de l'Union-College donne lieu à une autre observation. Si l'on remontait aux premiers temps de nos Écoles spéciales, on verrait que presque toujours ce furent des hommes indépendants, passionnés pour leur entreprise et s'y consacrant tout entiers, qui en jetèrent les fondements. Telle fut l'origine de la première École des sourds-muets, qui fut érigée en Institution royale en 1791, après avoir été soutenue pendant douze ans des seuls deniers de l'abbé de l'Épée. Telle fut encore, dans un ordre différent, l'origine de la colonie de Mettray, l'une des plus belles conceptions du siècle, qui absorbe, sans partage et dans l'ombre, la vie de son fondateur, M. Demetz. Au contraire, nous avons vu l'École d'Administration et l'Institut agronomique de Versailles ne pouvoir se fonder, entre autres raisons, parce que ceux qui en avaient conçu la pensée ne se mirent pas eux-mêmes à l'œuvre pour la réaliser. Ces exemples, auxquels il serait facile d'en ajouter d'autres, prouvent peut-être qu'il n'appartient pas, en général, au Gouvernement de créer de semblables établissements, mais qu'il accomplit sa haute mission en les adoptant et en les perfectionnant.

» Prétendre que l'administration publique ne saurait améliorer ni même conserver une École dont la prospérité n'a pas cessé d'être croissante, c'est lui faire injure ; c'est vouloir maintenir cette étrange anomalie qui fait qu'une partie notable de la jeunesse française, après avoir reçu l'enseignement secondaire dans les lycées, vient en chercher le complément dans un établissement privé que l'estime publique place au rang des meilleures Écoles spéciales.

» Il faut remarquer d'ailleurs que, par une disposition des plus heureuses que Votre Excellence veut bien introduire dans le projet de loi, l'École continuera de s'administrer elle-même sous l'approbation de l'autorité supérieure et le contrôle de la Cour des comptes. L'École conservera ainsi sa constitution première, et, dans de larges limites, sa liberté d'action, avec une faculté d'initiative qui la portera toujours au-devant des améliorations possibles..... Aucune de nos traditions ne sera perdue. Que peut nous offrir, à côté de tant de garanties pour la perpétuité de l'École, une administration privée, sujette à bien des causes de perturbations contre lesquelles elle aurait si souvent à se défendre?

» ... J'ai pris à tâche de repousser toutes les objections. Pour n'en laisser aucune sans réponse, je dois dire que quelques personnes, étrangères il est vrai au Conseil d'État, ont élevé des doutes sur la situation prospère de l'École Centrale et m'ont soupçonné de vouloir imposer une lourde charge à l'État. Je conviens que, pour le Gouvernement, l'adoption proposée ne sera nullement une affaire fiscale. J'ai toujours protesté contre la supposition que je prétendisse offrir à l'État une nouvelle source de revenus, et votre pensée, Monsieur le Ministre, a toujours été, sur ce point comme sur le reste, d'accord avec la mienne. Mais je répète, comme je l'ai déjà déclaré, que l'École possède une source régulière de produits qui doivent suffire pour couvrir largement toutes les dépenses d'entretien et d'amélioration nécessaires à la dignité d'un pareil établissement. *Je n'entraînerai l'État que dans la dépense qui pourra être jugée nécessaire pour*

138   DEUXIÈME PARTIE. — CHAPITRE PREMIER.

assurer à l'École un local définitif (¹), et encore, les constructions additionnelles et provisoires faites depuis un an ou en cours d'exécution, qui m'auront coûté ensemble plus de 140000 francs avant le 1er octobre prochain, sans aucune charge pour l'État, permettraient-elles, à la rigueur, d'ajourner cette dépense pendant quelques années (²).

» Mais les chiffres sont plus éloquents que les paroles. En voici qui rassureront les personnes à qui je réponds en ce moment. C'est la moyenne de l'excédant des recettes annuelles sur les dépenses pendant trois périodes consécutives, depuis dix-neuf ans.

» Dans la première période de 1837-38 à 1839-40, et avec un nombre moyen d'élèves s'élevant à 279, la moyenne annuelle du produit net a dépassé 75 000 francs. Dans la deuxième période de 1840-41 à 1852-53, le nombre moyen d'élèves a atteint 304, et la moyenne annuelle du produit net a dépassé 65 000 francs. Enfin, dans la troisième période, de 1853-54 à 1855-56, le nombre moyen d'élèves étant 401, la moyenne annuelle du produit net a dépassé 89 000 francs. Quant au produit net de l'année scolaire 1855-56 qui vient d'expirer, il dépassera la somme de 101 434 francs, annoncée dans le budget de l'École que j'ai eu l'honneur de remettre à Votre Excellence au mois de mars dernier. Et il faut remarquer que le nombre des élèves, qui est de 475 pour l'année 1856-1857, aurait pu facilement dépasser 500, si le Conseil de l'École n'avait cherché à le limiter par des examens plus rigoureux que les années précédentes. »

En résumé, M. Lavallée prouvait dans cette lettre remar-

(¹) Cette phrase n'est pas soulignée dans l'original.
(²) Ces *quelques années* ont déjà duré vingt-deux ans, de 1856 à 1878; mais il est plus que temps d'aviser..

quable, avec la dernière évidence selon nous, que l'adoption de son offre éclairée et généreuse était dans l'intérêt commun de l'État et de l'École Centrale. Il montrait par des chiffres authentiques qu'on ne pouvait le soupçonner d'ailleurs d'aucune arrière-pensée, puisqu'il abandonnait des bénéfices certains s'il continuait à diriger l'École, et un million s'il consentait à la céder à une nouvelle association. Il réclamait l'autonomie de l'établissement qu'il avait fondé avec d'illustres savants, le respect de ses traditions, une liberté assez large pour que l'initiative du Conseil pût s'exercer sans contrainte. La situation florissante dans laquelle il laissait l'École Centrale lui permettait toutes ces sages et libérales demandes. Il abordait enfin lui-même, avec la plus grande loyauté, la seule difficulté qui eût pu empêcher une solution favorable : la nécessité d'assurer dans un prochain avenir un local définitif à la grande institution qui devenait l'un des rouages les plus importants de l'Instruction publique en France.

Cette difficulté n'arrêta pas et ne devait pas arrêter le Gouvernement. Il comprit qu'il ne pouvait, par un refus, risquer d'assumer, au bout d'un certain temps et par suite de péripéties trop faciles à prévoir, la responsabilité de la décadence et de la ruine d'un pareil établissement, qu'il aurait été ensuite forcé de recréer lui-même dans des conditions infiniment moins favorables. Il accepta donc la proposition de M. Lavallée dans les termes mêmes où elle était formulée, et prit ainsi pour l'avenir des engagements qui seront certainement tenus; car les pouvoirs qui se succèdent en France se rencontreront toujours dans cette pensée, qui caractérise à vrai dire l'âge moderne : *accroître par tous les moyens possible le niveau moral et le bien-être matériel du plus grand nombre.*

Les progrès de l'industrie, sagement préservés des spéculations stériles et des engouements précipités, sont un des agents les plus actifs de la transformation d'un peuple. L'École qui préside à ces progrès est sûre d'avance de la sympathie et de la protection des Conseils de l'État.

CHAPITRE II.

CESSION DE L'ÉCOLE A L'ÉTAT.

Nous passerons en revue, dans ce Chapitre, tous les documents officiels relatifs à la cession de l'École Centrale à l'État. Ils sont trop importants pour que nous puissions nous borner à les analyser, et nous les reproduirons dans leurs dispositions principales et par ordre de dates.

EXPOSÉ DES MOTIFS

D'un projet de loi relatif à la cession à l'État de l'École Centrale des Arts et Manufactures, par MM. Vuillefroy et Michel Chevallier. (Séance du Corps législatif du 8 mai 1857.)

« Messieurs,

» L'École Centrale des Arts et Manufactures, fondée en 1829 par M. Lavallée et par MM. Dumas, Olivier et Péclet, est une des institutions d'enseignement qui ont eu le plus de succès. Elle avait commencé en 1829 avec 150 élèves, et, pendant longtemps, son mouvement était réglé sur le chiffre de 300. Aujourd'hui, par l'affluence des candidats, elle est forcée d'en accepter beaucoup plus : pendant l'année scolaire 1854-55, elle en a eu 385. L'année scolaire 1855-56 en a compté 458; l'année 1856-57 est montée à 475. Son objet, on le sait, est de fournir des ingénieurs aux différentes branches de l'industrie. Elle en a, en effet, donné un très-grand nombre qui ont rendu des services signalés aux arts utiles, non pas seulement en France, mais à l'étranger, car elle attire des jeunes gens de toutes les contrées de l'Europe et du monde.

» A ce titre, ce n'est pas exagérer que de dire qu'elle ajoute à la considération du nom français, et qu'elle doit être signalée parmi les moyens d'influence de la civilisation française.

» Ce succès, toujours croissant, n'a aucun des caractères d'une vogue éphémère. L'École Centrale répond à un besoin public qui se caractérise chaque jour davantage. Les arts utiles se développent en France, et chez les peuples étrangers qui envoient leurs jeunes gens à l'École Centrale, avec rapidité et solidité. De là, la nécessité de plus en plus prononcée d'un nombreux personnel de sujets familiers avec les secrets de la Science et avec ses moyens d'application. L'École Centrale réunit les conditions qu'il faut pour satisfaire à cet appel des sociétés civilisées, parce qu'elle a un enseignement très-bien organisé, confié à des professeurs distingués, éminents, auxquels sont tracés des devoirs minutieux et assidus, réclamant d'eux une activité et un zèle qu'ils ne refusent jamais...

» Si l'on examine l'École Centrale au point de vue spécial et restreint des résultats qu'elle a eus pour ses fondateurs, et particulièrement pour M. Lavallée, qui a rempli le rôle de bailleur de fonds dans l'entreprise, en même temps qu'il en a été l'habile Directeur, on trouve qu'elle a complétement réussi. Pendant l'année 1854-55, le bénéfice net, comprenant l'émolument du Directeur et l'intérêt du capital engagé, est monté à 64400 francs. L'année courante aura dépassé 100000 francs; l'accroissement marqué qu'avait éprouvé, l'année précédente 1855-56, le nombre des élèves, l'aurait rendu considérable, s'il n'y avait eu alors à subvenir aux frais de constructions nouvelles, nécessitées par l'augmentation même de la population scolaire, et ces dépenses ont été faites de manière à n'avoir pas à y revenir de longtemps.

» C'est dans ces circonstances que M. Lavallée, par une lettre adressée à l'empereur, le 25 février 1855, a offert de faire l'abandon de l'École à l'État, sous la condition, bien désintéressée de sa part, que les professeurs et les employés, ses collaborateurs actuels, fussent assurés d'avoir, par un prélèvement sur les bénéfices de l'École et d'après les règles suivies jusqu'à ce jour, les pensions de retraite que M. Lavallée aurait certainement stipulées pour eux s'il avait dû chercher un successeur, et qui n'ont rien que de conforme aux règles d'une bonne administration.

» Cette offre toute spontanée de M. Lavallée, et fort généreuse de sa part et de celle de sa famille, qui est intervenue en même temps que lui dans l'acte définitif, a été le point de départ de la cession formulée dans la convention dont les dispositions financières sont soumises à l'approbation du Corps législatif.

» La convenance et l'utilité de la mesure considérée en elle-même ont paru démontrées par un ensemble de considérations que nous résumerons en peu de mots.

» L'État prend une part active à l'enseignement professionnel du pays, en dehors du besoin qu'il éprouve de recruter les corps chargés des différents services publics, tels que les Ponts et Chaussées, les Mines, la Construction des vaisseaux de la marine impériale. C'est ainsi qu'il a ouvert trois grandes écoles d'arts et métiers destinées à former des contre-maîtres pour l'industrie privée, qu'il entretient deux écoles de mineurs, l'une à Saint-Étienne, l'autre à Alais, et des écoles vétérinaires. N'est-il pas bon qu'il prenne aussi une part à la formation d'agents industriels d'un ordre élevé, tels que ceux qui sortent aujourd'hui de l'École Centrale ?

» Par l'effet du système de bifurcation des études qui a été adopté dans les lycées, et qui tend à répondre au désir des familles et aux besoins de la société, le nombre des jeunes gens qui se destinent aux carrières de l'industrie et à la profession d'ingénieur ne peut manquer de s'accroître dans une forte proportion. La nécessité que nous venons de signaler d'assurer aux familles des moyens d'éducation en rapport avec cette tendance de la société ne peut manquer non plus de se prononcer chaque jour davantage, ainsi que la convenance d'y faire participer l'État.

» On représentera peut-être que l'École Centrale, dans sa position actuelle, donne aux familles toutes les garanties désirables et remplit très-bien son objet; mais il est impossible de ne pas reconnaître que l'avenir de cette institution n'est qu'imparfaitement assuré, tant qu'elle sera entre les mains des particuliers. Dans la situation actuelle des choses, le succès en est viager. Il sera fondé sur des bases plus stables et se trouvera bien mieux à l'abri des accidents, lorsque l'École Centrale sera passée dans les mains de l'État.

» Une question secondaire, mais cependant d'une portée réelle, est celle de savoir si les engagements résultant des termes convenus pour la cession, avec M. Lavallée, n'imposeraient pas à l'État une charge disproportionnée aux avantages de l'acquisition. Sous ce rapport, nous n'hésitons pas à dire que ces charges sont relativement faibles...

» Il est convenu que les rentes viagères et indemnités stipulées pour les trois catégories de professeurs et employés (qui y ont droit) ne pourront dépasser une somme annuelle de 25 000 francs. Toutefois, en cas d'insuffisance de cette somme, il serait pourvu au service des rentes viagères et des indemnités de sortie au moyen d'une somme de 40 000 francs, dont M. Lavallée fait l'apport, et qui restera affectée, en capital et intérêts, à cette destination spéciale.

» D'après le passé de l'École Centrale, on est bien fondé à espérer que la somme de 25 000 francs, mise ainsi à la charge de son budget ordinaire, lui laissera encore une grande marge pour subvenir à la dépense de toutes les améliorations dont le besoin pourrait se faire sentir. Ces améliorations, en effet, paraissent devoir se borner, d'ici à longtemps, à un certain accroissement du personnel, motivé par le grand nombre des élèves... En ce qui concerne le local lui-même, il est en très-bon état, et, par l'effet des constructions que vient d'y ajouter M. Lavallée, il n'y a pas lieu de prévoir qu'on doive de longtemps y apporter des changements considérables. Il est vrai que l'École n'est en possession de l'édifice qu'elle occupe qu'en vertu d'un bail; mais ce bail a encore plus de vingt-six ans à courir. Il a été, en effet, renouvelé pour trente ans à partir du 1er janvier 1854. Tout porte à croire qu'aux conditions actuelles on en obtiendra le renouvellement indéfini autant qu'on le voudra.

» M. Lavallée a fortement exprimé le désir que l'École fût soumise à un régime financier analogue à celui des lycées qui, à cet égard, sont traités comme des personnes civiles, en ce sens que leurs recettes ne se confondent pas avec celles du Trésor, et qu'elles servent à leur former un avoir personnel. Pour un grand établissement d'instruction publique opérant des recettes assez considérables, et pouvant avoir éventuellement, dans une perspective éloignée, il est vrai, des dépenses importantes à supporter, ce régime, qui comporte une certaine liberté d'allures, a paru n'offrir aucun inconvénient et présenter même certains avantages. Il fait l'objet de l'art. 2 du projet de loi.

» Signé à la minute :

» VUILLEFROY, *Président de la Section des travaux publics.*
» MICHEL CHEVALIER, *conseiller d'État, rapporteur.* »

RAPPORT

Fait au nom de la Commission ([1]) *chargée d'examiner ledit projet de loi, par M. Perret, député au Corps législatif* (*séance du 22 mai 1857*).

« MESSIEURS,

» Les actes d'abnégation et de dévouement à l'intérêt général ne sont pas tellement communs, de nos jours, qu'il soit inutile, lorsqu'ils se manifestent, de les signaler à la reconnaissance publique. Le projet de loi dont l'examen était confié à votre Commission offre l'exemple d'un rare désintéressement. Un homme de bien, M. Lavallée, qui, il y a près de trente années, fondait, avec le concours de professeurs distingués, sous le nom d'École Centrale des Arts et Manufactures, un établissement utile, a vu cet établissement prospérer sous son habile direction. L'œuvre a grandi : elle répondait à un besoin public; aussi sa renommée est-elle universelle. Cette création est devenue une excellente affaire; aujourd'hui, elle rapporte plus de 100 000 francs par an à son fondateur. Mais ce dernier, après avoir légitimement recueilli

---

([1]) Cette Commission était composée de MM. le général baron Corsse, *Président;* le comte de Champagny (J.-P.), *secrétaire;* Lemaire (Oise), Chauchard, le colonel du Marais, Conneau; Perret, *rapporteur.*

les fruits de son travail et de son intelligence, veut confier à un autre la mission qu'il s'imposait en 1829, et assurer, d'une manière brillante et durable, l'avenir de son établissement. Ne se préoccupant que de ses intérêts personnels, il pouvait assurément, moyennant un prix considérable, céder sa propriété à l'industrie particulière ; mais il a craint, avec juste raison, que la spéculation, s'emparant de son École, lui fît perdre son caractère et son utilité, et il a préféré l'offrir spontanément et gratuitement à l'État, persuadé que l'État seul possède les moyens les plus sûrs de conduire, avec sagesse et succès, vers son but, une œuvre destinée à combler une lacune dans le système... de l'enseignement public. Ce sacrifice, l'État devait-il l'accepter? Pouvait-il repousser des propositions dont l'idée impulsive émanait évidemment d'une inspiration d'intérêt général?... Le Gouvernement, Messieurs, a accepté l'offre de M. Lavallée. Nous ne pouvons qu'approuver sa résolution...

» Vous savez tous, Messieurs, quel est le but de l'enseignement professé à l'École Centrale des Arts et Manufactures... Le mécanisme de cet enseignement est des plus simples et se dégage prudemment des détails administratifs qui souvent, dans les autres Écoles ou Institutions qui reçoivent des pensionnaires, peuvent créer des embarras et des difficultés. Les élèves sont externes. Ils reçoivent, sous l'inspiration de professeurs, tels que MM. Dumas, Péclet, Mary, Payen, Bélanger, etc., les leçons de théorie scientifique et de pratique qui constituent l'instruction professionnelle et industrielle. Ils payent un droit très-modéré. Ils ne sont admis qu'après avoir subi avec succès un examen qui démontre une aptitude convenable et qui donne la preuve que les Cours pourront être par eux fructueusement suivis. D'autres examens de sortie, lorsqu'ils sont heureusement subis, donnent droit à des diplômes et à des certificats qui ont un grand crédit, et auxquels les familles et les industriels attachent une grande valeur...

» Vous savez, Messieurs, quel développement a pris l'industrie en France, combien elle a créé, au point de vue de sa surveillance et de sa direction, de besoins nouveaux. L'École Centrale des Arts et Manufactures s'est trouvée tout naturellement la pépinière de ces surveillants, de ces directeurs. Aussi son cadre s'est-il considérablement élargi...

» M. Lavallée, en consultant ses forces, et bien que son zèle fût inépuisable, a compris qu'il ne lui était pas possible de donner à son École toute l'importance qu'elle était légitimement appelée à acquérir; et il a offert de renoncer aux avantages certains qu'il percevait, pour que son établissement, véritablement national de fait, fût, de droit, propriété de l'État et placé sous sa sauvegarde et sa direction.

» Le caractère d'utilité publique du maintien de l'École Centrale est donc en dehors de toute discussion possible; et, à ceux qui hésiteraient à le reconnaître, nous pourrions communiquer les listes des élèves qui y ont été admis depuis sa fondation, et desquelles il résulte que l'Europe tout entière en a fourni le contingent et que l'on en compte même un grand nombre venus de toutes les autres parties du monde.

» Votre Commission s'est donc adressé cette première question : l'École Centrale répond-elle véritablement à un besoin public? Les observations qui précèdent et les renseignements qui lui ont été fournis ont démontré, à l'unanimité de votre Commission, qu'elle devait la résoudre affirmativement.

» Partant de cette vérité acquise et en présence de la détermination de M. Lavallée, de son intention de céder son École, de son offre généreuse et complétement désintéressée, votre Commission a également pensé qu'il était du devoir du Gouvernement d'accepter la proposition qui lui était faite.

» On a pu craindre un instant que cette acceptation, par l'État, lui imposât une charge pour l'avenir; mais les résultats financiers du dernier exercice et des précédents ont tout lieu de rassurer sur ce point... Dans l'état actuel des choses, ce succès est évidemment viager; mais il se trouvera bien plus sûrement à l'abri des éventualités lorsque l'École Centrale sera passée dans les mains de l'État.

» M. Lavallée, il est vrai, tout en ne stipulant aucun avantage pour lui, personnellement, tout en abandonnant gratuitement son industrie, le matériel qu'il a accumulé avec intelligence et à grands frais pendant de longues années, et qui a dû nécessiter une dépense de près de 500000 francs, a, toutefois, imposé à l'État une condition inspirée par des sentiments de gratitude envers ses utiles collaborateurs. Il a voulu que des indemnités et des rentes viagères leur fussent assurées...

» Mais il est certain, Messieurs, que d'après le passé de l'École, le revenu permettra largement, non-seulement de subvenir à ces charges viagères, mais encore de pourvoir à toutes les améliorations que la sagesse et la prudence du Gouvernement lui inspireront d'apporter dans l'intérêt de l'avenir de cet établissement.

» Ainsi, en résumé : cession gratuite à l'État d'un établissement d'une grande importance, cession d'un mobilier d'une grande valeur, nécessité de placer cet établissement, essentiellement d'utilité publique, à l'abri des éventualités qui assiégent trop souvent les industries privées, tel est, Messieurs, le motif du projet de loi et le résultat qu'il vous propose de réaliser.

» Des craintes, graves sans doute, se sont produites dans

le sein des bureaux ; elles étaient dignes de toute notre sollicitude et appelaient notre sérieux examen. Plusieurs de nos honorables collègues avaient pensé que peut-être le projet de loi actuel avait pour but d'aider, par son adoption et dans un avenir peut-être prochain, à la modification de l'École Polytechnique. Ils ont relevé des bruits plus ou moins publics comportant un remaniement possible de la situation actuelle et des éléments d'organisation de cette École. Ces bruits ont provoqué, nous devons le dire, une certaine émotion parmi nos collègues. Nous pouvons les rassurer : l'œuvre de Monge, de Carnot, de Fourcroy, qui est sans rivale dans le monde et dont la France s'honore à tant de titres, n'est ni directement ni indirectement menacée par le projet de loi. L'École Centrale des Arts et Manufactures ne doit avoir aucun rapport avec l'existence de l'École Polytechnique. Elle n'a pas le même but, elle en sera toujours indépendante, et MM. les commissaires du Gouvernement nous ont déclaré que jamais, à son sujet, il n'avait été même question de l'École Polytechnique ; ils nous ont donc donné les assurances les plus satisfaisantes sur ce point.

» Votre Commission, cependant, Messieurs, n'a pas été unanime dans sa résolution d'adopter le projet de loi ; deux membres ont craint que l'offre généreuse de M. Lavallée ne devînt onéreuse pour l'État. Le contrat, ont-ils dit, met à la charge du Trésor des pensions d'un chiffre total considérable, et ayant pour objet la rémunération des services passés qui n'ont point été rendus à l'État, et cela au moment même où l'insuffisance des ressources laisse en souffrance des pensions dues légalement à de nombreux fonctionnaires de l'Université, dont le droit se fonde sur des services rendus dans l'enseignement public.

» L'État ne pourra pas rester locataire de l'immeuble

occupé par l'établissement, c'est-à-dire dépendant d'un propriétaire. Il devra nécessairement devenir propriétaire lui-même, et sera ainsi entraîné à d'inévitables dépenses. Une fois fonctionnaires, les professeurs aspireront à des traitements supérieurs à ceux que leur donne l'exploitation privée. En même temps que s'accroîtra la dépense, on verra diminuer la recette; car l'État, qui, dans l'esprit public, ne doit pas bénéficier sur l'enseignement qu'il donne, ne pourra pas maintenir le prix de l'externat à 800 francs, qui est hors de proportion avec les droits d'inscription dans toutes les autres Écoles. L'absorption par l'État de cette grande École libre étendrait à l'enseignement professionnel un monopole préjudiciable à l'industrie privée, dont le principe vital est la liberté. Pourquoi changer la situation d'une École qui est en pleine prospérité ? Pourquoi fournir un prétexte à ceux qui accusent le Gouvernement de tout accaparer ? Les directeurs et professeurs de l'École Centrale ne devant qu'à la perfection des études le crédit des diplômes qu'ils délivrent sont stimulés par leur propre intérêt à porter sans cesse le niveau de l'instruction à la hauteur des besoins pratiques de l'Industrie. Une École gouvernementale n'aura pas le même stimulant. L'École Centrale, ainsi excitée à un progrès incessant, est un moyen puissant d'émulation même pour l'École Polytechnique. Il en sera autrement quand les deux Écoles seront deux établissements de l'État destinés à former, l'un les ingénieurs des services publics, l'autre les ingénieurs des services privés. Enfin, pourquoi exposer l'État au reproche d'attirer la jeunesse et de créer des ingénieurs sans travaux, de même que les Écoles de droit jettent dans le monde une quantité d'avocats sans causes ?

» Telles sont, Messieurs, les objections de la minorité de votre Commission, auxquelles, dans ce Rapport, nous croyons avoir déjà, en partie, répondu, mais qui nécessitent cependant, de notre part, quelques observations nouvelles.

» Pourquoi supposer, d'abord, que l'offre de M. Lavallée puisse devenir onéreuse à l'État? L'École n'a-t-elle pas fait ses preuves, et peut-on admettre que le Gouvernement, dans sa gestion, compromettra par défaut d'intelligence ou de prudence un résultat aussi facilement obtenu?

» Les pensions viagères qui ont semblé effrayer dans une certaine mesure nos honorables collègues seront, par leur caractère même, passagères, et produiront seulement un prélèvement momentané sur des revenus certains et plus que compensateurs. Ces pensions, d'ailleurs, étaient la condition bien modeste et bien légitime de la généreuse cession faite par M. Lavallée, et le vœu qu'il a manifesté, qui est réalisé par le contrat, et qui consiste à isoler le budget de l'École du budget de l'État, doit faire disparaître toute préoccupation sur ce point. Il n'y a pas d'analogie sérieuse à établir entre la situation des fonctionnaires de l'Université et celle des fonctionnaires de l'École Centrale : le service de cet Établissement ne se confondra avec aucun autre service public, c'est la loi de la convention, et nous ne comprendrions pas qu'un parallèle fût justement établi entre des fonctions dont le point de départ, le but et la nature, sont si radicalement différents.

» Pourquoi l'État ne resterait-il pas locataire? Où est la sérieuse raison de penser qu'il voudra devenir propriétaire? Rien, assurément, ni dans les faits, ni dans leur appréciation, ne permet de le supposer [1].

---

[1] Nous croyons devoir rappeler ici-même les termes très-explicites de la lettre de M. Lavallée au Ministre de l'Agriculture, du Commerce et des Travaux publics, qui ont trait à cette objection de la minorité de la Commission : « *Je n'entraînerai l'État que dans la dépense qui pourra être jugée nécessaire pour assurer à l'École un*

» ... Veut-on que l'acquisition de l'immeuble par l'État soit possible ? Nous l'acceptons pour un instant, et nous nous empressons de dire que ce sera chose facile ; car, en supposant la perception annuelle d'un bénéfice même réduit à 50000 francs nets, nous reconnaissons qu'avant l'expiration de la dixième année le Gouvernement trouvera dans la réserve du budget de l'École une somme bien suffisante pour cette acquisition.

» Les professeurs, dit-on, devenus fonctionnaires, aspireront à des traitements supérieurs à ceux que leur donne l'industrie privée. C'est une erreur : la rémunération qu'ils perçoivent aujourd'hui, et qui est si bien due à leur zèle et à leurs lumières, est plus élevée que celle qui est accordée aux autres fonctionnaires de l'Université ; ils ne trouveraient donc pas, autour d'eux, de point d'appui pour leur réclamation ; et d'ailleurs, le nom et le caractère des professeurs actuels nous est un sûr garant de leur modération et de leur dévouement éclairé pour l'œuvre à laquelle ils ont donné, par leur éminent concours, un si bel éclat.

» Le prix de l'externat, dit-on encore, au moment où la dépense augmentera, devra être réduit, la recette diminuera d'autant, et la bonne affaire deviendra mauvaise. Où trouve-t-on la nécessité de la réduction du prix de l'externat? Est-ce dans le grand nombre des candidats qui assiègent les portes de l'École?...

» Nous le répétons, cette objection est inadmissible.

» Ne parlons pas d'absorption, ni de monopole préjudiciable à la liberté de l'Industrie. Le Gouvernement ne veut rien accaparer; il n'a, dans l'espèce, rien sollicité, mais il

---

local définitif. » De la part de M. Lavallée, il n'y eut jamais aucune surprise; il agit, comme toujours, avec la plus sincère loyauté.

sait très-bien que son devoir est de prendre sous sa puissante tutelle tout ce qui tourne au profit du bien public et peut menacer de s'arrêter dans son fonctionnement bienfaisant, au grand détriment de l'intérêt général.

» Les professeurs, ajoute-t-on, n'auront plus de stimulant, l'élément d'émulation disparaîtra, et les recherches, les tentatives scientifiques, n'auront plus la même raison d'être. Nous ne pouvons accepter cette dernière objection. Pourquoi penser que ces hommes distingués croiront devoir à l'État, c'est-à-dire au pays tout entier, moins de zèle et de dévouement qu'ils n'en devaient à un simple particulier? Le patriotisme, au contraire, sera pour eux une idée impulsive nouvelle, et ils auront certainement à cœur de justifier par de nouveaux progrès la confiance dont ils seront l'objet de la part du Gouvernement.

» Enfin, Messieurs, sous forme de commentaire, on a dit encore qu'il faut défendre l'État de ce reproche de créer des ingénieurs sans travaux. Ce reproche serait sans portée : l'État, pas plus que M. Lavallée aujourd'hui, ne promettra à ses élèves des places, des travaux, ou l'emploi de l'instruction qu'il aura donnée; sa mission et ses obligations cesseront à l'examen de sortie : son unique rôle consistera à féconder les germes de bonne volonté et d'aptitude que l'on viendra exposer à son action fertilisante, et qui iront ensuite, librement et sans garantie de leur application, enrichir l'Agriculture, le Commerce, les Arts et l'Industrie.

» Que chacun se rassure donc, l'École conservera son caractère, son organisation, ses professeurs, sa destination, c'est-à-dire tous ses éléments de succès; son Fondateur même voudra bien, nous l'espérons, pendant quelques années encore, lui continuer le bienfait de sa direction. Et c'est pourquoi, Messieurs, la majorité de votre Commission, convaincue que le Gouvernement, si l'École Centrale ne lui était pas aussi généreusement offerte par M. Lavallée, serait peut-être engagé ultérieurement à créer un établissement analogue, vous propose purement et simplement d'adopter le projet de loi. »

Nous terminerons cette série de documents, que nous ne pouvions passer sous silence, en reproduisant le Rapport présenté au Sénat par M. Mérimée, dans la séance du 4 juin 1857. Dans son élégante brièveté, ce Rapport résume toute la question. M. Mérimée s'exprime en ces termes :

« Messieurs les Sénateurs,

» La loi dont vous nous avez confié l'examen a pour but d'autoriser l'État à accepter la cession gratuite qui lui est faite d'un établissement connu sous le nom d'École Centrale des Arts et Manufactures.

» Il y a vingt-sept ans, M. Lavallée fonda cette École, destinée à former des ingénieurs civils. Grâce à sa direction intelligente, au zèle et à l'habileté des professeurs qu'il sut choisir, les succès furent rapides, et maintenant la réputation de l'École Centrale est répandue dans toute l'Europe. En 1829, elle ne comptait que 150 élèves ; elle en a aujourd'hui 500. Ses revenus nets dépassent 100 000 francs.

» Si M. Lavallée n'avait fait que ce qu'on appelle une *entreprise,* il aurait pu facilement réaliser un bénéfice considérable en cédant son établissement à des particuliers ; mais son ambition est plus noble et plus élevée : il veut que l'œuvre à laquelle il a consacré sa vie soit durable, et qu'elle ne perde jamais le caractère d'utilité publique qu'il lui a donné dès sa fondation. Il s'adresse au Gouvernement et le prie d'être son successeur. Il lui remet une institution florissante, un matériel réuni à grands frais, les traditions de vingt-sept années d'enseignement pratique, enfin les souvenirs de succès nombreux et toujours croissants. Pour lui-même, il ne demande rien. Il stipule seulement de justes indemnités pour ses anciens collaborateurs, et il pousse la prévoyance jusqu'à ajouter, à un don déjà si considérable, celui d'une somme de 40 000 francs, destinée, en cas d'insuffisance des revenus ordinaires de l'École, à pourvoir à des éventualités qui paraissent tout à fait improbables.

» Telles sont les dispositions principales du traité passé entre M. le Ministre de l'Agriculture, du Commerce et des Travaux publics, et M. Lavallée. Après un examen approfondi, où toutes les objections possibles ont été discutées, le Corps législatif vient de voter une loi pour approuver cette convention, avec cette clause : « que les produits » de l'École ne se confondront pas avec les recettes du » Trésor, mais seront affectés aux dépenses de l'établisse- » ment ».

» Le Gouvernement, en acceptant la direction de l'École Centrale, accorde à son fondateur la seule récompense que son patriotisme ait désirée. Votre Commission, messieurs les Sénateurs, sortirait de ses attributions en exprimant un témoignage de reconnaissance pour l'acte généreux dont elle vient de vous rendre compte. Elle doit se borner à vous le signaler, à vous donner l'assurance que la loi votée ne porte nulle atteinte aux principes constitutionnels placés sous votre garde, et à vous proposer de déclarer que le Sénat ne s'oppose pas à sa promulgation. »

La loi proposée fut votée par le Corps législatif, dans sa séance du 25 mai 1857, approuvée par le Sénat dans sa séance du 4 juin 1857, et promulguée le 19 juin suivant. Cette loi se composait des deux articles suivants :

» Art. 1ᵉʳ. Est approuvée la convention passée, le 13 avril 1857, entre le Ministre de l'Agriculture, du Commerce et des Travaux publics,

» D'une part, et :

» 1° M. Alphonse Robert-Jean-Martin Lavallée; 2° Mᵐᵉ Francis-Charles-Alfred Pothier, née Lavallée, sa fille, et M. Pothier, agissant pour l'autorisation de cette dernière, et, au besoin, en son nom personnel; 3° M. Alphonse-Pierre-Martin Lavallée, son fils, demeurant ensemble à Paris, rue des Coutures-Saint-Gervais, n° 1,

» D'autre part,

» Pour la cession à l'État de l'École Centrale des Arts et Manufactures.

» Art. 2. Les produits de l'École ne se confondront pas avec les recettes du Trésor, et seront spécialement affectés aux dépenses de l'établissement. »

Nous ne reproduirons pas ici le texte de la convention visée par la loi; elle ne renferme, outre les indications déjà données, que des détails tout à fait spéciaux. On la trouvera aux pièces justificatives.

On raconte que Napoléon III, la première fois qu'on lui parla de l'offre de M. Lavallée, s'écria : « *Mais cette École fait donc des pertes!* » Il resta très-surpris lorsqu'on lui eut exposé la situation prospère de l'établissement que son directeur désirait si vivement céder à l'État. Au Conseil où les propositions de M. Lavallée furent définitivement acceptées, l'Empereur prit plaisir à dire à ses ministres : « Messieurs, je viens vous proposer de donner à l'État une nouvelle École qui, non-seulement ne lui coûtera rien, mais qui rapporte aujourd'hui même plus de 100000 francs par an. »

Le Ministre de l'Instruction publique (qui était M. Rouland) et celui de l'Agriculture, du Commerce et des Travaux publics (qui était M. Rouher) voulurent chacun faire rentrer l'École Centrale dans leur service et se la disputèrent. Napoléon III trancha la question, en rappelant à M. Rouland que, lors de sa fondation et après la chute du Ministère Martignac dont faisait partie M. de Vatimesnil, l'École Centrale n'avait trouvé qu'indifférence à l'Instruction publique, tandis qu'elle avait toujours été soutenue et hautement appréciée par les titulaires du Ministère de l'Agriculture et du Commerce.

CHAPITRE III.

ORGANISATION DU CONCOURS D'ADMISSION.

En prenant possession de l'École Centrale, le Gouvernement eut le bon esprit de respecter, dans leurs lignes principales, l'organisation intérieure et le système d'enseignement. Mais les choses ne se bornèrent pas cependant à un simple changement d'état civil. De sérieux progrès furent réalisés. Il ne pouvait pas en être autrement. Une institution privée, quelque florissante qu'elle soit, pense malgré elle au succès. Elle garde certains partis pris, dus aux conditions plus ou moins difficiles dans lesquelles elle est née. Elle est moins libre pour essayer les améliorations qui semblent nécessaires, et les objections plus ou moins désintéressées que toute innovation suscite la trouvent plus désarmée. Une institution de l'État se place nécessairement à un point de vue plus élevé, et il lui est permis de dédaigner l'accroissement du succès présent pour mieux préparer et assurer l'avenir. Par ce seul fait que l'École passait aux mains de l'État, et qu'en même temps ses fondateurs continuaient de l'administrer, de profondes améliorations désirées depuis longtemps devaient s'effectuer.

L'une des plus importantes, la plus importante peut-être, fut l'établissement d'un Concours d'admission.

Jusqu'alors, comme nous l'avons expliqué dans la première partie, les examens d'entrée avaient été de simples examens d'admissibilité. Il n'y avait eu ni classement, ni concours réel, et les élèves de province ne pouvaient présenter les mêmes garanties que ceux interrogés à Paris. De plus, les candidats étaient soumis à un droit d'examen qu'on leur remboursait lorsqu'ils étaient admis.

En 1858, tous les aspirants durent être interrogés à Paris. Ils furent réunis par sections hebdomadaires, du 1er août au 15 octobre, et passèrent par moitié devant deux examinateurs : MM. Tresca et De Comberousse. Ils subirent deux épreuves, l'une écrite, l'autre orale. Les compositions écrites permirent d'éliminer, avant l'examen oral, les élèves dont les compositions prouvèrent l'absolue incapacité.

Ce système laissait à désirer sur plusieurs points. Il était difficile de trouver des compositions écrites tout à fait équivalentes pour les différentes sections dont le nombre atteignait douze ou quatorze. L'inégalité, presque impossible à éviter entre ces compositions, était encore aggravée par cette condition que l'épreuve écrite était éliminatoire.

Quant aux matières exigées, le programme en avait été modifié et un peu augmenté dès 1856.

A l'Arithmétique, à la Géométrie et à l'Algèbre demandée jusqu'au binôme inclusivement, on avait ajouté les premières notions de Géométrie descriptive relatives au point, à la ligne droite et au plan, et les éléments de la Trigonométrie rectiligne. On avait introduit aussi les premières questions de Physique et de Chimie, bornées, d'une part, à la pesanteur, aux propriétés des liquides, à l'étude de la pression atmosphérique et à la thermométrie; et, de l'autre, aux principes fondamentaux et aux propriétés essentielles des principaux métalloïdes.

Le nombre des questions à traiter par écrit avait été porté de trois à six. Nous avons indiqué précédemment (page 81) la nature des trois premières questions. La quatrième consistait dans la résolution d'un triangle quelconque à l'aide des Tables, la cinquième et la sixième avaient trait à la Physique et à la Chimie. La composition littéraire avait été conservée.

En 1859, un jury de Concours fut institué et nommé par le Ministre, d'après une liste soumise à son approbation par le Conseil de l'École.

Ce jury se compose, depuis cette époque, d'un membre du Conseil de l'École, président, du sous-directeur des études, secrétaire, de quatre examinateurs pour les sciences, d'un ou deux examinateurs pour le dessin.

En 1858, la limite d'âge minimum fut élevée à dix-huit ans révolus. Depuis 1860, les candidats, en se faisant inscrire au secrétariat de l'École, doivent seulement justifier de l'âge de dix-sept ans accomplis au 1er janvier de l'année dans laquelle ils se présentent au concours.

Dès 1860, des notions de Géométrie analytique sont exigées des candidats. Les programmes de Physique et de Chimie sont précisés, mais celui de Physique ne contient plus rien sur la chaleur. L'Histoire naturelle, comprenant les éléments de Physiologie et des notions générales de Zoologie et de Botanique, est introduite. La composition littéraire est remplacée par une composition d'Histoire naturelle.

Le droit d'examen, autrefois de 25 francs et remboursé aux élèves admis, est abaissé à 15 francs; mais les élèves reçus avec encouragement de l'État ou des communes en obtiennent seuls quittance.

Dès 1861, le programme de Géométrie descriptive prend l'étendue qu'il a aujourd'hui même. Il comprend toutes les connaissances relatives à la droite et au plan, à la méthode des plans cotés, aux plans tangents, aux sections planes et aux intersections de surfaces.

La division regrettable des aspirants en nombreuses sections, examinées semaine par semaine, ne cesse qu'en 1862.

A cette date, on prend deux mesures importantes qui améliorent sensiblement, au point de vue de l'équité, les conditions du Concours.

Ce Concours est divisé en deux sessions d'examens : la première a lieu au commencement d'août, la seconde au milieu d'octobre. Les élèves sont libres de se faire inscrire d'avance pour l'une ou pour l'autre. Les candidats de province se trouvent ainsi placés dans de meilleures conditions.

Les épreuves écrites sont subies en même temps par tous les élèves d'une même session. On n'a donc plus que deux sujets à choisir pour les compositions de chaque espèce; et il est alors possible d'en rendre les difficultés à peu près identiques, de manière à tenir la balance égale entre tous les candidats.

On arrête, en outre, que les épreuves écrites ne seront plus éliminatoires. Tous les candidats, sans exception, sont donc soumis à l'examen oral, et les chances les plus lointaines d'un jugement trop précipité sont ainsi écartées.

En 1860, les compositions écrites comportent : une question d'Arithmétique appliquée exigeant l'em loi des logarithmes, la résolution d'un triangle à l'aide des Tables trigonométriques, un problème d'Algèbre appliquée à la Géométrie, la recherche et la discussion d'un lieu par la Géométrie analytique, une question de Physique, une question de Chimie, une question d'Histoire naturelle.

Les candidats ont de plus à exécuter, sous les yeux des examinateurs : une épure de Géométrie descriptive sur l'un des sujets compris dans le programme, et une feuille de Dessin contenant à la fois un exercice de dessin au trait, un croquis, un exercice de lavis et un exercice de dessin d'ornement.

Depuis quelques années, la part faite à l'Architecture a été diminuée, et un exercice de dessin de machines a été introduit.

Les candidats sont aussi tenus de présenter aux examinateurs de sciences leur collection d'épures de Géométrie descriptive; ils doivent présenter de même aux examinateurs de dessin leur collection de dessins d'Architecture et de machines, et un cahier de croquis à main levée représentant des détails d'Architecture, de machines ou d'appareils de Physique ou de Chimie.

En 1862, le programme d'admission est récrit par M. Belanger, président du jury, et développé par lui au point de vue de la Trigonométrie et de la Géométrie analytique.

En 1864, le nombre des séances pour les compositions écrites est réduit à quatre : triangle (deux heures), Géométrie analytique (trois heures), Physique et Chimie (trois heures), épure de Géométrie descriptive (quatre heures). Deux séances de cinq heures demeurent consacrées au dessin proprement dit. L'Arithmétique appliquée, l'Algèbre appliquée à la Géométrie et l'Histoire naturelle disparaissent.

Sauf ce changement, les conditions du Concours restent les mêmes jusqu'en 1867, où une nouvelle transformation s'opère. Nous ne saurions mieux faire, pour expliquer la portée de ces modifications, que de reproduire la Note approfondie rédigée alors par M. le colonel Solignac, Sous-Directeur de l'École, et présentée par l'administration à l'acceptation du Ministre.

NOTE

A l'appui d'un nouveau programme d'admission, présenté à l'approbation du Ministre de l'Agriculture, du Commerce et des Travaux publics.

« Le nouveau programme des connaissances exigées pour l'admission à l'École Centrale, qui doit être soumis à l'approbation du Ministre, a été arrêté après un long travail préparatoire, et conformément aux articles 35 et 36 du Règlement (¹) du 24 mai 1862, par le Conseil de l'École et par le Conseil de perfectionnement.

» Avant d'exposer les raisons qui ont décidé les Conseils de l'École à proposer des modifications importantes dans le programme en vigueur, il faut dire très-sommairement quel est ce programme, en le prenant à son origine et en indiquant les changements qu'on y a introduits jusqu'à ce jour.

» Aux premiers temps de l'École, les connaissances scientifiques d'un ordre supérieur n'avaient pas paru indispensables pour l'étude des questions de la pratique industrielle; d'autre part, afin d'assurer le succès d'une œuvre naissante, pour la faire accepter plus facilement par l'opinion publique et pour préparer l'avenir, il était sage d'appeler et d'admettre, comme on l'a fait, tous les candidats qui paraissaient capables de comprendre et de suivre les Cours établis. Ces Cours eux-mêmes étaient assez élémentaires en première année, et les élèves pouvaient y acquérir les notions scien-

---

(¹) Voir ce *Règlement* aux *Pièces justificatives*.

tifiques qui leur manquaient en entrant à l'École et qui étaient nécessaires à l'intelligence des leçons professées en deuxième et en troisième année. Le programme d'admission a donc été d'abord d'une extrême simplicité.

» Depuis cette époque, la force des études à l'intérieur de l'École a toujours augmenté, en suivant et même en aidant les progrès croissants de l'industrie. La grande utilité et les succès de mieux en mieux constatés de son enseignement lui ont amené un nombre de candidats qui n'a pas cessé de croître, et l'on a pu faire parmi eux un choix plus sévère. Aussi le Conseil, pour satisfaire aux besoins des études et dans l'intérêt des élèves, a dû, à diverses reprises, charger son programme d'admission en y ajoutant de nouvelles matières.

» En 1829, le programme consistait simplement en indications générales comprenant à peine les seules matières du Cours de Mathématiques élémentaires.

» En 1831, le cadre du programme, comprenant toujours l'Arithmétique, l'Algèbre et la Géométrie élémentaires, présentées sous une forme toute particulière et dans un ordre qui n'est pas celui de l'enseignement généralement adopté par l'Université, tient dans une demi-page.

» En 1837, même cadre, mieux rempli et développé en quatre pages, mais encore dans la même forme spéciale en dehors de l'enseignement classique.

» En 1856, on ajoute en deux pages, à cette même rédaction, les premières notions de Géométrie descriptive, la Trigonométrie rectiligne avec quelques mots de Géométrie analytique, les commencements de la Physique et de la Chimie. Il n'est encore question de Concours que pour les candidats qui demandent des bourses de l'État. Les autres continuent a être reçus à Paris par des examinateurs désignés et, en province ou à l'étranger, par les Professeurs des lycées ou des universités.

» En 1857, après la cession à l'État, même programme, avec Concours à Paris pour tous les candidats.

» En 1860, on demande des connaissances plus développées en Géométrie analytique, en Physique et en Chimie; on introduit les éléments d'Histoire naturelle.

» En 1861, on adopte le programme actuel, qui est le même que le précédent, sauf des développements intercalés ou ajoutés. Ce programme, approuvé par le Ministre, le 28 juin 1860, après l'examen d'une Commission ministérielle, a été publié au *Moniteur* du 2 mai 1861.

C'est ainsi qu'ayant commencé par demander moins que le Cours de Mathématiques élémentaires, on est arrivé à exiger une bonne partie du Cours de Mathématiques spéciales.

» Il faut remarquer que, dans ces additions progressives, le Conseil a non-seulement maintenu le principe de n'introduire dans son programme d'admission que les connaissances rigoureusement nécessaires à l'intelligence des Cours de l'École, mais encore il a conservé à ce programme la forme toute spéciale qui avait été adoptée dès le début, en dehors des rédactions universitaires. Cependant, dès 1859, par le fait même de l'introduction de plusieurs Professeurs de l'Université dans le jury de Concours et par suite du nombre toujours croissant des candidats préparés par les méthodes universitaires, autrement graduées et plus complètes que les indications sommaires de notre programme, on s'est habitué, sans y déroger ouvertement, à tenir grand compte, dans la position des questions et dans l'appréciation des réponses, des connaissances plus générales et mieux développées que la plupart des candidats puisent dans les classes des lycées et dans les ouvrages les plus répandus. On n'a même pas tardé à constater que les élèves qui réussissent le mieux à l'École sont ceux-là mêmes qui y arrivent avec la préparation la plus complète, en dehors de notre programme spécial et trop restreint.

» Depuis 1862, le Conseil s'est préoccupé de deux questions relatives à ce programme :

» Reste-t-il à la hauteur des progrès que le temps amène toujours dans les Cours de l'École ?

» Ayant été préparé et rédigé pour constater simplement si les candidats possèdent d'une manière absolue les connaissances voulues pour suivre ces Cours, peut-il se prêter convenablement aux exigences d'un Concours sérieux, où les candidats doivent être classés dans l'ordre de leur mérite relatif ?

» Sur la première question : le dédoublement des Cours, opéré en 1865-1866, a eu pour effet de fortifier les études dans les deux divisions supérieures, et l'on a dû demander à la troisième division (1re année d'études) des élèves plus instruits. Mais, avec la quantité de travail dont cette division est déjà chargée, il a été facile de reconnaître qu'il n'y avait pas d'autre moyen, pour augmenter la force de ses Cours, que d'exiger des connaissances plus étendues chez les jeunes gens qui sont admis à les suivre.

» Sur la seconde question : Tous les professeurs composant le jury de Concours n'ont pas cessé, depuis quelques années, de réclamer contre le programme d'admission... :

» 1° Au point de vue de la forme, qui ne concorde pas avec celle de l'enseignement usuel, qui est beaucoup trop sommaire, qui présente des lacunes, et qui n'offre pas assez de développements pour que les élèves, en se bornant à les suivre, ne soient pas exposés à échouer dans le Concours pour cause d'ignorance relative. C'est là ce qui arrive trop souvent aux candidats préparés à l'étranger, d'après les seules indications du programme.

» 2° Comme fonds de connaissances, le programme laisse de côté quelques sujets très-importants pour les études de l'École, et qui sont enseignés couramment dans toutes les classes où se préparent nos candidats.

» 3° De ces défauts dans le fond et dans la forme, il résulte que le jury de Concours rencontre beaucoup de difficultés pour appliquer le programme à des élèves inégalement préparés, qui pourraient tous arguer de sa contexture élastique, les uns pour accepter et les autres pour refuser certaines questions dont l'énoncé peut être considéré arbitrairement comme compris ou non compris implicitement dans les termes d'une rédaction trop sommaire. De là viennent des embarras sérieux pour bien juger la valeur relative des concurrents.

» Le Conseil a été frappé de l'importance de ces considérations; mais, avant de se prononcer, il a voulu se rendre compte des conditions actuelles du recrutement de l'École. Il a constaté alors, par l'expérience des dernières années, qu'on doit aujourd'hui compter sur un minimum de 360 candidats sérieux, et l'École ne peut pas en recevoir plus de 230 pour avoir 200 à 210 entrées réelles. Suffisamment rassuré sur ce point essentiel, le Conseil n'a plus hésité à faire préparer un nouveau programme.

» La Commission qu'il a prise dans son sein pour la charger de ce travail ne s'est pas contentée de procéder, comme on l'avait fait jusqu'à présent, par des intercalations ou des additions à l'ancien texte : elle a abordé franchement la question et a voulu refondre entièrement le programme. Elle a pris pour base de sa rédaction les programmes d'enseignement des lycées reproduits dans le programme d'admission à l'École Polytechnique, en retranchant toutes les parties dont l'étude lui a semblé le moins utile pour nos élèves. C'est le résultat de ce travail que le Conseil de perfectionnement soumet à l'approbation du Ministre.

» L'ancien programme se retrouve tout entier dans le nouveau; mais la rédaction en a été entièrement modifiée et remplacée, comme nous venons de le dire, par celle des programmes de l'Université. De plus, un certain nombre de questions nouvelles y ont été introduites et deviennent exigibles : ce sont celles dont la connaissance a semblé nécessaire pour augmenter la force de nos Cours de première année. D'autres questions y sont énoncées comme facultatives : ce sont celles dont la connaissance complète n'a pas paru dès à présent aussi indispensable, mais dont l'étude donnera aux candidats une occasion de gymnastique intellectuelle et une habitude des calculs qui leur seront toujours fort utiles.

» La Direction de l'École ne se dissimule pas la gravité des conséquences que pourrait avoir cette augmentation des matières du programme d'admission, si elle devait éloigner du Concours certaines catégories de candidats des plus intéressantes, comme les élèves des Écoles d'Arts et Métiers et les jeunes étrangers élevés loin de Paris. Mais elle compte, pour retenir les jeunes gens de toutes provenances, préparés en dehors des lycées et des Écoles spéciales de Paris, sur la clarté du nouveau programme, sur son extrême précision et sur sa concordance parfaite avec tous les ouvrages classiques, qualités qui en faciliteront singulièrement l'étude. Elle place aussi sa confiance dans l'emploi judicieux de ce programme, dans la prudence et la juste réserve que le jury de Concours ne manquera pas d'apporter à son application.

Elle pense que, par un progrès ménagé, en évitant tout changement trop brusque dans les habitudes de l'examen, on peut, sans éloigner de notre Concours aucune vocation industrielle, en élever graduellement les épreuves à la hauteur de nos nouvelles exigences...... »

Cette Note était suivie d'une rédaction complète du nouveau programme, où l'on indiquait les questions et les développements ajoutés, et de deux appendices comprenant, l'un toutes les matières demandées à l'École Polytechnique sans être exigées à l'École Centrale; l'autre, nécessairement plus restreint, toutes les matières demandées à l'École Centrale sans être exigées à l'École Polytechnique.

Les changements les plus importants consistaient dans l'extension donnée à l'Algèbre et à la Géométrie analytique.

En initiant les élèves à la théorie des Dérivées avant leur entrée à l'École, on rendait le Cours d'Analyse plus complet et plus fructueux. La Théorie générale des Équations éclaircissait pour eux la discussion des courbes en Géométrie analytique, question si importante au point de vue pratique. Enfin les notions données sur la Géométrie analytique à trois dimensions permettaient de préciser et de généraliser les démonstrations présentées dans le Cours de Géométrie descriptive. Cette extension du programme était donc parfaitement justifiée. Elle pouvait peut-être effrayer de prime-abord quelques élèves et diminuer momentanément le nombre des candidats, mais elle était absolument commandée par l'intérêt des études et par celui de l'avenir de l'École.

Appliqué avec prudence par les examinateurs, le nouveau programme a porté ses fruits. Des Cours spécialement destinés à la préparation au Concours de l'École Centrale ont été fondés dans plusieurs établissements importants. Nous pouvons citer le lycée Charlemagne, le lycée Saint-Louis, le collége Chaptal, le collége Rollin, Sainte-Barbe, l'École Turgot, l'École Sainte-Geneviève. Les élèves arrivent donc dans de meilleures conditions, le niveau gagne d'année en année, et l'École Centrale exerce sur le développement de l'enseignement scientifique une influence heureuse et méritée.

La composition du jury de Concours, depuis sa fondation en 1859, a été la suivante :

MM. Belanger (1859-1864), Phillips (1865-1868), Tresca (1869-1875), De Comberousse (1876...), sont successivement présidents du jury.

M. Sarazin, Sous-Directeur des études, est secrétaire du Jury depuis 1859.

MM. Tresca (1858-1865), De Comberousse (1858-1875), Eugène Rouché (1859-1876), Vacquant (1859...), Daniel (1866...), Maurice Lévy (1877...), Songaylo (1877...), sont examinateurs pour les sciences.

En 1866, on décida qu'un des quatre examinateurs pour les sciences serait spécialement chargé des interrogations de Physique, de Chimie et d'Histoire naturelle. M. Daniel remplaça alors, en cette qualité, M. Tresca, qui cessait d'appartenir au jury.

M. Bouchet, examinateur pour le dessin, décédé en 1860, a été remplacé par M. Deconchy; et M. Deconchy lui-même a été remplacé, en 1871, par MM. Duchatelet et Fernique. M. Duchatelet est spécialement chargé du dessin architectural, et M. Fernique du dessin des machines.

Nous ne serons que juste en marquant que l'excellente organisation du Concours doit beaucoup au secrétaire du jury, M. Sarazin, Sous-Directeur des études.

Nous terminerons ce Chapitre en faisant connaître les coefficients affectés aux différentes épreuves du Concours, coefficients auquels on ne s'est arrêté qu'après une minutieuse expérience.

Trois examinateurs interrogent les candidats, partagés entre eux par tiers, sur les Sciences mathématiques. Le résultat de l'examen est indiqué par trois notes : la première concerne l'Arithmétique et l'Algèbre réunies; la deuxième, la Géométrie élémentaire et la Géométrie descriptive; la troisième, la Trigonométrie et la Géométrie analytique. Chacune de ces Notes est multipliée par le coefficient 5.

Un seul examinateur interroge tous les candidats sur la Physique, la Chimie et l'Histoire naturelle : la Note unique qu'il donne est aussi affectée du coefficient 5.

Pour les épreuves écrites, le triangle reçoit le coefficient 2; la composition de Géométrie analytique a le coefficient 5, et celle de Physique et de Chimie le coefficient 5; l'épure, où l'on tient un compte égal de l'habileté graphique et des connaissances théoriques en Géométrie descriptive, reçoit le coefficient 3; enfin le dessin de Concours, exécuté par les candidats sous les yeux d'un membre du jury, a le coefficient 5. Ce dessin est fait, à une échelle donnée, d'après un modèle tracé à une échelle différente.

Depuis deux ans, et en raison de son importance, on a accordé quatre heures aux candidats (au lieu de trois) pour l'exécution de la composition de Géométrie analytique. Depuis longtemps déjà, le triangle doit être calculé en une heure et demie (au lieu de deux heures).

On voit que l'examen écrit et l'examen oral ont exactement la même importance, puisque, la somme des coefficients étant 40, cette somme se partage également entre les deux sortes d'épreuves. On pourrait trouver cet équilibre un peu exagéré en faveur des compositions écrites, si l'on ne se rappelait le rôle joué par le Dessin dans l'enseignement de l'École.

Les compositions écrites ont lieu, en général, au palais de l'Industrie ou à l'Orangerie du Luxembourg. Elles n'ont jamais donné prétexte au moindre désordre. Il faut en faire honneur, non-seulement à l'organisation du Concours, qui, nous le répétons, laisse peu de chose à désirer, mais encore au bon esprit de nos candidats.

Nous terminerons en comparant le nombre des candidats *entrés* à l'École et celui des anciens élèves qui en sont *sortis* avec un diplôme d'Ingénieur ou un certificat de capacité, pendant les deux périodes qui se sont succédé. On pourra apprécier ainsi toute l'influence d'un sérieux Concours d'admission sur les résultats atteints définitivement.

Si l'on considère la première période d'existence de l'École, on trouve, comme nous l'avons dit (p. 125), 3342 entrées pour 1291 sorties réelles. Nous voulons dire que, sur 3342 candidats reçus, 1291 seulement ont, dans cet intervalle, terminé leurs études en les couronnant par l'obtention d'un titre spécial. Le nombre des *fruits secs* s'est donc élevé dans cette période à 2051. Il en résulte que la proportion des succès au total des entrées n'a été que de 0,39 environ.

Cette faible proportion s'explique sans aucun doute par la trop grande facilité de l'admission et par l'incomplète préparation des candidats, qui doit en être la suite presque inévitable.

Si l'on examine maintenant la seconde période, depuis la cession de l'École à l'État jusqu'en 1877, on trouve 3924 entrées pour 2763 sorties réelles. Il n'y a donc plus alors que 1161 fruits secs.

Pour ces vingt années, où le Concours d'admission est devenu une épreuve de plus en plus difficile, ce qui a nécessairement entraîné une meilleure préparation, la proportion des succès au total des entrées s'élève immédiatement à 0,70 environ au lieu de 0,39.

En résumé, tandis que, dans la première période, *il réussit à peu près* 4 *élèves sur* 10, dans la seconde période, c'est mieux que la proportion complémentaire, et 7 *élèves sur* 10 *terminent convenablement leurs études.*

Nous livrons ces chiffres avec confiance aux réflexions des esprits consciencieux qui ont pu craindre un instant que l'établissement d'un Concours d'admission sagement progressif ne nuisît dans l'avenir aux intérêts de l'École.

Les résultats que nous venons d'indiquer prouvent que M. Cauvet, Directeur des études, avait sainement jugé la situation. Dès son entrée en fonctions, il s'était hautement déclaré pour une organisation très-sérieuse du Concours d'admission, et la refonte indispensable des programmes d'examen dans le sens d'un accroissement absolument nécessaire n'eut pas de plus zélé défenseur. Nous devons aussi mentionner la part importante qu'il a prise à la réforme si juste du Concours de sortie, dont nous expliquerons les conditions actuelles dans le Chapitre VI de cette deuxième Partie.

CHAPITRE IV.

AMÉLIORATIONS INTÉRIEURES RÉSULTANT DE LA CESSION A L'ÉTAT.

L'une des plus réelles améliorations dues au changement de régime de l'École fut le dédoublement des Cours en deuxième et en troisième année. Ce dédoublement était impérieusement commandé par les nécessités de la discipline et par l'intérêt des études.

Le nombre des élèves augmentant, les Cours réunis en deuxième et en troisième année comptaient plus de trois cents auditeurs. Il y avait là des difficultés sérieuses pour le Professeur, pour la bonne tenue de l'amphithéâtre et la parfaite compréhension des leçons. Mais l'importance de cette mesure était encore plus sérieuse au point de vue pédagogique.

Nous avons dit, en effet, dans la première Partie (p. 83) que, pour les Cours suivis en commun par les élèves des deux divisions supérieures, les matières de l'enseignement étaient rangées sous deux titres A et B, professés alternativement tous les deux ans.

L'ordre régulier était celui de la section A, suivie de la section B. Les élèves qui, en arrivant en deuxième année, étaient appelés à écouter les Cours de la section A, étaient donc privilégiés, puisqu'ils assistaient en troisième année aux Cours de la section B. Leurs successeurs, au contraire, qui entraient en deuxième année pendant qu'on professait aux deux divisions réunies les Cours de la section B, étaient sacrifiés, en ce sens que les différentes parties de l'enseignement ne leur étaient pas présentées dans leur ordre logique et naturel. Il n'est pas douteux, par exemple, que pour le Cours de Mécanique appliquée il n'y eût de nombreux inconvénients à faire suivre la Mécanique rationnelle de l'Hydraulique, au lieu de la Mécanique des corps solides. Il serait facile de le démontrer.

Cette disposition, qui n'avait pu avoir d'autre but que de diminuer les frais du personnel en concentrant deux Cours dans les mains d'un seul Professeur, devait nécessairement être abandonnée dès que l'École devenait établissement de l'État. Elle aurait sans doute encore duré, au détriment de la bonne marche des études, si l'École était restée établissement privé.

Pour ne rien faire prématurément et pour ne froisser, même en apparence, aucun droit acquis, on attendit que plusieurs Professeurs eussent atteint l'âge de la retraite. Le dédoublement des Cours et la nomination des nouveaux titulaires n'eurent ainsi lieu qu'en 1864.

Un arrêté du Ministre de l'Agriculture, du Commerce et des Travaux publics, en date du 24 mai 1862, établit le Règlement ([1]) de l'École Centrale. Il conservait les anciennes dispositions et n'innovait que sur certains points que nous allons faire connaître.

D'après ce Règlement, un Directeur nommé par le chef de l'État, sur la proposition du Ministre, représente l'École. Il doit être choisi parmi les personnes qui font ou qui ont fait partie du Conseil de perfectionnement rétabli par le même arrêté. Il est secondé par un Sous-Directeur, recommandé par lui au choix du Ministre, et nommé dans les mêmes conditions.

([1]) *Voir* aux *Pièces justificatives.*

L'administration générale appartient au Directeur et au Sous-Directeur.

Un Directeur et un Sous-Directeur des études sont chargés, sous l'autorité du Directeur de l'École, d'assurer la bonne marche des études et la discipline intérieure.

Le personnel enseignant comporte, comme par le passé : des Professeurs de Sciences industrielles (Mécanique appliquée, Architecture civile, Travaux publics, construction et établissement des Machines, Métallurgie, exploitation des Mines, Chimie industrielle, Chimie analytique, Physique industrielle, Machines à vapeur, Chemins de fer); des Professeurs de Sciences générales (Analyse, Mécanique rationnelle, Géométrie descriptive, Chimie, Physique, Cinématique, Géologie, Hygiène et Histoire naturelle appliquée à l'Industrie); des Professeurs spéciaux (chargés de leçons sur la Législation industrielle et sur certaines monographies scientifiques); des Maîtres de conférences, des Chefs de travaux, des Répétiteurs et des Préparateurs.

Le Directeur des études et les Professeurs de Sciences industrielles sont nommés par le Chef de l'État, sur la proposition du Ministre, d'après une liste de candidats présentée par le Conseil de l'École.

Le Sous-Directeur des études et les Professeurs de Sciences générales sont nommés par le Ministre, dans les mêmes formes.

Les autres fonctionnaires de l'enseignement sont aussi nommés par le Ministre, sur la proposition du Conseil et du Directeur. Les propositions pour les Inspecteurs des élèves appartiennent au Directeur.

Le Conseil de l'École se compose des Professeurs de Sciences industrielles. Les Fondateurs de l'École en sont membres de droit. Il est présidé par un de ses membres, désigné chaque année par le Ministre. Le Directeur de l'École ne fait pas partie du Conseil, mais il y prend séance et y a voix délibérative. Le Sous-Directeur de l'École, le Directeur et le Sous-Directeur des études assistent également aux séances du Conseil et y ont voix consultative. Le Sous-Directeur des études remplit les fonctions de secrétaire du Conseil.

Toutes les fois qu'il s'agit d'arrêter la liste de sortie des élèves de l'École, celle des candidats aux différentes fonctions de l'enseignement ou celle des membres du Jury d'admission, le Directeur et le Sous-Directeur de l'École, ainsi que le Directeur des études, prennent part au vote du Conseil.

Le Conseil de perfectionnement, qui avait cessé d'exister en 1832, est rétabli. Il est formé du Conseil de l'École et de neuf membres étrangers, nommés pour six ans par le Ministre, sur la proposition du Directeur et l'avis du Conseil.

Ces neuf membres doivent avoir appartenu au Conseil de l'École ou être anciens élèves diplômés. Ils se renouvellent par tiers et peuvent être réélus après un intervalle d'une année. Le Directeur et le Sous-Directeur de l'École, ainsi que le Directeur des études, font partie du Conseil de perfectionnement.

Le Conseil de perfectionnement se réunit tous les ans en session extraordinaire, pour délibérer sur les intérêts de l'École et sur les changements à apporter, s'il y a lieu, aux différents programmes ou au régime intérieur.

Le résultat de ses délibérations et l'ensemble des vœux qu'il exprime, au sujet de toute amélioration nécessaire ou désirable, sont consignés dans un Rapport annuel adressé au Ministre par l'intermédiaire du Directeur de l'École.

On voit, par l'exposé qui précède, que l'État n'est intervenu que pour donner plus de stabilité, d'harmonie au fonctionnement de l'École. Toute l'organisation première, dans ce qu'elle avait d'original et de sagement hardi, a été conservée avec soin.

Les deux fonctions nouvelles de Sous-Directeur de l'École et de Sous-Directeur des études s'expliquent d'elles-mêmes par l'accroissement considérable des élèves et par la multiplicité correspondante des détails à prévoir et à régler.

L'influence du Conseil de l'École est restée ce qu'elle devait être. Les Fondateurs y ont conservé leur place respectée; ils y représentent une forte tradition, tout en prenant une part active aux améliorations que le temps montre toujours comme un nouveau but à atteindre. Lorsque le Conseil est frappé par la perte de quelques-uns de ses membres, ceux qui viennent combler les vides produits par la mort sont appelés par l'élection réfléchie de leurs pairs. Toutes les garanties d'ordre et de justice sont ainsi réalisées.

Le Conseil de perfectionnement établit un lien puissant entre l'École et les générations successives qui viennent y puiser à la fois la Science industrielle et une solide discipline morale. C'est une mesure très-libérale au fond, que d'avoir procédé par exclusion en imposant la qualité d'ancien élève diplômé ou d'ancien fonctionnaire supérieur de l'École aux membres du Conseil de perfectionnement. Les élèves distingués, honneur de l'École au dehors, peuvent ainsi veiller à leur tour à son avenir et lui consacrer les fruits d'une expérience qui a commencé à se former dans son enceinte.

Autant l'École nuirait à ses destinées si elle élevait autour de son corps enseignant une sorte de muraille de la Chine, en décidant que tous les Professeurs doivent être pris, sans exception, parmi les anciens élèves diplômés, autant elle suit une voie favorable à ses intérêts en choisissant, comme elle le fait, les membres du Conseil de perfectionnement.

L'École Centrale, après la cession à l'État, devait continuer à grandir dans une proportion rendue encore plus rapide par les améliorations effectuées. Nous en trouvons la preuve dans l'appréciation suivante de ses progrès et des services qu'elle n'a cessé de rendre à l'Industrie. Cette appréciation fait partie de l'exposé de la situation générale du pays, inséré au *Moniteur* du 23 novembre 1867, et dont nous détachons la page suivante :

« A l'École Centrale des Arts et Manufactures, le dédoublement des Cours de sciences industrielles, qui assure un enseignement distinct et séparé pour chaque division, et l'introduction d'un Cours nouveau de constructions navales, ont donné les résultats avantageux qu'on pouvait en attendre : en deux années, 1865 à 1867, le nombre des élèves présents s'est élevé de 510 à 590. Ce dernier effectif comporte un recrutement annuel de 220 sujets pris au Concours dans le nombre toujours croissant des candidats, qui approche aujourd'hui de 450.

» Fondée pour recevoir 200 élèves en 1829, l'École en comptait 300 en 1850, et elle a presque doublé dans les dix-sept dernières années. Si l'on considère la nature et l'étendue des connaissances exigées par le programme d'admission, les études fortes et sérieuses qu'elle impose aux jeunes gens laborieux qui viennent de tous les pays du monde y chercher, après trois ans de travaux assidus, un simple diplôme d'ingénieur des Arts et Manufactures, sans aucune garantie de fonctions ni d'emploi, on est forcé de reconnaître que les progrès continus d'une pareille institution sont un des plus heureux signes de notre temps, et l'École vient d'en trouver une haute récompense dans la part que l'opinion publique lui attribue dans le succès de l'Exposition universelle de 1867. Plus de 500 de ses anciens élèves ont figuré comme exposants ou collaborateurs; 248 ont obtenu des récompenses de toute nature, dont 5 grands prix, 65 médailles d'or et 8 décorations de la Légion d'honneur. »

CHAPITRE V.

MARCHE INTÉRIEURE DE L'ÉCOLE DE 1857 A 1878.

M. Lavallée, secondé depuis 1857 par un Sous-Directeur, M. Cardet, Commandant d'Artillerie en retraite, continua de rester à la tête de l'École Centrale jusqu'en 1862.

A cette époque, il se retira, après trente-cinq ans d'une vie consacrée à la fondation et au développement d'une institution qui conservera fidèlement son souvenir. Il demeura d'ailleurs membre du Conseil des études et du Conseil de perfectionnement, et ne cessa, jusqu'à sa mort (15 mai 1873), de s'intéresser vivement à l'avenir d'une œuvre qui ne lui dut peut-être pas plus à sa naissance qu'au jour où il eut le courage et l'abnégation de la confier à la protection de l'État. Il avait montré à cet instant un coup d'œil bien sûr et une décision bien rare, qui feront toujours honneur à sa mémoire respectée.

M. Cauvet, Sous-Directeur des études, remplaça M. Empaytaz comme Directeur des études, en 1858, et fut remplacé en même temps par M. Sarazin.

M. Perdonnet succéda, en 1862, à M. Lavallée. Il eut toujours pour l'École, où il professa si longtemps avec originalité le Cours de chemins de fer, la plus vive affection, et il lui en donna des preuves jusqu'à sa mort, survenue en 1867.

M. Petiet, sorti le premier de la première promotion de l'École en 1832, garda la Direction de 1867 à 1871. On lui doit la construction d'un nouvel amphithéâtre élevé à proximité ou, pour mieux dire, au milieu même des salles de première année. La troisième division est ainsi séparée des deux autres, et les mouvements nécessités par le passage des élèves de leurs salles de dessin aux amphithéâtres peuvent s'effectuer dans de bien meilleures conditions. L'École possède ainsi quatre amphithéâtres qui peuvent, jusqu'à nouvel ordre et malgré de notables inconvénients, suffire à ses besoins.

L'aménagement du nouvel amphithéâtre est remarquable et mérite d'être signalé. Il a fallu, pour l'établir, avoir recours aux économies spéciales qui forment comme le trésor de l'École. On a pu, grâce à elles, acheter une maison donnant sur la rue de la Perle, et c'est sur les dépendances de cette maison qu'on a pris l'emplacement nécessaire. Son rez-de-chaussée a été loué à l'imprimeur chargé du service autographique de l'École, qui a pris, dans ces dernières années, une grande extension. Nous reviendrons plus tard sur ce point.

M. Petiet n'était pas homme à toucher au trésor de l'École, sans faire tous ses efforts pour y ramener, par un autre circuit, ce qu'il était obligé d'en distraire. Aussi inaugura-t-il sa direction en adressant au Ministre de l'Agriculture, du Commerce et des Travaux publics, avec l'approbation du Conseil des Études, une lettre dont nous transcrirons les passages suivants :

« Monsieur le Ministre,

» Au moment où l'Exposition universelle vient d'être close, après avoir obtenu un succès éclatant, la Commission impériale, présidée par Votre Excellence, aura sans doute à délibérer sur l'emploi des ressources que l'opération financière pourrait laisser à sa disposition. L'École Centrale des Arts et Manufactures se croit autorisée, par ses services, à appeler sur sa situation matérielle votre attention bienveillante, et à demander à Votre Excellence la permission de lui exposer les titres qu'elle invoque pour être mise au premier rang des institutions que la Commission voudrait encourager par des subventions.

» L'Exposition universelle de 1867, aussi bien et mieux encore que les Expositions antérieures, a démontré, avec une entière évidence, le rôle de plus en plus grand que la Science et l'Art jouent dans la production de nos usines. Elle a, de nouveau et avec plus d'autorité encore, signalé l'importance des Écoles où s'enseignent l'Art et la Science appliqués à l'Industrie.

» L'École Centrale peut revendiquer assurément une large part, sous ce dernier rapport, dans les progrès réalisés depuis trente-cinq ans.

» Un relevé statistique a été fait, par les soins de l'École, sur la part que ses anciens élèves ont prise aux travaux de toute nature que l'Exposition de 1867 a mis en évidence ; ce relevé... montre que, dans les carrières et les positions industrielles les plus diverses, ils ont attaché leur nom, soit comme auteurs principaux, soit comme collaborateurs, aux découvertes et aux perfectionnements les plus importants.....

» Mais, pour continuer le cours de ses succès, pour conserver le rang qu'elle a su conquérir par trente-huit ans d'énergiques efforts, il faut que l'École Centrale marche rapidement, comme tout marche autour d'elle, et cette nécessité est plus pressante pour une École industrielle que pour toute autre. Tandis que les Sciences exactes ne se perfectionnent qu'avec une lenteur relative, les Sciences appliquées à l'Industrie nous réservent chaque jour de nouvelles surprises, de nouvelles inventions, les unes venant remplacer d'anciens procédés, les autres venant satisfaire à des besoins nouveaux. Le champ industriel s'étend toujours, l'enseignement de l'École doit nécessairement s'étendre en même temps.

» Mais l'École est menacée de se trouver en face d'impossibilités matérielles. Installée en 1829 dans l'hôtel qu'elle occupe encore actuellement, organisée pour 200 élèves, elle a pu, dès 1850, en recevoir 300 au moyen, il est vrai, de constructions supplémentaires resserrées dans un espace très-étroit. Or, au commencement de l'année scolaire 1867-1868, l'École a dû admettre 590 élèves, sans qu'il lui ait été possible de s'agrandir de nouveau.

» Ces chiffres montrent assez que l'installation de l'École doit être aujourd'hui complétement insuffisante...

» Depuis longtemps déjà, l'École s'est préoccupée de cet état de choses, et elle a mis en réserve tous les fonds restant disponibles à la fin de chaque exercice; mais le capital ainsi formé s'accroît avec une telle lenteur, qu'on ne saurait prévoir le moment où l'École, réduite à ses seules ressources, pourrait s'installer dans de bonnes conditions.

» C'est en présence d'une impossibilité aussi alarmante que nous avons pensé, Monsieur le Ministre, à nous adresser à la Commission impériale de l'Exposition universelle. Si, comme tout permet de l'espérer, les fonds disponibles doivent être consacrés à encourager l'Industrie, pourrait-on en faire une meilleure application qu'en dotant l'Industrie d'un établissement convenable pour l'École où elle envoie déjà l'élite de ses enfants.

» Nous soumettons avec confiance ce rapide exposé à MM. les membres de la Commission, et nous osons espérer, Monsieur le Ministre, que la démarche que nous faisons en faveur d'intérêts si importants se présentera devant eux sous l'appui de votre haute et bienveillante protection, et sera favorablement accueillie. »

Cette démarche reçut, en effet, l'accueil le plus honorable.

« J'ai vu, dit M. Petiet, dans une Note adressée par lui à tous les anciens élèves, j'ai vu presque tous les membres de la Commission, j'ai eu l'honneur de remettre à chacun d'eux un exemplaire de la lettre qu'on vient de lire. Partout, j'ai rencontré des sentiments d'estime et de sympathie pour notre École, et si quelques établissements scolaires doivent profiter d'une répartition des fonds disponibles, j'ai tout lieu de croire que nous ne serons pas oubliés. »

Mais les promesses ainsi recueillies par le nouveau Directeur pouvaient, par suite de diverses circonstances, n'être accompagnées d'aucun effet. Aussi M. Petiet continue-t-il en faisant appel aux anciens élèves eux-mêmes :

« Mais, Messieurs, pour qu'on nous aide, il faut d'abord nous aider, faire un effort et donner l'exemple, ou plutôt suivre celui de nos devanciers!
» Qu'il me soit permis de rappeler ici les épreuves qu'ils ont subies et qui n'ont jamais refroidi leur dévouement. Cette École Centrale, fondée par MM. Lavallée, Dumas, Péclet et Olivier, avec le capital fourni par M. Lavallée, n'a pas donné tout d'abord les résultats avantageux que lui réservait l'avenir; elle a traversé de mauvais jours et causé à ses Fondateurs de sérieuses inquiétudes. Sur cent cinquante élèves entrés à l'École en novembre et que disper-

sèrent bientôt la Révolution de 1830, les émeutes et le choléra, vingt-six seulement sortirent en 1832 avec leurs titres de capacité.

» Les promotions suivantes furent encore plus restreintes, les circonstances ayant singulièrement réduit le nombre des admissions, et c'est seulement à partir de sa dix-septième année que l'École est entrée en possession d'une clientèle suffisante, dont le développement avait créé pour l'institution une situation vraiment prospère, lorsque M. Lavallée en fit à l'État la cession gratuite dans le cours de l'année 1857.....

» Les dix années écoulées depuis cette cession ont donné raison à M. Lavallée qui l'a proposée si généreusement, et au Gouvernement qui l'a acceptée avec une vue nette des besoins de l'Industrie.

» L'École n'a pas été en déficit, puisqu'elle possédait à la fin de 1867, tant à la Caisse des dépôts et consignations qu'en rentes sur l'État, environ 500000 francs.

» Les traditions de l'École ont été continuées, puisque la composition de son Conseil est restée la même. Enfin sa Direction, transmise par M. Lavallée à M. Perdonnet qui, dès l'origine, était secrétaire du Conseil, est maintenant confiée à un des élèves de sa première promotion.

» On peut donc affirmer que, depuis sa cession à l'État, l'École a conservé le caractère que ses Fondateurs avaient entendu lui donner.

» L'appel que j'ai l'honneur de vous adresser aujourd'hui, Messieurs, a pour objet de consolider leur œuvre en la complétant. Pour s'assurer une existence indépendante des éventualités attachées à toute location, il faut que l'École devienne propriétaire de l'immeuble qu'elle occupe. C'est alors seulement qu'elle pourra, sans crainte de l'avenir, achever les travaux d'installation que comporte le nombre constamment accru de ses élèves.

» Mais cette acquisition et ces travaux exigeront des dépenses considérables. Il est donc à craindre que nos économies ne soient absorbées et que nos excédants de recettes annuelles ne se transforment en excédants de dépenses. En pareil cas, l'État interviendrait sans aucun doute; mais pourquoi l'initiative individuelle, si puissante chez nos voisins, après avoir suffi à la fondation et au succès de l'École, ne suffirait-elle pas encore pour assurer sa conservation et son développement ?

» Cette idée, Messieurs, a déjà obtenu de précieuses adhésions. C'est avec le concours de bon nombre d'anciens camarades que je compte demander au Ministre l'autorisation d'accepter les dons qui nous seront offerts pour aider à la réalisation de nos projets.

» Le minimum de la souscription serait fixé à 100 francs, et chaque donateur recevrait annuellement une publication spéciale où les documents récents concernant l'institution et ses anciens élèves se trouveraient annexés à une liste de nos bienfaiteurs. Ils seront nombreux : j'en crois ce sentiment de camaraderie dévouée que j'ai toujours rencontré chez vous, Messieurs, et cet esprit de corps qui nous unit et qui a inspiré le projet dont vous entretient aujourd'hui, avec l'espoir d'une réponse favorable, votre dévoué camarade...»

L'appel de M. Petiet fut entendu dans les limites où il pouvait l'être. La souscription ainsi ouverte par lui, et pour laquelle il versa généreusement 10 000 francs, produisit environ 134 000 francs.

C'est là sans doute un beau résultat, qui fait honneur

aux anciens élèves de l'École Centrale et à l'initiative de son Directeur. Mais combien le capital obtenu était minime en face du but qu'on se proposait d'atteindre. Nous ne savons si M. Petiet se faisait tout à fait illusion, et s'il croyait pouvoir arriver de cette manière à recueillir les ressources nécessaires pour une œuvre aussi considérable que l'installation définitive de l'École. Mais nous pensons du moins qu'il voulait surtout poser la question et appeler d'avance l'attention du Gouvernement sur une situation délicate.

En effet, on ne peut se dissimuler qu'en France, où les fortunes sont extrêmement divisées et où l'aisance de chaque famille dépend bien plus du travail de son chef que du patrimoine accumulé, il est très-difficile de se passer du concours de l'État. On peut le faire en Angleterre, où d'immenses possessions terriennes placent certaines familles dans une position privilégiée qu'elles justifient souvent par une intelligente compréhension des besoins du pays et par un noble désir de les satisfaire; en Amérique, où l'Industrie met parfois aux mains d'un seul homme le budget d'un département. Mais le territoire de la France n'appartient pas à une aristocratie, et son industrie n'offre pas un champ aussi large et aussi neuf que de l'autre côté de l'Océan. La richesse personnelle y est moins grande, mais il s'y trouve beaucoup moins de pauvres que chez nos voisins; c'est là une heureuse compensation.

Quoi qu'il en soit, on doit savoir gré à M. Petiet de la démonstration qu'il a tentée. D'abord, les dons récoltés par lui ont formé comme la dotation du nouvel amphithéâtre. Mais, ce qui est plus important encore, lorsqu'il faudra discuter à fond le problème qu'il voulait résoudre, il sera prouvé d'avance que l'initiative privée serait probablement impuissante à accomplir la transformation qui s'imposera bientôt, et la discussion sera portée immédiatement sur son véritable terrain.

Nos désastres eurent leur contre-coup dans le cœur de M. Petiet. Profondément devoué à ses devoirs, il ressentit deux fois nos malheurs, comme Directeur d'une grande École dont l'avenir lui semblait compromis par les événements, et comme Chef d'exploitation et Ingénieur du matériel de la puissante Compagnie du Nord. Ses inquiétudes multiples causèrent sans aucun doute sa fin prématurée au commencement de 1871.

Le colonel Solignac, qui avait remplacé M. Cardet comme Sous-Directeur de l'École en 1866, a été chargé de remplir les fonctions de Directeur après la mort de M. Petiet. Il avait déjà administré l'École avec succès pendant la longue maladie de M. Perdonnet. Nous ne pouvons prononcer son nom sans rendre hommage à son dévouement si éclairé et vraiment infatigable aux intérêts des élèves et à l'avenir de l'œuvre.

Le dédoublement des Cours modifia, dans de grandes proportions, le personnel de l'École. Nous allons indiquer rapidement ces modifications, en insistant sur quelques points particuliers.

Nous considérerons d'abord les chaires de première année.

L'École perdit M. Masson en 1860 et M. Faure en 1863. M. Doyère donna sa démission en 1861 et M. Martelet en 1868.

M. Daniel, répétiteur du Cours de Physique générale, avait suppléé M. Masson pendant deux ans, et le remplaça comme professeur en 1861.

M. Baillon succéda à M. Doyère, dans sa chaire de Zoologie et d'Hygiène, en 1862.

M. Eugène Rouché, après avoir suppléé M. Martelet pendant un an, le remplaça définitivement, comme professeur de Géométrie descriptive, en 1868.

M. Faure était chargé du Cours de Cinématique en première année et du Cours d'application de la résistance des matériaux en seconde année. M. Ser, qui le remplaça en première année, fut appelé, en 1865, à la chaire de Physique industrielle, et M. De Comberousse lui succéda comme professeur de Cinématique.

En 1865, on introduisit en première année un Cours d'éléments organiques des Machines, destiné à soulager le Cours si vaste de Construction et à familiariser les élèves avec les détails minutieux du dessin particulier des machines. C'est à M. Ermel que ce nouveau Cours fut confié.

Enfin, à la même époque, on créa, dans le même esprit, des conférences sur les éléments d'Architecture. Ces conférences furent faites, jusqu'en 1872, par M. Deconchy, chef des travaux graphiques. En 1872, ces conférences devinrent un véritable Cours, confié depuis cette époque à M. Demimuid, par suite de la démission de M. Deconchy.

Ainsi, en 1872, l'enseignement en première année comporte quatre *grands* Cours et cinq *petits* Cours. Ce n'est pas leur importance qu'on veut désigner ainsi, mais bien le nombre des leçons correspondantes. Ce nombre de leçons atteint soixante pour les premiers et, pour les seconds, varie de vingt à trente.

Les grands Cours répondent à l'Analyse et à la Mécanique générale, à la Géométrie descriptive, à la Physique générale et à la Chimie générale. Les petits Cours se rapportent à la Cinématique, à la Minéralogie et à la Géologie, à l'Hygiène et à l'Histoire naturelle appliquée, aux éléments organiques des Machines et aux éléments d'Architecture.

On voit que, profitant du niveau plus élevé obtenu chez les candidats, grâce à un concours très-sérieux, on a pu reporter en première année un certain nombre de leçons faites autrefois en deuxième et en troisième année. Ce progrès était indispensable pour permettre d'étendre à leur tour, jusqu'au point nécessaire, les connaissances enseignées aux élèves de la deuxième et de la première division.

On rompait ainsi, il est vrai, avec la marche suivie précédemment. A l'enseignement théorique proprement dit qui remplissait autrefois toute la première année, on joignait quelques parties détachées de l'enseignement appliqué, concentré jusqu'alors en deuxième et en troisième année; mais on obéissait à une nécessité évidente, en allégeant un peu les Cours de Sciences industrielles. En réalité, pour revenir au plan primitif, il faudrait que l'École Centrale pût conserver aujourd'hui ses élèves durant quatre années.

En deuxième et en troisième année, MM. Belanger, Mary, Perdonnet et Ferry sont remplacés en 1864, au moment du dédoublement des Cours, par MM. Phillips et Tresca, Ruelle et Muller, Mantion et Jordan.

M. Phillips occupe la chaire d'Hydraulique en troisième année et M. Tresca celle de Mécanique appliquée en deuxième année.

M. Ruelle professe le Cours de Travaux publics aux élèves de la première division, et M. Muller celui de Constructions civiles aux élèves de la deuxième division

M. Mantion occupe la chaire de Chemins de fer et M. Jordan celle de Métallurgie générale et de Métallurgie du fer en troisième année.

M. Burat continue de professer l'exploitation des Mines en deuxième et en troisième année, ses leçons étant partagées également entre les élèves des deux divisions.

L'École, en 1857, perd M. Péclet, l'un de ses fondateurs. Maître de Conférences à l'École Normale supérieure en 1828, comme nous l'avons dit plus haut (p. 14), Inspecteur de l'Académie de Paris en 1838, Inspecteur général des études en 1840, M. Péclet n'avait jamais cessé de donner pendant vingt-huit ans, à l'École qu'il avait contribué à élever si haut, une part de son temps et de son cœur. Il commençait sa vingt-neuvième campagne (pacifique et toujours fructueuse), lorsque la mort vint le frapper, presque au sortir d'une de ses leçons pleines de verve et de promesses ([1]).

Le Cours de Physique industrielle fut alors réuni au Cours de Machines à vapeur jusqu'en 1865. A cette époque, M. Ser fut nommé professeur de Physique industrielle en deuxième année et M. Thomas conserva la chaire de Machines à vapeur en troisième année.

En 1865, M. Lamy partagea avec M. Payen le Cours de Chimie industrielle et fut chargé en même temps de la Métallurgie des petits métaux. Il succéda définitivement à M. Payen, lorsque l'École perdit ce savant professeur en 1871. La Métallurgie des petits métaux fut alors réunie aux leçons de M. Salvetat sur la Céramique et la Teinture.

En 1865, on fonda un Cours spécial de Constructions navales en faveur des élèves de la première division. Malgré le mérite du professeur choisi, qui fut M. de Fréminville, et l'utilité réelle de ses leçons, on peut dire que la décision prise dérogeait aux principes appliqués depuis la création de l'École. En effet, le but qu'on s'est toujours proposé d'atteindre, c'est la mise en pratique d'un enseignement général assez complet pour rendre les élèves capables, à leur sortie, d'embrasser toutes les spécialités industrielles. Mais on s'est

---

([1]) Voir, à l'*Appendice*, les pages consacrées à la mémoire de M. Péclet.

en même temps abstenu avec soin d'entrer dans les détails trop minutieux et trop exclusifs, que le séjour des ateliers ou des grands établissements peut seul mettre à même d'acquérir d'une façon utile et sérieuse. Un Cours de Filature répondait, sans aucun doute, à des besoins plus répandus, et l'on avait été autrefois obligé d'y renoncer. Il devait en être de même, à plus forte raison, du cours de Constructions navales. Lors de la mort de M. Thomas, en 1870, M. de Fréminville fut appelé à lui succéder, et la chaire qu'il occupait précédemment fut supprimée. Depuis 1871, le Cours de Machines à vapeur est professé aux élèves de la deuxième division.

En prononçant le nom de M. L. Thomas, enlevé trop tôt à la Science industrielle, nous devons rendre hommage aux remarquables travaux de MM. Thomas et Laurens, tous deux anciens élèves de l'École. Ces travaux concernent surtout l'utilisation des Gaz perdus des hauts-fourneaux et, en général, l'emploi des Gaz en Métallurgie, sans oublier d'autres perfectionnements qui ont fait faire, il y a trente ans, de très-sensibles progrès à l'industrie sidérurgique.

En 1865, MM. Bouis et Le Blanc sont adjoints à M. Peligot pour une partie des leçons de Chimie analytique données en deuxième année.

Enfin M. Contamin succède, en 1872, à M. de Mastaing, comme professeur du Cours d'Application de la Résistance des matériaux. M. de Mastaing, enlevé par un funeste accident ([1]) à la brillante carrière qui s'ouvrait devant lui, avait remplacé M. Faure dans cette chaire en 1863.

Dix Cours sont alors professés aux élèves de la deuxième division.

([1]) M. de Mastaing, en essayant une machine dans une usine des environs de Paris, eut la tête emportée par suite de la rupture d'une poulie de transmission en fonte, sous l'action de la force centrifuge.

Les sept grands Cours, avec un nombre de leçons variant de trente-cinq à soixante, concernent : la Mécanique appliquée (Ire Partie, Mécanique spéciale des Corps solides); la Construction et l'établissement des Machines (Ire Partie); les Constructions civiles; la Physique industrielle; la Chimie industrielle (Ire Partie), y compris la Verrerie, la Céramique, la Teinture et la Métallurgie des petits métaux; la Chimie analytique (Ire Partie); les Machines à vapeur.

Les trois petits Cours, avec un nombre de leçons variant de vingt à vingt-cinq, se rapportent : aux Applications de la Résistance des matériaux; à l'exploitation des Mines (Ire Partie); à la Législation industrielle.

A la même date, huit Cours sont professés aux élèves de la première division.

Les cinq grands Cours, avec un nombre de leçons variant de quarante à soixante, concernent : la Mécanique appliquée (IIe Partie, Hydraulique et Théorie mécanique de la chaleur); la Construction et l'établissement des Machines (IIe Partie); les Travaux publics; les Chemins de fer; la Métallurgie générale et celle du fer.

Les trois petits Cours, avec un nombre de leçons variant de vingt à trente, se rapportent : à la Chimie analytique (IIe Partie); à la Chimie industrielle (IIe Partie); à l'exploitation des Mines (IIe Partie).

M. Lecœuvre, après avoir fait, depuis 1853, une partie du Cours de Construction des Machines en première et en deuxième année, le professe régulièrement en deuxième année, depuis 1865 (sauf les leçons sur l'Hydraulique pratique que s'est réservées M. Callon.)

En 1873, M. Peligot quitte la chaire de Chimie analytique en deuxième année, et il a pour successeur M. Félix Le Blanc.

De même, M. Cahours, appelé à l'une des Chaires de

Chimie de l'École Polytechnique, où il est depuis longtemps Examinateur de sortie, quitte la chaire de Chimie générale en première année, et il a pour successeur M. Gernez.

MM. Peligot et Cahours ont, pendant plus de trente ans, honoré l'École de leurs remarquables leçons.

En 1874, M. Boutillier occupe, après la retraite de M. Ruelle, la chaire de Travaux publics en troisième année.

Une innovation très-heureuse a lieu en 1875. Le Cours d'Analyse et de Mécanique rationnelle est dédoublé, au moment où M. Sonnet se retire. M. Vacquant devient titulaire de la chaire d'Analyse, et M. De Comberousse, Professeur de Cinématique depuis 1865, est nommé titulaire de la chaire de Mécanique générale, qui comprend désormais la Cinématique.

Mais M. Phillips, qui, depuis douze ans, mène de front son enseignement si lucide et si bien ordonné à l'École Polytechnique et à l'École Centrale, quitte, pour raison de santé, la chaire d'Hydraulique en troisième année. C'est M. Tresca qui le remplace, et M. De Comberousse succède lui-même à M. Tresca dans la chaire de Mécanique appliquée de deuxième année.

Par suite de ce mouvement, M. Maurice Lévy est nommé Professeur de Mécanique générale en première année.

Depuis un certain temps déjà, une nouvelle et utile fonction a été créée : celle d'inspecteur des travaux graphiques des élèves, en deuxième et en troisième année. Cet inspecteur, choisi parmi les anciens élèves, doit surveiller chaque jour l'exécution des projets et donner, dans chaque salle ou dans son cabinet, toutes les explications ou tous les conseils nécessaires. Il y a ainsi moins de perte de temps pour les recherches et direction certaine pour le choix et la mise en œuvre des solutions poursuivies par les élèves.

M. Komarnicki a rempli cette position de 1866 à 1871. M. Denfer, qui lui avait été adjoint en 1869, lui a succédé en 1871.

Nous aurions encore d'autres changements et d'autres modifications à indiquer; mais, comme ils se rapportent à une tentative que nous devons apprécier et à laquelle nous consacrerons le Chapitre VII de cette deuxième Partie, nous les énumérerons un peu plus loin.

Dès à présent, nous croyons avoir le droit de dire qu'on ne trouverait peut-être pas ailleurs, au point de vue de la Science industrielle, un ensemble de cours si fortement combiné et un personnel si bien préparé à l'importante mission qui lui est confiée.

Plus le temps s'écoulera, et mieux le service rendu au pays par les Fondateurs de l'École Centrale sera apprécié, non-seulement par le public intéressé, mais avant tout par l'État lui-même : nous en avons la conviction. Elle n'a pas été ébranlée par l'étude attentive que nous avons faite des établissements fondés à l'étranger, sur le double modèle de l'École Polytechnique et de l'École Centrale. Mais cette étude nous a montré la nécessité absolue de marcher toujours en avant, et les vœux qu'elle nous a inspirés pour l'avenir trouveront leur expression naturelle dans les conclusions de notre travail.

CHAPITRE VI.

DES CONDITIONS GÉNÉRALES ET DE LA PORTÉE DE L'ENSEIGNEMENT DE L'ÉCOLE.

M. Cauvet, Directeur des études, a remis au Conseil de perfectionnement, sur le sujet qui va nous occuper, un travail étendu. Ce travail nous a été des plus utiles pour la rédaction de ce Chapitre, et c'est un devoir pour nous de faire remonter à M. Cauvet l'honneur des remarques et des rapprochements importants qu'il contient.

Nous avons déjà fait observer que la liberté relative dont jouissent les élèves de l'École Centrale par suite de l'externat, bien loin d'être un danger, a plutôt pour effet de développer chez eux l'esprit d'initiative et une raison précoce. La liberté est toujours favorable, lorsqu'une vraie responsabilité peut, à chaque instant, en punir ou en corriger le mauvais usage. C'est ce que produit, d'une manière toute naturelle, le système adopté à l'École Centrale. Les détails dans lesquels nous allons entrer, au sujet des travaux des élèves, le démontreront nettement.

On a beaucoup reproché à M. Guizot une expression qui ne fait cependant qu'énoncer sous une forme saisissante une loi profonde de notre nature : « Le travail est un frein ». Il aurait pu ajouter que c'est à la fois une nécessité sociale et la meilleure source morale de notre élévation personnelle. Quoi qu'il en soit, si la parole du grand orateur est vraie, si le travail est le frein le plus salutaire qu'on puisse opposer aux entraînements et aux défaillances de la jeunesse, tout est disposé et mesuré à l'École pour maintenir les élèves dans une voie de modération et de sagesse.

A l'intérieur de l'École, ils ont à prendre des notes à l'amphithéâtre, à dessiner dans leurs salles, à suivre les différentes manipulations et à passer des examens fréquents.

Les notes à l'amphithéâtre doivent être écrites sur des cahiers spéciaux, revêtus du visa de l'École et dont la première page renferme d'utiles conseils. Chaque professeur, à la fin de sa leçon, visite les cahiers d'une même salle et consigne ses observations sur une feuille remise à la Direction des études. Chaque répétiteur, à son tour, parcourt le cahier de l'élève qu'il interroge, et la tenue de ce cahier entre pour un quart (au maximum) dans la note définitive obtenue. Enfin chaque professeur visite les cahiers de tous les élèves de la division, au moment de l'examen général qu'il leur fait subir, et la tenue de ces cahiers est aussi évaluée par lui à l'aide d'une note spéciale. On voit qu'on a groupé toutes les précautions possibles, pour que les élèves soient forcés d'attacher aux notes recueillies à l'amphithéâtre la très-grande importance qu'elles présentent.

On se tromperait beaucoup, en effet, si l'on croyait pouvoir suivre les Cours de l'École Centrale en s'aidant simplement de livres même estimés. Chaque professeur crée nécessairement son enseignement de toutes pièces, et la nature de cet enseignement, le nombre de leçons dont il peut disposer, le cadre qu'il doit remplir sans pouvoir s'en écarter, l'obligent à donner à son cours un cachet tout personnel et qu'aucune publication étrangère, quelle que fût sa valeur, ne pourrait reproduire.

Les examens particuliers faits sur les différents Cours par

les répétiteurs qui y sont attachés reviennent en général hebdomadairement pour chaque élève. On les commence environ un mois après la rentrée, c'est-à-dire dès qu'un nombre suffisant de leçons peut donner lieu à une interrogation sérieuse, et on les termine quinze jours avant les examens généraux faits par les professeurs, pour que les élèves puissent se préparer convenablement à ces épreuves. Nous reviendrons sur ce point.

Si nous prenons comme type l'année 1877, le nombre des examens particuliers en première année est de 24, celui des examens généraux de 9. Chacun des neuf Cours donne donc lieu à un examen général.

Les examens particuliers se partagent de la manière suivante : Analyse, 2 ; — Cinématique et Mécanique générale, 5 ; — Géométrie descriptive, 4 ; — Physique, 4 ; — Chimie et Manipulations, 5 ; — Minéralogie et Géologie, 2 ; — Architecture, 1 ; — éléments de Machines, 1.

C'est donc, en tout, 33 examens subis par les élèves de la troisième division, pendant 39 semaines de séjour effectif à l'École.

En deuxième année, même nombre d'examens particuliers et généraux qu'en première année. Sur les dix Cours professés, celui d'exploitation des Mines seul n'a pas d'examen général. Cet examen est reporté en troisième année et doit alors comprendre l'ensemble du Cours.

Les examens particuliers se subdivisent de la manière suivante : Mécanique appliquée, 4 ; — Construction des Machines, 4 ; — Constructions civiles, 3 ; — Physique industrielle, 3 ; — Chimie analytique, 3 ; — Machines à vapeur, 3 ; Exploitation des Mines, 2 ; — Technologie, 1 ; — Application de la résistance des matériaux, 1.

C'est donc encore, en tout, 33 examens subis par les élèves

de la deuxième division, pendant 39 semaines de séjour effectif à l'École.

Enfin, en troisième année, on compte 19 examens particuliers et 8 examens généraux, un pour chaque Cours professé.

Les examens particuliers se partagent ainsi : Hydraulique. 3 ; — Construction des Machines, 3 ; — Travaux publics, 3 ; — Chimie industrielle, 3 ; — Métallurgie, 3 ; — Chemins de fer, 3 ; — Technologie, 1.

C'est, en tout, 27 examens subis par les élèves de la première division, pour 33 semaines de séjour effectif à l'École avant l'ouverture du Concours de sortie.

Les élèves ne peuvent d'ailleurs étudier leurs examens à l'École même, par suite des dessins et des manipulations diverses qu'ils doivent y exécuter. Cette nécessité de préparer ces examens chez eux, et le soir en général, est la meilleure sauvegarde de leur conduite extérieure.

L'enchaînement se poursuit sans interruption. Il faut écouter à l'amphithéâtre avec la plus grande attention, pour avoir de bons cahiers de notes. Ces cahiers, lorsqu'ils sont tenus convenablement, assurent pour ainsi dire le succès des examens particuliers. Et, lorsque les examens particuliers ont été sérieusement approfondis, l'examen général devient une revue d'ensemble qui, loin d'écraser l'élève, lui permet, en saisissant un Cours tout entier dans ses principes et dans ses détails, de se l'assimiler complétement.

Nous devons passer maintenant aux Manipulations exécutées par les élèves. Nous n'avons pas besoin d'en faire ressortir l'importance. Dans une école comme l'École Centrale, les exercices pratiques doivent suivre, d'aussi près et en aussi grand nombre que possible, l'exposition des théories.

En première année, vingt séances sont consacrées aux

manipulations de Chimie générale (seize se rapportent à la Chimie minérale, et quatre à la Chimie organique). Nous dirons immédiatement que ce dernier chiffre, eu égard à l'extension prise par la Chimie organique, nous semble beaucoup trop faible.

Huit séances sont accordées aux manipulations de Physique générale. Elles comprennent la recherche des densités, la télégraphie électrique, la photométrie, la spectroscopie, la photographie et la saccharimétrie.

Dans quatre autres séances, les élèves apprennent à reproduire un appareil de stéréotomie, d'après l'épure faite au mur, à l'aide de voussoirs en plâtre qu'ils taillent eux-mêmes suivant le tracé adopté.

Trois séances sont employées à un levé topographique, à un levé de bâtiment (Architecture) et à un levé de Machines (éléments de Machines).

En deuxième année, les élèves exécutent vingt-trois manipulations de Chimie analytique, auxquelles il faut ajouter trois séances de Docimasie. Ces manipulations, si utiles, étaient placées, avant 1865, en troisième année, et faites seulement par les métallurgistes et les chimistes. Elles sont aujourd'hui communes à tous les élèves de la deuxième division.

Ces mêmes élèves exécutent quatre manipulations de Physique industrielle, relatives à la construction d'un appareil de chauffage.

Deux autres séances sont consacrées à l'étude de l'écoulement des gaz et au jaugeage des cours d'eau.

Un travail topographique, comprenant un levé de terrain et un nivellement, absorbe quatre séances.

Quatre dernières manipulations initient les élèves au montage et au démontage des machines, aux travaux de la forge et de la fonderie.

En troisième année, de nouvelles manipulations chimiques ont été introduites. Elles concernent les essais commerciaux et doivent familiariser les élèves avec la pratique des laboratoires industriels. Chaque élève a à faire huit analyses diverses en seize séances. On ne peut qu'applaudir à l'introduction de ce complément nécessaire.

Il nous reste à énumérer les travaux graphiques qui prennent tout le temps des élèves à l'École, en dehors des Cours et des Manipulations.

Autrefois, les élèves, étant mal préparés pour la plupart, devaient apprendre le dessin à l'École même. Aujourd'hui, les conditions du Concours d'admission ont largement amélioré cette situation, et une autre marche peut être suivie au grand avantage des besoins de l'enseignement.

En première année, on applique le dessin à l'Architecture, aux Machines, à la Géométrie descriptive et à la Topographie.

En deuxième année, les élèves se servent de cette langue universelle pour étudier les éléments qui se présentent le plus fréquemment dans les projets que les ingénieurs ont à établir.

Enfin, en troisième année, ils sont suffisamment armés pour traiter des projets d'ensemble qui les préparent au Concours de sortie.

En première année, quatre séances par semaine sont employées au travail graphique : le Dessin architectural en prend deux; les deux autres sont données aux épures de Géométrie descriptive et au dessin des Machines.

On a eu soin d'augmenter l'importance des croquis et d'accorder une part à l'intelligence de l'élève, en ne mettant sous ses yeux que des modèles volontairement incomplets, et qu'il doit restituer dans leur intégrité.

Les douze dessins d'Architecture, successivement exécutés, permettent de proposer comme dernière épreuve un projet très-simple de Construction.

De même, les onze dessins de Machines conduisent à la reproduction d'une Machine à vapeur complète.

Le nombre des épures de Géométrie descriptive, qui est actuellement fixé à seize, aurait pu, selon nous, être utilement augmenté et porté au moins à vingt. Ces épures comprennent, cependant, les exercices les plus essentiels sur la Perspective, les ombres, la Coupe des pierres et la Charpente.

Neuf éléments de projets sont demandés aux élèves de la deuxième division. Ceux de la première division ont six projets d'ensemble à étudier, avant d'aborder celui du Concours de sortie.

On ne saurait croire combien ces projets, de plus en plus compliqués, sollicitent l'intelligence et éveillent l'ardeur de la plupart des élèves. Ils comprennent la responsabilité qui les attend, la satisfaction qu'on éprouve en accomplissant avec conscience et réflexion une œuvre utile; ils s'initient aux souffrances et aux joies de l'inventeur. Il faut les voir discuter entre eux, se conseiller, se critiquer mutuellement. Il y a là une gymnastique fortifiante, un apprentissage viril, destinés à porter les meilleurs fruits.

Des sorties spéciales sont accordées aux élèves des deux divisions supérieures, pour visiter les usines dont les dispositions se rapportent aux projets qu'ils ont à exécuter. L'après-midi du jeudi reste libre pour tous les élèves dont les travaux sont à jour.

En première année, des problèmes relatifs à l'Analyse, à la Cinématique, à la Mécanique générale et à la Physique générale, sont proposés chaque semaine aux élèves par les professeurs de ces Cours. Les solutions trouvées doivent être consignées sur un cahier spécial, et les examens peuvent porter, en partie, sur ces mêmes solutions. C'est là une innovation qu'on ne saurait trop encourager.

Pendant les vacances, les élèves de la troisième division doivent traiter quelques questions de Mécanique, et exécuter des dessins d'Architecture et de Machines d'après les croquis levés par eux.

Ceux de la deuxième division ont à faire des applications, relatives au Cours de Résistance des matériaux, qu'ils ont suivi au commencement de l'année. Ils doivent, en outre, accomplir un voyage industriel et visiter des usines de toute espèce, sans se préoccuper de leur spécialité. Ils présentent à leur retour tous les plans, levés et croquis, dont ces visites leur ont permis d'enrichir leur collection, et développent toutes leurs observations dans un Mémoire descriptif. On comprend tout le profit que les élèves studieux peuvent tirer de ces obligations.

Depuis trois ans, la Direction des Études s'est empressée de répondre au vœu de la Direction de l'École, en faisant un choix parmi les meilleurs Travaux de vacances rapportés par les élèves. Ces travaux sont réunis et publiés sous la forme d'un *Portefeuille,* contenant de 50 à 55 planches, avec un texte explicatif. Il y a là une excellente source d'émulation, et nous sommes certain que la création toute nouvelle de ce recueil aura les plus heureuses conséquences.

Il nous semble utile d'indiquer les coefficients adoptés pour le classement des élèves dans les trois divisions.

En première année, le coefficient de la moyenne des examens particuliers pour chaque faculté est 2 ; les notes des examens généraux sont multipliées par 6 ; enfin les résultats fournis par les travaux graphiques reçoivent le coefficient 2.

En deuxième et en troisième année, on conserve la même

importance aux examens particuliers, mais le coefficient des notes d'examens généraux s'abaisse à 5, tandis que celui des notes de projets s'élève à 3.

Nous avons déjà dit (p. 76 et suiv.) en quoi consiste le projet de Concours, par lequel se terminent toutes les études de l'École. C'est comme un premier résultat, qui doit donner au jeune ingénieur la conscience de tout ce qu'il a acquis pendant trois années d'efforts et la mesure de ses forces, tout en lui montrant en même temps ce que la pratique a encore à lui enseigner.

Un jury composé de quatre professeurs est formé pour chaque spécialité. Il prononce sur l'ensemble du projet, sur le mérite de l'exécution graphique, sur la valeur du Mémoire à l'appui, et sur la maturité de la discussion soutenue devant lui par le candidat. Dès que les différents jurys de Concours ont prononcé, le classement des élèves de la première division est effectué en tenant compte des moyennes générales qui correspondent aux trois années d'études et de la note du projet final. Puis, aux termes du Règlement, le Conseil de l'École et le Conseil de perfectionnement se prononcent successivement sur les propositions de Diplômes et de Certificats à soumettre au Ministre.

Jusqu'en 1859, le projet de Concours décidait seul du rang des élèves et de l'obtention du Diplôme ou du Certificat. C'était là une fâcheuse disposition, qui n'a pas produit toutes les injustes discordances qu'elle aurait pu entraîner, parce que les meilleurs élèves ont toujours su, en général, faire les meilleurs projets de Concours. Mais, si elle a rarement nui aux droits acquis par un travail soutenu, elle a quelquefois, dans le passé, un peu trop favorisé des élèves qui, après un travail inégal, se décidaient à donner ce qu'on appelle un coup de collier au moment de la dernière épreuve.

Le Conseil de l'École a donc obéi à une inspiration toute de justice et de prudence, en décidant qu'on tiendrait compte désormais, dans le classement, du travail des élèves pendant leurs trois années d'études. Mais ce changement ne s'est pas opéré en une seule fois. En 1859, on tient compte de la moyenne de troisième année; en 1863, on tient compte également de celle de deuxième année; enfin ce n'est qu'en 1871 qu'on donne au principe toute son extension.

La moyenne de première année reçoit alors le coefficient 1, celle de deuxième année le coefficient 2, celle de troisième année le coefficient 4. Le coefficient affecté à la note du projet de Concours est fixé à 3.

Nous croyons qu'on arriverait peut-être à des rapports plus exacts, si l'on portait à 2 le coefficient de la moyenne de première année tout en abaissant à 2 celui de la note du projet de Concours, et si l'on affectait le même coefficient 3 aux moyennes de deuxième et de troisième année.

Nous répéterons à ce sujet que la séparation qu'on a toujours tendu à établir entre la première année d'études et les deux autres, qui pouvait être parfaitement justifiée lors de la fondation de l'École et qui pourrait l'être encore si la durée des études était moins restreinte, n'a plus aujourd'hui, après tous les changements effectués, aucune raison d'être. La première année se prolonge dans les deux autres, son enseignement les pénètre et les soutient.

On voit, par les détails dans lesquels nous venons d'entrer, comment tout est habilement gradué pour enfermer pour ainsi dire les élèves dans un cercle de travaux variés, que leur diversité même rend plus attrayants. Mais, par contre, l'engrenage est tel, que ceux qui veulent sortir de la voie tracée échouent nécessairement et doivent quitter l'École. Une absence de quinze jours est déjà très-difficile à réparer, par suite de la multiplicité des Cours et des épreuves imposées aux élèves. Une absence d'un mois oblige presque toujours à demander au Conseil l'autorisation de redoubler une année d'études. On comprend que des vacances de trois mois ne soient pas exagérées pour des jeunes gens soumis à un labeur si sérieux ; et encore, ces vacances ne doivent pas rester oisives.

Il est possible que l'élévation du programme d'admission ait diminué un peu le nombre des candidats. C'était là une éventualité à laquelle il fallait s'attendre; mais, d'un autre côté, le nombre des *non-valeurs* a diminué dans une proportion encore plus grande (*voir* p. 173 et 174). Nous pouvons donc dire que les élèves plus sérieusement préparés se maintiennent mieux à l'École et ne sont pas forcés de changer de carrière au bout d'un an ou deux d'inutiles efforts. Les bons résultats d'une institution comme l'École Centrale se mesurent certainement plutôt au petit nombre de *fruits secs* qu'elle produit qu'au grand nombre de candidats qui assiégent ses portes. Il est donc permis d'affirmer que les modifications apportées au programme d'admission ont reçu la consécration de l'expérience. Elles étaient indispensables, mais l'heureux succès qui les a si rapidement justifiées aurait pu tarder davantage.

Sous l'impulsion de la cession à l'État, le nombre des candidats atteignit 436 en 1859. Il fut, en moyenne, de 360 pendant la période comprise entre 1860 et 1868. A partir de 1868, le nouveau programme adopté et, surtout, les désastres accumulés par la guerre, font tomber cette moyenne à 261. On peut, dès aujourd'hui, signaler un sérieux mouvement ascendant.

Le nombre des candidats dépasse 300 en 1872, malgré une circonstance défavorable.

Les besoins de l'armée entraînent, depuis la guerre, la réception d'un bien plus grand nombre d'élèves à l'École Polytechnique. On est arrivé, en 1872, au chiffre de 300; on a atteint, les années suivantes, celui de 250. Ces promotions extraordinaires (avant nos malheurs, elles ne dépassaient jamais le chiffre de 160) enlèvent certainement d'excellents candidats à l'École Centrale. Le nombre des aspirants ayant augmenté néanmoins pendant la période que nous traversons, il faut saluer dans ce fait l'indice d'un progrès très-réel, puisque cet accroissement n'est plus fourni par le contingent refusé à l'École Polytechnique, et qu'il correspond au développement normal du cercle d'action de l'École Centrale.

En 1859, le nombre des admissions, pour un total de 436 candidats, s'est élevé à 220. De 1860 à 1868, la moyenne des admissions, pour une moyenne de 360 candidats, a été de 200. De 1868 à 1872, cette moyenne a été de 190, pour une moyenne de 261 candidats; puis, de 1872 à 1878, la moyenne des admissions se retrouve de 220 pour une moyenne de 307 candidats.

En 1878, le nombre des candidats inscrits remonte à 411.

Mais ce qui est très-remarquable et ce qui doit rassurer entièrement sur l'écart trop faible entre le chiffre des candidats et celui des admissions, c'est la progression continue du rapport du nombre d'élèves autorisés à passer de première en deuxième année au nombre d'élèves reçus en première année. Ce rapport, qui n'était que de 0,65 en 1859, s'est trouvé de 0,75 dès 1860, et n'est jamais tombé au-dessous de 0,80 à partir de 1864. Il a été, pour 1878, de 0,85. C'est là un résultat décisif, qui donne toute raison aux réformes adoptées. La démonstration s'est faite de la manière la plus nette, malgré les plus redoutables et les plus funestes événements.

Cette démonstration sera complète, si l'on ajoute que le nombre des Diplômes accordés à la suite du Concours de sortie a été également en augmentant. Il était de 75 en 1859, sur 226 admissions prononcées en 1856; de 112 en 1867, sur 195 admissions en 1864; de 103 en 1878, sur 225 admissions en 1875. De plus, la note des élèves diplômés qui, en 1859, n'atteignait, comme moyenne générale, que 13,81 sur un maximum de 20, s'est élevée à 14,60 en 1870. Celle des élèves qui n'ont obtenu qu'un certificat a monté, dans le même intervalle, de 11,60 à 13,03.

Pour l'année 1878, la moyenne générale des élèves diplômés a été de 14,56, et celle des élèves qui n'ont obtenu qu'un certificat, de 12,90.

Ces oscillations sont inévitables et correspondent à la *force moyenne* de chaque promotion; mais le niveau, si l'on considère une période convenable, tend toujours à monter.

On peut se demander dans quelle proportion les élèves qui se destinent et se préparent spécialement à l'École Polytechnique alimentent l'École Centrale. De 1859 à 1871, le nombre moyen des élèves qui, ayant échoué à l'École Polytechnique, ont pu entrer à l'École Centrale, a été de 50. C'est environ un quart de chaque promotion. Il y a donc là un élément important sur lequel, comme nous venons de l'expliquer, il faudra probablement compter de moins en moins. Mais notre conviction est qu'il sera largement compensé par l'accroissement régulier du nombre des candidats qui se préparent directement en vue du Concours de l'École Centrale.

Comme nous l'avons dit, le régime adopté à l'École Centrale a, au point de vue moral, une portée particulière. L'externat donne la liberté aux élèves, mais cette liberté ne fait que développer chez eux le sentiment très-vif de la responsabilité. En face des conséquences qu'entraîne forcément pour eux la moindre diminution dans leur bonne volonté et dans leur travail, il en est peu qui ne s'arrêtent pas à temps.

D'ailleurs, la Direction des études veille assidûment. Elle se met en contact journalier avec les jeunes gens qui lui sont confiés. Elle avertit la famille ou le correspondant dès qu'elle aperçoit le moindre point faible. Son action, pour être toute morale, n'en est pas moins efficace ; et l'on peut dire que nulle part la discipline n'a été mieux garantie avec des moyens plus simples.

Nous devons appeler l'attention sur un point essentiel, qu'on néglige quelquefois d'apprécier à sa juste valeur, malgré son évidence. Les élèves, placés dans les meilleures conditions pour arriver au Diplôme à la fin de leurs études, sont, *en général*, ceux qui vivent dans leur famille. Ils y trouvent de bons exemples, des habitudes d'ordre et de travail régulier, qui ont la plus heureuse influence sur leur conduite personnelle.

Il faut donc que les parents qui ne sont pas établis à Paris attachent la plus grande importance au choix du correspondant qui les représente auprès de l'Administration de l'École. Ce correspondant, autant que possible, ne doit pas être simplement le banquier ou le répondant du jeune homme qui lui est confié. Il est nécessaire qu'il s'y intéresse, qu'il se rende compte de ses efforts pour y applaudir, de ses défaillances pour y remédier, qu'il remplace, en un mot, la famille d'une manière effective et efficace.

Les statuts de l'École, avec un louable libéralisme et une intelligence parfaite des conditions de l'Industrie, ont toujours permis l'admission des étrangers à l'égal des nationaux. Il est intéressant de constater numériquement quelle a été l'importance de cette décision.

Depuis sa fondation jusqu'au concours de sortie de la présente année, l'École a donné à l'Industrie 4054 ingénieurs ([1]), dont 552 étrangers. Le rapport des élèves étrangers aux nationaux a donc été, pour cette longue période, de 0,13 environ. Pour diverses causes, nous croyons que cette proportion tend plutôt à diminuer.

La proportion des anciens élèves employés hors de France est, d'après M. Cauvet, de 0,22. Si l'on défalque de ce nombre les 0,13 qui correspondent aux élèves non français, il reste, parmi nos nationaux, 0,09 du nombre total de nos ingénieurs occupés à l'étranger. Le chiffre exact doit d'ailleurs être assez difficile à établir; car les Français s'expatrient bien rarement pour toujours, et rentrent en général aussitôt qu'ils le peuvent. Ils forment donc au dehors une population flottante, dont le contingent doit en tout temps varier beaucoup.

Nous avons expliqué précédemment en quoi consistaient à l'École Centrale les différentes spécialités. Si l'on étudie, avec M. le Directeur des études, la dernière période décennale, on trouve en moyenne la répartition suivante : 68 Mécaniciens, 45 Constructeurs, 27 Métallurgistes, 17 Chimistes.

On doit attacher peu d'importance à cette répartition, qui n'indique pas, par exemple, que la Métallurgie soit moins bien étudiée à l'École que la Mécanique, ou la Chimie que la Construction. La sévérité plus ou moins grande d'un chef de spécialité, de meilleures notes obtenues dans une faculté, déterminent le plus souvent le choix de l'élève. Cela est si vrai que, très-fréquemment, des fils d'industriels devant succéder à leurs pères ont choisi une spécialité différente de celle qui les attendait à leur sortie de l'École.

Cela s'explique d'ailleurs par le soin avec lequel l'Adminis-

---

([1]) Les chiffres indiqués ici correspondent aux élèves sortis avec leurs Diplômes ou leurs Certificats, et non aux élèves admis, dont le nombre atteint aujourd'hui 7266.

tration a toujours évité d'établir aucune différence tranchée entre les diverses catégories d'élèves. Le caractère de l'enseignement de l'École Centrale, nous saisissons l'occasion de le répéter, est précisément son universalité; et l'on n'a jamais voulu le modifier en l'amoindrissant. Tous les travaux sont communs à tous les élèves, sauf quelques projets qui varient d'une spécialité à l'autre.

L'expérience a donné complétement raison aux fondateurs, qui ont établi ces utiles principes avec une grande sûreté de vues. Si l'on compare, en effet, la spécialité des élèves à l'École avec la voie qu'ils ont suivie après leur sortie, on trouve que plus de 0,60 d'entre eux ont embrassé une carrière différente de la spécialité qu'ils avaient choisie. C'est ce qu'ils n'auraient pu faire si l'enseignement avait été conçu avec moins de largeur.

Si l'on conserve la division en *spécialités* à l'École Centrale, c'est donc seulement parce qu'on y trouve quelques avantages au point de vue de la répartition des projets et de la direction des études.

Il nous reste à donner quelques détails sur la discipline intérieure de l'École.

Les inspecteurs des élèves, anciens capitaines de l'armée, toujours décorés, sont chargés de la surveillance générale des salles. Ils constatent les absences à l'aide d'un appel journalier. Ils assistent à l'entrée dans les amphithéâtres. Ils sont les intermédiaires de la Direction des études, pour tout ce qui touche au bon ordre et à la régularité des travaux. Ils signalent, dans les rapports qu'ils lui transmettent, toutes les infractions au Règlement qui leur ont paru assez sérieuses pour qu'un avertissement direct soit insuffisant.

Le Directeur des études, d'après la portée des infractions commises, adresse lui-même une réprimande à l'élève signalé, ou bien renvoie la décision à prendre au Conseil d'ordre.

Le Conseil d'ordre est composé du Directeur de l'École, du Directeur et du Sous-Directeur des études, et d'un membre du Conseil de l'École. Il tient une séance par semaine.

Si la faute est très-grave, le Conseil d'ordre, après explication, renvoie de nouveau l'élève devant le Conseil de l'École, qui tranche définitivement la question.

Dans ces différents cas, il ne s'agit que d'une pénalité morale. L'élève est réprimandé plus ou moins fortement, il est averti avec plus ou moins d'appareil, et c'est tout. Dans les circonstances exceptionnelles où l'élève mérite d'être expulsé, le Conseil présente un Rapport au Ministre, qui prononce en dernier ressort.

Avec des moyens si simples, la discipline a toujours été convenablement maintenue à l'École Centrale. Ce résultat semblera peut-être remarquable, si l'on veut bien se rappeler qu'un seul inspecteur a de 150 à 200 élèves à surveiller.

Avant de terminer ce Chapitre, nous demanderons la permission d'indiquer plusieurs questions importantes sur lesquelles l'attention du Conseil a déjà été appelée : nous voulons parler de sa propre composition, de la proportion décroissante des candidats étrangers et des mesures à prendre à l'égard des élèves redoublants. Quant aux modifications que pourrait réclamer l'enseignement proprement dit, ces modifications sont intimement liées à l'introduction de l'Agriculture dans les programmes de l'École; nous y reviendrons donc dans le Chapitre suivant.

Les élèves redoublants ont, en général, il faut le reconnaitre, une influence fâcheuse. Ils perpétuent, par tradition, les légers manquements au Règlement et donnent à leurs jeunes camarades des exemples parfois nuisibles. Ferait-on bien de les réunir dans une salle spéciale, de manière à les surveiller de plus près? Devrait-on, en se montrant pour eux plus sévère, réduire leur nombre au minimum? Nous avouons que nous aurions quelque penchant à préférer ce dernier parti. Hors *le cas de maladie* et les circonstances extérieures particulières qui peuvent excuser un élève qui a complétement échoué à la fin de sa première année d'études, nous croyons que les redoublants devraient être rigoureusement écartés. Une bonne discipline est indispensable à l'École, et le devoir de l'Administration est de supprimer, autant que possible, tous les éléments de trouble et de désordre. La discipline, qui est satisfaisante aujourd'hui, deviendrait sans doute parfaite, si la mesure que nous invoquons était adoptée.

On a remarqué sûrement que le Conseil de l'École est formé de droit des Professeurs de Sciences industrielles, et qu'aucun des Professeurs de Sciences générales ne peut y figurer. Cette décision peut, sans doute, être justifiée. Le nombre de membres d'un Conseil ne devant jamais être trop considérable, on a été conduit nécessairement, à cause du caractère même de l'École Centrale, à donner, pour la composition du Conseil, la préférence aux Professeurs de Sciences appliquées. Néanmoins, la première année d'études à l'École Centrale n'est pas aujourd'hui, nous l'avons déjà dit, une simple année préparatoire; elle est, dans son ensemble, la base réfléchie et calculée sur laquelle s'élève l'enseignement industriel donné dans les deux autres années. Si les matières sont différentes, la méthode reste la même et le point de vue ne change pas. La première année se poursuit dans les autres, il n'y a pas scission. On ne sollicite pas les élèves à une nouvelle évolution; ils n'ont qu'à appliquer à des questions spéciales et concrètes les éléments d'instruction générale qu'ils ont reçus d'abord sous une forme appropriée au but poursuivi.

Il nous semble donc que l'enseignement de première année pourrait être utilement représenté dans le Conseil. Nous nous bornons à ce simple vœu, sans même alléguer que l'importance seule des Cours de Mécanique rationnelle, de Géométrie descriptive, de Physique générale et de Chimie générale, suffirait pour motiver cette distinction. C'est à l'Administration que la décision doit appartenir en dernier ressort, et elle est trop éclairée pour qu'on n'attende pas avec confiance la mesure à laquelle elle croira devoir s'arrêter dans l'intérêt de la grande institution qui lui est confiée.

Comme nous l'avons noté précédemment, il semble que la proportion des élèves étrangers aux élèves nationaux tend à diminuer. Nous croyons qu'on peut en accuser deux causes principales et corrélatives. D'abord, l'extension donnée au programme d'admission, qui a dû nécessairement rendre l'accès de l'École plus difficile aux élèves étrangers ; ensuite, la fondation, dans les pays voisins, de nombreuses Écoles établies sur le modèle de l'École Centrale. Nous citerons, entre autres, l'École de Stuttgard, celle de Carlsruhe et, surtout, l'École de Zurich.

Les deux causes indiquées sont bien corrélatives ; car, dans toutes ces Écoles, l'admission est aujourd'hui beaucoup plus facile qu'à l'École Centrale. De plus, à Zurich notamment, l'enseignement n'est pas un enseignement d'ensemble comme celui que nous donnons et que nous imposons. On vient y étudier la Chimie, sans être forcé de suivre les Cours de Mécanique, et la Mécanique sans être obligé d'assister au Cours de Chimie. On comprend que ces facilités puissent attirer un plus grand nombre d'élèves, parmi ceux qui se placent à un point de vue trop spécial. Enfin, la vie, beaucoup moins dispendieuse qu'à Paris, est encore une raison d'attraction en faveur des Écoles étrangères. Ajoutons qu'à Zurich, grâce à la subvention accordée par la Suisse au grand établissement qu'elle a si heureusement fondé, on n'exige des élèves qui fréquentent l'École Polytechnique fédérale qu'une redevance annuelle de 100 francs.

Il y a là un faisceau de considérations plus que suffisantes pour expliquer la diminution du courant qui portait, vers la France et vers l'École Centrale, une partie des jeunes étrangers qui se destinaient à l'industrie. Le moindre travail exigé d'une part, et les sacrifices pécuniaires évités aux familles d'autre part, ont réellement une si grande influence, qu'à Zurich le nombre des étrangers égale presque celui des nationaux; ce qui n'a jamais eu lieu en France. Ainsi, actuellement, à l'École Polytechnique suisse, on a compté, pendant l'exercice scolaire 1876-1877, 349 étrangers pour 361 Suisses. Ces étrangers appartiennent surtout à l'Autriche-Hongrie.

Nous croyons qu'il faut se préoccuper de cet état de choses, mais non pas au point de vue des efforts à faire pour appeler à nous les étrangers. L'École Centrale, sans nul doute, continuera d'être largement hospitalière. Mais, après les événements que la France a traversés, après les déceptions qu'il nous a fallu endurer, notre devoir le plus strict est de nous recueillir dans une attitude ferme et digne.

Les intérêts de la civilisation, comme nos propres intérêts, exigent que nos rapports internationaux restent empreints en général de la même bienveillance, et cette bienveillance ne nous a jamais coûté; mais nous aurions bien mal profité de la leçon que de funestes désastres nous ont trop largement donnée, si, au fond du cœur, nous ne pensions pas uniquement à la France. C'est pour elle, pour ses enfants, que nous désirons voir grandir l'École Centrale.

Que les étrangers fassent eux-mêmes ce que nous avons accompli, comme ils ont commencé à le tenter : nous le trouverons juste et nécessaire. Jugés trop sévèrement et délaissés à l'heure du danger, nous pouvons souhaiter le bien des autres ; mais il ne nous appartient pas, *actuellement,* d'y travailler directement. Nous devons fortifier toutes nos grandes institutions, pour notre propre avantage, sans chercher plus loin ; et le seul encouragement que nous puissions à cet égard demander aux nations voisines, c'est l'exemple qu'elles nous donnent, en ne reculant elles-mêmes devant aucun sacrifice pour pouvoir précisément se passer de notre aide.

Nous ne doutons pas d'ailleurs que, sous l'influence d'une impulsion nouvelle, notre patrie ne reprenne bientôt, au moins au point de vue du rayonnement scientifique et littéraire, la place qui lui appartient, et qu'aucune autre race ne pourrait occuper plus dignement si, par impossible, la France consentait elle-même à la déserter. Le courant qui portait vers nous la jeunesse studieuse des autres pays renaîtra alors sans que nous ayons d'autres efforts à faire pour le maintenir, que ceux que nous imposent dès aujourd'hui les nécessités les plus évidentes de notre propre conservation et de notre honneur.

CHAPITRE VII.

L'AGRICULTURE A L'ÉCOLE CENTRALE.

Lorsqu'on créa l'École Centrale en 1829, ses fondateurs examinèrent avec soin s'ils devaient comprendre l'Agriculture dans l'ensemble des Sciences industrielles.

S'ils reculèrent, ce ne fut pas seulement devant l'immensité de la tâche, mais aussi devant la conviction que les agriculteurs n'étaient pas préparés à comprendre la valeur des études qu'il s'agissait d'organiser.

Ne voulant pas trop étendre leur programme à une époque où les familles n'étaient pas encore bien persuadées de la nécessité des sacrifices destinés à assurer à leurs enfants une forte instruction, il leur parut sage de limiter leur cadre aux connaissances qui se rapportent plus directement au travail des grandes manufactures et de l'Industrie proprement dite. Ils ne pouvaient d'ailleurs être encouragés dans cette voie par aucune impulsion extérieure.

Si l'Agriculture a toujours été populaire, la science agricole ne l'était pas encore. On a, dans nos campagnes, un préjugé invétéré contre les livres et contre les savants. Les ignorants, il y a quarante ans, ne sacrifiaient qu'à la routine. Les plus capables s'imaginaient que la culture ne peut s'apprendre qu'à la ferme. Il eût donc été prématuré d'inaugurer l'enseignement agricole à l'École Centrale en 1829.

Néanmoins, ses Cours renfermaient trop de connaissances techniques, pour que ses anciens élèves ne fussent pas prêts à marcher en avant dans toutes les directions. L'Industrie, en s'étendant, rencontra nécessairement l'Agriculture. Leurs intérêts, séparés d'abord, devinrent communs sur bien des points. C'est ainsi, par exemple, que la production du sucre et celle de l'alcool de betterave ont rendu l'usine solidaire de la ferme. L'évolution, encouragée, aidée par nos ingénieurs civils, s'est effectuée sur une grande échelle. A mesure que l'industrie enlevait des bras à la culture, elle lui rendait des intelligences fortifiées par l'étude; elle lui prêtait ses machines aux allures rapides et régulières, et dont le travail continu défie les circonstances atmosphériques.

Nous n'avons pas à soulever une discussion sur la portée de ce changement dans les conditions de la vie agricole, changement qui se poursuit et s'accélère sous nos yeux. C'est un fait que nous constatons et dont nous devons prévoir les conséquences. Partout où l'Industrie plante son drapeau, l'Agriculture doit se développer et devenir prospère. La science qui forme nos ingénieurs industriels est donc bienfaisante aussi pour les campagnes.

La démonstration n'est plus à faire. Combien, parmi nos anciens élèves, après avoir obtenu le diplôme d'ingénieur chimiste ou métallurgiste, se sont trouvés capables de diriger avec succès les plus vastes établissements agricoles! combien pourrions-nous citer de noms, après ceux de MM. Chevandier de Valdrôme, Dailly et Darblay! C'est ce qui explique comment, dans les Concours agricoles de 1856 et de 1860, 2 grandes médailles d'or, 3 médailles d'or, 2 médailles d'argent, 4 premiers prix et 6 prix de deuxième, de troisième et de quatrième classe ont pu être décernés à d'anciens élèves de l'École Centrale.

On est aujourd'hui convaincu, et à juste titre, que tout ce qui est *travail*, tout ce qui exige *réflexion* et *prévision*, c'est-à-dire effort de l'intelligence humaine, doit s'éclairer à une même lumière, celle de la Science. Qu'il s'agisse d'Agriculture ou d'Industrie, de théorie ou de pratique, il faut toujours s'adresser au haut enseignement sous ses formes diverses. La Théorie peut descendre des régions supérieures et pénétrer la Pratique, pour rendre ses procédés plus logiques, plus rapides, plus économiques. La Pratique, abandonnée à elle-même, oscille entre les funestes préjugés de la routine et les hasards heureux de l'invention personnelle, sans que sa voie soit assurée et son avenir garanti.

L'attention des Fondateurs de l'École Centrale, en face d'une situation nouvelle due aux progrès de l'Industrie et, en quelque sorte, à leur propre initiative, devait se reporter un jour ou l'autre vers l'enseignement agricole. S'ils tardèrent autant, ce fut sous l'impression d'une tentative malheureusement avortée.

L'Institut agronomique de Versailles avait été créé par une loi du 3 octobre 1848. Rien ne lui manqua à sa naissance. Doté convenablement par le budget de l'État, il avait d'excellents professeurs, nommés à la suite d'un Concours brillant; un domaine avait été annexé à l'École théorique, pour faciliter les expériences et les études pratiques. Mais les élèves n'accoururent point en foule, les résultats se firent attendre. On railla, à peu de frais et avec peu de justesse, la culture d'amphithéâtre et de laboratoire, et, sous prétexte d'économie, on détruisit, au bout de trois ans seulement et par décret rendu le 17 septembre 1852, une création très-sérieuse à laquelle on ne donnait pas le temps de porter ses fruits.

Nous n'apprenons rien à ceux qui eurent le devoir de s'occuper de l'Institut de Versailles en affirmant que les fermes du domaine, objet de si grandes dépenses et de si vives critiques, servirent peu à l'enseignement des élèves, tandis que l'École proprement dite, instituée sur le plan de l'École Centrale, a laissé d'ineffaçables souvenirs.

Les Comices agricoles, les Concours régionaux, exercèrent alors l'influence qu'aurait conquise bientôt l'Institut agronomique. Leur action constante, bien qu'insuffisante à bien des égards, permit cependant à l'Agriculture d'accomplir de grands progrès. Elle a pu apprécier ainsi elle-même tout le profit qu'une science élémentaire avait su lui procurer, et désirer à son tour la création d'un établissement consacré à un enseignement supérieur. Le vœu du rétablissement de l'Institut de Versailles figure, en effet, au premier rang, dans la dernière enquête agricole. La situation de nos budgets aurait rendu ce vœu pour longtemps platonique; l'École Centrale semblait être en mesure de lui donner, à moins de frais et sans qu'aucune nouvelle responsabilité fût engagée, une première satisfaction.

Trois projets se présentaient pour la mise en pratique de la pensée qui, par suite de ce vœu, occupait le Ministre de l'Agriculture et le Conseil de l'École : on pouvait reconstituer l'Institut agronomique en le rattachant à l'École Centrale, ou bien créer à l'École une nouvelle spécialité, celle des agronomes, sans modifier les principes de sa constitution; on pouvait aussi enseigner l'Agriculture à tous les élèves.

Le premier projet supposait que les élèves agronomes pourraient être admis à l'École sous des conditions moins sévères que les élèves industriels, et qu'ils formeraient une section distincte dispensée de suivre une partie des leçons, remplacées à leur égard par des Cours spéciaux.

Le deuxième projet maintenait l'unité d'examen pour l'admission des élèves; le dernier maintenait, de plus, l'unité d'enseignement, principe même de la fondation de l'École.

L'expérience pouvait seule trancher la question. Si les

candidats se présentaient en nombre suffisant pour faire renaître l'Institut agronomique, il était naturel de donner satisfaction, d'une manière ou d'une autre, aux vœux des familles et aux besoins du pays. Dans le cas contraire, l'École Centrale conservait son caractère et mettait à la disposition de tous ses élèves les connaissances nécessaires aux ingénieurs agricoles, sans créer une spécialité de plus.

Bien que l'expérience ait donné raison pour le moment à ce dernier point de vue, les aspects scientifiques de l'Agriculture se développant de plus en plus, la spécialité des ingénieurs agricoles pourra devenir un jour nécessaire.

M. le Ministre de l'Agriculture et du Commerce décida, par un arrêté du 7 mars 1872, rendu sur la proposition du Conseil de perfectionnement de l'École Centrale, qu'il serait organisé à l'École un enseignement supérieur agricole.

L'opinion de M. Dumas, Président du Conseil, n'avait jamais varié. Il avait toujours soutenu que l'École Centrale pouvait donner l'enseignement théorique de l'Institut de Versailles avec plus de profondeur et non moins d'étendue, en laissant aux élèves le soin de compléter leur instruction par la pratique.

M. Dumas a publié en 1871 la note qu'il avait adressée à M. le Ministre de l'Agriculture et du Commerce, au nom du Conseil de perfectionnement, pour proposer l'organisation de l'enseignement agricole. Toutes les considérations qui vont suivre sont extraites du travail où l'illustre Secrétaire perpétuel de l'Académie des Sciences a exposé les principes qui lui semblaient devoir dominer ce nouvel enseignement.

« L'École Centrale crée, disait-il, une spécialité nouvelle en faveur des agriculteurs. Pour en suivre les études, il faudra subir l'examen d'admission de l'École; pour en recevoir le diplôme, il faudra y avoir passé trois ans, en satisfaisant convenablement à des épreuves semblables à celles que subissent les élèves destinés à l'Industrie.

» Ce but élevé ne peut être poursuivi que par un petit nombre de jeunes gens : les uns, appartenant à des familles aisées et renonçant aux études, presque inutiles pour eux, des Écoles de Droit; les autres, moins favorisés de la fortune, boursiers, selon les cas, de l'État ou des départements, et destinés à devenir des professeurs d'Agriculture dans les Écoles régionales ou dans les villes, ou d'utiles gérants de grandes propriétés.

» L'École Centrale, tout en se rendant compte de la grandeur des intérêts que l'Agriculture représente, sait que cet enseignement, de même que celui de l'Institut national agronomique de Versailles, appellera tout au plus vingt-cinq ou trente élèves par an. Ce n'est donc pas pour elle une question de prospérité. Le nombre des élèves qu'elle reçoit actuellement lui suffit. Mais le pays avait besoin de ce service, et elle pouvait y satisfaire sans compromettre sa situation. Elle s'est alors offerte pour trancher une question qui sans son concours semblait insoluble, même avec de grandes dépenses, qui avec son concours n'en exige aucune de la part de l'État....

» Les pères de famille qui possèdent des domaines ou des fermes dont l'exploitation doit passer entre les mains de leurs fils, embarrassés pour diriger leur éducation, leur ont fait prendre depuis longtemps, faute de mieux, le chemin des Écoles de Droit. Pour la partie contentieuse de l'Agriculture, rien de plus convenable. Mais cette éducation apprend-elle au campagnard à s'intéresser aux phénomènes de la vie des plantes qu'il cultive ou à celle des animaux qu'il élève, à tenir compte des lois de la Physique et de la Météorologie, à discerner les actions chimiques qui se passent sous ses yeux et qui font sa fortune ou sa ruine; à diriger l'assainissement ou l'irrigation de ses terres? Le prépare-t-elle à tirer parti des conseils des hommes compétents, qu'il demeure hors d'état d'apprécier?...

» Ce n'est point en traversant les Écoles de droit, si utiles qu'elles soient, mais en débutant par l'étude sérieuse des lois de la nature, que se sont formés les Olivier de Serres, les Réaumur, les Duhamel du Monceau, les Lavoisier, les Mathieu de Dombasle, les Gasparin, les Morel de Vindé, c'est-à-dire ces grands esprits de la vieille France, aimant l'Agriculture, familiers avec les secrets du sol et les mystères de la vie, admirateurs intelligents des œuvres de la création, venant demander de hautes pensées et de nobles aspirations au spectacle des champs, au lieu d'y chercher un asile pour le désœuvrement ou un théâtre pour les distractions de la chasse.

» Ajoutons que les départements, désireux de fonder des chaires d'Agriculture, trouveront, parmi les élèves que l'École Centrale aura formés, des professeurs dignes de toute leur confiance, comme l'Université, les Écoles professionnelles et les villes, ont déjà trouvé parmi leurs prédécesseurs des professeurs capables pour toutes les branches de l'Industrie. Les modifications que l'École Centrale prépare dans son régime intérieur l'assimileront de plus en plus à une École Normale supérieure des Sciences appliquées.

» La création d'un établissement de haut enseignement agricole est l'objet des vœux de tous les esprits éclairés... La place de cet enseignement agricole supérieur, marquée à l'École Centrale, ne trouverait nulle part des chances plus sérieuses de succès. La science de l'Agriculture se compose, en effet, de la connaissance de toutes les énergies de la nature et de l'étude de la plupart des matières que nous rencontrons à la surface du globe...... Pour constituer, sous le rapport purement scientifique, un agriculteur complet, toutes ces connaissances sont nécessaires sans doute; mais il faut noter cette différence, que celui qui aborde l'Agriculture par les Sciences naturelles parvient difficilement à s'ouvrir le chemin des Sciences de précision, tandis que celui qui s'y prépare par l'étude des Sciences mathématiques ou physiques ne se ferme pas la route des Sciences d'observation.

» L'absence d'un enseignement agricole spécial a-t-elle empêché, en effet, nombre d'anciens élèves de l'École Centrale de se vouer à l'Agriculture et d'y réussir? Les fortes connaissances qu'ils y avaient acquises, la méthode scientifique dont ils s'y étaient pénétrés, n'ont-elles pas suffi pour leur permettre de devenir des agriculteurs distingués et de prendre rang quelquefois parmi les plus éminents, soit en France, soit à l'étranger? On pourrait répondre à ces questions par une liste éloquente de noms tellement considérables, qu'il a été permis de se demander si, pour étendre à l'Agriculture l'enseignement de l'École, il était nécessaire de le modifier.

» ... Le lien étroit qui unit les études de l'École Centrale et celles de tout enseignement agronomique élevé trouve encore sa preuve dans les institutions qu'on rencontre à l'étranger. Beaucoup d'entre elles sont de fondation plus récente que l'École Centrale; plusieurs ont pris cet établissement pour type et ses programmes pour guides; la plupart joignent à leurs études cet enseignement agricole qu'on propose d'y réunir. Pourquoi, après leur avoir servi de modèle, ne les suivrait-on pas dans une voie dont le succès a démontré l'utilité?

» Il y a dix ans, les États-Unis ne possédaient pas une seule École de ce genre; ils en comptent aujourd'hui plus de trente, dont la dotation dépasse 50 millions. Le double enseignement des Arts mécaniques et de l'Agriculture, établi sur des bases purement scientifiques, pénètre dans les Universités les plus célèbres de la vieille Angleterre. Nous ne pouvons rester en arrière.

» Les règlements et les programmes de l'École de Versailles, organisée par M. Dumas, alors Ministre de l'Agriculture, montrent qu'elle ressemblait beaucoup à l'École Centrale, qui lui avait servi de modèle pour la discipline et les travaux intérieurs.... Les Cours de l'Institut agronomique étaient les suivants :

» 1° Botanique et Physiologie végétale ;

» 2° Zoologie appliquée à l'Agriculture ;

» 3° Chimie ;

» 4° Physique, Minéralogie, Géologie et Météorologie, en un seul cours ;

» 5° Génie rural ;

» 6° Agriculture ;

» 7° Zootechnie ;

» 8° Sylviculture ;

» 9° Levés et Dessins (Topographie, Architecture, Machines) ;

» 10° Économie et Législation rurales.

» Cette énumération donne une idée exacte des points de contact et des différences entre l'École Centrale et l'Institut de Versailles... Elle démontre qu'il suffit d'ajouter un petit nombre de Cours spéciaux à ceux de l'École Centrale pour que ses élèves reçoivent, sur toutes les matières traitées autrefois à l'Institut agronomique, une instruction toujours aussi efficace et souvent plus approfondie....

» Le Conseil de l'École, prenant la question de haut, veut donner aux élèves toutes les connaissances qui leur sont nécessaires pour devenir, par la pratique, de bons agriculteurs. Mais son enseignement agricole demeurera classique et supérieur. S'appuyant sur les principes de la Science, il laissera le détail à la vraie pratique, au Métier, comme il le réalise depuis quarante ans, avec un succès incontesté, pour l'Industrie. Ce n'est point à l'École même, c'est dans les champs que la pratique agricole « proprement dite » devra s'acquérir.

» Il n'existe pas, en effet, de Mécanique, de Physique, de Chimie ni d'Histoire naturelle agricoles. Celui qui possède le vrai sentiment de ces sciences les applique à l'Agriculture aussi bien qu'à l'Industrie, et descend dans les deux cas des principes aux faits particuliers; celui qui en ignore les règles et les méthodes remonte difficilement, au contraire, des faits qu'il ne sait pas voir aux principes qu'il ne connaît pas et qu'il serait obligé de découvrir ou d'inventer...

Voyons maintenant sur quelles bases le Conseil de l'École s'est proposé d'établir l'enseignement supérieur agricole.

En première année, un Cours de Botanique et de Zoologie;

En deuxième année, deux Cours consacrés : l'un à la Zootechnie ou Histoire des animaux utiles ou nuisibles, l'autre à la Phytotechnie ou Histoire des plantes utiles ou nuisibles;

Enfin, en troisième année, le Cours d'Agriculture proprement dite et d'Économie rurale.

» Avec ces leçons nouvelles, s'ajoutant aux Cours actuels de l'École, les élèves recevront un enseignement au moins aussi complet que celui d'aucune autre École d'Agriculture existante. La longueur des programmes de certains Cours d'Agriculture professés à l'étranger, et où l'on reprend la Physique et la Chimie la plus élémentaire, ne doit pas, en effet, faire illusion sur leur valeur au point de vue agricole....

» Les élèves agronomes ayant à suivre des études propres, convenait-il de les séparer des élèves des autres spécialités dès leur entrée à l'École, et même avant leur entrée, et de rédiger pour eux un programme d'admission moins étendu que celui qui est exigé des autres Candidats? On a repoussé ces idées pour plusieurs motifs....

» En envisageant la question de haut, il a paru nécessaire, dans l'intérêt du pays, que les futurs élèves agriculteurs fussent des hommes d'une intelligence sûre et ouverte, assez instruits pour exercer sur la production agricole de la France la même influence que les ingénieurs sortis de l'École Centrale ont incontestablement exercée sur son industrie, dont ils ont accru la puissance. Avec un programme d'admission abaissé, avec des épreuves intérieures moins exigeantes, on aurait sans doute des élèves plus nombreux; mais l'École Centrale n'a jamais spéculé sur le nombre de ses élèves, c'est sur leur valeur qu'elle a fondé son succès. Si elle peut doter, tous les ans, l'Agriculture française de quelques hommes capables de la guider un jour dans la voie du progrès, ce résultat lui suffira et restera conforme à la dignité de sa mission....

» Parmi les plans proposés pour la constitution d'un enseignement agricole national, celui qui avait été particulièrement remarqué dans l'enquête agricole demandait la création, à Paris ou dans ses environs, d'une École Normale pour former des Professeurs chargés d'enseigner l'Agriculture, la Zootechnie, la Botanique et la Physiologie végétale, la Physique et la Chimie, la Géologie et la Minéralogie.

» L'École Centrale possède toutes ces chaires; elle y joint le Génie rural, la Machinerie agricole, les industries rurales, les Constructions et la Législation agricoles. Elle représente donc bien cette École Normale renonçant à faire étudier la pratique, qu'on voulait placer à Paris, et pour l'enseignement de laquelle on se contentait, quant au nombre des chaires et quant au niveau des études, d'une proportion que l'École Centrale est sûre de laisser bien loin, grâce à son personnel dévoué et éprouvé.

» On n'entend pas contester, est-il besoin de le dire, l'extrême importance de la pratique en Agriculture; on lui assigne même un rang plus élevé que lorsqu'il s'agit de l'Industrie. L'expérience agricole est plus lente à acquérir que l'expérience industrielle. En Agriculture, les faits comparables ne sont pas dans la main de l'homme et ne se renouvellent pas même une fois par an. Dans les opérations de l'Industrie, les circonstances identiques, au contraire, peuvent se rencontrer tous les jours ou même se reproduire à la volonté de l'observateur.

» Mais les trois quarts des élèves de l'Institut agronomique de Versailles étaient des fils de propriétaires ruraux. C'est sur eux que l'École Centrale compte pour recruter sa nouvelle spécialité..... Elle cherche seulement à attirer les jeunes gens intelligents, laborieux, qui, vivant à la campagne et se destinant à l'Agriculture, se sont trouvés en contact avec la pratique dès leur enfance, et pour lesquels l'expérience commencée de bonne heure continuera de s'accroître, plus fructueuse chaque jour. Ceux de ses élèves qui se destinent à l'Industrie, et les fils de manufacturiers eux-mêmes, sont dans de moins bonnes conditions. Leurs premières années ne se passent guère dans les ateliers ou au milieu des ouvriers. Il y a plus de jeunes agriculteurs déjà praticiens que de jeunes manufacturiers dans le même cas. Néanmoins, l'École Centrale forme des industriels, tout en laissant à ses élèves le soin de puiser dans le séjour des ateliers le vrai sentiment de la pratique. Elle obtiendra donc, à plus forte raison, le même résultat pour l'Agriculture.

» L'Institut agronomique de Versailles avait à sa disposition des fermes dépendant de l'établissement. Quels services réels le domaine ainsi annexé a-t-il rendu à l'instruction de ses élèves? La pratique sérieuse ne peut s'acquérir dans une exploitation factice régie par l'État; il lui faut, pour se développer, le champ d'une exploitation normale, ayant pour but la recherche d'un bénéfice matériel.

» Le Conseil de l'École Centrale a été obligé de rompre, dès l'origine de l'établissement, avec les partisans exagérés de la pratique. Il répète, à plus de quarante ans de distance, avec la pleine autorité qui appartient à une expérience demi-séculaire, que ce n'est point à l'École, non plus que dans tout autre établissement analogue, que les élèves agriculteurs deviendront des praticiens.

» Les Fondateurs de l'École Centrale n'ont pas oublié le peu d'encouragement que leurs projets rencontrèrent parmi ceux qui s'intitulent ainsi. On faisait alors à son enseignement industriel exactement les objections que certains Agriculteurs feront sans doute à son enseignement agricole. L'École n'a pas essayé de combattre ces objections : elle a marché, et l'évidence a convaincu les manufacturiers les plus éloignés de ses idées; aujourd'hui, ils envoient tous leurs fils à l'École Centrale. Nous pouvons espérer qu'il en sera de même pour les Agriculteurs.

» Ainsi, les élèves de la spécialité agricole ne trouveront pas à l'École de terres à cultiver, de bestiaux à soigner; mais, de même que leurs camarades sont conduits dans les usines ou sur les chantiers, ils seront mis également en position de constater et de vérifier, dans une ferme expérimentale s'il se peut, les résultats et les faits énoncés dans les Cours....

» L'École Centrale trouvera parmi les Agriculteurs instruits, pour les études personnelles de ses élèves, l'accueil favorable et bienveillant que les chefs des grands établissements industriels ne leur ont jamais refusé.

» Pendant les vacances, les élèves agriculteurs effectueront des voyages ou des séjours dans diverses régions du pays et seront tenus d'en rapporter ces cahiers de notes et ces travaux de vacances que l'École vérifie toujours avec tant de soin. Une entente avec les Sociétés d'Agriculture des départements rendra ces séjours plus instructifs; ils rectifieront les impressions incomplètes que laisse l'usage d'un champ d'expériences unique et limité, car les élèves y verront l'Agriculture aux prises avec les diversités de climat, de terrains, de main-d'œuvre, d'usages locaux, et même de bonne ou de mauvaise administration.

» Enfin, M. le Ministre de l'Agriculture et du Commerce, à titre de motif puissant d'émulation, de récompense et de complément d'instruction, pourra faire revivre ces fructueuses Missions agronomiques dans les pays étrangers, que son département accordait, aux frais de l'État, aux trois premiers élèves de l'Institut agronomique de Versailles. »

Nous venons d'exposer, dans ses principaux traits, l'importante extension que l'École Centrale a voulu tenter. Nous ajouterons que, devant l'Assemblée nationale, dans la séance du 21 mars 1872, le Rapporteur de la Commission du Budget prononçait les paroles suivantes :

« La Commission se félicite de voir l'École Centrale inscrire sur son programme l'enseignement des Sciences dans leur application à l'Agriculture. Le haut enseignement agricole, donné en même temps que l'enseignement industriel, complétera la mission si utile de cette École. »

L'École Centrale avait fait acte d'entier dévouement aux intérêts de l'État, et nous sommes convaincu qu'elle en recueillera un jour les fruits. Mais elle ne fut pas récompensée d'abord de son abnégation. Effrayés sans nul doute par les exigences du Concours et l'étendue des Programmes intérieurs, les élèves agriculteurs ne se présentèrent pas.

Remarquons, pour expliquer la disette de candidats agriculteurs, qu'en ce monde l'étiquette du sac (on nous pardonnera cette locution vulgaire) joue toujours un grand rôle. On regardait depuis trop longtemps l'École Centrale comme l'École technique et scientifique de la grande Industrie pour admettre facilement cette juxtaposition du haut enseignement agricole dans le même établissement. Il aurait donc fallu des années pour y acclimater ce haut enseignement, en exerçant peu à peu, sur le public intéressé, l'attraction nécessaire.

Cependant, depuis la suppression de l'Institut agronomique de Versailles, en 1852, les vœux formés pour sa réédification s'accumulaient. Le Gouvernement devait avoir à cœur de les satisfaire, et puisque la réussite n'avait pu être, pour ainsi dire, instantanée à l'École Centrale, c'était à lui à résoudre directement la question.

La proposition de loi déposée à cet effet par M. Teisserenc de Bort, Ministre de l'Agriculture et du Commerce, fut adoptée à l'unanimité par le Sénat et par la Chambre des Députés, en juillet 1876.

Cette loi stipule, dans son article premier, que l'Institut agronomique sera fondé à Paris et établi dans les bâtiments du Conservatoire des Arts et Métiers.

Une Commission fut instituée, le 11 août 1876, pour étudier l'organisation de la nouvelle École. Elle s'en tint, quant au plan général, aux résolutions que la Commission ministérielle, nommée en 1865, et présidée par M. Dumas, avaient formulées.

M. Eugène Tisserand, Directeur de l'Institut agronomique, a publié, dans le premier numéro des Annales de cet établissement, le Rapport général adressé par lui à M. le Ministre de l'Agriculture et du Commerce après l'exercice 1876-1877.

L'École Centrale a servi, de nouveau, de modèle à l'Institut agronomique. Ainsi, on lit, dans le Rapport de M. Tisserand (p. 8) :

« Le dernier titre du Règlement général indique les mesures d'ordre et de discipline ; il a reproduit à peu près les dispositions du Règlement de l'École Centrale des Arts et Manufactures. »

L'Institut agronomique a été doté magnifiquement, dès sa naissance : dix-huit chaires confiées à des savants éminents et à d'habiles professeurs ; un Conseil de perfectionnement, composé des illustrations de la science agricole ; un budget de 130 000 francs en 1876, de 140 000 francs en 1877, de 171 000 francs en 1878 ; rien ne lui a été ménagé.

L'Institut, pour ses deux promotions, ne compte pas actuellement au delà de 50 élèves. On voit que le Gouvernement, persuadé avec Sully que : « Labourage et pâturage sont les deux mamelles de l'État », n'a reculé devant aucun sacrifice pour créer un enseignement supérieur de l'Agriculture.

Nous souhaitons vivement que cette tentative patriotique et éclairée réussisse, et elle réussira dans certaines limites. Mais on ne trouvera pas, nous l'espérons, que nous sortons du cadre qui nous est imposé, si nous nous permettons d'affirmer que l'École Centrale, elle aussi, et sans le dire, formera désormais des Agriculteurs capables et doués d'un ensemble de connaissances que l'Institut agronomique ne peut mettre à la disposition de ses élèves.

En deux années, les élèves de l'Institut agronomique doivent recevoir 660 leçons environ ; les élèves de l'École Centrale en reçoivent 1170, près du double, pendant leurs trois années d'études. Grâce à leur meilleure préparation, un grand nombre des leçons données à l'Institut leur sont inutiles, et les leçons, communes aux deux Établissements, présentent sans doute plus d'ampleur à l'École Centrale. Enfin, si l'on compare les Programmes des deux Écoles, il est facile de s'assurer que les cent leçons consacrées spécialement à l'Agriculture (¹), à l'École Centrale, depuis le remaniement effectué en 1873, doivent suffire, eu égard à la force plus grande de ses élèves et à leurs autres connaissances, pour les mettre à peu près au niveau des élèves de l'Institut sur ce point particulier, tandis qu'au point de vue industriel la comparaison est impossible à établir, les Cours correspondants de l'École Centrale n'existant pas à l'Institut agronomique.

Nous devons donc conclure que celui qui étudie à la fois l'Industrie et l'Agriculture à l'École Centrale a bien peu à faire pour embrasser, plus tard, cette dernière carrière, dans d'excellentes conditions d'ensemble, tandis que l'élève de l'Institut agronomique reste agriculteur et ne peut devenir ingénieur.

Si nous nous permettons ce parallèle, ce n'est pas, avons-nous besoin de le déclarer, pour critiquer, en quoi que ce soit, la fondation de l'Institut agronomique, qui sera une des choses utiles accomplies sous le Ministère de M. Teisserenc de Bort. Nous verrons prospérer avec joie le nouvel Institut, persuadé que nous sommes de la nécessité absolue de créer l'état-major scientifique et le personnel dirigeant des masses agricoles. Mais nous avions le devoir strict de montrer que l'École Centrale n'a pas dévié en consacrant de nouvelles chaires à l'Agriculture, et en travaillant ainsi, avec efficacité, à l'alliance nécessaire et féconde de l'industrie et de la grande exploitation agricole. C'est ce que l'avenir, nous n'en doutons pas, mettra en pleine lumière.

(¹) Ces cent leçons se partagent comme il suit : *Biologie* ou *Histoire naturelle des êtres vivants*, 35 leçons ; — *Zootechnie*, 20 leçons ; — *Phytotechnie*, 20 leçons ; — *Économie rurale*, 25 leçons.

Il est incontestable que les exigences du Programme d'admission à l'École Centrale en éloigneront toujours les candidats mal préparés ou faiblement doués. Il l'est aussi que la discipline vigoureuse de son enseignement exige des efforts que tous les jeunes gens ne sont pas capables d'accomplir. Mais il ne l'est pas moins que, pour obtenir de l'enseignement supérieur tous ses fruits, la première condition est de réunir autour des chaires des intelligences d'élite.

L'École Centrale donne aujourd'hui à tous ses élèves des notions précises d'Agriculture; elle attendra que les familles occupées à l'Exploitation du sol comprennent la nécessité d'assurer à leurs enfants, quand ils sont capables d'en profiter, l'instruction générale et forte qu'elle peut leur offrir.

Les familles vouées à l'Industrie ont appris le chemin de l'École Centrale; les familles agricoles l'apprendront à leur tour.

CHAPITRE VIII.

CRÉATION DE L'ASSOCIATION AMICALE DES ANCIENS ÉLÈVES DE L'ÉCOLE CENTRALE.

Ce n'est qu'à la fin de 1862 que l'Association amicale des anciens élèves de l'École Centrale put être fondée. Une première tentative, antérieure de plusieurs années, avait échoué sans laisser aucune trace.

Nous croyons que M. Perdonnet, deuxième directeur de l'École, prit l'initiative de cette création si utile. En tout cas, il en poursuivit la réalisation avec une grande énergie.

Si nos souvenirs sont exacts, deux réunions intimes eurent d'abord lieu à l'École Centrale, sous sa présidence. On avait convoqué les Professeurs et les Répétiteurs, anciens élèves, ainsi que les Camarades les mieux en position de faire réussir l'œuvre projetée. Nous citerons, entre autres : MM. Petiet, Alcan, Rhoné, Nozo, Dailly, Arson, Laurens, Goschler et Loustau.

Le résultat de ces deux réunions fut le choix d'une Commission chargée d'élaborer les statuts de la future Association.

Cette Commission se trouva composée de :

MM. Lavallée, l'un des fondateurs et l'ancien Directeur de l'École; Perdonnet, Directeur de l'École; Ch. Callon, Faure, Loustau, Pothier, Priestley, anciens élèves ; Cauvet, Directeur des Études, ancien Élève.

C'est M. Faure qui remplit les fonctions de Rapporteur de la Commission.

Des adhésions en nombre suffisant furent promptement recueillies et, le 4 novembre 1862, la première assemblée générale de l'Association amicale put avoir lieu dans l'un des amphithéâtres de l'École. Deux cents anciens Élèves y assistèrent.

M. Faure, Professeur à l'École et l'un des fondateurs de la Société des Ingénieurs civils, fut appelé au fauteuil comme doyen d'âge. Il invita MM. Ch. Callon et Priestley à prendre place au Bureau en qualité d'assesseurs.

Le Président fit connaître que le nombre des adhérents s'élevait déjà à 560 et pria les anciens élèves présents de populariser l'Association parmi leurs Camarades : « Il importe, dit-il, à notre prompt succès, que l'Association compte parmi ses Membres, et dans un délai aussi rapproché que possible, la plus grande partie, sinon la totalité, des Ingénieurs sortis de l'École Centrale. »

M. Faure présenta ensuite le projet de Statuts, dont un exemplaire avait été joint à chacune des lettres de convocation, et ce projet fut adopté définitivement, après discussion, à l'unanimité des Membres présents.

A la fin de la réunion, le Président proposa à l'assemblée de voter les plus vifs remercîments :

A M. Perdonnet, Directeur, dont la persévérance chaleureuse avait décidé le succès de l'entreprise ;

A MM. Dumas et Lavallée, Fondateurs de l'École, pour leur heureuse initiative et leur impulsion féconde ;

Enfin, au Conseil de l'École, qui, en accordant spontanément à l'Association son sympathique concours, lui avait donné un grand élément de vitalité.

Les remercîments votés par acclamation, M. Faure rappela que les Membres de l'Association devaient se réunir le soir même dans un banquet, dont M. Perdonnet avait bien voulu accepter la présidence. C'est là l'origine du Banquet commémoratif, célébré tous les ans le 3 novembre, et qui se perpétuera aussi longtemps que l'École Centrale elle-même.

Pendant qu'on dépouillait le scrutin pour la nomination du Comité qui devait administrer l'Association, on lut une lettre de M. Perdonnet annonçant qu'une dépêche télégraphique datée de Lausanne, 3 novembre, venait de lui apprendre que trente anciens élèves de l'École, résidant en Suisse, avaient fêté la création de l'Association amicale dans un repas plein d'entrain, et envoyaient à leurs camarades de Paris l'expression de leurs sentiments de confraternité.

Nous avons tenu à indiquer succinctement la physionomie de cette première assemblée générale, pour bien montrer que l'Association a été une véritable émanation de l'École Centrale et qu'elle a revêtu, dès le principe, le caractère international.

Quant aux premiers Statuts, nous n'avons pas à les reproduire ici dans leur ensemble. Nous citerons seulement les Articles qui expriment le mieux le but et les intentions des Fondateurs.

Article premier. — Une Association amicale est formée entre les anciens élèves de l'École Centrale des Arts et Manufactures, des diverses promotions et de tous les pays.

Article 2. — Cette Association a pour but :

1° D'établir entre tous ses membres un centre commun de relations amicales ;

2° De relier successivement les promotions nouvelles aux promotions antérieures, en formant un faisceau continu dont tous les membres puissent se connaître et s'apprécier, être utiles les uns aux autres, chacun selon sa position, ses aptitudes ou ses relations.

Article 8. — Pour avoir recours à l'Association, il n'est pas nécessaire d'en faire partie, il suffit d'être ancien élève de l'École Centrale.

L'Association se preoccupe, par son Comité, des positions vacantes dans toutes les carrières ouvertes aux Élèves de l'École.

Tous les renseignements venus à la connaissance du Comité, toutes les indications utiles au placement des Élèves de l'École, sont recueillis au Siége de l'Association et consignés dans des registres spéciaux. Le registre des renseignements est communiqué à tous les membres de l'Association, qui le veulent consulter. Au contraire, le registre des demandes adressées au Comité, de quelque nature qu'elles soient, reste essentiellement confié à sa discrétion.

Le Bureau correspond avec le Directeur de l'École Centrale et avec les membres de l'Association; il se met en rapport avec les chefs d'Industrie, les Ingénieurs, les administrations des Compagnies industrielles, toutes les fois que l'intervention du Comité peut être utile à un membre de l'Association ou à un ancien élève de l'École Centrale.

Le Comité met au rang de ses préoccupations constantes l'étude et le développement des moyens propres à féconder le principe *d'assistance morale*, qui est le principal but de l'Association.

Il délibère et statue sur les demandes d'assistance pécuniaire qui lui sont adressées; il peut venir en aide aux pères, aux mères, aux veuves et aux enfants d'anciens élèves.

En cas de besoin, le Comité vient particulièrement en aide aux fils d'anciens élèves admis à l'École Centrale ou se préparant à subir les examens d'admission.

Article 9. — Le Comité entretient des relations directes et suivies avec les Membres de l'Association fixés dans les divers centres industriels, en France et à l'Étranger.

Il délègue à des *Membres correspondants choisis par lui* le soin de grouper autour d'eux les anciens élèves établis dans la même contrée; celui de représenter et de suppléer utilement le Comité dans tout ce qui peut concourir à la diffusion et au développement du principe d'assistance morale et mutuelle entre les membres de l'Association.

Quelques modifications ont été depuis apportées aux Statuts; mais leur esprit est toujours resté le même.

Les étrangers reçoivent, dans l'Association, la même hospitalité qu'à l'École elle-même (art. 1er).

L'Association est un centre commun de relations amicales, un moyen de relier toutes les promotions en un faisceau actif et puissant (art. 2 et 9). Elle accorde une aide pécuniaire, s'il est nécessaire, non-seulement aux anciens élèves, qu'ils soient membres ou non de l'Association, mais encore à leurs parents et à leurs enfants. Néanmoins, son principal but, c'est de développer entre ses membres le grand principe de l'assistance morale (art. 8).

Voilà, résumée en quelques mots, la Charte de l'Association amicale.

A la deuxième assemblée générale du 3 novembre 1863, quelques changements de rédaction furent apportés aux Statuts.

A la cinquième assemblée générale du 5 novembre 1866, d'autres changements furent introduits. Le plus important consista dans l'addition des deux paragraphes suivants à l'article 2 indiqué plus haut :

ARTICLE 2. — L'Association a pour but :
1° ....;
2° ....;
3° D'ouvrir et d'assurer aux anciens Élèves de l'École Centrale des Arts et Manufactures, en France et à l'Étranger, les carrières que l'enseignement de cette École comporte ([1]);
4° De leur faciliter, par tels modes que l'expérience indiquera, les moyens d'étendre leurs connaissances spéciales et d'échanger des renseignements techniques sur les Industries et les ressources des différents pays qu'ils habitent.

Ces deux paragraphes indiquent les tendances qui s'étaient manifestées au sein de l'Association.

([1]) Extrait de l'article 2 de l'arrêté ministériel du 24 mai 1862, relatif à l'École Centrale, devenue École du Gouvernement :

« L'École Centrale demeure spécialement destinée à former des Ingénieurs pour toutes les branches de l'Industrie et pour les travaux et services publics dont la direction n'appartient pas nécessairement aux Ingénieurs de l'État. »

On désirait qu'elle pût se charger de Conférences et de Cours, destinés à compléter ceux de l'École Centrale, au point de vue, par exemple, de l'économie politique, de la comptabilité commerciale, etc.

On croyait aussi avoir droit, dans des conditions à déterminer, à certains emplois dépendant du Gouvernement. La question du recrutement des agents-voyers parmi les jeunes Ingénieurs de l'École fut, entre autres, longuement examinée.

Nous comprenons parfaitement ces préoccupations des anciens Élèves ; mais c'est au temps à amener, pour leurs aspirations bien justifiées, des solutions convenables. A improviser ces solutions, on risquerait de les compromettre. Nous croyons qu'il faut surtout fortifier l'action de l'Administration de l'École auprès du Gouvernement, en évitant avec le plus grand soin la moindre scission parmi nos camarades. La concorde une fois indissolublement établie entre tous les éléments qui concourent à la puissance et à la stabilité de l'École Centrale, le reste viendra par surcroît. C'est l'opinion qui a heureusement prévalu aujourd'hui. L'École Centrale et l'Association amicale auront à s'en féliciter de plus en plus.

La *reconnaissance d'utilité publique*, vivement souhaitée par l'Association, fut obtenue le 14 août 1867. Elle coïncida avec de nouveaux remaniements dans les Statuts, demandés par le Conseil d'État. Ces remaniements, essentiels peut-être au point de vue du mode d'existence de l'Association, laissèrent intacts les principes fondamentaux qui représentent l'esprit général de ses Statuts. Nous les passerons donc sous silence (¹).

(¹) Voir l'*Annuaire de l'Association amicale des anciens Élèves de l'École Centrale*, 1878.

Dès 1863, un *Annuaire*, renfermant la liste des adhérents et toutes les indications utiles relatives aux anciens élèves, fut publié. En le parcourant, on peut juger de l'importance acquise par l'École Centrale et par les Ingénieurs qu'elle a formés.

En juillet 1868, le *Bulletin* de l'Association commença à paraître mensuellement. Le Comité organisait ainsi la publication périodique réclamée avec instance par les précédentes assemblées générales.

Sous le rapport technique et scientifique, le cadre de cette publication est demeuré bien restreint. En ce sens, elle ne peut faire aucune concurrence aux *Mémoires de la Société des Ingénieurs civils*, comme plusieurs de nos camarades en avaient manifesté la crainte. C'est, en effet, un *simple Bulletin*, donnant le résumé des séances du Comité, le sommaire des principales publications industrielles, et tenant les Membres de l'Association au courant des détails qui peuvent les intéresser comme anciens élèves de l'École Centrale. Mais ce n'en est pas moins une collection très-digne d'être conservée.

Nous croyons que ce Bulletin pourrait recevoir quelques améliorations, mais que la forme qu'on lui a donnée doit être respectée d'une manière générale. En l'étendant, en le transformant en Revue périodique ou en véritables Annales scientifiques et industrielles, il nous semble que, malgré toute l'utilité d'une pareille création, l'Association sortirait de son rôle et s'imposerait, moralement et pécuniairement, une trop lourde charge.

Elle aurait, sans aucun doute, le droit de le faire; et, comme le pensait notre éminent et regretté collègue, M. Ch. Callon ([1]), elle ne porterait ainsi aucun préjudice aux Mé-

---

([1]) *Voir* le *Compte rendu* de la huitième assemblée générale, du 27 février 1869.

moires, d'ailleurs si utiles et si remarquables, de la Société des Ingénieurs civils. Mais ce n'est pas à l'Association, pensons-nous, à créer ces *Annales* désirées par plusieurs de nos Camarades : c'est à l'École Centrale elle-même. Elle accomplira alors, pour la *Science appliquée,* ce que l'École Polytechnique fait pour la *Science pure* en publiant son *Journal* à des époques indéterminées et lorsque les travaux originaux de ses anciens ou nouveaux élèves le permettent.

Ce jour-là, l'École aura certainement réalisé un progrès, satisfait à un vœu très-sérieux et très-élevé. Elle n'a au reste qu'à se reporter à ses premières années d'existence, pour retrouver dans le recueil mensuel qu'elle publiait alors (voir p. 65) l'équivalent de ce que nombre de bons esprits voudraient qu'elle essayât, sinon aujourd'hui, du moins un peu plus tard.

La situation de l'Association amicale est des plus prospères. Au 3 novembre 1877, elle comptait 2355 membres ; le nombre des groupes régionaux, y compris les deux nouveaux groupes de Paris et des États-Unis, était de 34 ; l'avoir de l'Association s'élevait à 193000 francs environ.

Il est peu d'Associations similaires qui présentent un tel ensemble de ressources intellectuelles, morales et pécuniaires.

Nous ne pouvons mentionner les noms de tous les Membres élus successivement pour former le Comité et dont le zèle a amené cette situation ; mais nous indiquerons les Présidents que le Comité lui-même a appelés tous les ans au fauteuil. Ce sont :

MM. J. Petiet (1862-1863) ; Ch. Callon (1863-1864) ; Chevandier de Valdrôme (1864-1865) ; Aimé Gros (1865-1866) ; L. Thomas (1866-1867) ; Yvon Villarceau (1867-1868) ; C. Laurens (1868-1869) ; A. Dailly (1869-1870) ;

F. Pothier (1870-1872); Loustau (1872-1873); Yvon Villarceau (1873-1874); E. Daguin (1874-1876); Goschler (1876-1877); Clémandot (1877-1878).

Nous nous reprocherions, en terminant ce Chapitre, de passer sous silence la part prise par l'Association amicale et, par conséquent, par l'École Centrale à la défense de Paris en 1870.

Ceux de nos Camarades présents dans la grande ville assiégée se réunirent le 11 septembre et nommèrent un Comité composé de MM. Laurens, Huet, Ch. Callon, J. Flachat, Paul et Forest.

Ce Comité fut chargé des démarches nécessaires pour rendre utiles les efforts communs et remit au général Trochu une adresse qui offrait au Gouvernement, pour tous les besoins de la défense nationale, les services des anciens élèves de l'École Centrale.

Après bien des difficultés regrettables, funestes même, et dont nous n'avons pas à apprécier le caractère, une Commission du Génie civil fut instituée par M. Dorian, Ministre des Travaux publics. MM. Tresca, Martelet, Laurens (ancien Président de l'Association amicale), Vuillemin (Président de la Société des Ingénieurs civils), Martin (Président de la Société des anciens élèves des Arts et Métiers) furent appelés dans cette Commission.

Les réunions des Membres de l'Association continuèrent d'ailleurs d'avoir lieu à l'École Centrale, sous la présidence de M. Laurens, et l'on y étudia toutes les questions relatives à la défense (¹).

A ce sujet, nous recommandons spécialement la lecture

(¹) *Voir*, pour le Résumé des *Procès-verbaux* de ces Réunions, le *Bulletin* de l'Association amicale (année 1871, p. 104 et suiv.).

d'une *Note* très-réfléchie et très-convaincante de M. Émile Level. Cette Note a été publiée dans le *Bulletin* (¹), sous le titre suivant :

De l'Institution, dans les Écoles industrielles, d'un Cours d'application de la Science et de l'Industrie à la construction du matériel de guerre et à l'exécution des travaux militaires.

Nous voudrions pouvoir l'analyser ici même et appuyer de toute notre conviction les conclusions de notre camarade. Nous le remercions du moins de nous avoir autorisé à insérer son travail dans l'*Appendice* de ce Livre. On y trouvera la preuve que le Génie civil, lui aussi, peut jouer un rôle sérieux dans la réforme militaire que nous poursuivons et que nous devons poursuivre sans relâche. Ce serait un grand honneur pour l'École Centrale, si le cours préconisé par M. Émile Level s'ouvrait d'abord dans l'un de ses amphithéâtres, et un nouveau service, de premier ordre, rendu par elle à la France.

Qu'on nous pardonne ces détails et ces remarques : ils font partie intégrante de notre Histoire. Une grande École comme la nôtre n'est pas seulement technique. A certaines heures décisives, elle élargit nécessairement les cadres où elle se meut d'ordinaire, elle devient nationale dans le vrai sens du mot. En voyant les choses de plus haut, elle accomplit toute sa mission, elle démontre une fois de plus la grandeur de la conception de ses premiers Fondateurs, qui, pour le bien du Pays, ont doué son organisme de tant de souplesse et d'élasticité.

En dehors des travaux mentionnés plus haut, d'autres efforts furent tentés isolément et prouvèrent le dévouement patriotique des anciens Élèves.

(¹) *Voir* le *Bulletin* de l'Association amicale, année 1871, p. 81 et suiv.

Enfin, un grand nombre de nos camarades firent apprécier leurs services dans le Génie auxiliaire et dans l'Artillerie mobilisée (¹), et plusieurs tombèrent, glorieusement frappés pour la Patrie.

En finissant, nous voulons que ces pages gardent la trace des sentiments exprimés par le Comité de l'Association, au moment de nos désastres, à nos chers camarades de l'Alsace-Lorraine. Nous reproduisons donc la lettre suivante :

Paris, 10 avril 1871.

Le Comité de l'Association des anciens élèves de l'École Centrale aux camarades de l'Alsace et de la Lorraine.

« Bien chers Camarades,

» Nous venons, au nom de la grande famille des anciens Élèves de l'École Centrale, vous dire la vive douleur dont tous nos cœurs sont pénétrés, sous le coup du malheur commun qui nous frappe.

» C'est au moment même où les dures lois de la guerre, renouvelant les procédés féodaux, nous séparent violemment de vous, que nous voulons affirmer une fois de plus et resserrer, s'il est possible, les liens d'amitié et de fraternité qui nous unissent. Oui, chers Camarades de l'Alsace et de la Lorraine, quoi qu'il arrive, de cœur et d'âme, nous serons toujours avec vous les fils d'une même Patrie.

» Puissent les populations de vos chères provinces séparées de nous, mais non abandonnées par nous, s'attacher plus fortement encore à leur sol natal ; puissent-elles y conserver leurs maisons, leurs champs, leurs usines, que les colons allemands seraient trop heureux d'occuper ; puissent-elles, en souffrant pour ce qui fut pour elles la Mère Patrie, en conserver l'amour toujours plus vivace, et maintenir toujours puissante l'idée de réparation.

» Tels sont nos désirs et notre espoir. Comme vous, nous comprenons la légitimité de vos douleurs et de vos revendications ; et, comme vous, nous espérons que le règne du droit et de la liberté viendra guérir les plaies que l'oubli de ces grands principes a faites à notre cher Pays.

» Notre Association vous assure, chers Camarades, en tout et partout

---

(¹) *Voir* le *Bulletin* de l'Association des anciens élèves, année 1871, p. 113 et suiv.

son concours le plus fraternel, et elle croit pouvoir, comme par le passé, compter sur le vôtre.

» Recevez, bien chers Camarades, la chaleureuse expression de notre profonde sympathie à vos douleurs et de notre inaltérable affection.

Pour le Comité :

Le Président de l'Association,
F. Pothier. »

Voici la réponse des anciens Élèves de l'École Centrale, établis dans les parties de la France si malheureusement annexées à l'Allemagne.

« Bien chers Camarades,

» Nous avons été vivement touchés de votre fraternelle communication et des paroles de sympathie que vous nous adressez.

» Vous avez compris tout ce qu'a de douloureux pour nous le changement profond que la guerre a apporté dans toutes nos relations.

» Français de cœur et d'éducation, nous sommes forcés de vivre dans un milieu étranger et hostile, et de subir les dures lois de la conquête. Mais jamais le Pays qui est pour nous tous, soit la Mère Patrie, soit une patrie d'adoption, ne s'effacera de nos cœurs, et notre plus grand bonheur comme notre plus haute espérance, sera de voir la France grandir dans la liberté et redevenir la plus prospère des nations.

» Quant à vous, chers Camarades, qui faites partie avec nous de la grande famille des anciens Élèves de l'École Centrale, nous sommes heureux de vous dire qu'aucun traité de paix ne saurait nous détacher de vous : la diplomatie n'a pas le pouvoir de rompre les liens de famille. Le malheur qui nous accable ne fera que resserrer ceux qui nous unissent à vous.

» Nous vous remercions de grand cœur de l'empressement que vous avez mis à nous tendre une main fraternelle. Nous n'avons jamais cessé de compter sur vous et notre concours tout entier vous restera acquis comme par le passé.

» Recevez, bien chers Camarades, l'expression émue de nos sentiments de cordiale et inaltérable amitié. »

Suivent les signatures.

La France n'oubliera jamais l'Alsace-Lorraine. L'École

Centrale et l'Association amicale n'oublieront jamais les anciens Élèves, qui sont venus à nous de cette région.

Quand on porte une Couronne et qu'un de ses fleurons se brise, on ne change pas sa Couronne, on la garde mutilée jusqu'à l'aurore de la réparation.

Il y a une place vide dans la Patrie, comme dans la Famille de l'École Centrale : un jour se lèvera où le fils et le frère absent viendra l'occuper.

Jusque-là, ne voilons pas cette place, ne cachons pas cette douleur. Vivons avec elle, pour qu'elle nous fortifie et nous enseigne notre devoir.

CHAPITRE IX.

RÉSUMÉ DE CETTE DEUXIÈME PÉRIODE.

Nous arrêterons cette deuxième période au seuil de l'année 1878, et nous renverrons à notre troisième Partie l'examen des questions encore pendantes où l'avenir de l'École Centrale est en jeu. Nous nous sommes efforcé jusqu'ici de ne rien oublier de véritablement important, et nous souhaitons d'avoir rendu une justice assez large aux hommes de bien et aux esprits d'élite auxquels le pays doit reporter l'honneur de cette grande et féconde institution.

L'École Centrale a reçu, depuis sa naissance, plus de sept mille élèves. Sur ce nombre, plus de quatre mille l'ont quittée avec le diplôme d'ingénieur ou le certificat de capacité, et l'on compte dans leurs rangs plus de cinq cents élèves étrangers. Ces chiffres suffisent pour montrer quelle influence l'École Centrale a dû exercer sur la production française et sur nos rapports internationaux.

L'École peut affirmer, avec un juste orgueil, que les ingénieurs qu'elle a formés ont puissamment contribué, depuis 1835, à la création et à l'exploitation des chemins de fer français. En 1863, en effet, on comptait parmi nos anciens élèves, 28 directeurs et ingénieurs en chef de chemins de fer, 79 ingénieurs principaux et 56 ingénieurs ordinaires. Nous pouvons citer parmi eux : MM. Petiet, Polonceau, Félix Mathias, Love, Bricogne, etc.

Lors des traités de commerce avec l'Angleterre, en 1860,

et de l'accession française au libre échange, on put craindre un instant que le pays ne fût pas prêt à soutenir la concurrence étrangère. Mais, grâce au concours actif et dévoué des ingénieurs de l'École Centrale, la transformation de notre outillage industriel et son appropriation à la situation subitement créée s'effectuèrent avec une rapidité inespérée et dans les meilleures conditions. Ce sont là des titres de noblesse qu'on ne peut négliger.

En 1863, 124 maîtres de forges ou propriétaires de mines, 68 grands manufacturiers, 54 constructeurs de machines, 43 filateurs, 38 fabricants de produits chimiques, 37 agriculteurs, 35 entrepreneurs de travaux publics, 31 directeurs et propriétaires d'usines à gaz, 28 fabricants de sucre, 23 directeurs de cristalleries ou de verreries, 17 fabricants de papier, appliquaient aux luttes de l'industrie la sûreté de coup d'œil, l'énergie raisonnée et les connaissances scientifiques qu'ils devaient à l'École Centrale. Ils formaient comme l'élite de l'armée du travail, et contribuèrent largement à éviter au pays une crise redoutable.

C'est à ce moment que M. Michel Chevalier, l'éminent défenseur de l'enseignement industriel, disait : « Si l'École Centrale n'existait pas, il aurait fallu la créer comme complément nécessaire des traités de commerce. » Nous pouvons ajouter à ce témoignage qu'il est de tradition à l'École, qu'elle a été surtout fondée pour préparer, par une forte éducation spéciale, les industriels français à passer, sans dangereuse secousse, du régime de la protection sans limites à celui d'une protection mesurée et restreinte.

L'*Annuaire*, publié par les soins de l'Association amicale des anciens Élèves de l'École Centrale, renferme la liste de toutes les promotions et l'indication des fonctions remplies, des carrières parcourues par tous les anciens Élèves. Nous ne craignons pas de l'affirmer : il suffit de feuilleter cette liste pour être aussi intimement persuadé que nous-même des services de toutes sortes rendus par l'École Centrale, de l'importance méritée qu'elle a acquise et de l'influence considérable dont elle peut disposer aujourd'hui. Mais, pour lui conserver la place éminente qu'elle occupe, il faut qu'aucun progrès intérieur ne soit négligé. Il faut surtout que l'État, dont la direction, nous le reconnaissons avec gratitude, a été jusqu'à présent utile et bienfaisante, consente à terminer son œuvre et à devenir, en quelque sorte, le second fondateur de l'institution qu'il a protégée et couverte de son nom.

L'École Centrale, depuis plus de vingt ans qu'elle appartient à l'État, n'a réclamé, pour elle ou pour ses élèves, aucune faveur. Elle s'est contentée de les rendre de plus en plus dignes de la confiance et de l'estime des particuliers et de l'Administration. Le candidat qui entre à l'École Polytechnique est assuré d'une carrière militaire ou civile; il n'en est pas de même pour celui qui entre à l'École Centrale. Il aurait donc pu convenir de rechercher, comme motif d'émulation et comme récompense naturelle des services d'une grande institution, quels emplois nouveaux seraient utilement réservés aux ingénieurs qu'elle instruit.

Nous serions injustes si nous ne constations pas que, dans deux circonstances récentes, le Gouvernement a témoigné sa haute bienveillance aux élèves de l'École; mais aucune règle précise n'a été posée, aucune décision n'a été prise.

Le premier fait auquel nous voulons faire allusion concerne la Circulaire adressée aux Préfets, en 1870, par le Ministre de l'Intérieur, M. Chevandier de Valdrôme, ancien Élève de l'École. Dans cette Circulaire, le Ministre recommande d'admettre de préférence nos jeunes ingénieurs à concourir pour les fonctions d'agent-voyer dans les départements. Pour apprécier cette mesure, nous emprunterons la parole d'un juge désintéressé.

« Depuis l'allocation extraordinaire de 100 millions accordée par la loi du 11 juillet 1868 pour les chemins vicinaux, ces fonctions sont devenues plus importantes, et l'ancien personnel a cessé presque partout d'être suffisant. Dans les contrées riches, la voirie vicinale dépense des sommes très-considérables à titre de construction et d'entretien ; dans les pays pauvres et montagneux, elle offre des difficultés qui exigeraient la surveillance d'ingénieurs plus habiles que ne le sont d'ordinaire les agents-voyers de canton. En outre, ces ingénieurs dirigeraient les nombreux travaux de digues, de canaux d'irrigation, de reboisement, etc., que les communes et les habitants ont à faire exécuter, et pour lesquels la présence d'un homme de l'art est nécessaire. Le service des ingénieurs des Ponts et Chaussées est tellement chargé, que ces fonctionnaires ne peuvent pas, malgré leur bon vouloir, accorder à ces modestes travaux l'attention qu'ils méritent. Il serait donc bien désirable que la voirie vicinale fût réorganisée, de manière à introduire plus largement dans ses cadres des ingénieurs possédant les connaissances variées et approfondies que l'on acquiert à l'École Centrale. Il faudrait sans doute augmenter les traitements qui, dans certains départements, sont tout à fait dérisoires ; mais ce surcroît de frais serait compensé par l'économie d'un entretien mieux entendu et par les services de toute nature qu'un ingénieur plus instruit serait appelé à rendre autour de lui. En prenant à son compte l'École Centrale, l'État s'est imposé le devoir de veiller à l'avenir de ces jeunes gens qui reçoivent de lui un diplôme officiel et dont il est intéressé à employer l'aptitude [1]. »

---

[1] C. LAVOLLÉE, *Revue des Deux Mondes*, 15 mai 1872.

Nous devons ajouter que plusieurs Conseils généraux se sont montrés depuis très-favorables aux élèves de notre École Il y a donc là, pour nous, une sérieuse espérance.

Le second témoignage d'intérêt, au sujet duquel nous avons à remercier M. le Ministre de la marine et des colonies, c'est la mention faite de nos élèves dans le décret du 10 février 1873. Ce décret expose les conditions de nomination des inspecteurs et administrateurs des affaires indigènes en Cochinchine. Ces fonctionnaires doivent être choisis parmi les administrateurs stagiaires créés en vertu du même arrêté, et nos élèves peuvent recevoir ce dernier titre sans examens, à côté des élèves de l'École Polytechnique.

Pour ne rien oublier, la nouvelle loi militaire accorde à nos Candidats, lorsqu'ils sont reçus, la faculté de contracter un engagement conditionnel d'un an, avec sursis d'appel. Cette faveur, sans doute, ne pouvait faire question; mais nous sommes heureux de pouvoir nous féliciter de l'intérêt avec lequel le Gouvernement a accueilli nos démarches à cet égard.

Cependant, nous sera-t-il permis de le dire? Il nous semble qu'on aurait pu, en cette occasion, faire davantage pour les Élèves de l'École Centrale.

D'après l'article 19 de la loi sur le recrutement de l'armée, votée par l'Assemblée nationale, dans sa séance du 27 juillet 1872, « les élèves de l'École Polytechnique et ceux de l'École Forestière sont considérés comme présents sous les drapeaux dans l'armée active, pendant tout le temps passé par eux dans lesdites Écoles. »

De plus, « les lois d'organisation, prévues par l'article 45 de la présente loi, déterminent, pour ceux de ces jeunes gens qui ont satisfait aux examens de sortie et ne sont pas placés dans les armées de terre et de mer, les emplois auxquels ils peuvent être appelés, soit dans la réserve de l'armée active, soit dans l'armée territoriale ou dans les services auxiliaires. »

« Les élèves de l'École Polytechnique et de l'École Forestière, qui ne satisfont pas aux examens de sortie de ces Écoles, suivent les conditions de la classe de recensement à laquelle ils appartiennent par leur âge ; le temps passé par eux à l'École Polytechnique ou à l'École Forestière, est déduit des années de service déterminées par l'article 36 de la présente loi. »

Le but du législateur a été évidemment, en consentant aux exceptions que nous venons de signaler, de faire profiter le pays et l'armée, dans les meilleures conditions possibles, des talents et des connaissances des élèves de ces deux Écoles spéciales.

Nous pensons qu'il eût été utile d'étendre, nous ne dirons pas la même faveur, mais la même disposition prévoyante à d'autres écoles.

Nous sommes profondément partisan de l'égalité devant la loi ; nous nous inclinons devant toutes les nécessités que peuvent imposer les devoirs sociaux. Mais, puisqu'on a cru, dans l'intérêt des besoins religieux et dans celui de l'instruction publique, pouvoir dispenser du service militaire (article 20 de la loi) les deux catégories si nombreuses constituées par les membres des associations religieuses ou laïques vouées à l'enseignement et par les élèves ecclésiastiques, nous regrettons qu'on n'ait pas montré une sollicitude égale pour les Sciences et les Arts, pour les besoins de l'Industrie et de l'Agriculture. L'éminent rapporteur, M. de Chasseloup-Laubat, avait eu soin de dire pourtant : « Il faut se rendre compte de l'influence du système qu'on veut adopter, sur le développement de la population, sur le recrutement des carrières civiles, et dès lors sur l'Agriculture, le Commerce, l'Industrie, les Sciences et les Arts. » Il aurait pu ajouter : et sur la manière même dont pourront être choisis les officiers de l'immense armée qu'on veut créer.

Car nous ne désirons certes pas qu'on prive les élèves de l'École Centrale de l'honneur de porter les armes ; nous souhaitons seulement qu'on les mette à même, comme les élèves de l'École Polytechnique et de l'École Forestière, de rendre au pays de meilleurs services.

Presque tous les élèves de l'École Centrale sont bacheliers ès lettres ou ès sciences. Croit-on que les trois années qu'ils passent à l'École ne leur donnent pas, en général, une aptitude bien plus grande au point de vue de l'armée? Devait-on les placer sur la même ligne que les simples bacheliers (article 53 de la loi), et ne tenir aucun compte du noviciat scientifique si sérieux auquel ils sont soumis ?

En établissant à l'École Centrale des exercices militaires très-sévères, contrôlés par des examens minutieux, on préparerait aux cadres de l'armée de réserve ou de l'armée territoriale d'excellents éléments, qui feront peut-être cruellement défaut lorsqu'on procédera hâtivement à l'organisation de ces deux armées.

Les élèves de l'École Centrale, nous en sommes convaincu, pourraient tenir convenablement leur place à côté de ceux des deux Écoles que nous avons citées. Les services qu'ils ont rendus pendant la dernière guerre en sont un sûr garant.

Nous ne nous permettrons pas d'autres remarques. Mais nous ne pouvions garder un silence absolu sur un point si grave, où les nécessités d'avenir de l'École se confondent si bien avec les plus chers intérêts du pays.

Quoi qu'il en soit, l'École Centrale a reçu, au point de vue du placement de ses élèves et de leur position ultérieure, des preuves d'estime dont elle conservera le souvenir; mais sa situation est restée presque absolument ce qu'elle était autrefois sous une direction privée. Sans réclamer aucun privilége, nous croyons que l'on pourrait faire mieux.

A l'Exposition universelle de 1878, le succès des ingénieurs civils sortis de l'École Centrale a été éclatant et a montré tout le chemin accompli depuis 1867.

841 anciens élèves ont participé à cette Exposition dans les conditions indiquées ci-dessous :

Membres du Jury international des récompenses.........	35
Membres des Comités d'admission et d'installation.......	69
Attachés à la direction des travaux......	10
Exposants en leur nom personnel...................	314
Collaborateurs, déduction faite des doubles emplois.....	413
	841

Les trois cent quarante récompenses obtenues par eux, y compris le diplôme d'honneur décerné à l'exposition proprement dite de l'École Centrale, exposition faite avec tant de naïveté et de sincérité, se partagent comme il suit :

Décorations de la Légion d'honneur.................	30
Grands prix ou diplômes d'honneur.................	14
Médailles d'or....................................	92
Médailles d'argent................................	97
Médailles de bronze..............................	68
Mentions honorables ou distinctions spéciales.........	39
	340

Ajoutons que les chiffres partiels qui sont relativement les plus élevés correspondent précisément aux récompenses d'ordre supérieur. Nous ne croyons pas qu'aucun autre groupe d'exposants reliés par une même origine puisse présenter un résultat plus remarquable.

Nous avons toujours retenu ce passage du beau Livre de M. Jules Simon intitulé : *l'École,* et publié en 1863 :

« De toutes les écoles nouvelles, et sortant de la routine, l'École Polytechnique a été la seule puissante, parce qu'elle était de sa minute. A présent, l'École Centrale des Arts et Manufactures commence à poindre : grand chemin parcouru depuis les écoles purement littéraires du xviiie siècle. Est-ce descendre? est-ce monter? En d'autres termes, faut-il suivre le courant, qui est incontestable, ou vaut-il mieux réagir? Voilà la grande question de l'enseignement, et presque la seule. »

La liste que nous venons de dresser prouve que l'éloge de M. Jules Simon était mérité. La marche ascendante de l'École a continué, et elle ne s'arrêtera pas encore. Mais, pour que le profit social soit réel, il faut que, dans ces changements profonds imposés à l'Instruction et à l'Éducation par une civilisation nouvelle à bien des égards, le niveau moral, celui qui peut seul donner à l'homme toute sa valeur, ne baisse nulle part. Nous espérons que l'École Centrale ne faillira pas à cette condition essentielle.

Les étrangers, désintéressés et sans esprit de parti ou de système, sont en général de bons juges de nos efforts. Nous devons donc être heureux et nous honorer du témoignage accordé à notre École par deux Anglais éminents, se répondant à près de trente ans de distance et exprimant pour ainsi dire la même pensée dans les mêmes termes.

Voici comment parlait sir Lyon Playfair, commissaire général de l'Exposition universelle de Londres en 1851, à l'ouverture du Cours du Musée géologique de Londres, qui eut lieu l'année suivante :

Il est bien connu que la France encourage d'une manière large l'instruction industrielle de ses producteurs. L'École Polytechnique de Paris, l'École des Ponts et Chaussées et l'École des Mines ont été trop souvent décrites pour qu'il soit nécessaire d'en parler longuement ici; mais, comme elles sont principalement destinées à l'instruction des ingénieurs du gouvernement, elles n'agissent pas immédiatement sur la production manufacturière. Il est de principe en France que le gouvernement se conduit d'après ses propres idées du droit ou de l'utilité, en dirigeant l'instruction du peuple, avant même qu'aucune demande ait été formulée par le public, dans la vue d'obtenir le bénéfice qui lui est ainsi conféré : aussi est-il très-surprenant que la classe moyenne ait souvent réclamé la fondation d'une institution pour l'instruction industrielle de ses fabricants, sans parvenir à convaincre le gouvernement de cette nécessité. Ce besoin devint si évident, qu'une institution particulière fut créée, et la confiance en sa réussite fut assez grande pour permettre à un capitaliste de placer des fonds considérables dans sa fondation. Cette institution privée, fondée dans une capitale où toutes les écoles publiques dépendent du gouvernement, a prouvé, par son succès immédiat et éminent, qu'elle répondait à une nécessité du temps.

Ainsi s'éleva l'École Centrale des Arts et Manufactures, actuellement la plus importante institution industrielle de la France. Elle possède comme professeurs les hommes les plus éminents de ce pays. Elle a élevé ceux qui promettent d'être sa gloire dans l'avenir. Comme spéculation commerciale, elle a eu un singulier succès et demeure encore sous la direction du premier capitaliste qui a commencé l'entreprise, M. Lavallée.

Le diplôme d'élève de l'École est donné après un examen public très-sévère.... J'ai eu le bonheur d'assister à ces examens, et j'ai admiré l'étendue et la sûreté des connaissances possédées par les élèves.

Mais vous demanderez où est la preuve de l'efficacité de ce genre d'éducation pour former des manufacturiers, et je réponds par ce fait qu'un diplôme de cette institution est un gage de succès assuré dans la vie. Ses élèves arrivent aux positions industrielles les plus importantes, et non-seulement en France, mais en Espagne, en Belgique et en Angleterre, on a appris à les apprécier, comme nous nous en apercevons bien à l'empressement avec lequel les manufacturiers de ces pays acceptent leurs services....

A son tour, M. C. William Siemens, président de l'Institut du fer et de l'acier, prononçait, au meeting tenu à Paris le 16 septembre 1878, un discours remarquable dont nous extrayons les passages ci-après :

.... Les Anglais, lorsqu'il s'agit de résoudre un problème nouveau, l'attaquent hardiment, sans quelquefois l'avoir suffisamment mûri au préalable. Les Français, au contraire, étudient systématiquement la question sous toutes ses faces, corroborant leurs idées par une étude minutieuse de toutes les expériences faites ailleurs sur le même sujet, avant de se mettre au travail, et n'abordant ainsi la solution qu'avec tous les avantages économiques et autres que leur a assurés leur investigation préliminaire et scrupuleuse.

Si nous recherchons la cause de cette remarquable aptitude à approprier des moyens spéciaux à des buts définis, dont je viens de parler, nous la trouverons probablement dans les avantages que la France et les autres pays du continent ont recueillis, depuis au moins une génération, d'une éducation technique plus développée que chez nous, et dans l'influence considérable qu'a exercée sur cette génération une cohorte d'écrivains scientifiques, d'expérimentateurs scrupuleux, de pionniers infatigables....

L'École Centrale des Arts et Manufactures n'est pas moins importante que l'École Polytechnique, bien que le niveau des études mathématiques et de Science pure y soit moins élevé, et que l'instruction y soit plus pratique et plus industrielle. Son but spécial est de former des ingénieurs pour l'industrie privée, et il en sort annuellement de 100 à 120 ingénieurs civils, qui ont eu l'avantage de recevoir pendant trois années une éducation scientifique très-étendue, comprenant les Mathématiques élevées, les Sciences physiques, la Chimie pure et appliquée, la Géologie, la Minéralogie, la Mécanique, la Métallurgie, et plusieurs autres branches fort utiles dans la pratique, qui leur ouvre la carrière d'ingénieurs civils ou les met à même de devenir d'excellents chefs d'usine. L'École Centrale a été primitivement fondée par une Société de savants; c'était d'abord une école libre, ne relevant pas du gouvernement; mais, en 1858, elle a été gracieusement cédée à l'État par ses fondateurs, et elle dépend actuellement du Ministère de l'Agriculture et du Commerce.

Mon intention n'est pas de recommander l'établissement en Angleterre d'une École polytechnique avec ses écoles annexes supérieures, par cette raison bien simple que nous n'avons pas besoin d'ingénieurs du gouvernement pour diriger nos travaux publics.

L'École Centrale diffère essentiellement de l'École Polytechnique en ce qu'aucune position n'est assurée aux ingénieurs qui en sortent. Ce n'est que par le genre et le degré d'instruction technique qu'elle procure à la majorité des élèves qui passent de ses bancs dans la vie pratique qu'elle peut assurer leur succès; c'est donc un genre d'école beaucoup plus conforme à nos idées d'action indépendante.

En ce qui concerne la Métallurgie, le seul établissement comparable à l'École Centrale que nous ayons en Angleterre est notre *School of Mines*....

Ainsi, l'École Centrale est appréciée par nos rivaux et nos émules à sa juste valeur : il est impossible qu'elle ne le soit pas en France.

Nous avons reproduit (p. 42) le Tableau de l'emploi du temps de ses élèves en 1830 : nous allons donner ci-après le même Tableau tel qu'il a été rempli en 1878. On verra d'un seul coup d'œil l'extension obtenue et les améliorations accomplies. Cet emploi du temps est divisé en trois parties, correspondant chacune à une année d'études : il résume tout ce que nous avons dit précédemment sur l'enseignement de l'École, et nous n'avons rien à y ajouter.

Quant à la question du costume, elle a été tranchée depuis la cession à l'État aussi convenablement que possible, et réduite à l'adoption d'un signe distinctif.

Les élèves de l'École Centrale, en effet, n'ont qu'une casquette d'uniforme, à l'abeille d'or rappelant le travail réfléchi et sans trêve qui leur est imposé. Ils se reconnaissent à ce symbole, au milieu de la population qu'ils sont appelés à aider plus tard de leurs lumières et de leur actif dévouement. L'École Centrale est une ruche avant tout, et son essaim laborieux ne pouvait choisir d'armes plus parlantes.

TABLEAU DE L'EMPLOI DU TEMPS.

PREMIÈRE ANNÉE.

	8 h. 30 m.	11 h. 30 m.	De 1 à 4 heures.
Lundi.	Éléments de Machines (22 Leçons). Histoire naturelle (35 Leçons).	Architecture (24 Leçons). Mécanique (45 Leçons).	20 manipulations de Chimie (de 2 heures). 16 manipulations de Physique (de 30 minutes). 14 manipulations de Minéralogie (de 30 minutes). 4 séances de Stéréotomie (de 3 heures). 2 séances de Topographie, dans l'École (de 3 heures). 1 levé de Bâtiment, dans l'École.
Mardi.	Chimie (60 Leçons).	Analyse infinitésimale (30 Leçons). Géologie et Minéralogie (30 Leçons).	
Mercredi.	Géométrie descriptive (60 Leçons).	Physique, (60 Leçons.)	
Jeudi.	Éléments de Machines. Histoire naturelle.	Architecture. Mécanique.	16 épures de Géométrie descriptive. 2 épures de Physique. 2 épures de Mécanique. 15 dessins d'Architecture (avec leurs croquis). 12 dessins de Machines (avec leurs croquis). 8 croquis de Machines. 5 levés de Machines.
Vendredi.	Chimie.	Analyse infinitésimale. Géologie et Minéralogie.	
Samedi.	Géométrie descriptive.	Physique.	

Entrée à l'École, à 8ʰ30ᵐ.
Leçon, de 8ʰ30ᵐ à 10 heures.
Déjeuner, de 10 à 11 heures.
Appel, de 11 à 11ʰ30ᵐ.
Leçon, de 11ʰ30ᵐ à 1 heure.
Travail d'application, de 1 à 4 heures.

RÉSUMÉ DE CETTE DEUXIÈME PÉRIODE.

TABLEAU DE L'EMPLOI DU TEMPS.

DEUXIÈME ANNÉE.

	8 h. 30 m.	11 h. 30 m.	De 1 à 4 heures.	
Lundi.	Zootechnie (20 Leçons). Machines à vapeur (38 Leçons).	Construction de Machines (50 Leçons). Législation industrielle (20 Leçons).		Visites d'ateliers et d'usines. 9 projets à exécuter d'après des données particulières.
Mardi.	Physique industrielle (45 Leçons). Exploitation des Mines (24 Leçons.)	Application de la Résistance des Matériaux (25 Leçons). Technologie (35 Leçons).		
Mercredi.	Mécanique appliquée (55 Leçons).	Constructions civiles (50 Leçons). Phytotechnie (20 Leçons).	De 2 h. 30 à 4 heures. Chimie analytique (50 Leçons).	
Jeudi.	Zootechnie. Machines à vapeur.	Construction de Machines. Législation industrielle.		27 séances de manipulations de Chimie (de 3 heures). 3 séances de Topographie (hors de l'École). 4 séances de manipulations de Phys. industr. (de 4 h.).
Vendredi.	Physique industrielle. Exploitation des Mines.	Application de la Résistance des Matériaux. Technologie.		
Samedi.	Mécanique appliquée.	Constructions civiles. Phytotechnie.	Chimie analytique.	
	Entrée à l'École, à 8ʰ30ᵐ. Leçon, de 8ʰ30ᵐ à 10 heures. Déjeuner, de 10 à 11 heures.	Appel, de 11 à 11ʰ30ᵐ. Leçon, de 11ʰ30ᵐ à 1 heure. Travail d'application, de 1 à 4 h.		

DEUXIÈME PARTIE. — CHAPITRE IX.

TABLEAU DE L'EMPLOI DU TEMPS.

TROISIÈME ANNÉE.

	8 h. 30 m.	11 h. 30 m.	De 1 à 4 heures.	
Lundi.	Métallurgie (54 Leçons).	Exploitation des Mines (16 Leçons). Chemins de Fer, (42 Leçons).		6 projets à exécuter d'après des données particulières. Projet de concours, du 25 juin au 25 juillet.
Mardi.	Chimie industrielle (48 Leçons).	Construction de Machines (53 Leçons).	De 2 h. 30 à 4 heures. Économie rurale (20 Leçons).	
Mercredi.	Mécanique appliquée (45 Leçons).	Travaux publics (55 Leçons).	Législation industrielle (10 Leçons).	
Jeudi.	Métallurgie.	Exploitation des Mines. Chemins de fer.		16 séances de manipulations de Chimie (de 3 heures). Essais commerciaux. Visites d'ateliers et d'usines.
Vendredi.	Chimie industrielle.	Construction de Machines.	Économie rurale.	
Samedi.	Mécanique appliquée.	Travaux publics.	Législation industrielle.	
	Entrée à l'École, à 8ʰ30ᵐ. Leçon, de 8ʰ30ᵐ à 10 heures. Déjeuner, de 10 à 11 heures.	Appel, de 11 à 11ʰ30ᵐ. Leçon, de 11ʰ30ᵐ à 1 heure. Travail d'application, de 1 à 4 h.		

RÉSUMÉ DE CETTE DEUXIÈME PÉRIODE.

En traçant les dernières lignes de cette deuxième Partie, nous ne croyons pas pouvoir passer sous silence deux événements, l'un presque officiel, l'autre tout intime, qui se rattachent à notre Histoire par un lien étroit.

Le 26 octobre 1878, les anciens élèves de l'École Centrale invitaient tous les Ingénieurs français ou étrangers, qui avaient pris part à l'Exposition universelle, à une grande fête célébrée en l'honneur de la Science et de l'Industrie. Près de mille personnes y assistèrent dans les salons de l'Hôtel Continental. La concorde et la fusion manifestées ainsi entre toutes les grandes écoles et entre leurs représentants les plus autorisés furent très-remarquées.

La présidence appartenait de droit à M. Dumas, l'illustre chimiste, dernier survivant des quatre fondateurs de l'École Centrale. M. le Ministre de l'Agriculture et du Commerce, en honorant cette réunion solennelle de sa présence, avait voulu témoigner de sa sympathie pour le génie civil et ses travaux.

Parmi les toasts éloquents qui furent prononcés, nous sommes à notre grand regret forcé de choisir; on nous permettra donc de ne reproduire ici que le toast de M. le Conseiller de Aguiar, représentant du Portugal, et celui de M. Dumas.

Toast de M. de Aguiar.

Monsieur le Ministre,

Monsieur le Président, Messieurs,

Excusez-moi si je ne peux m'exprimer correctement en français; je compte sur votre indulgence pour suivre seulement ma pensée.

Je veux unir dans un même toast les anciens élèves de l'École Centrale et tous les ingénieurs civils français, sans exception aucune.

Je paye ainsi, pour tous les Portugais, une dette de reconnaissance à cette noble institution, sans pareille dans l'enseignement supérieur de toutes les nations. Le Jury lui a rendu justice en lui décernant un grand diplôme d'honneur.

L'École Centrale, qui compte parmi ses anciens élèves huit cents ingénieurs à l'étranger et plus de trois mille en France, est l'œuvre de quatre hommes : Lavallée, Olivier, Péclet et M. Dumas. Celui-ci reste le dernier de ses fondateurs, donnant encore aujourd'hui une large part de son activité à son œuvre de prédilection, tout en s'associant aux nombreux travaux de l'Académie française et de l'Académie des Sciences.

Les ingénieurs civils français sont partout. Le Portugal leur doit de magnifiques travaux ; je citerai seulement le grand pont sur le Douro, construit avec tant d'intelligence par M. Eiffel, dont les calculs avaient été vérifiés par le regretté comte H. de Dion. En Autriche, ils ont établi plusieurs ponts sur le Danube. En Égypte, ils ont pris une grande part aux travaux de l'isthme de Suez.

A l'honneur de l'École Centrale, permettez-moi de signaler d'autres actions dignes d'éloges. Il y a vingt ans, un insulaire, originaire d'une colonie portugaise, quittait le cap Vert et se créait en peu de temps, grâce à son intelligence et à son activité, une petite fortune. Volé par un banquier infidèle, il se trouve un jour complètement ruiné. Cet homme, qui joint à une grande modestie la plus grande énergie, ne perd pas courage. Il vient en France et, après un travail assidu de plusieurs années, acquiert des connaissances spéciales assez étendues pour que M. Dumas puisse lui faire obtenir une place distinguée dans l'enseignement de la Chimie à l'École Centrale.

C'est par cet esprit libéral que cette institution a acquis sa grande réputation et se trouve aujourd'hui au premier rang.

D'ailleurs, la gloire de l'ingénieur civil n'est pas éphémère. S'il détruit, c'est pour réédifier. Partout où il existe de la pierre, du marbre, des minerais, du métal, fer ou bronze, l'ingénieur marque son passage. Il ouvre un canal et réunit les mers ; il fait de la vapeur une force intelligente ; il charge l'électricité de transmettre sa pensée instantanément ou la fait apparaître sous forme de lumière éclatante ; il crée des usines, des villes là où était le désert. Révolutionnaire, il a un grand bonheur : c'est que ses révolutions ne font pas de victimes. Partout où il apparaît, viennent aussitôt avec lui les bénédictions de la paix et de la civilisation.

Je bois aux ingénieurs de l'École Centrale et à tous les ingénieurs civils.

Toast de M. Dumas.

Messieurs,

Ce n'est pas sans une bien vive émotion que je me trouve ramené aux anciens souvenirs que rappelle la création de l'École Centrale. Il y a aujourd'hui cinquante ans que la pensée est née dans l'esprit des fondateurs. Trois d'entre eux, mes trois amis, Olivier, Péclet et Lavallée, ne sont plus : moi seul, comme une sentinelle que l'on aurait oublié de relever, je suis resté près de l'École pour en conserver les anciennes traditions et pour y assurer, sans altérer les saines méthodes de son enseignement, l'introduction libérale, mais progressive, de toutes les améliorations que commande la marche des sciences. Les fondateurs ont toujours été convaincus que l'École Centrale était appelée à jouer un grand rôle; en réalité, le succès a dépassé leur espérance et même leur rêve. En toute sincérité, pouvons-nous penser qu'il nous serait donné d'être entourés un jour de quatre mille ingénieurs, nos anciens élèves? Pouvions-nous croire qu'ils gagneraient dans une grande Exposition, telle que celle de 1878, cinq croix d'officiers de la Légion d'honneur, dix-huit croix de chevaliers, douze grands prix, plus de cinquante médailles d'or? Aucun établissement public, aucune réunion d'hommes, aucune corporation n'offre un semblable succès.

Lorsque le plan qui a été suivi dans la création de l'École fut conçu, on trouvait pour diriger les forges des mécaniciens ignorant la Physique et la Chimie; pour conduire les teintureries, les verreries, les fabriques de poteries ou de produits chimiques, des chimistes étrangers à la Mécanique et à la Physique; des spécialistes partout, des vues d'ensemble nulle part.

Nous disions, au contraire : « La Science industrielle est une; la nature fournit la matière qu'elle est chargée de transformer et les forces dont elle doit faire usage. L'Histoire naturelle et la Chimie apprennent à connaître la matière, la Physique et la Mécanique à manier les forces. Comme il n'y a pas d'Industrie sans matière, sans emploi de feu ou de force en mouvement, l'éducation de l'industriel exige l'étude complète de la matière et celle des forces. »

Ce plan, j'en ai gardé la tradition, et mon rôle a consisté, dans les Conseils de l'École, à en perpétuer le souvenir. On ne s'en est jamais écarté.

Tout était à créer alors : programme des Cours, professeurs et élèves. Aussi, je le dis en toute humilité, les véritables fondateurs sont ceux qui ont organisé l'enseignement et ceux qui en ont prouvé l'efficacité par leurs travaux.

A ce titre, Perdonnet, Coriolis, Bélanger, Mary, Payen, Callon, doivent aussi être comptés comme fondateurs de l'École. Qu'un sincère hommage leur soit rendu! C'est au précieux concours de ces hommes d'un véritable génie que l'œuvre nouvelle a dû son succès.

Tandis que les chaires étaient confiées aux maîtres les plus savants, la direction s'est transmise de M. Lavallée à MM. Perdonnet et Pétiet, qui ont occupé ces hautes fonctions avec une intelligence et un éclat dont vous avez tous gardé le souvenir.

Animés du même esprit, MM. Solignac et Cauvet, qui ont aujourd'hui dans leurs mains la charge précieuse de veiller sur le présent et de préparer l'avenir des six cents élèves confiés à leurs soins paternels, n'ont qu'à marcher sur la voie tracée par leurs illustres prédécesseurs.

Comment séparer de ces hommes éminents et dévoués qui, dès les débuts de l'École, ont si largement contribué à la porter au premier rang, ces élèves de nos premières promotions, dont l'élite m'entoure, que nous avons vu conquérir avec dignité les situations les plus hautes dans la grande industrie, dans les travaux publics, dans les chaires de l'enseignement supérieur, à l'Institut, et qu'on retrouve avec la même distinction parmi les agriculteurs, les financiers et les administrateurs?

Longtemps, j'ai conservé trois préoccupations :

Que deviendrait l'École dans un bâtiment trop étroit pour le nombre croissant des élèves?

Que deviendrait son enseignement, si les principes qui avaient présidé au choix de ses professeurs dans le début, qui maintenus ont fait sa force et sa gloire, tombaient un jour dans l'oubli?

Quelle serait sa destinée, s'il ne s'établissait pas un courant de sympathie, un lien durable, entre les anciens élèves et l'École elle-même?

Mais aujourd'hui, il me semble que je pourrai me présenter en paix devant ceux des fondateurs qui m'ont précédé dans la tombe; je pourrai leur dire : « Cette École que vous m'aviez confiée prospère, je la laisse plus prospère encore; par un sentiment de justice et d'équité, le pays va lui consacrer un établissement digne d'elle : le choix des professeurs se continue dans un esprit élevé de libéralité complète, et, si le professorat se recrute avec raison parmi les anciens élèves, toutes les fois que l'occasion s'en présente, les choix restent toujours subordonnés, sans esprit d'exclusion, aux vrais intérêts de l'École. »

Enfin, grâce aux sentiments de concorde qui animent aujourd'hui tous ses enfants, la destinée de l'École et ses progrès sont sérieusement assurés : notre brillante et cordiale réunion d'aujourd'hui en est une preuve vivante. L'Administration de l'École, les Conseils de perfectionnement et des études, la Société amicale des anciens élèves, animés d'un même sentiment, puisent dans le succès éclatant de l'institution l'obligation étroite de rester unis pour en écarter tout dommage et toute altération.

Il y a longtemps que la plupart des grandes usines et des grandes industries de France emploient des ingénieurs sortis de l'École Centrale. Partout où l'on travaille, leur présence se manifeste et leur influence se fait sentir; la confiance publique leur est acquise; leur prestige repose sur des succès qui frappent tous les yeux; le respect les environne. Cependant, si nous cherchions de quel côté leur sont venus les éloges les plus enviables, nous verrions qu'ils sont dus à deux illustres savants anglais : sir Lyon Plaifair, il y a trente ans, M. Siemens, il y a quelques jours, exprimaient, comme preuve de leur haute estime pour l'École, leur profond regret de voir une institution pareille manquer à leur pays. L'École Centrale peut se contenter d'un tel jugement prononcé par de telles autorités !

Je bois, du plus profond de mon cœur ému, à l'École Centrale et à ses élèves, à mes dignes et chers élèves !

Le mardi, 19 novembre 1878, la fête intime, reflet de la fête officielle, avait lieu chez M. Dumas.

M. et Madame Dumas, qui avaient eu l'attention délicate et toute naturelle de se faire assister par Madame veuve Péclet, réunissaient à leur table : MM. Solignac et Burat, comme représentants de l'Administration et du Conseil de l'École; MM. Dailly, Mathieu, Mayer, Daguin et Félix Mathias, comme représentants de son Conseil de perfectionnement; MM. Clémandot, Arson, Demimuid, Périssé, Chabrier, Bourdais, Hallopeau et Marès, comme représentants de l'Association amicale des anciens élèves.

Au dessert, après un vœu gracieusement et finement exprimé par Madame Dumas au sujet de la prospérité de l'École et des succès de ses anciens élèves, M. Dumas a prononcé les paroles suivantes, qui doivent être conservées dans nos archives : elles sont un éloge pour le passé, elles sont aussi un témoignage et un conseil venus de haut pour le présent et pour l'avenir.

Improvisation de M. Dumas.

MESSIEURS,

Buvons aux succès des élèves anciens et nouveaux de l'École Centrale et à sa prospérité, qui en est solidaire!

La faveur qui environne l'École n'est-elle pas due surtout aux services et aux talents des ingénieurs qu'elle a formés? N'ont-ils pas tous porté à un haut degré, et quelques-uns avec éclat, dans les branches les plus diverses de l'Industrie et de la Science, ce brillant renom de l'École Centrale, qui attire sur elle l'attention de tous les producteurs, la bienveillance de l'État et les regards reconnaissants du pays?

Nous aurions aimé, en ce jour qui coïncide avec le véritable anniversaire de la fondation de l'École Centrale, à réunir tous les anciens élèves autour de nous. Mais vous, leurs élus, vous, si éminents parmi ceux que le travail et l'expérience placent aux premiers rangs, vous leur transmettrez le témoignage de notre vieille affection. Il y a cinquante ans aujourd'hui que l'École a été vraiment fondée. C'est aux premiers jours de novembre 1828, en effet, qu'a été formé entre les quatre fondateurs, Olivier, Péclet, Lavallée et moi, le pacte moral d'où est née cette nouvelle création. La première promotion de ses élèves a manifesté et les promotions suivantes ont confirmé son incontestable fécondité. Toutes les sources du travail en ont été rajeunies : la Science et l'Industrie avaient, en effet, contracté une indissoluble union en ce jour, qu'il appartient à d'autres d'appeler mémorable et qui reste pour moi le plus cher souvenir de ma vie, où son but, ses méthodes, sa discipline et ses programmes ont été fixés.

La puissance de travail, le savoir, le génie créateur, la pratique, le développement intellectuel qui distinguent les élèves issus de l'École Centrale et qu'attestent tant de travaux sortis de leurs mains ou émanés de leur pensée, ne sont pas les seules qualités que ma reconnaissance se plaît à constater en contemplant leurs œuvres.

Ce qu'il m'a été donné d'observer et que j'éprouve la plus grande douceur à mettre en évidence, c'est surtout cet esprit élevé qui s'est manifesté dès la première heure et ce niveau moral supérieur qui se maintient parmi les anciens élèves de l'École Centrale. La discipline sérieuse du travail, ce sentiment de justice qui préside à tous les classements, font du séjour à l'École une initiation à la vie honnête et droite; on y prend ces habitudes de solidarité qui rattachent l'honneur de chacun à l'honneur de tous.

L'École n'a pas fait seulement des ingénieurs, elle a fait des hommes, et des hommes animés de la passion du travail, pleins de courage en face des difficultés, de résignation devant les déceptions, de modération en présence du succès, des hommes soumis enfin à la loi morale qui conduit à chercher la satisfaction de la conscience dans le devoir accompli.

Un demi-siècle s'est écoulé; l'École a couvert la France et d'autres pays encore de ses élèves et de leurs travaux, sans qu'une défaillance ait porté atteinte à son auréole et touché à la pureté de son drapeau. J'en remercie la Providence, et je bois avec émotion et fierté :

Aux succès constants de l'École Centrale, à la dignité de ses élèves, à l'honneur de son drapeau!

M. Mathieu, ingénieur en chef des Ateliers de construction du Creusot, l'un des représentants les plus éminents des premières promotions de l'École, s'est levé pour répondre à M. Dumas.

Réponse de M. Mathieu.

Permettez à un de vos collègues, qui compte aujourd'hui parmi les élèves les plus anciens de l'École, de remercier en votre nom M. Dumas des paroles si sympathiques et si bienveillantes qu'il vient de prononcer.

Certes, Messieurs, les ingénieurs formés par l'École Centrale ont fait largement leurs preuves dans toutes les branches de l'Industrie. Nous les trouvons à l'œuvre dans les travaux publics, dans la navigation, dans les manufactures, dans l'agriculture, cela non-seulement en France, mais dans tous les pays industriels du monde. Partout, ils marquent leur passage par de grands et sérieux succès. Il y a plus, c'est par leur union, par les souvenirs d'un même enseignement, que les élèves de l'École Centrale ont fondé dans notre pays le Génie civil, cette grande institution, dont la féconde initiative a été une des sources les plus actives du progrès et de la puissance de nos industries.

Si le pays doit de tels résultats aux efforts persévérants des élèves, il n'oubliera pas non plus qu'une large part de reconnaissance est due aux professeurs, et, avant tout, à ces savants courageux qui, à une date déjà reculée, avaient entrepris la tâche difficile et laborieuse de fonder l'École, à ceux qui, pendant la longue période du début, n'ont cessé de la couvrir de leur protection.

Messieurs, je crois être votre interprète à tous en exprimant aujourd'hui à M. Dumas nos chaleureux remercîments.

Je porte un toast à notre Président, fondateur de l'École Centrale.

Je vous propose de boire à la santé de M. Solignac et de nos dévoués professeurs.

Si nous voulons maintenant, après avoir consacré ces souvenirs, résumer en quelques mots les vingt années pendant lesquelles l'École a été établissement de l'État, nous dirons :

Que ses anciens élèves ont peut-être empêché les traités de commerce avec l'Angleterre, en 1860, d'aboutir à la ruine ; que leur participation à l'Exposition universelle de 1867 a été éclatante, et qu'on les a rencontrés partout dans ce tournoi de l'Industrie ;

Que, sous l'impulsion d'un Concours d'admission sérieusement établi et qui présente aujourd'hui les meilleures garanties, la moyenne obtenue par les candidats reçus est devenue notablement plus forte ; que le niveau des études s'est élevé progressivement, et qu'en même temps le nombre des *fruits secs* a toujours été en diminuant ;

Qu'enfin l'Exposition universelle de 1878 a permis de constater que l'École avait toujours marché en avant, et que ses anciens élèves, par l'ensemble de leurs productions, par les succès qu'ils ont remportés, par la part importante qu'il leur a été donné de prendre aux travaux des Comités et du Jury international des récompenses, ont prouvé que le Génie civil était désormais fondé dans notre pays, qu'il avait gagné ses éperons et sa place au soleil par cinquante années de laborieux et utiles efforts.

La situation scientifique, la situation morale de l'École est donc bonne ; mais sa situation matérielle réclame toute l'attention du Gouvernement. Le chiffre de cinq cents élèves a été largement dépassé, les services souffrent, l'École étouffe ; il est plus que temps d'aviser.

Nous allons voir, dans la troisième Partie de ce travail, quelles combinaisons ont surgi pour résoudre la question qui s'impose de plus en plus à la sollicitude éclairée de M. le Ministre de l'Agriculture et du Commerce et des Représentants de la France.

PLANCHE III.

PERSPECTIVE DE L'ÉCOLE PROJETÉE.

PL. III.

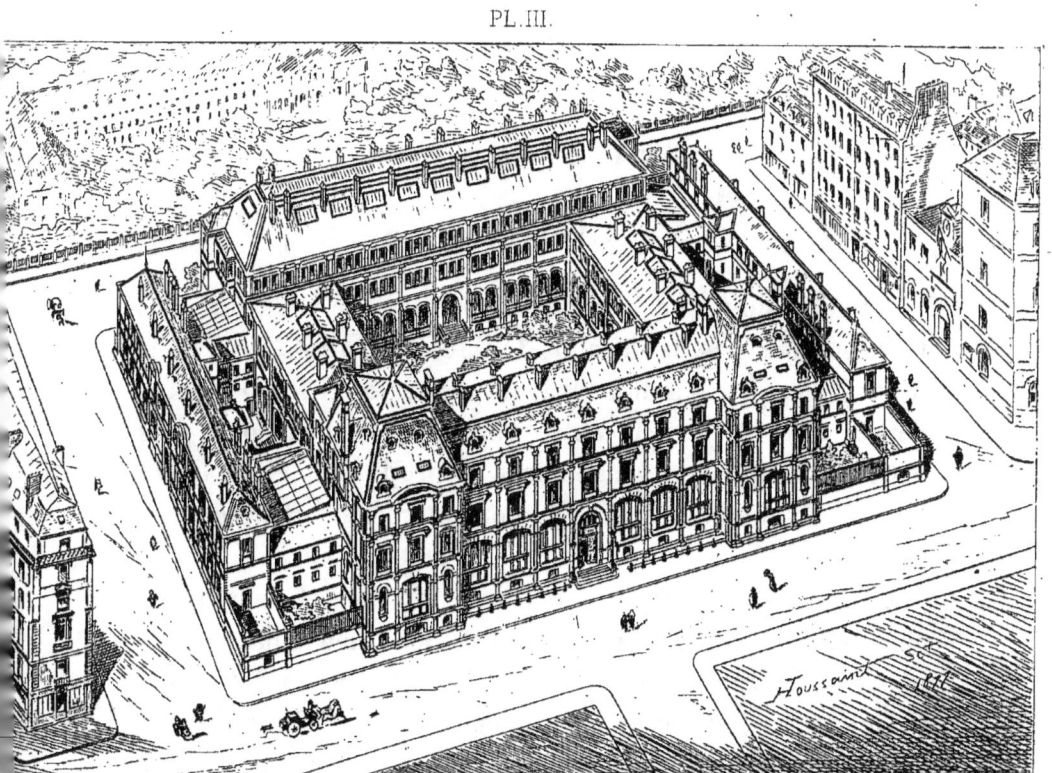

TROISIÈME PARTIE.

DE L'AVENIR DE L'ÉCOLE CENTRALE.

1879.

CHAPITRE PREMIER.

INTRODUCTION.

Notre Histoire ne serait pas complète, si nous ne nous préoccupions pas de l'avenir de l'École Centrale et si nous n'essayions pas d'indiquer à grands traits ce qu'il semble devoir être. Mais, ici, notre rôle devient beaucoup plus délicat, puisque les événements se produisent et se développent en quelque sorte au moment même où nous écrivons.

En présence du passé, nous avons pu être et nous avons cherché avant tout à être un historien bienveillant, mais impartial. En face du présent et de l'avenir, nous avons à compter davantage avec nos idées personnelles. Nous devons donc d'avance prier le lecteur de nous pardonner nos erreurs, si nous en commettons, en faveur de notre bonne foi. Nous nous efforcerons d'ailleurs, dans ces pages à moitié en dehors de notre cadre, d'être concis et sobre de réflexions. Nous marcherons droit au but, en nous appuyant autant que possible sur les faits.

Le premier plan des Fondateurs admettait un chiffre de 200 élèves : il fut atteint en 1836. L'École renfermait 300 élèves en 1845, 400 en 1854 et 500 en 1857. Dès qu'on dépassa 400 élèves, l'installation primitive devint insuffisante. En 1855-56, il fallut élever deux nouveaux amphithéâtres et construire six grandes salles pour les élèves. On a successivement amélioré les laboratoires, doublé le nombre des salles d'examens, transformé les cabinets de collections. L'amphithéâtre de première année, bâti sous la direction de M. Petiet, et les changements opérés en 1872 et en 1873, en vue de l'introduction de l'Agriculture dans les Programmes d'Enseignement, ont terminé cette série de modifications nécessaires.

L'École y a dépensé tout près d'un million, sur un terrain, dans un hôtel qui ne lui appartiennent pas; et néanmoins, son installation est bien loin de répondre à son importance. Les salles des élèves de deuxième et de troisième année prêtent largement à la critique; les escaliers qui y conduisent sont trop étroits et rendent les mouvements difficiles. On est obligé d'employer à plusieurs fins les cabinets de collections, et pendant qu'on y fait des interrogations, les élèves ne peuvent s'y livrer à l'étude. Les laboratoires, bien conçus et bien établis, n'ont pas d'assez vastes dépendances. La bibliothèque, faute de place, n'est pas assez considérable.

Nous nous hâtons de reconnaître que le bon esprit de nos élèves, ainsi que le dévouement et l'habileté des fonctionnaires de l'École, qui ne négligent aucun soin, suppléent autant que possible à tous ces graves inconvénients. Mais il est plus que temps de prendre un parti et de préparer l'avenir d'une population d'élite qui, dans les conditions restreintes où l'École est placée, ne peut plus franchir raisonnablement le chiffre de 550 élèves.

La France vit sur sa gloire passée. Elle a conservé, pour presque toutes ses institutions savantes, les anciens locaux, les vieilles constructions. Et pourtant la population a doublé, la Science et ses besoins se sont accrus dans une proportion inouïe. Toute une armée d'intelligents travailleurs réclame une meilleure organisation qui fasse fructifier ses efforts, et qui rende au centuple à la patrie les sacrifices qu'elle aura consentis.

Nous savons que, malgré cette situation si défavorable, la France est restée au premier rang du mouvement scientifique moderne. L'âme de ses savants a vaincu toutes les difficultés. Ils n'ont pas eu besoin, pour faire leurs découvertes, des vastes laboratoires de l'Allemagne ou des palais élevés par l'Angleterre au savoir humain et à ses représentants ; mais ils ont souffert dans leur dignité, dans leur amour-propre national. Aux prises avec des entraves et des dégoûts matériels de toute sorte, rien n'est venu alléger le poids de leurs veilles. Le sentiment du devoir a pu seul leur permettre de lutter victorieusement.

Si nous nous inclinons devant leurs services avec reconnaissance et admiration, nous éprouvons une poignante amertume en jetant nos regards vers l'étranger, en examinant le laboratoire de Chimie modèle de l'École de Stuttgard, le plan de l'École Polytechnique de Carlsruhe, où 600 élèves se meuvent à l'aise, ou bien encore l'imposante façade de l'École fédérale de Zurich, qui honorerait un grand État, et pour laquelle la Suisse inscrivait annuellement à son budget, en 1864, la somme de 250 000 francs. Cette somme est aujourd'hui largement dépassée et atteint le chiffre de 367 000 francs, en tenant compte à la fois de la subvention de la Confédération et de celle du canton et de la ville de Zurich.

Il y a là un enseignement qu'il serait puéril et dangereux

de négliger. Toutes ces écoles rivales se sont fondées en partie sur le modèle de l'École Centrale. C'est elle qui a donné le signal, qui a démontré l'absolue nécessité de faire une large place à la Science appliquée. Veut-on qu'elle succombe ou qu'elle reste amoindrie et languissante en face des institutions étrangères, nées de son exemple et animées de son souffle ?

Si l'on répondait que les projets mûris par l'État donneront satisfaction, non aux intérêts de l'École Centrale, mais à ceux de la Science ; que la Faculté de Paris, que le Muséum, vont recevoir enfin une installation digne de la France et qui pourra défier toute concurrence, nous ferions encore observer que le but cherché ne sera pas par là complétement atteint. Nous rappellerions le parallèle que nous avons établi au commencement de cette étude entre les Facultés et les Écoles spéciales.

Nous dirions de nouveau : « La Science pure et la Science appliquée se prêtent un mutuel appui, mais leurs moyens et leurs procédés de développement sont différents. » Le régime intérieur de l'École Centrale lui assure une supériorité absolue, au point de vue des résultats directs et immédiats. La Faculté prépare des savants, l'École donne au pays des ingénieurs et des industriels. La patrie devra aux premiers sa gloire intellectuelle ; elle devra aux seconds sa puissance, sa richesse, son bien-être.

L'École Centrale est simple locataire des bâtiments qu'elle occupe. Le bail expire dans cinq ans. C'est là une situation réellement inacceptable pour l'École, pour l'État, qui est aujourd'hui son protecteur désigné.

Il faut que l'installation définitive de l'École Centrale réponde aux services qu'elle rend, à la valeur de son personnel, à la notoriété des ingénieurs qu'elle forme, à la réputation qu'elle a acquise dans le monde entier, aux nécessités de son avenir et aux perfectionnements que son propre devoir lui impose, bien mieux encore que la concurrence étrangère.

Si l'École Centrale n'existait pas, il faudrait certainement la créer aujourd'hui, en déplorant le retard apporté à sa fondation. On voudrait, sans aucun doute, ne pas rester en arrière de la Suisse et du canton de Zurich; on ne reculerait ni devant les constructions ni devant les subventions nécessaires; on accepterait tous les sacrifices.

Comment donc cinquante années de labeurs persévérants, une notoriété dignement conquise, une élite d'anciens élèves, pourraient-elles rendre la situation moins intéressante? C'est surtout lorsque les choses ont grandi sans réel appui et sous la seule impulsion du germe déposé en elles, que la preuve de leur utilité est faite sans réplique. Nous ne pouvons donc douter un instant du résultat. L'École s'est élevée toute seule; mais sa vie n'est pas encore assurée d'une manière définitive. C'est à l'État, puissant trait d'union entre le passé et l'avenir, qu'il appartient, à cette heure, d'être son nouveau et intelligent fondateur.

Depuis longtemps, la Direction et les Conseils de l'École se préoccupent des nécessités dont chaque année écoulée rapproche le terme. MM. Perdonnet et Petiet avaient formé divers plans dont l'étude fut interrompue par nos désastres.

En 1874, la question revint devant le Conseil de perfectionnement. Dans la séance tenue le 20 mai, M. Burat, au nom d'une Commission dont faisaient partie avec lui MM. Muller, Ser et Tresca, donna lecture à ses collègues d'un important Rapport que nous allons analyser. C'est ce Rapport qui a servi de point de départ à tous les plans élaborés pour donner enfin à l'École une installation digne d'elle et de la France.

Il ne s'agit pas seulement aujourd'hui, dit M. Burat, du temps de plus en plus limité qui nous sépare de la fin du bail consenti pour le local occupé actuellement, mais encore de l'insuffisance de ce même local. L'extension donnée à l'enseignement et le nombre croissant des élèves ont créé de telles difficultés, qu'une installation nouvelle est devenue absolument nécessaire.

Si l'on voulait, à l'exemple des grands établissements qui ont pris l'École Centrale pour type, augmenter le nombre des élèves, on serait placé devant une véritable impossibilité. Cependant, la France doit développer l'instruction industrielle supérieure, si elle ne veut pas se laisser dépasser par les rivaux auxquels elle a indiqué et ouvert la voie.

Il sort par année de l'École Centrale plus de cent vingt ingénieurs diplômés, appartenant à la France et aux autres pays. Les services rendus par les ingénieurs nationaux à toutes les branches de notre propre Industrie sont incontestés et incontestables. Les anciens élèves étrangers en rendent à leur tour d'aussi sérieux, par les commandes qu'ils font à nos manufacturiers, par les affaires qu'ils leur confient, par les liens étroits qui les rattachent désormais à leur patrie intellectuelle et professionnelle. On peut donc affirmer que tout sacrifice fait pour doter l'École Centrale de la situation matérielle à laquelle elle a véritablement droit sera un bon placement et pour l'État et pour la Ville de Paris.

Deux projets sont en présence, ajoute le savant rapporteur :

Le premier conserve le local actuel, accroît son étendue par l'expropriation pour cause d'utilité publique des immeubles environnants, et procède par reconstructions partielles effectuées sur place.

En greffant de la sorte, pour ainsi dire, l'avenir sur le passé, on donnerait peut-être moins de prise aux tâtonnements qui peuvent résulter d'un changement complet. Pendant quarante-cinq ans, l'École a appris à apprécier les conditions faites à ses élèves dans le milieu où elle a vécu jusqu'ici; elle ne peut s'en rendre compte avec la même certitude, si elle se transporte sur un autre point.

Mais, d'un autre côté, la voie de l'expropriation, qui oblige non-seulement à acheter les terrains et les constructions, mais encore à indemniser les locataires et les commerçants qui les occupent, ne manquera pas d'être extrêmement coûteuse. De plus, en opérant par reconstructions partielles, les détails seuls peuvent être améliorés, le plan d'ensemble restant toujours défectueux s'il l'était auparavant.

Il y a donc lieu d'examiner avec soin un deuxième projet, consistant à déplacer l'École Centrale et à la reconstruire d'un seul jet sur le point le plus favorable, avec toutes les améliorations suggérées par une longue expérience.

Il ne faut pas oublier que l'École Centrale doit remplir plusieurs conditions : il faut qu'elle donne satisfaction aux besoins réels de l'enseignement, mais il faut aussi qu'elle puisse supporter sans fléchir la comparaison avec les établissements similaires qui se sont élevés ou qui s'organisent, soit à l'étranger, soit en France même. Ces établissements se multiplient et créent à l'École Centrale une sérieuse concurrence. L'École de Zurich, qui compte mille élèves, retient les Suisses et attire un grand nombre d'étrangers. Les Belges adoptent de préférence les Écoles de Bruxelles, de Liége, de Mons; les Allemands, celle de Berlin. L'École Centrale lyonnaise fonctionne depuis plusieurs années, et, bientôt, les Écoles de Lille, de Rouen, de Bordeaux, de Genève, etc., pourront détourner encore d'autres jeunes gens de l'École Centrale de Paris.

Il faut donc que l'École Centrale puisse à tous les points

de vue, scientifiques ou matériels, maintenir et accroître sa réputation en présence de ces nouveaux établissements, qui ont, en général, imité son organisation, emprunté ses programmes et ses méthodes d'enseignement, mis à profit ses Cours, et pour lesquels chaque État s'est imposé des sacrifices considérables.

Or, une réflexion s'offre d'elle-même. Le Conservatoire des Arts et Métiers présente ces collections, ces modèles, ce matériel, à l'aide desquels les autres Écoles du continent et de l'Angleterre cherchent à perfectionner l'enseignement des Sciences appliquées, avec une ampleur, un luxe, un sentiment à la fois industriel et artistique, qui le mettent tout à fait hors de pair.

Les savants et les ingénieurs étrangers, qui viennent si souvent visiter le Conservatoire des Arts et Métiers et l'École Centrale des Arts et Manufactures, n'hésitent jamais dans leur appréciation relative. A leurs yeux, le Conservatoire renferme la reproduction la plus complète, la mieux disposée, des progrès successifs de l'Industrie savante; l'École Centrale réunit les élèves dont on obtient le meilleur travail au point de vue de la carrière du Génie civil. Ils s'étonnent que ces deux institutions ne soient pas à proximité l'une de l'autre et ne se prêtent pas un appui plus journalier, tout en gardant soigneusement les caractères spéciaux qui les distinguent et auxquels toutes deux doivent leur commune prospérité.

La pensée de rapprocher ces deux grands établissements remonte donc à une date déjà ancienne.

La possibilité de ce rapprochement existe aujourd'hui. Il paraît décidé que le marché Saint-Martin, précisément situé en face du jardin du Conservatoire des Arts et Métiers, sera prochainement supprimé. Le rectangle occupé par ce marché présente une superficie régulière de 6300 mètres carrés, avec façades sur quatre rues. Ce terrain semble parfaitement approprié à la construction de l'École Centrale.

Il est la propriété de la Ville de Paris, avec laquelle des négociations devraient être ouvertes.

La construction d'une nouvelle École Centrale se rattache à trois intérêts :

L'intérêt de l'État, propriétaire et tuteur naturel de cette institution; l'intérêt de la Ville de Paris, à laquelle il importe tant d'abriter une école capable de développer largement l'instruction industrielle supérieure; l'intérêt de l'École elle-même, qui, jusqu'à ce jour, a vécu sur ses propres ressources, réalisant même des bénéfices et faisant des économies, afin de participer dans la mesure de ses forces à une installation définitive prévue depuis longtemps.

Avec de pareils éléments, nous avons la conviction que la solution qui interviendra répondra dignement aux aspirations industrielles de la France et aux nécessités de son action sur les pays avec lesquels elle est en communauté d'intérêts et de sympathie, tout aussi bien qu'aux besoins réels de la Ville de Paris.

Le Rapport de M. Burat se terminait ainsi :

« La Commission propose au Conseil les deux résolutions suivantes :

» 1° Donner la préférence au projet qui consisterait à construire l'École Centrale sur les terrains du marché Saint-Martin ;

» 2° Demander à M. le Ministre de l'Agriculture et du Commerce la nomination d'une Commission spéciale, qui serait chargée d'étudier ce projet et de préparer, s'il y avait lieu, les conditions de sa réalisation. »

Ces deux résolutions furent adoptées par le Conseil à l'unanimité.

CHAPITRE II.

TRAVAUX DE LA COMMISSION DE L'ÉCOLE CENTRALE.

M. Solignac, Directeur de l'École Centrale, transmit la délibération du Conseil de perfectionnement à M. le Ministre de l'Agriculture et du Commerce le 1er juin 1874. Nous détachons de sa lettre d'envoi les passages suivants :

« .... L'École Centrale conserve encore la trace profonde de son origine, dans sa condition éphémère d'installation matérielle; l'hôtel qu'elle occupe ne lui appartient pas, elle y est toujours à titre de locataire, et, quoique son bail primitif ait été prolongé jusqu'au 1er janvier 1885, il n'en est pas moins vrai qu'elle n'a jamais pu et qu'elle ne peut pas encore se livrer à des travaux d'organisation matérielle d'un caractère définitif. Le bon ordre des études, aussi bien que les conditions d'installation des élèves, ont toujours plus ou moins souffert de cette situation précaire. D'ailleurs, pour un établissement de cette nature, une échéance à dix ans de date est bien courte; et il y a lieu, dès à présent, de se préoccuper très-sérieusement de pourvoir au parti à prendre, en vue de l'expiration du bail.

» Tel a été l'objet de la délibération ci-jointe....

» Après avoir constaté les besoins de l'École Centrale, le Conseil de perfectionnement réclame, soit pour développer l'École sur place, soit pour la transférer sur les terrains du marché Saint-Martin, le concours de l'État et celui de la Ville de Paris, en proposant de faire entrer l'École Centrale elle-même dans la dépense, à l'aide de ses propres ressources....

» A l'époque où l'État prit possession de l'École, il a été convenu, dans tout le cours de la négociation, que l'École devait suffire à ses besoins annuels et qu'elle garantissait l'État contre tout dommage de ce côté par la constitution d'une réserve; mais que l'État, à son tour, s'engageait à lui venir en aide pour son installation définitive, lorsque celle-ci deviendrait possible ou nécessaire. La fidélité avec laquelle l'École s'est conformée à ses engagements lui donne quelque droit de rappeler aujourd'hui les assurances qui lui avaient été accordées.... »

A la suite de cette communication, M. le Ministre de l'Agriculture et du Commerce nomma, dans le courant de juin, une Commission dite *de l'École Centrale* et chargée d'étudier dans tous ses détails la question de l'installation définitive de l'École.

Nous donnons ci-dessous la composition de cette Commission, dans l'ordre même indiqué par l'arrêté ministériel :

MM. Dumas, Secrétaire perpétuel de l'Académie des Sciences, Président.

    De Comberousse, Professeur à l'École Centrale, Secrétaire.

    Solignac, Directeur de l'École Centrale.

    Cauvet, Directeur des études de l'École Centrale.

    Ozenne, Secrétaire général du Ministère de l'Agriculture et du Commerce.

    Dumoustier de Frédilly, Directeur du Commerce intérieur.

    Isabelle, Architecte du Ministère de l'Agriculture et du Commerce.

Lefébure, Sous-Secrétaire d'État au Ministère des Finances.

Tresca, Sous-Directeur du Conservatoire des Arts et Métiers.

Daguin, Président du Tribunal de Commerce de la Seine.

V. Paillard, Maire du IIIe arrondissement.

Frémyn, ancien notaire, Membre du Conseil municipal.

La Commission se réunit le 27 juin, au Ministère de l'Agriculture et du Commerce, sous la présidence de M. Dumas, qui présenta à ses collègues, de la manière la plus approfondie et la plus remarquable, l'exposé de la question.

A la suite de cet exposé et après discussion, la Commission se prononça à l'unanimité en faveur de l'étude immédiate du projet de transfèrement de l'École Centrale sur l'emplacement du marché Saint-Martin.

Une Sous-Commission fut en même temps choisie pour examiner de plus près les voies et moyens; elle avait pour membres : MM. Solignac, Tresca, V. Paillard, Frémyn, Isabelle, De Comberoussé (Secrétaire).

M. Dumas, en informant le Ministre de ces premiers résultats, ajoutait :

« Dans ces conditions, monsieur le Ministre, il nous paraît indispensable que l'Administration municipale soit informée le plus tôt possible des études de la Commission relatives au projet d'installation de l'École Centrale sur les terrains qui appartiennent à la Ville, afin qu'elle veuille bien réserver toute autre décision pouvant engager l'avenir.

» La Commission m'a donc chargé de vous prier de vouloir bien examiner s'il n'y a pas opportunité à aviser M. le Préfet de la Seine, dans la forme que vous jugerez convenable.... »

C'est à la fin de septembre que la Sous-Commission indiquée plus haut déposa son Rapport, lors de la dernière séance tenue par la Commission.

En reproduisant ici les parties les plus importantes de ce Rapport, nous tâcherons d'éviter les répétitions.

.... Afin d'expliquer et de fortifier le vote de la Commission, la Sous-Commission devait nécessairement comparer de nouveau les deux projets primitivement en présence : le premier projet consistant à agrandir l'École Centrale sur place ; le second projet, à la reconstruire sur un autre point et d'après un plan d'ensemble libre de toute entrave.

La Sous-Commission a donc dû consacrer une première séance à la visite des locaux actuellement occupés par l'École. Elle s'est convaincue par elle-même, et en faisant appel aux lumières spéciales de l'un de ses membres, qu'une partie considérable de ces locaux n'offrirait, dans un avenir peu éloigné et pour cause de vétusté, qu'une sécurité médiocre. On pourra donc être obligé, si l'École n'est pas transférée, de reprendre en sous-œuvre et de consolider la construction principale, qui n'est autre que l'hôtel de Juigné. Dans quelles dépenses serait-on alors entraîné !...

Si l'École était chez elle, on pourrait, on devrait peut-être, au nom d'une tradition déjà glorieuse, essayer de lui conserver son berceau, en l'agrandissant. Mais son installation actuelle dépend d'un bail qui expire dans dix ans. Lors de cette échéance, quelles conditions voudra imposer le propriétaire de l'immeuble ? L'État peut-il être à sa merci ?

Ce n'est pas tout. L'École ne peut rester où elle est que si elle possède en totalité l'îlot compris entre la rue Vieille-du-Temple, la rue des Coutures-Saint-Gervais, la rue de Thorigny et la rue de la Perle.... Il faut donc entrer dans la voie des expropriations.... Où montera le chiffre des indemnités à allouer ? C'est ce que personne ne peut prévoir....

Enfin, la réédification de l'École sur place offre des difficultés d'un autre ordre, qui nous paraissent presque insurmontables. Des travaux si considérables exigent un autre laps de temps que les trois mois de vacances réglementaires. Encore moins pourrait-on songer à une pareille œuvre pendant le fonctionnement des Cours, suivis par une moyenne de cinq cent cinquante élèves. Il faudrait donc fermer l'École ou la transporter, pour plusieurs années, dans un milieu improvisé. Énoncer une pareille alternative, c'est démontrer l'impossibilité de s'arrêter au premier projet....

La Sous-Commission est donc restée persuadée, à tous les points de vue, que l'installation définitive de l'École Centrale dans le local actuel présentait les plus graves inconvénients et soulevait de nombreuses objections, sans présenter en compensation aucun avantage décisif. Elle a pensé que les souvenirs qui s'attachent à la fondation de l'École Centrale étaient un patrimoine que rien ne pouvait lui enlever, et qu'elle les emporterait partout où elle planterait son drapeau. Il lui a semblé aussi que les intérêts privés qui s'étaient groupés autour de l'École, et que son déplacement pourrait affecter, ne seraient pas trop atteints si le nouvel emplacement choisi ne s'éloignait pas beaucoup de l'ancien et restait situé dans le même arrondissement.

Dans une deuxième séance, la Sous-Commission s'est transportée au marché Saint-Martin.

Elle a d'abord reconnu son état d'abandon. Cet état date du percement de la rue Turbigo, qui a donné aux habitants du quartier les plus grandes facilités pour s'approvisionner aux Halles centrales. Elle s'est assurée ensuite de sa superficie, qui s'élève à environ 6300 mètres carrés et qui est ainsi à peu près équivalente à celle du terrain qu'occuperait l'École Centrale, rue de Thorigny, si toutes les additions nécessaires étaient réalisées, sauf la partie en bordure sur la rue Vieille-du-Temple. Le marché appartient à la Ville. On est sûr d'avance de sa bienveillance et de sa sympathie. On pourra donc traiter dans les meilleures conditions possibles.

Le terrain une fois acquis, on pourra procéder, d'après un plan d'ensemble, à la construction de la nouvelle École Centrale. Pendant que cette construction s'élèvera, l'École continuera de fonctionner sans trouble, rien n'entravera sa marche régulière; et, au moment de l'expiration du bail qui s'écoule, elle se trouvera en possession de bâtiments définitifs et assurée d'une existence illimitée....

La proximité du Conservatoire des Arts et Métiers achève d'imprimer au second projet que nous essayons d'apprécier une valeur qu'aucune autre combinaison ne saurait offrir au même degré....

Où peut-on trouver un ensemble comparable au portefeuille du Conservatoire, qui constitue la réunion la plus complète de dessins se rapportant à toutes les branches de l'Industrie? Quelle bibliothèque est plus riche en Ouvrages techniques? Quel musée de modèles peut lutter avec le sien et offrir les appareils mêmes sortis des mains de l'inventeur et devenus historiques? Où rencontrer cette salle des expériences et des machines en mouvement qui met sous les yeux du public, non une pâle copie de la réalité, mais la vie industrielle dans sa délicate puissance et dans son admirable précision? Plus on réfléchit et plus on voit dans cette proximité possible du Conservatoire et de l'École Centrale une de ces heureuses chances qu'il n'est pas permis de laisser échapper....

Si le rapprochement dont nous entrevoyons les féconds résultats a lieu, la concurrence étrangère n'est plus à craindre ; car, si nous connaissons au delà de nos frontières un grand nombre d'écoles techniques très-recommandables, nous ne croyons pas qu'on puisse citer un seul établissement qui, de très-loin, puisse entrer en parallèle avec le Conservatoire des Arts et Métiers....

La Sous-Commission avait un dernier devoir à remplir : elle devait rechercher si une troisième solution n'était pas praticable et si les deux projets en présence étaient les seuls qu'on pût débattre.

Il fallait d'abord se demander si l'École pouvait être transportée loin du centre, s'il n'y aurait pas de grands avantages pour elle, au point de vue de l'hygiène, du calme des études, de l'achat des terrains, à occuper plutôt un point du périmètre de Paris.

Les élèves de l'École Centrale étant externes, la question hygiénique a été immédiatement tranchée. La position intérieure absolument imposée au siège de l'École a été, à son tour, mise hors de doute par cette déclaration du Directeur, que les élèves venaient de toutes les parties de la ville, un certain nombre même par chemin de fer de toutes les localités suburbaines. L'école ouvrant avant 8 heures et demie, un déplacement qui l'éloignerait du centre en la rejetant vers l'une des extrémités rendrait presque impossible l'arrivée de plusieurs groupes d'élèves à l'heure réglementaire....

Un autre point de vue a vivement frappé la Sous-Commission, comme il avait frappé la Commission elle-même lors de l'exposé de son illustre Président : tous les établissements d'instruction supérieure (Écoles de Droit, de Médecine, etc.) sont sur la rive gauche de la Seine ; sur la rive droite, on ne peut citer que l'École Centrale, qui forme ainsi un groupe distinct, éloigné de toute agitation et pouvant mieux se plier aux habitudes sérieuses qu'exige un travail de tous les instants....

Si l'on voulait mettre de côté l'emplacement du marché Saint-Martin, la Sous-Commission ne pouvait donc en chercher un autre que dans le IIIe arrondissement ou aux alentours. Un de ses membres a proposé alors d'examiner les ressources que pouvait offrir à cet égard la Rotonde du Temple. La Sous-Commission s'y est rendue immédiatement, et elle est demeurée d'accord que la place de l'École Centrale n'était pas là !

Ramenée au second projet, la Sous-Commission s'est réunie une troisième fois pour formuler d'une manière définitive les résultats acquis dans ses deux premières séances. Les conclusions qu'elle adopte à l'unanimité et qu'elle soumet au jugement de la Commission sont les suivantes :

.... Le transport de l'École Centrale et son installation définitive sur les terrains du marché Saint-Martin réunissent les avantages les plus divers et les plus décisifs.

Au lieu d'avoir affaire à des particuliers, on a à traiter, sous le contrôle de l'État, avec l'administration de la Ville de Paris, qui peut envisager les questions de haut et les résoudre au point de vue de l'intérêt général et permanent de la cité.

Le devis de ce second projet ne paraît pas devoir dépasser cinq millions en totalité. Le terrain à acquérir semble répondre convenablement aux besoins d'une population scolaire qui ne dépassera jamais six cents élèves-ingénieurs. L'architecte, chargé de cet important travail, aura devant soi table rase pour élever les nouvelles constructions d'après toutes les données de la Science et du goût, sans entraves d'aucune sorte.

L'École demeure par là dans son quartier, au milieu d'une population laborieuse qui la connaît et qui l'aime. Elle reste au centre de la ville, et ses élèves peuvent converger vers elle de tous les points de l'enceinte parisienne. Enfin, la proximité du Conservatoire des Arts et Métiers doit faciliter ses études dans des proportions qu'il est difficile d'exagérer et lui permettre de défier ou, plus modestement, de soutenir toute concurrence étrangère.

Il y a donc lieu de s'arrêter à cette seconde et heureuse solution, et de prier l'État et la Ville de Paris de l'adopter et de la favoriser par tous les moyens possibles.

A la suite de ce Rapport, qui dut être transmis à M. Grivart, Ministre de l'Agriculture et du Commerce, ce dernier voulut visiter l'École, où il fut reçu, le 3 octobre, par M. Dumas, assisté de MM. Solignac, Cauvet, Daguin, et d'une partie du corps enseignant.

Le Ministre compara, service par service, les faits existants et les plans proposés. Il reconnut qu'on avait tiré le meilleur parti possible d'une installation devenue si insuffisante, mais qu'il était temps d'assurer une installation définitive et digne d'elle à une École entourée de la confiance des familles et des manufacturiers, pépinière fertile d'où sont sortis déjà tant d'ingénieurs civils distingués et à qui notre Industrie doit une partie de sa prospérité.

Après avoir adressé ses félicitations aux Professeurs présents pour l'heureux succès de leur enseignement et de justes éloges à l'Administration de l'École pour le bon ordre qui n'a jamais cessé d'y régner, le Ministre se retira, en exprimant l'espoir que le projet qu'il était venu étudier obtiendrait l'assentiment général. L'importance des ressources que l'École peut offrir pour en faciliter l'exécution, l'heureux choix de l'emplacement adopté et la convenance parfaite de l'avant-projet mis sous ses yeux parurent à M. Grivart de nature à rallier à cette combinaison les suffrages de toutes les personnes compétentes et la bienveillance des pouvoirs publics qui auront à se prononcer sur sa réalisation.

On avait donc fait un premier pas : on était certain de l'appui de l'État au moment décisif, appui qui ne pouvait manquer, dans tous les cas, à une grande œuvre dont le développement constituait si évidemment un intérêt général de premier ordre. Il fallait maintenant s'assurer des dispositions de la Ville de Paris et se les rendre pleinement favorables.

CHAPITRE III.

DÉLIBÉRATION DU CONSEIL MUNICIPAL.

A plusieurs reprises, M. le Préfet de la Seine, sur la demande de M. le Ministre de l'Agriculture et du Commerce, saisit le Conseil municipal de Paris de la question du transfèrement et de la reconstruction de l'École Centrale sur les terrains du marché Saint-Martin ; mais, dans un ensemble, tous les détails se tiennent, et la décision à intervenir était nécessairement compliquée par les autres projets dépendant du projet principal.

Ce fut donc seulement en 1877 qu'un premier Rapport fut soumis au Conseil par M. Maublanc. Ce Rapport ne fut pas mis en délibération, parce que la Commission au nom de laquelle parlait M. Maublanc reçut de nouveaux renseignements sur la situation de l'École et demanda elle-même le renvoi de l'affaire à une autre session.

Dans l'intervalle, le Conseil municipal ayant été renouvelé par l'élection, un nouveau Rapport très-étendu lui fut présenté, au nom de sa troisième Commission [1], par M. Deligny, ingénieur bien connu, précisément sorti de l'École Centrale en 1842.

La lecture de ce Rapport eut lieu dans la séance du

---

[1] La troisième Commission du Conseil (*Voirie de Paris*) est composée de : MM. Engelhard, *Président*; Thorel, *Vice-Président*; Bonnard et Marsoulan, *Secrétaires*; Braleret, Cernesson, Delattre, Deligny, Dujarrier, Hamel, Hérisson, Rigaut, Songeon, Vauthier, Watel.

27 avril 1878 et fut très-favorablement accueillie par le Conseil.

Nous aurons, plus loin, à présenter sur un point délicat de ce Rapport une remarque qui nous paraît essentielle; mais nous devons ici, en laissant de côté toute discussion, mettre en lumière l'importance de la délibération prise par le Conseil municipal et témoigner de notre sincère reconnaissance pour l'intérêt dont cette délibération est une preuve éclatante.

M. Deligny, après avoir rappelé les principes qui ont présidé à la fondation de l'École Centrale, insiste, dans son exposé, sur l'arrêté ministériel du 24 mai 1862, qui constitue le Règlement actuel de l'École, et sur les conditions d'autonomie financière, scientifique et traditionnelle, qui en résultent, comme nous l'avons expliqué dans notre deuxième Partie.

« Cet arrêté, dit M. Deligny, contient des dispositions qui consacrent l'autonomie d'une manière explicite....

» Le concours que la Ville apportera pour l'établissement de l'École dans un local définitif a paru offrir une occasion favorable de faire sanctionner, dans un acte public irrévocable, les garanties données par l'arrêté de 1862.

» La présence au Ministère de l'Agriculture et du Commerce de M. Teisserenc de Bort fait espérer d'ailleurs un bon accueil à la demande qui lui serait faite de consacrer définitivement l'autonomie de l'École, en ce qui concerne son administration scientifique et scolaire, comme elle l'est par la loi pour son administration financière.

» C'est dans ce but que votre Commission... vous propose de viser dans votre délibération l'arrêté réglementaire de 1862, et de subordonner à son maintien l'abandon que fera la Ville d'une partie du prix des terrains qu'elle cédera à l'État pour l'édification de l'École Centrale.... »

Le Rapport de M. Deligny fut discuté dans la séance du 21 mai suivant. Malgré l'opposition de M. Murat, conseiller du IIIe arrondissement, et les réserves de quelques autres membres, l'approbation générale ne fut pas un instant douteuse. Mais le rapporteur avait touché incidemment à la situation du marché du Temple, visée par les articles 5, 6 et 7, de son projet de délibération. Ces articles, non approuvés par l'Administration et par la majorité du Conseil, entraînèrent le renvoi de l'ensemble à la troisième Commission, chargée d'ailleurs de s'entendre à l'égard de ces articles avec la septième Commission (Commission des Halles et Marchés).

Averti par M. Périssé, qui, dans ces circonstances, montra un grand et intelligent dévouement aux intérêts de l'École, le Bureau de l'Association amicale des anciens élèves avait, par une Note adressée aux membres du Conseil le 3 août 1877, sollicité toute sa bienveillance pour le projet proposé. Il crut devoir intervenir de nouveau en septembre 1878. Dans cette seconde lettre, signée de MM. Clémandot, Arson, Demimuid, Rey, Terrier, Urbain, Périssé, le Bureau faisait ressortir, dans les termes suivants, la nécessité d'une prompte et favorable décision :

« .... Les travaux à exécuter présentent aujourd'hui un véritable caractère d'urgence, le bail des bâtiments actuels finissant le 31 décembre 1884. L'École doit donc être livrée aux élèves le 3 novembre de la même année, et, pour qu'il puisse en être ainsi, il est absolument nécessaire que tous les travaux de construction proprement dite soient terminés dans le premier semestre de 1883, pour pouvoir procéder à la longue installation des laboratoires, de la bibliothèque, des salles de collections et de tout le mobilier des salles de travail des élèves.

» Or, si l'on considère qu'après l'approbation de la Ville

de Paris il faudra attendre l'approbation ministérielle et celle du pouvoir législatif, on voit qu'il s'écoulera entre la décision du Conseil municipal et la prise de possession définitive des terrains du marché Saint-Martin un laps de temps dont on doit tenir compte pour estimer le délai, relativement court, qui reste disponible pour cette construction toute spéciale....

» .... Le Conseil municipal voudra bien se rappeler ce que les anciens élèves lui disaient il y a un an :

L'installation de l'École Centrale au marché Saint-Martin, voisin du Conservatoire des Arts et Métiers, est une création d'un véritable intérêt national et municipal. Cette création dotera la France et Paris d'une grande Sorbonne industrielle qui répondra aux besoins et aux aspirations de notre époque, et qui pourra dignement supporter la comparaison avec les grands établissements de même nature fondés à l'étranger, notamment à Zurich, Liége, Berlin, Vienne, Munich, Aix-la-Chapelle, et auxquels l'École Centrale a servi de modèle sur bien des points.

» L'Association des anciens élèves ne peut voir que des avantages à ce rapprochement de l'École Centrale et du Conservatoire, puisque le Conseil, se préoccupant comme elle de l'autonomie de l'École, aura aidé, par sa délibération, à conserver les conditions de fonctionnement qui ont fait dans le passé le succès de l'École Centrale et qui seules peuvent assurer son avenir. »

Le Rapport complémentaire de M. Deligny vint devant le Conseil municipal le 5 novembre 1878.

Nous le reproduisons dans son entier :

CONSEIL MUNICIPAL DE PARIS.

RAPPORT COMPLÉMENTAIRE

Présenté par M. DELIGNY, au nom de la troisième Commission,

SUR UN PROJET COMPRENANT :

La cession à l'État du sol du marché Saint-Martin pour la reconstruction de l'École Centrale des Arts et Manufactures; l'ouverture d'une rue de 12 mètres en prolongement de la rue Dupetit-Thouars jusqu'à la rencontre des rues de Turenne, Charlot et Béranger ; la création d'un groupe scolaire en bordure de ladite rue et la réinstallation du marché Saint-Martin sur partie du marché du Temple.

(Annexe au procès-verbal de la séance du 3 novembre 1878.)

Messieurs,

Dans la séance du 21 mai dernier, vous avez renvoyé aux deux Commissions de la Voirie et des Halles et Marchés les articles 5, 6 et 7, du projet de délibération qui vous avait été proposé par la première de ces Commissions.

Ce renvoi avait pour but de permettre aux deux Commissions d'examiner les mesures à prendre pour le remplacement du marché Saint-Martin, supprimé.

La Commission de la Voirie a résolu de remettre purement et simplement à la Commision des Halles et Marchés l'étude de cette question.

La Commission des Halles est d'avis qu'il n'y a pas lieu, sans nouvel examen, de mettre à exécution le projet de traité avec la Compagnie du marché du Temple, dont le bail expire prochainement, mais au contraire de rechercher s'il n'y aurait pas de solution plus convenable. La Commission insiste toutefois pour que le marché Saint-Martin ne soit pas démoli avant la fin de 1880.

Le bail de l'hôtel actuellement occupé par l'École Centrale expire avec l'année 1884; il est donc indispensable que la nouvelle École soit terminée pour la rentrée de novembre 1884. Si les terrains du marché Saint-Martin peuvent être livrés aux constructeurs à partir du 1er janvier 1881, on aura le temps nécessaire pour élever et aménager le nouvel édifice.

Mais vous savez, Messieurs, que l'École Centrale jouit d'une autonomie administrative et financière à laquelle vous-mêmes attachez le plus grand intérêt.

Cette situation impose à l'Administration de l'École la nécessité de prévoir à l'avance les dépenses et les moyens d'y pourvoir. Il y a pour elle une urgence indiscutable à obtenir une décision de principe sur une question aussi capitale pour la prospérité de l'École.

Quand vous aurez délibéré, l'affaire devra encore passer par les formalités administratives et parlementaires avant d'arriver à une solution définitive. Il est probable que ces formalités exigeront encore quelques mois.

Nous vous demandons donc de prendre aujourd'hui une délibération de principe, depuis longtemps résolue dans vos esprits.

Votre troisième Commission vous propose de renvoyer, après l'examen du classement général des opérations de voirie, la décision concernant l'ouverture d'une rue nouvelle entre la rue Dupetit-Thouars et le carrefour des rues Béranger, Charlot et Turenne. Elle supprime ainsi les articles 8 et 9 du premier projet de délibération, ainsi que le projet de vœu compris dans le § IV et relatif aux Écoles des rues du Vertbois et Montgolfier.

La délibération nouvelle serait conçue dans les termes ci-après.

Paris, le 5 novembre 1878.

Le Rapporteur,
E. DELIGNY.

PROJET DE DÉLIBÉRATION.

Le Conseil,

Vu le procès-verbal de sa séance du 21 mai 1878, dans laquelle a été prononcé le renvoi aux troisième et septième Commissions des articles 5, 6 et 7, d'un projet de délibération présenté par la troisième Commission au sujet d'un projet comprenant : la cession à l'État du sol du marché Saint-Martin pour la reconstruction de l'École Centrale des Arts et Manufactures; l'ouverture d'une rue nouvelle en prolongement de la rue Dupetit-Thouars, jusqu'à la rencontre des rues Turenne, Charlot et Béranger; la création d'un groupe scolaire en bordure de ladite rue et la réinstallation du marché Saint-Martin sur partie du marché du Temple;

Vu le rapport complémentaire de sa troisième Commission,

Délibère :

Art. Premier. — Il y a lieu de supprimer le marché à comestibles dit *marché Saint-Martin*.

Art. 2. — L'emplacement, d'une superficie d'environ 6300 mètres, sur lequel ledit marché Saint-Martin est élevé, sera cédé à l'État pour y construire l'École Centrale des Arts et Manufactures.

Cette cession sera faite au prix de 400 francs le mètre, soit, au total, environ 2 520 000 francs. Les terrains seront mis à la disposition de l'État le 1ᵉʳ janvier 1881.

Art. 3. — Voulant participer au développement de l'École Centrale, la Ville fait remise à l'État d'une somme de 1020000 francs sur le prix du terrain à lui cédé.

Cette remise de prix est subordonnée au maintien de l'autonomie financière, administrative et scolaire de l'École Centrale, telle qu'elle résulte de la loi du 19 juin 1857 et de l'arrêté ministériel réglementaire du 24 mai 1862.

Art. 4. — Les frais d'actes et d'enregistrement, s'il y a lieu, du traité à intervenir entre la Ville et l'État resteront à la charge de ce dernier.

Art. 5. — Il sera ultérieurement délibéré, sur le rapport de la septième Commission, quant au remplacement du marché Saint-Martin.

Art. 6. — Il sera également délibéré ultérieurement sur l'ouverture d'une rue nouvelle, à travers les terrains de l'hôtel Marcilly, ainsi que sur la construction d'un groupe scolaire laïque sur les emplacements laissés disponibles par l'opération.

Art. 7. — Les fonds à provenir de la cession à l'État des terrains du marché Saint-Martin seront réservés à l'exécution des opérations indiquées dans les articles 5 et 6 qui précèdent.

Le Conseil émet le vœu

Que des Cours et Conférences gratuites soient organisés le soir dans les locaux et laboratoires de l'École Centrale, sans nuire toutefois en aucune façon aux études des élèves de l'École.

Ce projet de délibération fut adopté par le Conseil, dans sa séance du 9 novembre, à la presque unanimité.

Nous n'avons pas à louer un vote qui prouve une juste appréciation des services rendus par l'École Centrale à la population parisienne, mais la sympathie éclairée du Conseil nous a inspiré une gratitude dont nous tenons à consigner ici l'expression.

En prenant cette décision, les représentants de la Ville de Paris ont surtout considéré l'intérêt général; mais ses intérêts particuliers, matériels et moraux sont liés, eux aussi, d'une manière évidente, à l'existence, au succès durable, à l'extension de l'École Centrale.

Non-seulement l'Industrie parisienne lui doit la création de débouchés considérables, mais l'École offre, de plus, un but élevé à atteindre aux intelligences bien douées qui traversent les écoles supérieures de la Ville.

Toute société où le vrai mérite est forcé de rester dans une situation inférieure ressemble à une machine qui manque de soupape. L'un de ses premiers devoirs est de faciliter, autant que possible, les ascensions justifiées. A ce nouveau point de vue, l'École Centrale présente des garanties et une importance que tous les esprits politiques apprécieront à leur valeur.

CHAPITRE IV.

L'ÉCOLE CENTRALE TELLE QU'ELLE EST ET TELLE QU'ELLE DOIT ÊTRE.

La délibération du Conseil municipal de Paris a ouvert la voie. C'est maintenant à l'État, aux Représentants de la France, à décider de l'avenir de la grande institution dont le sort est aujourd'hui entre leurs mains.

En abandonnant 1 020 000 francs sur le prix du terrain cédé, la grande ville qui a vu naître et prospérer l'École lui a témoigné toute sa sympathie. Nous appelons à présent de tous nos vœux le jour où, sur la proposition de M. le Ministre de l'Agriculture et du Commerce, les pouvoirs publics s'associeront pour reconnaître que la construction et la nouvelle installation de l'École Centrale sont d'intérêt national et que les dépenses nécessaires sont de celles qui rapportent au centuple.

L'Administration de l'École se préoccupe depuis longtemps, et à juste titre, des améliorations qu'elle aura à apporter dans les services, lorsqu'elle quittera l'hôtel de Juigné pour un édifice plus vaste et aménagé dans les meilleures conditions possibles. Aussi a-t-elle fait, depuis 1874, étudier et exécuter par M. Demimuid un avant-projet qui a figuré à l'Exposition universelle, au milieu même de l'Exposition de l'École Centrale.

Cet avant-projet est très-remarquable. M. Demimuid, ancien élève de notre École et de l'École des Beaux-Arts, était mieux placé que personne pour produire une œuvre satisfaisante.

Professeur à l'École Centrale et architecte-inspecteur des travaux de la Ville, il a édifié l'hôtel de la Société des Ingénieurs civils, cité Rougemont, avec un talent plein de goût et d'originalité. Nos lecteurs peuvent juger l'avant-projet dont nous parlons en se reportant aux *Pl. III* et *IV*, que notre collègue a bien voulu mettre à notre disposition pour enrichir ce Livre. La façade (*Pl. III*) est d'un très-bel effet, et, si l'on parcourt le plan (*Pl. IV*), on est frappé du soin extrême donné à tous les détails et de l'habileté avec laquelle M. Demimuid a tiré partie d'une superficie que nous ne pouvons nous empêcher de trouver encore trop restreinte, eu égard aux éventualités qui peuvent survenir.

Nous souhaitons vivement que notre collègue, si bien préparé à cette tâche comme artiste et comme ingénieur, soit chargé par l'État d'exécuter son projet. Nous espérons que ceux auxquels cette décision appartiendra attacheront comme nous quelque prix à voir l'École Centrale construite par un architecte distingué, lui-même sorti de ses bancs et fortifié par son enseignement industriel et scientifique.

Un rapprochement rapide entre l'École actuelle et l'École projetée mettra le lecteur à même de se rendre un compte exact des améliorations de toute espèce qui seront réalisées.

Dans l'École actuelle, la promotion de première année occupe le rez-de-chaussée; les promotions de troisième et de deuxième année sont placées au deuxième et au troisième étage du bâtiment principal, et n'y parviennent qu'à l'aide d'escaliers très-étroits, qui n'ont pas 1 mètre de large, et qui comptent soixante-treize et quatre-vingt-seize marches. Ces escaliers, mal éclairés, sont communs aux élèves de deuxième et de troisième année.

Dans l'École projetée, les deux promotions supérieures occupent le premier étage, en restant complétement séparées, et la première année occupe le deuxième étage. Chaque promotion a son escalier réservé, avec escalier de service supplémentaire, ce qui évite toute rencontre et toute cause de désordre. La cage de chaque grand escalier a 30 mètres carrés, et les élèves n'ont à parcourir, ceux des deux promotions supérieures que trente-cinq, ceux de première année que soixante et une marches.

Les salles de Dessin, dans l'École actuelle, contiennent un nombre d'élèves pouvant varier de huit à trente-quatre, et les salles, trop nombreuses, sont dans de moins bonnes conditions à tous les points de vue. La hauteur de ces salles est insuffisante; elles sont mal éclairées, et l'usage du gaz s'impose partout.

Dans l'École projetée, les salles de Dessin, disposées sur un plan uniforme, contiennent toutes douze élèves. Leur hauteur atteint 4 mètres. Elles sont parfaitement éclairées, de gauche à droite, par des fenêtres de $2^m,30$ de haut régnant sur toute la longueur de la salle.

Sur les quatre amphithéâtres de l'École actuelle, trois sont très-incommodes. Deux seulement sont disposés pour les Cours de Chimie, ce qui entraîne, pour les diverses promotions, des changements d'amphithéâtre toujours fâcheux à l'égard des mouvements intérieurs et de la discipline.

Dans l'École projetée, doivent s'élever quatre amphithéâtres identiques, pouvant contenir chacun deux cent quarante élèves et disposés à tous les points de vue pour le service complet d'une même promotion. Un laboratoire, pour la préparation des Cours de Chimie de chacune d'elles, est établi à proximité de l'amphithéâtre correspondant; ce

PLANCHE IV.

PLAN DE L'ÉCOLE PROJETÉE.

1. Entrée des Élèves.
2. Entrée de l'Administration.
3. Entrée de service.
4. Cours des Amphithéâtres.
5. Jardin.
6. Galerie-Promenoir.
7. Escalier de l'Administration.
8. Escalier des Élèves (1re année).
9. Escalier des Élèves (2e année).
10. Escalier des Élèves (3e année).
11. Escaliers de service.
12. Parloir.
13. Amphithéâtres.
14. Laboratoire de préparation des Cours de Chimie.
15. Cabinets des Professeurs.
16. Bibliothèque.
17. Portefeuille.
18. Cabinet de Physique.
19. Laboratoire de Physique.
20. Salles d'exposition des Modèles.
21. Salles de Collections diverses.
22. Laboratoire des Hautes Études.

PL. IV.

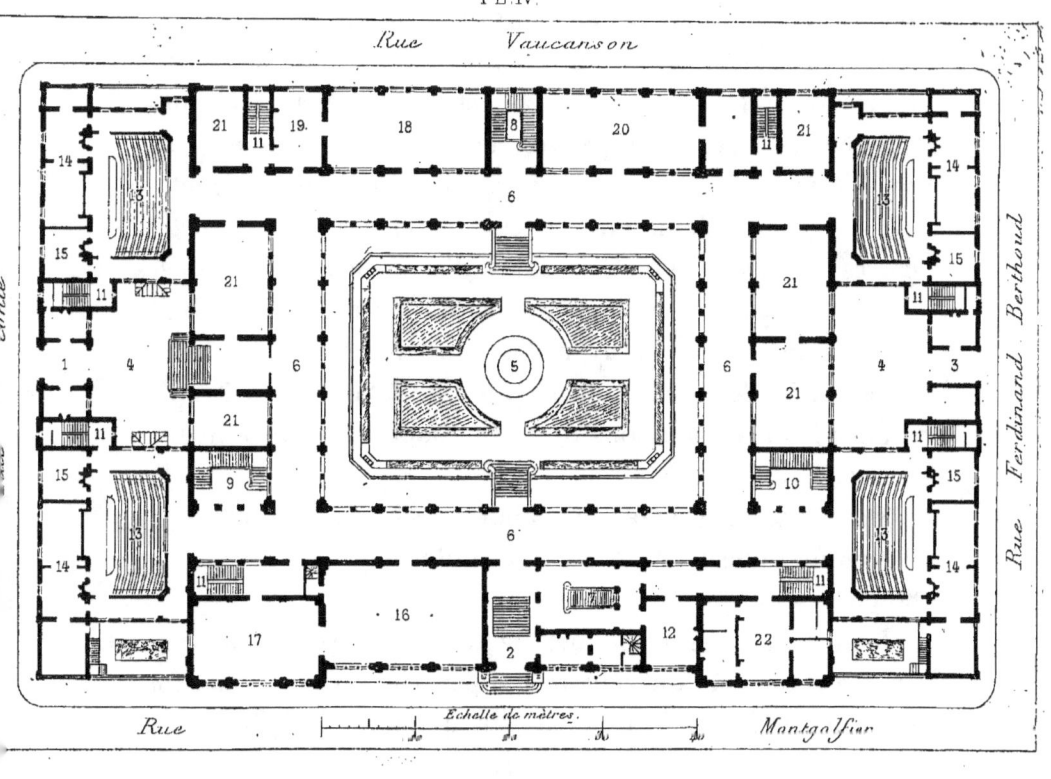

qui facilite beaucoup la mise en train des expériences, en les rendant d'ailleurs plus sûres et plus rapides.

Dans l'École actuelle : un cabinet de Physique, occupant 75 mètres carrés; deux salles de collections, de 50 mètres carrés en totalité; pas de salles de conférences; une bibliothèque, ne couvrant que 72 mètres carrés; un portefeuille de dessins des élèves, prenant 45 mètres carrés; et, enfin, quinze salles d'examens seulement, mal groupées, mal disposées, éclairées au gaz et sans salles d'attente.

Dans l'École projetée : un cabinet de Physique, de 123 mètres carrés; cinq salles de collections, donnant ensemble 420 mètres carrés; cinq salles de conférences donnant ensemble 190 mètres carrés; une bibliothèque, de 167 mètres carrés; un portefeuille de dessins des élèves, de 104 mètres carrés; et, enfin, vingt-six salles d'examens, bien groupées et séparées par promotion, avec salles d'attente à proximité pour les interrogations ayant lieu après 4 heures.

Dans l'École actuelle, il n'y a pas de laboratoires d'application; les manipulations de Stéréotomie, etc., doivent s'effectuer dans le réfectoire.

Dans l'École projetée, les laboratoires de Stéréotomie, de Physique industrielle et de Levé des machines occupent 80 mètres carrés.

Les laboratoires de Chimie, beaucoup mieux groupés dans l'École projetée, couvrent une superficie presque deux fois et demie plus grande que dans l'École actuelle (734 mètres carrés au lieu de 320 mètres carrés).

En cas de mauvais temps, l'École actuelle ne présente aux élèves aucun promenoir couvert, tandis que l'École projetée met à leur disposition, et c'est là une des plus heureuses conceptions de M. Demimuid, une galerie-promenoir de 160 mètres de long sur 5 mètres de large.

Le réfectoire, de 231 mètres carrés, ne peut recevoir que deux cent cinquante élèves dans l'École actuelle; dans l'École projetée, il pourra contenir six cents places, et sa superficie, non compris les cuisines, atteindra 650 mètres carrés.

Dans l'École actuelle, l'administration de l'École et la direction des études sont placées à deux étages de distance, d'où complication et perte de temps. Dans l'École projetée, les deux services sont réunis au même étage. En outre, un vaste parloir peut recevoir les élèves et leurs parents, tandis que cette pièce indispensable n'existe pas dans l'École actuelle.

Nous n'avons pas besoin de faire ressortir tous les avantages du nouveau plan sur l'ancien : l'exposé bien incomplet que nous venons de présenter suffit pour les apprécier. Nous ajouterons seulement que, depuis la gravure de nos Planches, le Conseil de l'École, en revoyant les plans de M. Demimuid, lui a demandé des modifications qui les ont rendus encore plus pratiques, sauf, à notre avis personnel, sur un seul point.

Le développement donné aux laboratoires de Chimie de toute nature, réunis dans un seul angle de l'édifice, a conduit à supprimer l'un des quatre amphithéâtres d'abord adoptés.

Pour nous, cette suppression est très-fâcheuse, et nous croyons que, si on la maintenait, on pourrait un jour la regretter vivement. Quatre amphithéâtres pour une population qui atteindra six cents élèves-ingénieurs et pourra parfois dépasser ce chiffre, ce n'est certainement pas du superflu. Il nous semble non-seulement prudent, mais même indispensable, après avoir consacré à chaque promotion un amphithéâtre renfermant deux cent quarante places, d'en élever un quatrième plus spacieux, pouvant réunir dans certains cas les deux promotions supérieures, c'est-à-dire les élèves de deuxième et de troisième année.

Ne faut-il pas s'attendre à voir l'École Centrale, après sa

translation, prendre encore plus d'importance? Les maîtres de la Science appliquée, les inventeurs, les initiateurs des grandes découvertes ou des projets internationaux, ne tiendront-ils pas à honneur de prendre quelquefois la parole devant ces jeunes gens destinés à leur servir d'utiles auxiliaires et à marcher sur leurs traces? Est-ce que, si M. de Lesseps, par exemple, voulait parler, à l'École Centrale, des travaux de l'isthme de Suez, il faudrait qu'il recommençât, dans l'amphithéâtre affecté à chaque promotion isolée, son éloquente improvisation?

Et, en laissant de côté ces fêtes savantes, qui pourront et devront se renouveler dans l'avenir plus qu'on ne le croit aujourd'hui, est-on bien certain que des nécessités d'un autre ordre, qui, pour ma part, m'apparaissent déjà très-nettement, n'obligeront pas, à un instant donné, d'élargir le cycle des études et de le porter à quatre années, au moins en faveur des élèves qui éprouveraient le besoin de ce complément d'instruction et qui l'accepteraient avec joie?

Pour ces raisons, et d'autres encore, un quatrième amphithéâtre nous paraît devoir être conservé, et nous sommes assuré, grâce à l'habileté de l'architecte, que les laboratoires de Chimie n'y perdraient rien.

Mais il nous faut aborder la partie la plus délicate de ce Chapitre.

Quels sacrifices l'État doit-il supporter pour fonder l'École Centrale sur de nouvelles bases et pour lui assurer un avenir prospère, en dépit de toutes les concurrences étrangères?

Nous prions qu'on nous permette une entière franchise. Notre opinion est toute personnelle et n'a pas d'autre valeur que celle qu'elle peut tirer de la connaissance des faits.

Pour nous, il n'y a que deux solutions qui soient possibles : exposons-les succinctement.

Les terrains du marché Saint-Martin ont été estimés par l'Administration municipale au chiffre de 2 520 000 francs. La Ville de Paris, voulant participer au développement de l'École Centrale, a fait remise à l'État, sur le prix de l'emplacement à lui cédé pour la translation de l'École, d'une somme de 1 020 000 francs. L'État reste donc débiteur, vis-à-vis de la Ville, de 1 500 000 francs.

Les économies réalisées par l'École depuis qu'elle est à l'État s'élèvent aujourd'hui à environ 1 300 000 francs; elles atteindront approximativement 1 500 000 francs à la fin de 1884, au moment de la translation projetée. Si l'État prend possession de cette réserve de l'École, qui lui est tout naturellement offerte et qui lui appartient, il l'affectera au payement de la dette contractée envers la Ville, et il n'aura plus à se préoccuper que de la construction proprement dite, ainsi que du matériel et du mobilier de la nouvelle École. Pour ces dépenses, 3 500 000 francs nous paraissent devoir suffire, au moins approximativement, et le budget peut dès aujourd'hui les inscrire à l'actif de l'École, en les répartissant par annuités, du 1er janvier 1881, jour où les travaux doivent commencer, au 1er janvier 1884, jour où la construction doit être terminée extérieurement et intérieurement. Il ne faut pas oublier, en effet, que les élèves prendront obligatoirement possession de la nouvelle installation le 3 novembre suivant, et que, pour disposer le matériel et le mobilier nécessaires, dix mois ne sont certes pas un intervalle trop considérable.

Cette solution est, sans doute, acceptable. L'École fera tous ses efforts pour ne pas perdre la situation acquise, pour lutter contre tous les obstacles, pour faire honneur à l'État des sacrifices ou, plutôt, des avances consenties par lui.

Mais, néanmoins, si l'on ne va pas plus loin, la disparition complète de la réserve de l'École nous semble très-grave.

Une installation plus vaste, mieux combinée, oblige toujours à de plus lourdes dépenses. Et il n'y a pas à répondre : « Restez où vous êtes », puisqu'il est démontré que le transfèrement de l'École s'impose d'une manière absolue. Comment donc couvrir ce surcroît de dépenses, comment pouvoir patiemment, année par année, reconstituer une nouvelle réserve, sans laquelle l'École restera en partie désarmée devant la concurrence étrangère?

Un seul remède s'offre à nous : l'élévation du taux du prix d'études. Remarquons immédiatement que, malgré les profondes modifications économiques qui se sont produites, ce prix n'a pas varié depuis 1830 : il est annuellement, aujourd'hui comme alors, de *huit cents francs*. Nous pensons qu'on pourrait sans inconvénient aucun, et en tenant compte de tous les intérêts engagés, le porter à *mille francs*. En s'arrêtant comme augmentation, au bout de cinquante années, à la proportion du quart du chiffre primitif, on ne fait certainement que suivre de loin le mouvement ascendant qui s'est manifesté dans toutes les conditions matérielles de la vie.

Si l'État veut, au contraire, que l'École ne modifie pas le taux du prix d'études, il faut qu'il consente au moins à laisser intacte la réserve actuelle, en autorisant, bien entendu, l'Administration à appliquer les revenus de cette réserve à toutes les améliorations désirables. Nous plaçons en première ligne la nécessité d'élever les traitements du corps enseignant. Ces traitements sont inférieurs aujourd'hui à ceux adoptés dans les grandes institutions similaires. Il y a là, pour l'École Centrale et pour son personnel, si capable, si actif, si dévoué, non-seulement une question de dignité, mais encore de justice; car le travail imposé à ses professeurs et à ses répétiteurs est plus considérable que partout ailleurs.

Nous ne voulons pas insister, mais il nous a paru que nous ne pouvions passer entièrement ce point sous silence.

En résumé, dans la première solution que nous venons d'indiquer, la réserve de l'École servirait à désintéresser la Ville de Paris et à donner le nouveau terrain à l'État. L'État contribuerait à son tour par annuités, jusqu'à concurrence de 3500000 francs, et il autoriserait l'École à élever le taux du prix d'études à 1000 francs.

Si nous avions l'honneur de siéger dans les Conseils de l'État, c'est vers cette décision que nous inclinerions.

Dans la seconde solution, le prix d'études resterait fixé à 800 francs; mais l'État ne toucherait pas à la réserve de l'École. Il lui permettrait de disposer des revenus correspondants, et, tout en inscrivant au budget les annuités relatives à la construction et à l'aménagement du nouvel édifice, il se chargerait de payer à la Ville le prix de faveur accordé par elle pour le terrain qu'elle abandonne. Ce payement pourrait, d'ailleurs, s'effectuer par simple règlement et balance de comptes entre l'État et l'Administration municipale.

Qu'on nous excuse d'avoir exprimé sans réticences nos convictions bien arrêtées. La loi qui doit intervenir décidera, pendant de longues années, du sort de l'École Centrale. Ceux qui la connaissent bien aiment à espérer qu'ils ne seront pas taxés de présomption parce qu'ils auront, en écartant toute dangereuse illusion, tracé les limites dans lesquelles la question débattue est, à leurs yeux, renfermée. Ils croient sincèrement, en défendant les intérêts spéciaux de l'École, protéger avant tout l'intérêt général.

CHAPITRE V.

DES ÉCOLES TECHNIQUES A L'ÉTRANGER.

Cette étude présenterait une lacune si, avant de conclure, nous ne jetions pas un regard au dehors.

L'École Centrale a donné un exemple qui a été suivi à l'étranger, où elle a souvent servi de type et de modèle. En indiquant dans une revue rapide ce que les nations rivales ont fait et font encore pour l'instruction technique supérieure, nous démontrerons une fois de plus l'utilité de notre École nationale et l'intérêt qu'elle doit inspirer à l'État.

Nous n'entrerons d'ailleurs dans aucune discussion spéciale. Nous voulons seulement prouver ici, par voie de comparaison, que le développement de l'École Centrale est aujourd'hui plus que jamais une nécessité, un devoir public.

Les Écoles étrangères n'ont pas d'examens d'admission proprement dits; mais elles admettent toutes un concours de sortie pour l'obtention du diplôme d'ingénieur.

Nous devons citer au premier rang l'École polytechnique fédérale suisse, établie à Zurich. Cette grande institution, qui fait honneur à la Confédération helvétique et dont le Conseil est présidé actuellement par M. C. Kappeler, s'ouvrit définitivement au mois d'octobre 1856, et son succès a été éclatant.

Les plans primitifs ne prévoyaient que trois sections : celles du génie civil, des ingénieurs mécaniciens et de la Chimie technique.

Aujourd'hui, le nombre des divisions s'élève à huit, classées sous les titres suivants :

	Années d'études.
1º Division d'Architecture.	3
2º Division du Génie civil.	3 ½
3º Division de Mécanique technique.	3
4º Division de Chimie technique (y compris la Pharmacie).	3
5º Division d'Agriculture et de Sylviculture, formant deux sections séparées.	2 ½
6º Division pédagogique, destinée à former des professeurs spéciaux de Mathématiques et de Sciences naturelles, formant aussi deux sections :	
Section de Mathématiques, plan normal.	4
Section des Sciences naturelles, plan normal.	3
7º Division des Sciences philosophiques et politiques (Cours libres), comprenant : l'Histoire politique, la Littérature et l'Histoire de l'Art, l'Économie politique, les Mathématiques pures, les Sciences naturelles et le Droit public.	»
8º Cours préparatoire de Mathématiques, pour mettre les élèves trop faibles à même de suivre convenablement les Cours des divisions précédentes.	1

On le voit, l'ensemble embrassé est très-vaste. Le Polytechnicum de Zurich est, pour ainsi dire, à la fois, une École normale supérieure, une École centrale des Arts et Manufactures, une École des sciences politiques.

Nous extrayons du Rapport rédigé en vue de l'Exposition universelle de 1878 et publié par ordre du Conseil fédéral les passages ci-après, qui rendent bien compte du but poursuivi :

Dès sa création, l'École s'est efforcée d'obtenir dans chaque division le plus haut degré possible de maturité scientifique. Elle voudrait faire tourner l'effort de la pensée et de la recherche savante à l'avantage des vocations positives; elle voudrait favoriser le rapprochement mutuel et la réciproque pénétration de la Science et de la pratique. L'époque actuelle a besoin de spécialistes instruits et fortement préparés; elle a particulièrement besoin de spécialistes qui apportent dans la résolution des problèmes techniques un œil exercé par la Science. Notre École se propose d'en former; c'est le but qu'elle poursuit, et ce but, nous l'espérons, apparaîtra clairement aux yeux de quiconque examinera notre règlement et nos programmes. On en reconnaîtra la préoccupation constante, soit à l'extension donnée dans chaque division à l'enseignement obligatoire des parties les plus abstraites des Mathématiques, de la Mécanique, de la Chimie, de la Physique, etc., soit à la séparation graduelle et bientôt complète entre les différentes divisions, soit enfin au soin qu'on a mis à constituer un enseignement qui répondît également aux besoins spéciaux de chacune d'elles en particulier....

L'organisation de la septième division, dite *des Cours libres*, demande quelques explications.

Dès la création de l'établissement, il fut institué, à côté des divisions spéciales, tout un système de Cours, ouverts à tous, et portant sur l'Histoire générale et l'histoire de l'Art, sur les littératures des langues vivantes, sur l'Économie politique et la Statistique, sur le Droit public suisse, le Droit administratif et commercial, sur les Mathématiques pures et sur différentes branches rentrant dans les Beaux-Arts. Ce sont là les Cours libres, formant la septième division. Les élèves réguliers (à l'exception de ceux du Cours préparatoire) sont astreints à suivre chacun au moins un de ces Cours. Le grand nombre des Professeurs qui appartiennent à cette division prouve suffisamment qu'on n'a pas institué ces Cours dans un simple but de parade. Si, d'un côté, les divisions spéciales sont organisées en vue d'assurer aux élèves, dans chaque spécialité, une instruction solide et conforme à ce qu'exige notre époque, de l'autre, la division des Cours libres doit empêcher que les études ne soient trop exclusives et uniquement dirigées vers un but pratique; elle sert de correctif. Les jeunes gens qui se vouent aux études techniques supérieures doivent rester constamment en communion avec les grandes idées qui relèvent et ennoblissent le travail de l'homme et celui du genre humain tout entier. C'est dans cet esprit que les Conseils législatifs ont, dès l'origine, constitué la division des Cours libres, et que l'organisation en a été conçue et dirigée par les autorités scolaires et le personnel enseignant.

Nous n'avons que des éloges à donner à ces dernières considérations. Elles répondent entièrement, avec une autorité incontestable, à l'un des vœux que nous formons depuis longtemps et que nous exprimerons dans notre dernier Chapitre.

Les Cours de l'École de Zurich sont divisés en Cours obligatoires et en Cours facultatifs. Chaque division a ses Cours obligatoires, qui peuvent lui être communs avec d'autres divisions. Ainsi le Cours de Calcul différentiel et intégral doit être suivi par les élèves des divisions d'Architecture, du Génie civil, de Mécanique et de Pédagogie; mais ni les chimistes ni les agriculteurs n'y sont astreints. Il en est de même du Cours de Géométrie descriptive, etc.

Cette remarque suffit pour marquer profondément la différence entre notre École Centrale et le Polytechnicum.

En France, tout a été subordonné à ce principe fondamental : *la Science industrielle est une*. En d'autres termes, les chimistes doivent comprendre la Mécanique, les mécaniciens ne doivent pas être étrangers à la Chimie, les constructeurs doivent être à leur heure mécaniciens et chimistes.

A Zurich, bien qu'on ait cherché à corriger la sécheresse, l'exclusivisme des études pratiques à l'aide de connaissances plus générales, plus humaines, mises à la portée des élèves, on a voulu avant tout fortifier les spécialités.

Pour nous, au point de vue de la Science appliquée, de la fondation du Génie civil sous toutes ses formes et dans toute son étendue, c'est le système français qui a résolu la question. Scinder la Science industrielle dès le début, c'est l'affaiblir, c'est ne pas munir les ingénieurs praticiens de toutes les armes dont ils ont besoin en face des difficultés de chaque jour et des améliorations qui s'imposent avec une si étrange rapidité.

Mais, tout en pensant que le prospectus de l'École Centrale, en 1829, renferme la vraie charte pédagogique dont on a tort de s'écarter, nous ne pouvons donner que les louanges les plus méritées à l'École de Zurich. Elle témoigne de la robuste vitalité du peuple suisse.

En parcourant les programmes du Polytechnicum, si bien étudiés, on admire leur variété et leur richesse, qui sont tout à fait comparables à l'heureux aménagement et au vaste développement du magnifique édifice dont le canton de Zurich a doté l'École et dont la dépense s'est élevée à 6 millions environ.

La Confédération n'a reculé devant rien pour consolider l'avenir de la belle institution qu'elle a créée avec une vue si nette des besoins de l'époque. C'est elle qui s'est chargée, dans le principe, du mobilier et de tous les objets nécessaires à l'enseignement, et, sous ce rapport, elle a établi l'École sur un pied qui excite la juste admiration des visiteurs étrangers.

La loi du 7 février 1854 avait fixé à 150000 francs par an la contribution fédérale. Cette contribution annuelle n'a pas cessé de s'accroître, et, comme nous l'avons déjà marqué, elle atteint aujourd'hui 367000 francs, y compris les 20.000 francs alloués par la ville et le canton de Zurich. Ces chiffres ont une éloquence qui nous dispensera de toute réflexion.

Pour mesurer toute l'importance prise par l'établissement fédéral, il suffit de dire que le Polytechnicum, pendant l'année scolaire 1876-1877, a reçu sept cent dix étudiants réguliers et deux cent soixante-dix-sept auditeurs : c'est un total de neuf cent quatre-vingt-sept élèves. Les auditeurs suivent principalement les Cours facultatifs et proviennent en majorité de l'Université de Zurich.

Quant à la nationalité, les étudiants réguliers se sont partagés en trois cent soixante et un nationaux et trois cent quarante-neuf étrangers : le rayon d'action du Polytechnicum est donc très-étendu.

On ne doit pas s'en étonner. La subvention accordée par la Suisse à l'École de Zurich lui permet de n'exiger de ses élèves qu'une rétribution insignifiante : 100 francs par an, au maximum. Ajoutez à cela la vie simple, le bon marché, l'installation superbe de l'établissement. « Prenez le Luxembourg, placez-le sur les buttes Montmartre, remplacez Paris par le lac, et vous aurez l'École de Zurich, » nous disait M. Dumas, lors de la première séance de la Commission de l'École Centrale.

Il faut opter : ou la subvention très-large consentie par l'État donnera la facilité d'attirer et de retenir les élèves, en leur offrant le bénéfice de moindres dépenses ; ou l'État n'accordera qu'une subvention proportionnelle, si même elle n'est pas réduite à un certain nombre de bourses, comme cela a lieu pour l'École Centrale, et ce seront alors les élèves qui devront verser un prix relativement élevé pour recevoir un enseignement supérieur.

Si nous passons à la Belgique, nous citerons l'École des Arts et Manufactures et des Mines, fondée en 1837 et annexée à l'Université de Liége. Elle se rapproche beaucoup de l'École Centrale, et elle est restée fidèle au grand principe de l'unité de la Science industrielle, proclamé par nos fondateurs avec une conviction si bien justifiée par les résultats obtenus. L'École de Liége, soutenue par d'éminents et dévoués Professeurs, a donné à la Belgique d'habiles ingénieurs, et elle mérite toute la sympathie et tout l'appui de son gouvernement éclairé.

Les Écoles polytechniques allemandes, au contraire, ressemblent davantage à l'École de Zurich. La plupart laissent, en grande partie ou tout à fait, le choix des études à l'élève lui-même, et tendent de plus en plus, par conséquent, à se confondre avec les Universités qui embrassent les autres ordres de connaissances. Cette manière de procéder peut augmenter le nombre des élèves, mais non leur force.

Comme le dit M. de Cuyper dans son très-intéressant

Rapport sur l'enseignement technique supérieur en Allemagne, cette nation a toujours considéré l'instruction comme la véritable marque de la puissance d'un État. Pour elle, la Science est un culte, et elle a voulu lui ériger des temples en construisant les Instituts techniques de Munich ou de Dresde, de Stuttgart ou d'Aix-la-Chapelle.

A Berlin, c'est l'Institut royal industriel, dirigé par l'éminent Professeur Reuleaux, qui présente le plus d'analogie avec l'École Centrale.

La durée des Cours est de trois ans ; mais un enseignement complémentaire d'une année est continué, après cette période, pour les élèves qui se destinent au professorat dans les Écoles techniques.

Les élèves, à leur entrée, choisissent la division dont ils veulent suivre les Cours.

Les collections sont très-complètes et très-remarquables. Il suffit d'indiquer la collection de Cinématique créée par M. Reuleaux d'après sa nouvelle méthode. La bibliothèque comprend cent mille Volumes. L'État a nécessairement consenti de grandes dépenses en faveur de l'Institut : nous n'en connaissons pas le chiffre.

Les spécialités sont au nombre de quatre, comme à l'École Centrale, avec une seule variante : elles correspondent, en effet, aux ingénieurs mécaniciens, aux chimistes industriels, aux ingénieurs métallurgistes et aux ingénieurs des constructions navales. Les élèves mécaniciens et les élèves des constructions navales ont à la fois un enseignement commun et un enseignement spécial, ce dernier beaucoup plus étendu : l'enseignement commun ayant lieu pendant les deux premiers semestres d'études, et l'enseignement spécial pendant les quatre derniers. Les chimistes et les métallurgistes suivent le même enseignement.

Pendant l'année scolaire 1873-1874 (¹), le nombre des élèves réguliers s'est élevé à cinq cent cinquante-cinq, et celui des auditeurs libres à cent cinq : c'est un total de six cent soixante. Les élèves réguliers se subdivisaient en quatre cent quatre-vingt-quatre mécaniciens, cinquante-six chimistes et métallurgistes, et quinze élèves des constructions navales. Il n'a été délivré que vinq-cinq diplômes d'ingénieur parmi les cent cinquante élèves de troisième année, savoir : vingt diplômes d'ingénieur mécanicien, deux de chimiste industriel et trois d'ingénieur mécanicien de la marine ou des constructions navales.

L'École polytechnique de Dresde, qui date de 1828, est un des plus beaux spécimens des Instituts techniques de l'Allemagne. Elle comprend cinq divisions spéciales : mécaniciens, ingénieurs, chimistes, architectes, élèves se destinant à l'enseignement, plus une division générale pour les jeunes gens qui veulent étudier les sciences théoriques.

Chaque étudiant peut choisir librement les Cours et les Exercices pratiques qu'il veut suivre; mais les élèves sont engagés, dans leur propre intérêt, à se conformer aux programmes généraux des différentes divisions.

Pendant l'année scolaire 1873-1874, le nombre des élèves s'est élevé à trois cent soixante-six, dont trois cent dix-neuf réguliers.

De nouveaux bâtiments ont été ajoutés dans ces dernières années à l'ancienne École, et l'on y a réuni tous les perfectionnements réalisés dans les principaux établissements d'enseignement supérieur de l'Allemagne.

Le terrain utilisé est un rectangle de 17 920 mètres carrés,

(¹) Nous empruntons ces chiffres, ainsi que ceux qui s'appliquent aux autres Écoles allemandes, au rapport de M. de Cuyper.

présentant 112 mètres sur 160; il est entièrement isolé sur ses quatre faces : nous sommes loin des 6300 mètres carrés que la nouvelle École Centrale doit occuper dans son ensemble.

Les constructions, établies pour six cents élèves, ont été si largement calculées, qu'elles pourront servir pour mille. Le gouvernement saxon a ainsi doté sa capitale d'un magnifique Institut.

L'École polytechnique de Munich, qui a rang d'Université, comprend une division générale et cinq divisions techniques. L'enseignement de la division générale prépare les élèves à suivre celui des divisions techniques; il est, de plus, organisé de manière à former des professeurs.

Les divisions techniques se rapportent aux spécialités suivantes : Génie civil, Architecture, Construction des machines, Chimie technique, Génie rural.

Les locaux de l'École sont splendides, les collections très-riches.

Les programmes, largement conçus, sont comparables sous certains rapports à ceux du Polytechnicum de Zurich.

La session des examens s'ouvre à la fin de chaque année d'études. Il n'y a pas d'examens particuliers : c'est là une lacune fâcheuse.

Pendant l'année scolaire 1873-1874, le nombre des élèves réguliers a été de mille cinquante-huit, celui des élèves libres de cent cinq et celui des auditeurs de deux cent quatre-vingt-onze : c'est un total de quatorze cent cinquante-quatre élèves. On a délivré, à la fin de l'année, cent vingt-cinq certificats de sortie ou de capacité.

Le gouvernement bavarois cherche à encourager chez la jeunesse la culture des Lettres; en admettant que cette culture ne soit pas indispensable, elle est, en réalité, toujours très-favorable à l'étude des Sciences. D'après cette vue spéciale, le Conseil des Ponts et Chaussées et l'Administration des Mines de Bavière exigent, pour l'admission dans ces services, un certificat d'études complètes parcourues dans les Gymnases littéraires, avant l'entrée à l'École polytechnique de Munich.

Pour ne pas nous répéter, nous ne ferons que nommer : l'École polytechnique de Stuttgart (Wurtemberg), qui date de 1863 ; l'École polytechnique de Darmstadt (grand-duché de Hesse) ; l'École polytechnique du duché de Brunswick, fondée en 1745 sous le nom de *Collegium Carolinum;* l'École polytechnique de Hanovre, fondée en 1831 et réorganisée en 1848, qui a reçu six cent cinquante-cinq élèves pendant l'année scolaire 1873-1874. Les principes généraux appliqués restent à peu près partout les mêmes.

L'École polytechnique de Carlsruhe (grand-duché de Bade) a droit à une mention spéciale. Elle est établie dans un édifice monumental et possède des laboratoires parfaitement installés, ainsi que de riches collections.

Elle comprend six divisions : Mathématiques, Génie civil, Construction des machines, Architecture, Chimie, Art forestier.

L'enseignement théorique y est très-étendu ; mais de nombreux travaux dans les ateliers et les laboratoires, des exercices techniques bien gradués et des projets soigneusement étudiés, comme à l'École Centrale, rétablissent l'équilibre en faveur de la pratique. Le nombre des élèves inscrits en 1873-1874 s'est élevé à six cent trente et un.

Nous mentionnerons enfin l'École polytechnique d'Aix-la-Chapelle (Provinces rhénanes), ouverte en octobre 1871, et qu'on regarde comme le type le plus complet des Instituts techniques modernes de l'Allemagne.

Cette École présente trois divisions : Architecture et Génie civil, Construction des machines et Mécanique technique, Chimie technique et Métallurgie. Le nombre des élèves atteignait déjà quatre cent soixante-sept en 1873-1874.

D'après M. de Cuyper, « le vaste local dans lequel l'École d'Aix-la-Chapelle est installée est bien distribué; mais les dégagements et l'ameublement des amphithéâtres sont loin d'être aussi commodes qu'on aurait dû l'attendre d'une construction nouvelle. Le bâtiment des laboratoires ne répond pas non plus à toutes les exigences des travaux chimiques, et la construction d'un nouveau laboratoire de Chimie pure est décidée (1874).... Ce nouveau laboratoire sera érigé sur un terrain situé à côté de l'École, et sa façade, placée sur la même ligne que le bâtiment principal, aura le même caractère monumental. Cette construction est évaluée à la somme de 1 168 125 francs. »

Ainsi, c'est pour un seul laboratoire consacré à la Chimie théorique que le gouvernement allemand s'impose une pareille dépense.

L'Autriche-Hongrie, l'Italie, l'Espagne, marchent dans la même voie.

L'Angleterre ne pouvait rester inactive. Son gouvernement, frappé des résultats obtenus à l'École Centrale, a chargé, à diverses reprises, les hommes les plus éminents d'en étudier la constitution, et il fait aujourd'hui pénétrer dans ses Universités les plus illustres l'enseignement des arts mécaniques et celui de l'Agriculture, fondés sur la Science théorique la plus élevée.

Quant à la Russie, elle nous a présenté à l'Exposition universelle de 1878 le tableau des progrès réalisés par l'École impériale technique de Moscou, qui a obtenu très-justement un diplôme d'honneur.

Son habile Directeur, M. V. Della-Vos, notre sympathique

collègue au Jury international, a publié sur l'École qu'il administre avec tant de succès et de dévouement une intéressante Notice, à laquelle nous empruntons les renseignements qui suivent :

L'École impériale technique de Moscou est un établissement d'enseignement supérieur théorique et pratique qui a pour but de former des ingénieurs mécaniciens, des ingénieurs technologues, des constructeurs et des contre-maîtres.

C'est par décret impérial en date du 1er juin 1868 que l'École des Arts et Métiers, fondée en 1830, a été réorganisée en École impériale technique et élevée au rang des établissements de l'enseignement supérieur.

Les Cours comprennent six années d'études, trois années dans les classes générales et trois années dans les classes supérieures spéciales. Les trois classes générales sont consacrées à l'enseignement scientifique, qui facilite l'admission des élèves dans les classes spéciales, comprenant trois sections :

1° Ingénieurs mécaniciens; 2° ingénieurs technologues; 3° ingénieurs constructeurs.

Une quatrième section, dite *des praticiens*, forme exclusivement des contre-maîtres.

Elle est réservée aux élèves qui sont bien notés pour la conduite et le travail manuel, mais dont les études théoriques sont insuffisantes pour passer à la troisième classe; dans ce cas, ils sont versés dans la section des praticiens, où le travail correspondant est beaucoup plus développé. La durée totale de leurs études n'est que de trois années....

Avant d'être définitivement admis à l'École et après la présentation des certificats justifiant d'une instruction suffisante, les aspirants passent un examen d'épreuve....

L'étendue de l'enseignement scientifique est la même que celui des Écoles supérieures de l'Europe. Les études pratiques des élèves de l'établissement comprennent le dessin linéaire, le dessin à main levée et les arts suivants : l'art du tourneur sur bois et sur métaux, celui du menuisier modeleur, de l'ajusteur, du serrurier, du forgeron et du fondeur.

Pour les études pratiques, on a établi des ateliers spéciaux d'apprentissage, munis de tous les objets pédagogiques indispensables à un enseignement méthodique. Ces ateliers sont dirigés par des maîtres particuliers, chargés de démontrer aux élèves les principes fondamentaux de la main-d'œuvre des arts mécaniques. L'École possède, en outre de ces ateliers d'apprentissage, une usine pour la grande construction, avec atelier de montage, ajustage, tournage, forges et fonderies de cuivre et de fonte de fer.

Cette usine, desservie par des ouvriers salariés, effectue différents travaux pour l'Agriculture et l'Industrie privée, dont les commandes s'élèvent annuellement à une somme de 150 000 à 200 000 francs. Néanmoins, l'usine n'a été créée dans aucun but mercantile, mais tout spécialement dans celui d'offrir aux élèves un exemple constant des conditions du travail industriel dans tous ses détails pratiques. De même que dans les ateliers d'apprentissage, l'ingénieur en chef et les contre-maîtres renseignent et guident les élèves dans l'emploi des matières et des machines-outils pour l'exécution du travail.

Quant aux élèves de la section des ingénieurs technologues, leur enseignement pratique s'effectue par des travaux de manipulation opérés dans les laboratoires et complétés par des excursions dans les fabriques spéciales.

On voit qu'on a essayé à Moscou la réunion intime, avec plan d'ensemble, de l'École Centrale et des Écoles d'arts et métiers françaises. Ce qui donne avant tout son caractère distinctif à la grande École russe, c'est le soin minutieux avec lequel on y a développé tout ce qui touche au travail manuel. Nous avons été très-frappé des magnifiques collections, graduées pour l'enseignement, exposées au Champ-de-Mars par l'École de Moscou, et nous voudrions pouvoir citer en entier les considérations développées sur ce sujet, certainement très-important, dans la Notice de M. Della-Vos. Nous nous bornerons aux lignes suivantes, où sa pensée apparaît très-nettement :

.... Il fallait créer une méthode d'enseignement des travaux manuels qui pût satisfaire à ces conditions :

1° Employer à cet enseignement le moins de temps possible; 2° trouver le procédé le plus simple et le plus rapide pour contrôler l'avancement des études pratiques des élèves; 3° donner à l'enseignement projeté le caractère systématique indispensable....

Personne n'ignore que les arts (Dessin, Musique, Chant, etc.) qui font partie du programme de l'éducation des classes aisées, ont été depuis fort longtemps professés par des hommes éclairés, qui ont aussi consacré leur talent et le résultat de leurs observations au perfectionnement des méthodes d'enseignement; mais peu de personnes se sont appliquées à la recherche des principes du travail manuel au point de vue méthodique.

Cela tient à ce que, considéré simplement comme métier, il est dévolu à la classe laborieuse, laquelle, douée d'une conception intelligente, l'apprend par esprit d'imitation et de routine après un temps plus ou moins long; mais cette aptitude n'est pas, il s'en faut, une compensation suffisante du manque de connaissance des premières notions d'une théorie élémentaire, malheureusement presque toujours ignorée de l'ouvrier, et qui cependant, par sa haute importance, devient obligatoire pour l'élève de l'École technique.

C'est ce qui explique comment on a été empêché jusqu'à présent d'appliquer à l'étude des arts manuels une méthode d'enseignement systématique. On peut affirmer que c'est uniquement cette raison qui en paralysera le développement, tant que les savants et les spécialistes éclairés ne prêteront pas leur appui et leur concours à l'étude et à la propagation de cette méthode, déjà confirmée par des faits concluants.... Notre mode d'enseignement n'est plus, en effet, un simple projet : c'est un fait accompli, confirmé par dix années de succès, et dont les bons résultats sont appelés à grandir en donnant une nouvelle impulsion aux études dans les Écoles techniques et en donnant un sérieux appui pour le perfectionnement du travail manuel de l'ouvrier.

Comme corollaire de ce qui précède, qu'on nous permette de dire que nous avons visité en 1877 l'École industrielle de Mulhouse, transportée à Épinal depuis nos désastres et annexée au Collége de cette patriotique cité. C'est M. Conus, inspecteur de l'Académie, qui voulut bien nous guider. Cet esprit si distingué et si littéraire, mais en même temps si au courant des nécessités multiples de notre époque, appela notre attention sur les résultats réellement remarquables obtenus par les élèves de l'École industrielle, d'autant plus que ces jeunes gens ne consacrent que trois séances par semaine au travail manuel. Les réflexions que nous fîmes ensemble concordèrent parfaitement avec l'opinion soutenue avec tant d'autorité par M. Della-Vos.

Les ressources de l'École technique de Moscou sont d'ailleurs considérables. L'établissement a été doté et jouit d'un capital inaliénable de 10 560 564 francs. Il reçoit, en outre, cent élèves boursiers, deux cents pensionnaires payant 1200 francs par an et deux cent quatre-vingt-deux externes payant 400 francs par an.

En ajoutant aux intérêts du capital fixe les sommes versées par les élèves, on est arrivé, en 1877, à une recette totale de 738 904 francs, et les dépenses pour le même exercice se sont élevées à 713 932 francs. La situation est prospère.

Si nous traversons l'Océan, nous verrons les mêmes efforts tentés de toutes parts en Amérique. En 1862, les États-Unis n'avaient pas une seule École technique; dix ans après, ils en possédaient plus de trente, dont la dotation dépassait 50 millions.

Chez nous, depuis cinquante ans, c'est l'École Centrale surtout qui a représenté et dirigé cette évolution. En face des redoutables concurrences qui se produisent sur tant de points, la France ne peut l'oublier, et justice lui sera rendue. Cette justice sera la récompense de son laborieux et utile passé : elle la mettra à même, dans la période où nous allons entrer, de rendre de nouveaux services et de tenir d'une main ferme le drapeau de la Science appliquée et de l'Industrie intelligente. Nous indiquerons dans nos conclusions ce que l'École Centrale nous semble avoir de plus que ses rivaux, ce qui peut lui manquer, et dans quelle voie, à notre avis, le progrès devrait être essayé.

CHAPITRE VI.

CONCLUSIONS.

Nous sommes parvenu au terme de la tâche que nous nous étions imposée. Elle présentait des difficultés de diverses natures : nous n'osons nous flatter de les avoir toutes surmontées. Nous serons déjà vraiment récompensé si le lecteur veut bien dire : *ceci est un Livre de bonne foi.*

Les grandes institutions vivent comme les hommes, avec cette différence qu'elles concentrent en elles la vie de nombreuses générations. L'École Centrale va célébrer, dans quelques jours, la cinquantième année de sa fondation. Puisse cet anniversaire devenir le point de départ d'heureuses résolutions et de progrès décisifs!

Nous ne pouvons douter un seul instant des dispositions des pouvoirs publics. Dans notre pays, la population masculine engagée dans les affaires industrielles est de quatre millions au moins, et celle qui reste attachée à l'Agriculture s'écarte peu de douze millions. C'est à cette masse énorme que l'École Centrale est destinée en partie à fournir des guides et des chefs. Tandis que les Écoles techniques allemandes ont à drainer l'élite des intelligences positives sur un chiffre de quatre ou cinq millions, il faut, en France, que la seule École Centrale réponde aux besoins de seize millions d'habitants. De là, l'importance capitale que les conditions mêmes de son développement lui ont donnée.

Ce n'est certes pas parce qu'elle répond à plus de nécessités et d'intérêts qu'on doit se montrer envers elle plus indifférent et plus parcimonieux. Si l'État lui tend la main, s'il lui accorde, comme il le doit, comme il le veut, plus qu'une bienveillance inactive et au fond indifférente, l'École poursuivra le cours de ses succès et grandira encore. Elle nourrit depuis longtemps la pensée d'améliorations sérieuses, que sa situation resserrée et jusqu'à un certain point précaire l'a seule empêchée d'accomplir.

Avant d'aller plus loin, c'est un devoir pour nous de rassurer ou d'éclairer quelques esprits, d'ailleurs bienveillants, dont les inquiétudes peu fondées ont trouvé un organe, pour nous inattendu, dans le rapporteur du projet de délibération du Conseil municipal. Notre camarade, M. Deligny, dit en effet, dans son Rapport :

> Depuis la mort de M. Petiet, en 1871, l'École est administrée avec beaucoup de zèle et de dévouement par son Directeur, M. Solignac. La situation financière de l'établissement continue à être prospère ; le bon ordre règne dans les études, mais les anciens élèves et les chefs d'industrie qui s'intéressent à la marche de l'École se préoccupent vivement de la tendance qui s'est manifestée à trop absorber le temps des élèves par les développements d'études et de théories scientifiques, aux dépens des études d'application. Que serait-ce si un règlement, qu'un arrêté ministériel peut à chaque instant faire surgir en remplacement du règlement actuel, venait supprimer les garanties que contient l'arrêté de 1862 ?
>
> Ces préoccupations ont été transmises à la troisième Commission ; il est nécessaire d'assurer aux anciens élèves l'influence que leur réserve le règlement dans le Conseil de perfectionnement, pour garantir aux études leur caractère industriel....
>
> C'est dans ce but que votre Commission, convaincue de la nécessité de soustraire l'enseignement de l'École à toute influence qui pourrait en dénaturer le caractère, vous propose de viser dans votre délibération l'arrêté réglementaire de 1862, et de subordonner à son maintien l'abandon que fera la Ville d'une partie du prix des terrains qu'elle cédera à l'État pour l'édification de l'École Centrale....

Ici, nous sommes forcé de parler en notre propre nom

Depuis 1847, et sauf un intervalle de deux ans, nous appartenons à l'École comme élève, comme répétiteur, comme professeur, comme membre du Conseil, et nous pouvons affirmer que jamais les études d'application n'ont été sacrifiées aux études théoriques. Les progrès se sont toujours effectués parallèlement, et, si une branche l'a plutôt emporté, c'est, par une pente naturelle, celle des applications. Nous n'en voulons pour preuve que la comparaison, bien facile à établir, entre les projets de concours soutenus du temps de M. Deligny et du nôtre, et ceux que nous avons aujourd'hui à corriger, à classer et bien souvent à louer.

Les développements théoriques se sont accrus relativement dans une proportion modeste, tandis que tout ce qui touche à la partie industrielle a pour ainsi dire débordé. Que M. Deligny veuille bien, s'il en a le loisir, examiner les travaux de vacances, le portefeuille des élèves : il sera, nous n'en doutons pas, surpris à la fois et tout à fait convaincu que le blâme qu'il a porté, un peu à la légère, contre l'enseignement actuel de l'École est sans aucun fondement.

Au surplus, comment veut-on qu'une École technique, abandonnant la proie pour l'ombre, sacrifie son caractère distinctif, ce qui fait sa raison d'être, à je ne sais quelle gloriole d'inscrire dans ses programmes une théorie difficile et encore sans consécration pratique. Les noms des membres du Conseil ne sont-ils pas là pour répondre? Ceux de nos collègues, qui ne sont pas anciens élèves de l'École, ne se trouvent-ils pas à la tête des plus grandes industries du pays ou n'occupent-ils pas dans la hiérarchie scientifique, et au point de vue des applications, la position la plus élevée?

Cela ne peut faire l'ombre d'un doute : l'École n'a pas dévié, elle s'est améliorée en suivant toujours le même sillon, elle s'améliorera encore en restant dans la même voie.

Seulement, il faut en prendre son parti, la théorie, elle aussi, aura sa part. C'est la théorie qui domine la pratique, qui l'éclaire, qui la guide; c'est pour cette alliance féconde de la théorie et de la pratique au sein des sciences appliquées que l'École Centrale a été fondée : elle ne peut l'oublier. Si, comme on paraît le désirer, elle avait conservé en 1878 les errements et les programmes de 1842, elle aurait piétiné sur place, elle n'aurait pas remporté la moitié des succès qui l'ont honorée à l'Exposition universelle, elle aurait déserté son rôle et serait tombée rapidement au-dessous des Écoles allemandes et du Polytechnicum de Zurich. Elle a marché avec une grande prudence, mais sans jamais reculer; et c'est ce qu'elle continuera de faire, pour que ceux qui lui reprochent aujourd'hui de vouloir former des ingénieurs trop savants ne viennent pas demain l'accuser de donner à la France des praticiens trop ignorants.

Une juste mesure en tout, c'est la devise de l'École Centrale depuis sa fondation : elle lui a porté bonheur, et elle y restera fidèle.

Ceci nous amène à dire un mot de deux questions qui nous semblent très-importantes pour l'avenir.

Est-il bon que l'enseignement de l'École Centrale reste absolument technique? Le travail manuel, d'autre part, doit-il y demeurer si peu développé? Voilà les deux points sur lesquels nous voulons un instant arrêter l'attention du lecteur.

Pour prouver combien nous sommes nous-mêmes partisan convaincu de la pratique, c'est sur le travail manuel que nous insisterons d'abord.

Ainsi que le remarque avec raison M. de Cuyper, l'enseignement des Sciences mécaniques a pris un développement très-sérieux dans les Instituts allemands, sous l'impulsion du professeur Redtenbacher et de ses élèves; mais, à l'exemple de l'École Centrale, qui revendique pourtant, sans contestation possible, l'honneur de la création du Cours de Construction des machines, la plupart de ces Instituts ont renoncé aux travaux d'atelier proprement dits.

Pour nous, nous le regrettons, et nous nous trouvons ici tout à fait d'accord avec M. Della-Vos, dont les déductions nous ont paru sans réplique.

Est-ce que l'étude de la Chimie, dirons-nous avec lui, peut se passer de manipulations permanentes? l'étude de la Physique, de l'usage des appareils spéciaux? celle de la Physiologie, des investigations microscopiques? De même, est-ce qu'à notre époque on peut nier la nécessité d'avoir étudié de près les conditions du travail manuel, tant pour l'ingénieur que pour le constructeur?

Personne ne doute que la connaissance de ces conditions n'influe d'une manière sensible sur la capacité de l'ingénieur, sur ses conceptions théoriques et même sur sa situation morale; car la confiance et le respect de ses subordonnés sont précisément en raison de cette habileté manuelle ou pratique, qui, seule, peut être soumise à leur jugement.

On veut que le jeune ingénieur, au sortir de l'École, acquière à cet égard le savoir qui lui est indispensable dans des ateliers privés. Mais les ouvriers, au milieu desquels il est placé, ont-ils le temps de s'occuper de lui et peuvent-ils lui enseigner méthodiquement les secrets du métier? Ne perdra-t-il pas, sans grand résultat, des mois précieux? Et quand, avec beaucoup de persévérance et de fatigue, il sera parvenu à apprendre une spécialité, pourra-t-il renouveler son noviciat dans une autre industrie?

Nous croyons donc qu'il y a là une lacune fâcheuse dans l'éducation de l'ingénieur, et qu'il faut y porter remède.

La méthode d'enseignement est trouvée : elle a été appliquée avec succès dans nos propres Écoles d'arts et métiers et à Moscou; il ne s'agit plus que de la faire entrer, avec les ménagements convenables, dans le cadre des programmes des Instituts techniques supérieurs.

Voyons maintenant comment on pourrait peut-être corriger le caractère trop exclusif de l'enseignement de l'École Centrale.

Nous répéterons les paroles que nous avons empruntées au Rapport sur l'École de Zurich :

« Les jeunes gens, qui se vouent aux études techniques supérieures, doivent rester constamment en communion avec les grandes idées qui relèvent et ennoblissent le travail de l'homme et celui du genre humain tout entier. »

Nous savons qu'un local trop étroit, que des Cours presque trop nombreux pour un laps de trois ans, ont obligé l'Administration de l'École Centrale à repousser d'utiles extensions, à diminuer même sur certains points son programme primitif, afin de pouvoir le fortifier sur d'autres qui semblaient plus essentiels. C'est ainsi que, pour notre compte personnel, nous déplorons la suppression du Cours d'Hygiène industrielle, si longtemps professé à nos élèves.

Mais que l'École puisse enfin donner à ses bâtiments, à ses salles de conférences, à ses amphithéâtres, l'ampleur désirable, et elle ne craindra plus, à l'exemple du Polytechnicum ou d'autres Écoles allemandes, de convier ses élèves les plus distingués, après les trois années normales constituant le Cours de l'ingénieur civil, à une quatrième année d'études ([1]).

Cette quatrième année, couronnement du vaste ensemble

([1]) Cette éventualité est une raison de plus pour conserver, dans l'École projetée, un quatrième amphithéâtre.

parcouru, pourrait donner droit, à la suite d'épreuves difficiles, au titre d'agrégé des Sciences appliquées. On y traiterait les questions complexes, esquissées seulement dans les trois premières années obligatoires, avec profondeur et détail.

Un Cours complémentaire d'Analyse et de Mécanique, un Cours spécial concernant la Théorie mécanique de la chaleur présentée avec tous ses développements, la partie philosophique de la Chimie résumée avec autorité, les applications de la Thermodynamique aux machines, suffiraient pour remplir cette quatrième année; mais on y adjoindrait encore très-utilement des Cours de langues vivantes, de Géographie comparée, de haute littérature et d'histoire de l'Art, et, avant tout, un Cours spécial d'Économie industrielle ou politique.

Ce dernier enseignement existe à Zurich et ailleurs; il existe dans nos Écoles des Ponts et Chaussées et des Mines, et l'on a tout lieu de s'en applaudir; il a existé, pendant les premières années de sa fondation, à l'École Centrale elle-même.

Il est peu d'hommes en état de répondre scientifiquement aux sophismes qui travaillent aujourd'hui la société et compromettent sa marche progressive. Les ingénieurs civils de l'École Centrale, intermédiaires obligés entre les grands producteurs et la masse ouvrière ou agricole, peuvent moins que personne demeurer ignorants des précieuses observations rassemblées par les Adam Smith et les J.-B. Say. Pour nous, ce Cours d'Économie doit être absolument rétabli, si l'on veut que les ingénieurs des Arts et Manufactures ne restent pas inférieurs à la tâche qui leur appartient. Nous voudrions même que tous les élèves sans exception pussent en profiter, c'est-à-dire que nous le placerions en deuxième ou en troisième année.

Mais nous n'insisterons pas davantage sur des points qui doivent être discutés et approfondis, et nous conclurons.

L'École Centrale, en inaugurant un nouvel enseignement, celui des Sciences appliquées considérées dans leur ensemble, a rendu au pays un service de premier ordre. L'exemple qu'elle a donné a été suivi, on a marché sur ses traces, il ne faut pas qu'elle soit rejetée au second rang. Elle a été, à son début, une grande fondation : qu'on lui accorde une installation indispensable, qu'elle puisse agrandir son horizon, et son avenir sera à la hauteur de son passé.

Malgré les charges du budget, nous avons confiance dans la sollicitude du Gouvernement et des pouvoirs publics pour les intérêts primordiaux de la France, dans leur chaleureuse justice pour les grandes institutions qui font de Paris, comme déjà au xiiie siècle, le centre intellectuel et scientifique le plus important de l'Europe.

Nous ne nous faisons pas d'illusion. L'École Centrale ne pourra pas rivaliser, comme développements et superficie, avec un grand nombre d'Instituts étrangers. A l'égard des collections et de la bibliothèque, le voisinage du Conservatoire des Arts et Métiers lui permettra seul de soutenir la comparaison. Heureusement que la partie matérielle n'est pas tout. La distinction du personnel de l'École, la valeur de ses élèves, sa situation au centre de Paris, à proximité d'usines et de manufactures importantes, rétabliront la balance. Que l'État agisse donc sans retard. Son intervention éclairée donnera tout leur prix aux conditions exceptionnelles qui ont fait jusqu'ici notre succès. Ajoutons que la puissante unité de l'enseignement de l'École lui assure une réelle prépondérance et que ses ingénieurs, par leur forte préparation, devront toujours, à mérite égal, l'emporter sur leurs concurrents trop spécialisés.

Dans le Livre du regretté et éminent M. Cournot, *Sur les institutions d'instruction publique en France* (1864), nous lisons :

> Le titre d'ancien élève de *l'École Polytechnique* n'est pas chez nous un grade, dans le vieux sens universitaire du mot; mais il a, au fond, une valeur tout à fait comparable. Voyez ces vieillards en retraite, dont l'un a été colonel d'artillerie, un autre officier d'état-major, un autre ingénieur des mines, un autre préposé aux constructions navales ou même, si vous voulez, à la fabrication des tabacs : ils ne portent plus leur uniforme, peut-être même ne distinguerez-vous plus le civil et le militaire; mais vous les reconnaîtrez et surtout ils se reconnaîtront entre eux comme d'anciens élèves de l'École Polytechnique, et cette empreinte se reflétera dans leur commerce, comme celle du jurisconsulte ou du médecin. Peut-être même en dira-t-on un jour autant des élèves de cette *École Centrale,* qui est devenue de notre temps une sorte d'École Polytechnique au petit pied. En effet, l'École Polytechnique et l'École Centrale réalisent bien cette idée d'une *Faculté* économique, mise en avant par Leibnitz, comme tant d'autres idées, bien avant que les temps ne fussent mûrs pour la saisir....

Eh bien, nous voudrions que la marque, que l'empreinte profonde mise par l'École Centrale sur ses anciens élèves, permît d'en tracer le portrait suivant, plus ou moins applicable à tous, avec des nuances, mais avec le fonds commun puisé à la grande source :

Jeune, à la fin de ses études professionnelles, il se distingue déjà par une allure plus sérieuse. Il se plie mieux que les autres enfants de sa génération à la fatigue, à l'ennui, il accepte mieux les obstacles. Son horizon est plus varié, plus indéfini. L'avocat va au Palais, le médecin visite sa clientèle : lui, peut partir demain pour l'Asie ou l'Amérique, pour le Japon ou l'Australie, pour Suez ou Panama. Discipliné avant l'heure aux mille difficultés de la vie, sachant que le succès vient aux patients qui le méritent, il s'ouvre la voie avec calme, avec ténacité. La lutte contre la matière, contre les problèmes qui se dérobent, contre les faux-fuyants des affaires, le trouve toujours prêt. Caractère bien trempé au milieu des mobilités qui l'entourent, il développe d'année en année ses facultés créatrices et parvient rapidement au premier rang, toujours modeste parce qu'il sait combien de progrès restent à accomplir. Le voilà un homme. Sa loyauté scrupuleuse est proverbiale, son jugement a la solidité de ses travaux. Avec lui, rien d'aléatoire, de factice : tout est honnête, sincère, scientifique. Avant de prendre un parti, il réfléchit prudemment, il calcule toutes les conditions; mais, la décision prise, il n'y a plus chez lui qu'énergie et hardiesse. Il est patriote avec passion, mais bienveillant pour les autres nations; partout, il a rencontré de braves gens, instruits et sympathiques : n'a-t-il pas, d'ailleurs, d'anciens camarades dans toutes les parties du monde? Le faible lui inspire toujours un profond sentiment de protection et de justice; mais, en songeant à ses besoins matériels, il s'efforce surtout de relever son moral. Spécialiste par ses occupations, il a plaisir à sortir de sa spécialité et veut avoir *des clartés de tout*. Il dit quelquefois : « Savant, c'est bien; homme, c'est mieux! » Il ne croit pas aux panacées universelles, aux coups de baguette des féeries; mais il a foi dans la volonté et la conscience et murmure souvent, dans les occasions difficiles : « Aide-toi, le ciel t'aidera ». Enfin il a, avant tout, l'amour du vrai sous toutes les formes, et un dédain mêlé de compassion pour le bruit et la réclame, bulles de savon du jour, bonnes tout au plus à égarer les ignorants et les simples. Il s'est fait faire un cachet qui porte ces mots gravés : « Ni dupe, ni trompeur. » On voit bien qu'il est d'une espèce assez rare : c'est un *Central*.

APPENDICE.

PIÈCES JUSTIFICATIVES ET DOCUMENTS DIVERS.

TABLEAU GÉNÉRAL

DU

PERSONNEL ENSEIGNANT ET ADMINISTRATIF DE L'ÉCOLE CENTRALE,

DEPUIS SA FONDATION JUSQU'A CE JOUR.

(1829-1878.)

FONDATEURS.

MM. DUMAS (1829-....), LAVALLÉE (1829-1873), OLIVIER (1829-1853), PÉCLET (1829-1857).

Premier Conseil de Perfectionnement.

(1829-1832.)

MM. CHAPTAL (Président), Fr. ARAGO, D'ARCET, HÉRICART DE THURY, HÉRON DE VILLEFOSSE, JOMARD, LAFFITTE, MOLARD aîné, ODIER, PAYEN, Casimir PÉRIER, POISSON, TERNAUX, THÉNARD.

MM. DUMAS, LAVALLÉE, OLIVIER, PÉCLET, fondateurs.

MM. BENOÎT (1829-1830), BERTHIER (1830-1832), Alex. BRONGNIART (1832).

Conseil des Études.

(1832-1862.)

MM. DUMAS (1832-1862). Président, de 1832 à 1849 et de 1854 à 1862.
LAVALLÉE (1832-1862).
PÉCLET (1832-1857). Président, de 1849 à 1850.
OLIVIER (1832-1853). Président, de 1851 à 1853.
PERDONNET (1832-1862). Président, de 1853 à 1854.
MARY (1833-1862). Président, de 1850 à 1851.

MM. FERRY (1832-1862), RAUCOURT (1832-1833), WALTER DE SAINT-ANGE (1832-1851), BELANGER (1836-1862), PAYEN (1838-1862), BARDIN (1839-1841), EMPAYTAZ (1841-1858), PÉLIGOT (1856-1862), L. THOMAS (1856-1862), A. BURAT (1856-1862), Ch. CALLON (1856-1862).

A. 4   APPENDICE.

Le 24 mai 1862, Arrêté du Ministre de l'Agriculture, du Commerce et des Travaux publics, portant règlement de l'École Centrale et instituant un Conseil de l'École et un Conseil de Perfectionnement. Le Conseil de l'École succède au Conseil des Études.

Le Conseil de Perfectionnement est formé des Membres du Conseil de l'École, du Directeur et du Sous-Directeur de l'École, du Directeur des Études et de neuf Membres, renouvelables tous les six ans et pris parmi les anciens Membres du Conseil de l'École ou parmi les anciens élèves diplômés.

Conseil de l'École et Membres de droit du Conseil de Perfectionnement.

M. Dumas (1862-....), Président.

MM. Lavallée (1862-1864), Belanger (1862-1864), A. Burat (1862-....), Ch. Callon (1862-1878), Ferry (1862-1864), Mary (1862-1864), Payen (1862-1871), Perdonnet (1862), Péligot (1862-1873), L. Thomas (1862-1870), Mantion (1865-....), E. Muller (1865-....), Phillips (1865-1875), Ruelle (1865-1874), H. Tresca (1865-....), Lamy (1866-1878), Jordan (1867-....), Lecoeuvre (1868-....), Ser (1868-....), de Fréminville (1871-....), F. Le Blanc (1873-....), Boutillier (1874-....), De Comberousse (1875-....).

Le Directeur et le Sous-Directeur de l'École, le Directeur et le Sous-Directeur des Études assistent au Conseil de l'École, mais n'en font pas partie.

Membres renouvelables du Conseil de Perfectionnement.

MM. Arson (1862-1869), Burnat (1862-1873), Chevandier de Valdrome (1862-1878), Ad. Dailly (1862-....), Empaytaz (1862-1873), Faure (1862-1863), Petiet (1862-1867), Pothier (1862-1868), Rhôné (1862-1873), Biver (1863-....), Belanger (1869-1874), Vuillemin (1869-....), Mathieu (1870-....), E. Mayer (1872-....), E. Daguin (1873-....), Peligot (1875-....), F. Mathias (1875-....).

Directeurs de l'École.

MM. Lavallée, Fondateur (1829-1862), Perdonnet (1862-1867), Petiet (1867-1871), Solignac, S.-D. faisant fonctions de Directeur (1871-....).

Sous-Directeurs de l'École.

MM. Cardet ([1]) (1859-1865), Solignac (1866-1871).

([1]) M. Cardet fut Secrétaire général Administrateur, de 1857 à 1859.

Directeurs des Études.

MM. Olivier, Fondateur (par intérim, de 1832 à 1835), Belanger (1836-1838), Bardin (1839-1841), Empaytaz (1841-1858), Cauvet (1858-....).

Sous-Directeurs des Études.

MM. Pothier (1854-1856), Cauvet (1857-1858), Caron (1857-1859), Sarazin (1859-....).

Jury d'admission.

Ce Jury, qui fonctionna partiellement en 1858, est nommé annuellement par le Ministre, depuis 1859, sur une liste soumise à son approbation par le Conseil de l'École.

Présidents : MM. Belanger (1858-1865), Phillips (1866-1869), H. Tresca (1870-1875), De Comberousse (1876-....).

Secrétaire : M. Sarazin (1859-....).

Examinateurs pour les Sciences : MM. H. Tresca (1858-1865), De Comberousse (1858-1875), Eugène Rouché (1859-1876), Vacquant (1859-....), Daniel (1866-....), Maurice Lévy (1877-....), Songaylo (1877-....).

Examinateurs pour le Dessin : MM. Bouchet (1858-1860), Deconchy (1860-1871), Duchatelet (1871-....), Fernique fils (1871-....).

PROFESSEURS.

Analyse mathématique.

(Ce cours n'a été détaché du cours de Mécanique générale qu'en 1875.)

MM. Coriolis (1831-1832), Colladon, Professeur adjoint (1832-1833), Liouville (1833-1838), Belanger (1839-1841), Martelet (1841-1853), Sonnet (1853-1875), Vacquant (1875-....).

Mécanique générale.

(La Cinématique n'a été jointe au cours de Mécanique générale qu'en 1875.)

MM. Colladon, Professeur adjoint (1829-1830), Didiez (1830-1831), Coriolis (1831-1832), Liouville (1833-1838), Belanger (1839-1845), Martelet (1845-1853), Sonnet (1853-1875), Maurice Lévy (1875-....).

Géométrie descriptive.

MM. Olivier, Fondateur (1829-1853), Martelet (1853-1867), Eugène Rouché (1867-....).

Physique générale.

MM. Péclet, Fondateur (1829-1836), Colladon, Professeur adjoint (1829-1835), Abria (1836-1839), V. Regnault (1839-1840), Masson (1841-1860), Daniel (1861-....).

Chimie générale.

MM. Dumas, Fondateur (de 1829 à 1832 et de 1843 à 1853), Pelouze (1832-1836), Peligot (1836-1843), Cahours (Professeur adjoint, de 1845 à 1853; Professeur titulaire, de 1853 à 1873), Gernez (1873-....).

Cinématique.

(La Cinématique a été réunie à la Mécanique générale à partir de 1875.)
MM. Faure (1841-1862), Ser (1863-1865), De Comberousse (1865-1875).

Minéralogie et Géologie.

MM. Constant-Prévost (1831-1832), Perdonnet (1832-1841), A. Burat (1841-1865), De Selle (1865-....).

Histoire naturelle et Hygiène.

(Les leçons sur l'Hygiène ont été supprimées à partir de 1871.)

MM. Ad. Brongniart (1829-1831), Parent-Duchatelet (1830-1832), Milne Edwards (1832-1843), Doyère (1844-1861), De Montmahou, chargé du cours (1861-1862), Baillon (1862-1870), Van Tieghem (chargé de cours, de 1873 à 1877; Professeur titulaire, 1877-....).

Éléments d'Architecture.

(Ce cours a été institué en première année, à partir de 1865.)

MM. Deconchy, chargé de conférences (1865-1871), Demimuid (chargé de cours, de 1872 à 1876; Professeur titulaire, 1876-....).

Mécanique appliquée.

MM. Belanger (1838-1864), Sonnet, Suppléant (1849-1853), Delaunay, Professeur adjoint (1853-1855), Phillips (1864-1875), H. Tresca (1865-....), De Comberousse (1875-....).

Résistance appliquée.

MM. Faure (1858-1862), De Mastaing (Maître de conférences, de 1863 à 1865; Professeur titulaire, de 1865 à 1872), Contamin (chargé de cours, de 1873 à 1876; Professeur titulaire, 1876-....).

Construction et établissement des Machines.

(Ce cours embrasse les trois années d'études.)

MM. Ferry (1830-1838), Walter de Saint-Ange (1831-1851), C. Polonceau (1851-1853), Ch. Callon (1852-1878), Lecoeuvre (chargé de cours et Professeur adjoint, de 1860 à 1868; Professeur titulaire, 1863-....), Ermel (1865-....), Vigreux, chargé de cours (1878-....).

Physique industrielle.

MM. Péclet, Fondateur (1829-1857), L. Thomas (1858-1864), Ser (1865-....).

Machines à vapeur.

MM. Colladon (1831-1835), L. Thomas (par intérim, de 1836 à 1838; Professeur titulaire, de 1838 à 1870) ([1]), De Fréminville ([2]) (1870-....).

Chimie analytique.

MM. Bussy (1829-1831), Dumas, Fondateur (1832-1843), Peligot (1843-1873), Bouis (1865-1873), F. Le Blanc (1865-....).

Chimie industrielle.

MM. Dumas, Fondateur (1832-1843), Payen (1835-1871), Lamy (1871-1878), Vincent, chargé de cours (1878-....).

Géognosie et exploitation des Mines.

MM. Bineau (1829-1830), Perdonnet (1832-1841), A. Burat (1841-....).

Métallurgie générale et Métallurgie du Fer.

MM. Ferry (1831-1864), Perdonnet (1832-1838), Walter de Saint-Ange (1834-1838), Jordan (chargé de cours, de 1864 à 1867; Professeur titulaire, 1867-....).

([1]) En 1870, M. Thomas fils achève le cours professé par son père.
([2]) M. de Fréminville avait occupé la chaire de *Constructions navales* de 1865 à 1869.

Architecture et Constructions civiles.

MM. Gourlier (1829-1831), Raucourt (1832-1833), Mary (1833-1864), Beaulieu, Professeur adjoint (1852-1864), E. Muller (chargé de cours, de 1864 à 1865; Professeur titulaire, 1865-....).

Travaux publics.

MM. Raucourt (1832-1833), Mary (1833-1864), Ruelle (1865-1874), Boutillier (1874-....).

Chemins de fer.

Perdonnet (1838-1864), Mantion (1864-....).

Technologie.

MM. Alcan, Filature et Tissage (1844-1853), Salvetat (chargé de leçons sur la Poterie, de 1844 à 1853; Professeur de Technologie chimique : Céramique et Teinture, 1853-...., Métallurgie des petits métaux, 1873-...., Verrerie, 1877-....), Lamy, Métallurgie des petits métaux (chargé de cours, de 1865 à 1866; Professeur titulaire, de 1866 à 1871).

Zootechnie.

M. Saint-Yves Ménard (1873-....).

Phytotechnie.

M. Prillieux (1873-....).

Économie rurale.

MM. Debains (supplée M. Tisserand, Professeur titulaire, de 1874 à 1877), Risler (1878-....).

Législation industrielle.

M. Delacroix (1856-....).

Économie industrielle et Statistique.

M. Guillemot (1829-1831).

LISTE

PAR ORDRE ALPHABÉTIQUE

DES FONCTIONNAIRES DE TOUT ORDRE ATTACHÉS A L'ÉCOLE CENTRALE

DEPUIS SA FONDATION.

NOMS.	FONCTIONS.	DATES de l'entrée en fonctions	DATES de la cessation des fonctions
MM.			
Abria.............	Chargé du cours de Physique générale (1re année).	1836	1839
Alcan.............	Chargé de leçons sur les matières textiles.	1844	1853
Avignon...........	Commis-Rédacteur-Vérificateur.	1869	1874
Baillio-Lamotte....	Chef des Travaux graphiques (1re année).	1830	1831
Baillon............	Professeur d'Histoire naturelle et d'Hygiène (1re année).	1862	1870
Bance.............	Inspecteur des élèves.	1838	1840
Bardin.............	Directeur des études.	1839	1841
Beaulieu..........	Professeur adjoint d'Architecture et de Travaux publics (2e et 3e années).	1852	1864
Becquerel.........	Répétiteur de Physique générale (1re année).	1842	1851
Belanger..........	Directeur des études.	1836	1838
	Professeur de Mécanique générale et industrielle (1re, 2e et 3e années).	1838	1864
	Président du Jury d'admission.	1858	1865
	Membre du Conseil de Perfectionnement.	1869	1874
Belchamps.........	Inspecteur supérieur des élèves.	1846	1847
Belin..............	Répétiteur de Géologie et de Minéralogie (1re année).	1865	
Benard............	Répétiteur d'Architecture et de Travaux publics (2e et 3e années).	1848	1856
Bergounioux.......	Répétiteur des Arts chimiques.	1829	1831
Billequin..........	Préparateur de Chimie industrielle (3e année).	1865	1866
Bineau-d'Aligny...	Répétiteur de Chimie.	1832	1833

NOMS.	FONCTIONS.	DATES de l'entrée en fonctions	de la cessation des fonctions
MM.			
BINEAU (Martial)......	Professeur d'Exploitation des Mines.	1829	1830
BOISTEL	Chef des laboratoires de Chimie.	1833	1836
BONNET	Répétiteur de Machines à vapeur (2ᵉ année).	1873	
BOUCHERON...........	Aide-Préparateur des cours de Chimie (1ʳᵉ et 2ᵉ années).	1874	1875
	Répétiteur de Technologie chimique (2ᵉ année).	1875	
BOUCHET.............	Chef des Travaux graphiques (1ʳᵉ année).	1854	1860
	Examinateur d'admission pour le Dessin.	1858	1860
BOUIS	Répétiteur de Chimie générale (1ʳᵉ année).	1853	1865
	Professeur de Chimie analytique des minéraux (2ᵉ année).	1865	1873
BOURGUIGNON	Inspecteur des élèves.	1872	
BOUTILLIER...........	Professeur de Travaux publics (3ᵉ année).	1874	
	Membre du Conseil de Perfectionnement.	1874	
BOUTIN.............	Répétiteur d'Exploitation des Mines (2ᵉ et 3ᵉ années).	1841	1842
AD. BRONGNIART	Professeur d'Histoire naturelle (1ʳᵉ année).	1829	1831
A. BURAT............	Professeur de Géognosie et d'Exploitation des Mines (2ᵉ et 3ᵉ années).	1841	
	Membre du Conseil de Perfectionnement.	1862	
BUSSY...............	Professeur de Chimie analytique (2ᵉ année).	1829	1831
CAHOURS	Répétiteur de Chimie générale	1839	1845
	Professeur adjoint — (1ʳᵉ année).	1845	1853
	Professeur titulaire —	1853	1873
CH. CALLON.........	Professeur de construction de Machines (2ᵉ et 3ᵉ années).	1852	1865
	Professeur de construction de Machines (3ᵉ année).	1865	1878
	Membre du Conseil de Perfectionnement.	1862	1878
CANCE..............	Inspecteur des élèves.	1847	1869
CARDET	Secrétaire général administrateur.	1857	1859
	Sous-directeur de l'École.	1859	1865
CARLET.............	Répétiteur de Chimie analytique (2ᵉ année).	1855	

LISTE DES FONCTIONNAIRES DE TOUT ORDRE. — A.11

NOMS.	FONCTIONS.	de l'entrée en fonctions	de la cessation des fonctions
		DATES	
MM.			
Caron	Sous-Directeur des études.	1857	1859
Cauvet	Sous-Directeur des études.	1857	1858
	Directeur des études.	1858	
Cavadino	Inspecteur des élèves.	1847	1848
Chabrier	Agent comptable.	1857	1869
Chalain	Répétiteur de Chemins de fer (3ᵉ année).	1875	
Champion	Préparateur de Chimie industrielle (3ᵉ année).	1867	1870
Charpentier	Répétiteur de Géom. descriptive (1ʳᵉ ann.).	1836	1837
Chavonnet	Chef des Travaux graphiques (2ᵉ et 3ᵉ années).	1832	1836
Chevandier de Valdrôme	Répétiteur de Chimie industrielle.	1833	1834
	Membre du Conseil de Perfectionnement.	1862	1878
Chobrzynski	Répétiteur de Mécanique rationnelle (2ᵉ et 3ᵉ années).	1836	1837
Choquet	Répétiteur de Géométrie descriptive (1ʳᵉ année).	1829	1830
Ciolina	Inspecteur des élèves.	1873	1874
Colladon	Professeur adjoint de Physique générale (1ʳᵉ année).	1829	1835
	Professeur de Machines à vapeur.	1831	1835
Contamin	Répétiteur de Mécanique appliquée (3ᵉ année).	1865	1872
	Chargé du cours de Résistance appliquée (2ᵉ année).	1873	1876
	Professeur titulaire de Résistance appliquée (2ᵉ année).	1876	
Constant-Prévost	Professeur de Géologie et Minéralogie (2ᵉ année).	1831	1832
G. Coriolis	Professeur de Mécanique générale (1ʳᵉ année).	1831	1832
Cornet	Répétiteur du cours de Chemins de fer (3ᵉ année).	1845	1855
Courtès-Lapeyrat	Répétiteur de Construction de Machines et de Résistance appliquée (2ᵉ année).	1869	1872
Daniel	Préparateur de Physique génér. (1ʳᵉ ann.).	1843	1861
	Répétiteur de Physique génér. (1ʳᵉ ann.).	1851	1861
	Professeur de Physique génér. (1ʳᵉ ann.).	1861	
	Examinateur d'admission pour les Sciences physiques.	1866	

APPENDICE.

NOMS.	FONCTIONS.	DATES de l'entrée en fonctions	DATES de la cessation des fonctions
MM.			
Debains	Répétiteur du cours d'Économie rurale (3ᵉ année).	1874	1877
	A suppléé M. Tisserand, professeur de ce cours, pendant les 4 années (1874 à 1877).	1874	1877
Debonnefoy	Répétiteur de Construction de Machines (2ᵉ et 3ᵉ années).	1851	1852
	Répétiteur suppléant du cours de Chemins de fer (3ᵉ année).	1852	1853
	Répétiteur titulaire de Mécanique industrielle (2ᵉ et 3ᵉ années).	1853	1865
	Examinateur d'admission pour les Sciences (suppléant).	1858	1859
	Examinateur d'admission pour les Sciences (titulaire).	1859	1875
De Comberousse	Professeur de Cinématique (1ʳᵉ année).	1865	1875
	Professeur de Mécanique générale (1ʳᵉ année) (n'a pas fonctionné, de septembre à novembre 1875).	Sep-Nov	1875
	Professeur de Mécanique appliquée (2ᵉ année).	1875	
	Président du Jury d'admission.	1876	
	Membre du Conseil de Perfectionnement.	1875	
Deconchy	Chef des Travaux graphiques (Architecture) (1ʳᵉ année).	1860	1871
	Examinateur d'admission pour le Dessin.	1860	1871
	Chargé de conférences sur l'Architecture (1ʳᵉ année).	1865	1871
Delacroix	Professeur de Législation industrielle (2ᵉ et 3ᵉ années).	1856	
Delaunay	Professeur adjoint de Mécanique industrielle (2ᵉ et 3ᵉ années).	1853	1855
Dellisse	Répétiteur de Chimie industrielle (3ᵉ année).	1846	1848
Delsart	Bibliothécaire.	1837	1838
	Inspecteur des élèves.	1838	1841
Demarle	Inspecteur des élèves.	1854	1869
Demimuid	Chargé du cours d'Architecture (1ʳᵉ ann.)	1872	1876
	Professeur titulaire d'Architect. (1ʳᵉ ann.)	1876	

LISTE DES FONCTIONNAIRES DE TOUT ORDRE. A. 13

NOMS.	FONCTIONS.	DATES de l'entrée en fonctions	de la cessation des fonctions
MM.			
Denfer.	Chef des Travaux graphiques (2ᵉ année).	1869	1871
	Chef des Travaux graphiques (2ᵉ et 3ᵉ années).	1871	
Des Cloizeaux	Répétiteur de Géognosie et Exploitation des Mines (2ᵉ et 3ᵉ années).	1843	1863
Devillez	Répétiteur de Mécanique rationnelle (3ᵉ année).	1836	1837
Didiez	Professeur adjoint de Mécanique générale (1ʳᵉ année).	1830	1831
Donnay	Répétiteur du Cours de Chemins de fer (3ᵉ année).	1859	1874
Doyère	Professeur de Physiologie et d'Histoire naturelle (1ʳᵉ année).	1845	1861
Duchatelet	Adjoint au chef des Travaux graphiques (Architecture) (1ʳᵉ année).	1855	1871
	Examinateur d'admission pour le Dessin (suppléant).	1858	1871
	Examinateur d'admission pour le Dessin (titulaire).	1871	
	Chef des Travaux graphiques (Architecture) (1ʳᵉ année).	1871	
Dumas (Jean-Baptiste)	Fondateur.		
	Professeur de Chimie générale et Arts chimiques.	1829	1832
	Professeur de Chimie industrielle et analytique (2ᵉ et 3ᵉ années).	1832	1843
	Professeur de Chimie générale (1ʳᵉ année).	1843	1853
	Président du Conseil des Études.	1832	1862
	Président du Conseil de Perfectionnement.	1862	
Dumas (Louis)	Aide-Préparateur des cours de Chimie (1ʳᵉ et 2ᵉ années).	1873	1874
	Répétiteur de Technologie chimique (2ᵉ année).	1874	1875
Duroch	Inspecteur des élèves.	1845	1850
Empaytaz	Directeur des études.	1841	1858
	Membre du Conseil de Perfectionnement.	1862	1873

NOMS.	FONCTIONS.	DATES de l'entrée en fonctions	de la cessation des fonctions
MM.			
Ermel	Répétiteur de Physique industrielle et de Machines à vapeur (2ᵉ et 3ᵉ années).	1863	1865
	Répétiteur de Machines à vapeur (3ᵉ année).	1865	1868
	Professeur d'Éléments organiques des Machines (1ʳᵉ année).	1865	
D'Estienne-d'Orve	Répétiteur d'Exploitation des Mines (2ᵉ année).	1865	1866
Evrat	Inspecteur des élèves.	1865	1871
Fabre	Caissier.	1843	1852
Faure	Répétiteur de Construction de Machines et de Métallurgie du fer (2ᵉ et 3ᵉ années).	1839	1850
	Répétiteur de Métallurgie du fer (3ᵉ année).	1850	1855
	Professeur de Transformations de mouvement (1ʳᵉ année).	1845	1862
	Professeur d'application de la Résistance des matériaux (2ᵉ année).	1858	1862
	Membre du Conseil de Perfectionnement.	1862	1863
Favre	Chef des Travaux chimiques (2ᵉ et 3ᵉ années).	1850	1855
Fazy	Répétiteur de Constructions navales (3ᵉ année).	1866	1867
Fernique père	Répétiteur de Géométrie descriptive (1ʳᵉ année).	1845	1871
	Chef des Travaux de Géométrie descriptive (1ʳᵉ année).	1863	1871
Fernique fils	Chef des Travaux et Répétiteur d'Éléments de Machines (1ʳᵉ année).	1869	
	Examinateur d'admission pour le Dessin des Machines.	1870	
Ferry	Professeur de Construction de Machines (2ᵉ et 3ᵉ années).	1830	1831
	Professeur de Construction de Machines et de Métallurgie du fer.	1831	1838
	Professeur de Métallurgie du fer (2ᵉ et 3ᵉ années).	1838	1864
	Membre du Conseil de Perfectionnement.	1862	1864

LISTE DES FONCTIONNAIRES DE TOUT ORDRE.

NOMS.	FONCTIONS.	DATES de l'entrée en fonctions	DATES de la cessation des fonctions
MM.			
Forest............	Répétiteur de Travaux publics (3ᵉ année).	1866	
Fournier..........	Préparateur de Physique générale (1ʳᵉ année).	1834	1836
Fréminville (de). ...	Professeur de Constructions navales (3ᵉ année).	1865	1869
	Professeur de Machines à vapeur (2ᵉ année)	1870	
	Membre du Conseil de Perfectionnement.	1871	
Gal...........	Répétiteur de Chimie générale (1ʳᵉ année).	1865	1872
Gastelier........	Adjoint au chef des Travaux graphiques (2ᵉ et 3ᵉ années).	1846	1849
Gauchez........	Chef de Travaux pour la Topographie et les Jaugeages.	1838	
Geoffroy..........	Répétiteur de Cinématique (1ʳᵉ année).	1872	1874
	Répétiteur d'Analyse mathématique et de Mécanique générale (1ʳᵉ année).	1874	1875
	Répétiteur de Mécanique générale (1ʳᵉ année).	1875	
Gernez..........	Professeur de Chimie générale (1ʳᵉ année).	1873	
Gouilly..........	Répétiteur de Mécanique appliquée (3ᵉ année).	1872	
Gourlier.........	Professeur d'Architecture (2ᵉ année.)	1829	1831
Guillaume........	Répétiteur d'Architecture et de Travaux publics (2ᵉ et 3ᵉ années).	1855	1864
Guillemot.........	Professeur d'Économie industrielle et Statistique.	1829	1831
Guillot...........	Inspecteur des élèves.	1850	1852
	Caissier.	1852	1857
	Conservateur du Matériel et des Collections.	1857	1870
Hallopeau........	Répétiteur de Métallurgie du fer (3ᵉ année).	1869	
Hautefeuille.......	Répétiteur de Cinématique (1ʳᵉ année).	1859	1864
	Répétiteur de Métallurgie des petits métaux et de Chimie industrielle (2ᵉ année).	1864	1871
Hébert...........	Répétiteur de Physique générale (1ʳᵉ année).	1839	1841

… A. 16 LISTE DES FONCTIONNAIRES DE TOUT ORDRE.

NOMS.	FONCTIONS.	DATES de l'entrée en fonctions	de la cessation des fonctions
MM.			
Hervey-Picard	Répétiteur adjoint de Constructions civiles et de Travaux publics (2ᵉ et 3ᵉ années).	1859	1865
	Répétiteur titulaire de Constructions civiles (2ᵉ année).	1865	
Houel	Inspecteur des élèves.	1852	1870
Hudelo	Préparateur de Physique industrielle et de Machines à vapeur (3ᵉ année).	1859	1865
	Répétiteur de Physique générale. (1ʳᵉ année).	1861	
Huet	Inspecteur des élèves.	1840	1845
Imber	Répétiteur d'Analyse mathématique (1ʳᵉ année).	1875	
Jacquelain	Préparateur des cours de Chimie (1ʳᵉ et 2ᵉ années).	1832	1873
Jaquin	Préparateur du cours de Chemins de fer (3ᵉ année).	1858	1866
S. Jordan	Répétiteur de Métallurgie du fer (3ᵉ année).	1863	1864
	Chargé (provisoirement) du cours de Métallurgie du fer (3ᵉ année).	1864	1865
	Chargé de cours (titulaire) de Métallurgie du fer (3ᵉ année).	1865	1867
	Professeur de Métallurgie du fer (3ᵉ année).	1867	
	Membre du Conseil de Perfectionnement.	1867	
Knab	Répétiteur de Chimie industrielle (3ᵉ année).	1839	1846
Komarnicki	Chef des Travaux graphiques (3ᵉ année).	1866	1871
Kruger	Répétiteur de Constructions navales (3ᵉ année).	1869	1870
Lamy	Chargé du cours de Chimie minérale industrielle (2ᵉ année).	1865	1866
	Professeur de Chimie minérale industrielle (2ᵉ année).	1866	1871
	Professeur de Chimie industrielle (3ᵉ année).	1871	1878
	Membre du Conseil de Perfectionnement.	1866	1878
Landry	Répétiteur d'Histoire naturelle (1ʳᵉ année).	1850	1851

LISTE DES FONCTIONNAIRES DE TOUT ORDRE.

NOMS.	FONCTIONS.	de l'entrée en fonctions	de la cessation des fonctions
MM.			
Lapeyrouse (de)	Secrétaire de la Direction des études.	1859	1863
Latruffe	Commis d'ordre.	1833	1857
	Secrétaire-Archiviste.	1857	1866
Laurens	Répétiteur de Géométrie descriptive (1re année).	1833	1840
	Répétiteur de Constructions civiles et Travaux publics (2e et 3e années).	1840	1848
Lavallée	Fondateur (décédé le 15 mai 1873). Directeur de l'École.	1829	1862
Leblanc	Professeur de Dessin.	1836	1841
Leblanc (Ad.)	Maître du Dessin des Machines (1re année).	1829	1830
	Chef des Travaux chimiques (2e année).	1854	1873
Le Blanc (Félix)	Professeur de Chimie analytique des gaz (2e année).	1865	1873
	Professeur de Chimie analytique (2e année).	1873	
	Membre du Conseil de Perfectionnement.	1873	
	Répétiteur du cours de Construction de Machines (2e et 3e années).	1852	1865
	Chargé du Cours de Construction de Machines (2e année).	1860	1863
Lecoeuvre	Professeur adjoint du cours de Construction de Machines (2e année). Et Professeur d'Éléments de Machines (1re année).	1863	1865
	Chargé du cours de Construction de Machines (2e année).	1865	1868
	Professeur titulaire du Cours de Construction de Machines (2e année).	1868	
	Membre du Conseil de Perfectionnement.	1868	
Leclère	Secrétaire de la Direction des études.	1867	
Lecomte	Aide-Préparateur de Chimie.	1844	1853
Lelaurin	Répétiteur de Physique industrielle (2e année).	1865	
Lelong	Préparateur de Chimie générale (1re année).	1853	1868
	Chef des Travaux chimiques (1re année).	1859	1868
	Rentré comme chef des Travaux chimiques	1873	
Lemire	Aide-préparateur de Chimie.	1840	1843
Lesage	Inspecteur des élèves.	1854	1865

De Comberousse. — *Hist. de l'Éc. Cent.*

NOMS.	FONCTIONS.	DATES de l'entrée en fonctions	de la cessation des fonctions
MM.			
Lévy (Maurice)......	Professeur de Mécanique générale (1re année).	1875	
	Examinateur d'admission pour les Sciences mathématiques.	1877	
Liouville............	Professeur de Géométrie (1re année) et de Mécanique rationnelle (2e année).	1833	1838
Lippmann...........	Répétiteur d'Exploitation des Mines (2e année).	1866	
Lorin..............	Préparateur et adjoint au chef des Manipulations de Physique générale (1re année).	1861	
	Préparateur de Chimie industrielle minérale (2e année).	1865	1871
	Préparateur de Chimie industrielle (3e année).	1871	
Mantion............	Professeur du cours de Chemins de Fer (3e année).	1864	
	Membre du Conseil de Perfectionnement.	1865	
	Examinateur d'admission.	1836	1841
	Professeur suppléant d'Analyse géométrique (1re année).	1841	1843
Martelet...........	Professeur titulaire d'Analyse géométrique (1re année).	1843	1845
	Professeur d'Analyse géométrique et de Mécanique générale (1re année).	1845	1853
	Professeur de Géométrie descriptive (1re année).	1853	1857
Mary...............	Professeur de Constructions civiles et Travaux publics (2e et 3e années).	1843	1864
	Membre du Conseil de Perfectionnement.	1862	1864
Masson............	Professeur de Physique générale (1re année).	1841	1860
	Répétiteur de Métallurgie du Fer (2e et 3e années).	1855	1863
Mastaing (de)......	Maitre de Conférences de Résistance appliquée (2e année).	1863	1865
	Professeur du cours de Résistance appliquée (2e année).	1865	1872
Mazilier...........	Répétiteur de Travaux publics (3e année).	1865	1866
Ménard (St-Yves)....	Professeur de Zootechnie (2e année).	1873	

LISTE DES FONCTIONNAIRES DE TOUT ORDRE.

NOMS.	FONCTIONS.	DATES de l'entrée en fonctions	de la cessation des fonctions
MM. MERMET............	Préparateur des cours de Chimie (1re et 2e années).	1873	
MEYER.............	Inspecteur des élèves.	1877	
MILNE EDWARDS.......	Professeur de Physiologie et Histoire naturelle (1re année).	1832	1843
MONTMAHOU...........	Répétiteur d'Hist. naturelle (1re année).	1854	1861
	Chargé du cours d'Histoire naturelle (1re année).	1861	1862
	Chargé du cours de Constructions civiles (2e année).	1864	1865
E. MULLER...........	Professeur du cours de Constructions civiles (2e année).	1865	
	Membre du Conseil de Perfectionnement.	1865	
NAEF...............	Inspecteur des élèves.	1836	1838
	Bibliothécaire.	1838	1849
NANCY..............	Répétiteur de Chemins de fer (3e ann.).	1855	1857
NICOUR (Ch.).......	Répétiteur de Mécanique appliquée (2e année).	1867	
NOUVIAN............	Chef des Travaux graphiques (1re année).	1840	1846
OBELLIANE...........	Préparateur du cours de Physique générale (1re année).	1840	1843
OLIVIER............	Fondateur (décédé le 6 août 1853). Professeur de Géométrie descriptive (1re année).	1829	1853
	Directeur des études, par intérim.	1832	1835
	Membre du Conseil des Études.	1832	1853
PAGÈS..............	Répétiteur de Mécanique rationnelle (2e année).	1837	1838
PARARD.............	Inspecteur des élèves.	1869	1878
PARENT-DUCHATELET....	Professeur d'Anatomie et de Physiologie (1re année).	1830	1832
PAUL (DE)..........	Répétiteur de Géométrie descriptive (1re année).	1839	1845
PAYEN..............	Professeur de Chimie industr. (3e ann.)	1835	1871
	Membre du Conseil de Perfectionnement.	1862	1871
PÉCLET.............	Fondateur (décédé le 6 décembre 1857). Professeur de Physique générale (1re année)	1829	1836
	Professeur de Physique industrielle (2e et 3e années).	1829	1857
	Membre du Conseil des Études.	1832	1857

APPENDICE.

NOMS.	FONCTIONS.	DATES de l'entrée en fonctions	DATES de la cessation des fonctions
MM.			
PELICOT.	Répétiteur des cours de Chimie.	1834	1836
	Professeur de Chimie générale (1re année).	1836	1843
	Professeur de Chimie analytique (2e année).	1843	1873
	Membre du Conseil de Perfectionnement.	1862	
PELLOT.	Secrétaire de la Direction des études.	1863	1867
PELOUZE.	Professeur de Chimie générale (1re année).	1832	1836
PERDONNET.	Professeur d'Exploitation des Mines et de Métallurgie générale (2e et 3e années).	1832	1838
	Professeur de Géognosie et Exploitation des Mines et de Chemins de fer (2e et 3e années).	1838	1841
	Professeur de Chemins de fer (3e année).	1841	1864
	Membre du Conseil des Études.	1832	1862
	Directeur de l'École.	1862	1867
PÉRIN.	Sous-Bibliothécaire.	1848	1850
	Bibliothécaire.	1850	1866
PETIET.	Membre du Conseil de Perfectionnement.	1862	1867
	Directeur de l'École.	1867	1871
PETIT.	Répétiteur de Mécanique rationnelle (2e et 3e années).	1837	1838
PHILLIPS.	Professeur de Mécanique appliquée (3e année).	1864	1875
	Président du Jury d'admission.	1866	1869
	Membre du Conseil de Perfectionnement.	1865	1875
PICNOT.	Inspecteur des élèves.	1836	1838
POINSOT.	Répétiteur de Chimie industrielle (3e année).	1848	1872
POLONCEAU (C.).	Professeur de Construction de machines (2e et 3e années).	1851	1853
F. POTHIER.	Sous-Directeur des études.	1854	1856
	Membre du Conseil de Perfectionnement.	1862	1868

LISTE DES FONCTIONNAIRES DE TOUT ORDRE.

NOMS.	FONCTIONS.	DATES de l'entrée en fonctions	DATES de la cessation des fonctions
MM.			
PRIESTLEY............	Préparateur de Physique générale (1re année).	1836	1838
	Répétiteur de Physique générale (1re année).	1836	1841
	Répétiteur d'Analyse géométrique (1re année).	1841	1847
	Répétiteur d'Analyse géométrique et de Mécanique générale.	1847	1874
	Examinateur d'admission (suppléant).	Concours	de 1858
PRILLIEUX............	Professeur de Phytotechnie (2e année).	1873	
PRIOU................	Inspecteur des élèves.	1872	1873
PROAL................	Bibliothécaire.	1870	
PUJOL................	Inspecteur des élèves.	1848	1856
RAMEAU...............	Inspecteur des élèves.	1838	1854
RAUCOURT.............	Professeur de Constructions civiles et Travaux publics (2e et 3e années).	1832	1833
REGNAULT (V.)........	Professeur de Physique générale (1re année).	1839	1840
REGNAULT.............	Inspecteur des élèves.	1840	1847
RICOUT...............	Aide-préparateur de Chimie.	1846	1847
RISLER...............	Professeur d'Économie rurale (3e année).	1878	
ROBERT...............	Adjoint au Chef des Travaux graphiques (2e et 3e années).	1849	1866
ROLLET...............	Répétiteur de Géognosie et d'Exploitation des Mines (2e et 3e années).	1860	1862
ROUBY................	Inspecteur des élèves.	1875	
ROUCHÉ (Eugène)......	Examinateur d'admission pour les Sciences (suppléant).	1859	1860
	Examinateur d'admission pour les Sciences (titulaire).	1860	1876
	Professeur suppléant de Géométrie descriptive (1re année).	1867	1868
	Professeur titulaire de Géométrie descriptive (1re année).	1868	
ROUSSEAU.............	Répétiteur de Chimie générale (1re année).	1837	1841
ROUSSEL..............	Inspecteur des élèves.	1856	1873
ROUYER...............	Répétiteur de Construction de Machines (2e année).	1865	1868

NOMS.	FONCTIONS.	DATES	
		de l'entrée en fonctions	de la cessation des fonctions
MM.			
Ruelle............	Professeur de Travaux publics (3ᵉ année).	1865	1874
	Membre du Conseil de Perfectionnement.	1865	1874
Sahuqué............	Préparateur de Physique générale (1ʳᵉ année).	1838	1841
	Chargé de leçons sur la Poterie (2ᵉ année).	1844	1853
Salvetat.........	Professeur de Technologie chimique (2ᵉ année). Céramique et Teinture, à partir de 1853; Métallurgie des petits métaux, à partir de 1873; Verrerie, à partir de 1877.	1853	
	Répétiteur de Chemins de Fer.	1857	1859
A. Sarazin..........	Sous-Directeur des Études.	1859	
	Secrétaire du Jury d'admission.	1859	
Scribe............	Chef des Travaux chimiques (1ʳᵉ année).	1847	1850
Selle (de).........	Répétiteur de Géognosie et Exploitation des Mines (2ᵉ et 3ᵉ années).	1862	1865
	Professeur de Géologie et Minéralogie (1ʳᵉ année).	1865	
	Répétiteur de Physique industrielle (2ᵉ année).	1855	1859
	Répétiteur de Physique industrielle et de Machines à vapeur (3ᵉ année).	1859	1863
Ser............	Professeur de Cinématique (1ʳᵉ année).	1863	1865
	Chargé de Conférences sur la Physique industrielle et les Machines à vapeur (2ᵉ et 3ᵉ années).	1864	1865
	Professeur de Physique industrielle (2ᵉ année).	1865	
	Membre du Conseil de Perfectionnement.	1868	
Silva............	Chef des Travaux chimiques (2ᵉ et 3ᵉ années).	1873	
N. Solignac........	Sous-Directeur de l'École.	1866	1871
	Faisant fonctions de Directeur.	1871	

LISTE DES FONCTIONNAIRES DE TOUT ORDRE. A.23

NOMS.	FONCTIONS.	DATES de l'entrée en fonctions	de la cessation des fonctions
MM.			
Soncaylo............	Répétiteur de Cinématique (1re année).	1865	1871
	Répétiteur et Chef des travaux de Géométrie descriptive (1re année).	1871	
	Examinateur d'admission pour les Sciences mathématiques.	1877	
Sonnet................	Répétiteur de Mécanique industrielle (2e et 3e années).	1838	1853
	Examinateur d'admission.	1839	1853
	Professeur d'Analyse et de Mécanique générale (1re année).	1853	1875
	Examinateur d'admission.	Concours de 1858	
Spiers...............	Professeur de langue anglaise.	1832	1835
Thibierge...........	Commis à la comptabilité.	1875	
L. Thomas..........	Répétiteur de Physique appliquée (2e et 3e années).	1833	1838
	Chargé par intérim du cours de Machines à vapeur (3e année).	1836	1838
	Professeur titulaire du cours de Machines à vapeur (3e année).	1838	1869
	Membre du Conseil de Perfectionnement.	1864	1870
Thomas fils	Répétiteur de Machines à vapeur (3e année).	1868	1872
	A été chargé de terminer le Cours de Machines à vapeur en	1869	1870
Thumeloup..........	Chef des travaux de Dessin (1re année).	1836	1854
Tisserand...........	Professeur d'Économie rurale (3e année) (n'a pas fonctionné).	1874	1877
Tordeux............	Commis Rédacteur-Vérificateur.	1866	1869
	Commis à la comptabilité.	1869	1874
	Secrétaire-Archiviste.	1874	
Tortuyaux..........	Commis d'ordre.	1856	1860
	Commis Rédacteur-Vérificateur.	1860	1866
	Secrétaire-Archiviste.	1866	1869
H. Tresca..........	Examinateur d'admission.	1853	1865
	Professeur de Mécanique appliquée (2e année).	1865	1875
	Président du Jury d'admission.	1870	1875
	Professeur de Mécanique appliquée (3e année).	1875	
	Membre du Conseil de Perfectionnement.	1865	

A.24 APPENDICE.

NOMS.	FONCTIONS.	DATES de l'entrée en fonctions	DATES de la cessation des fonctions
MM.			
Tresca fils............	Répétiteur de Construction de Machines et de Résistance appliquée (2ᵉ année)	1873	
Tronçoy............	Chef des Travaux graphiques (2ᵉ et 3ᵉ années).	1846	1867
Urbain............	Préparateur et Chef des manipulations de Chimie générale (1ʳᵉ année).	1869	1873
	Répétiteur de Chimie générale (1ʳᵉ année).	1873	
Vacquant............	Examinateur d'admission pour les Sciences (suppléant).	1859	1860
	Examinateur d'admission pour les Sciences (titulaire).	1860	
	Professeur d'Analyse mathématique (1ʳᵉ année).	1875	
Vallète............	Commis d'ordre.	1836	1866
	Bibliothécaire.	1866	1870
	Conservateur du matériel et des collections.	1870	
Valton............	Inspecteur des élèves.	1830	1831
	Caissier.	1831	1843
Vanet............	Commis Aide-Bibliothécaire.	1858	1863
	Commis à la comptabilité.	1863	1869
	Agent comptable.	1869	
Van Tieghem........	Chargé du Cours d'Histoire naturelle (1ʳᵉ année).	1873	1877
	Professeur titulaire d'Histoire naturelle (1ʳᵉ année).	1877	
Vignolat............	Inspecteur des élèves.	1873	1877
Vigreux............	Répétiteur de Construction de Machines (3ᵉ année).	1865	1878
	Chargé du Cours de Construction de Machines.	1878	
Vincent............	Répétiteur de Chimie industrielle (3ᵉ année).	1873	1878
	Chargé du Cours de Chimie industrielle.	1878	
Vry............	Répétiteur de Mécanique appliquée (2ᵉ année).	1866	1867

LISTE DES FONCTIONNAIRES DE TOUT ORDRE.

NOMS.	FONCTIONS.	DATES de l'entrée en fonctions	DATES de la cessation des fonctions
MM.			
WALTÈR DE ST-ANGE..	Professeur de Théorie des Machines (2ᵉ et 3ᵉ années).	1831	1834
	Professeur de Théorie des Machines et de Métallurgie du Fer.	1834	1838
	Professeur de Construction de Machines (2ᵉ et 3ᵉ années).	1838	1851
	Membre du Conseil des Études.	1832	1851
WALTER (Ph)........	Chef des Travaux chimiques (2ᵉ et 3ᵉ années).	1836	1845
WURGLER...	Répétiteur de Métallurgie du Fer (3ᵉ année).	1864	1868
WURTZ.....	Chef des Travaux chimiques (2ᵉ et 3ᵉ années).	1845	1850

ARTICLES

EXTRAITS

DU GLOBE.

Mercredi, 8 octobre 1828.

—

FRANCE.

—

De quelques mesures récentes du Ministre de l'Instruction publique et de la fondation d'une École libre d'industrie manufacturière.

Autant nous mettons de rigueur à censurer les actes du Gouvernement qui nous semblent indiquer quelque incertitude ou quelque inexpérience des véritables principes de liberté, autant nous aimons à signaler à la reconnaissance publique les mesures dictées par le sentiment des besoins du pays. Le Ministre de l'Instruction publique se distingue depuis quelques semaines : de nombreuses injustices sont réparées; des professeurs indignement privés de leurs chaires sont réintégrés; l'enseignement des Colléges de la capitale, odieusement mutilé, se rétablit peu à peu; des choix honorables pour les hautes places d'administration provinciale permettent d'heureuses espérances. Mais ce qui vaut mieux encore que des injustices personnelles réparées, ce sont des créations utiles, des institutions toutes nouvelles. À Rouen, une École commerciale et industrielle s'ouvre dans le Collége royal, et nombre d'autres Colléges royaux de nos grandes villes obtiendront le même avantage. A Paris, la *Société des Méthodes* a reçu ou doit prochainement recevoir l'autorisation d'entretenir un *Externat d'essai* pour toutes les nouvelles méthodes d'enseignement élémentaire; le projet d'un *grand Athénée,* avec bibliothèque et cours d'études supérieures, formé par M. le comte de Lasteyrie, serait, dit-on, près d'être aussi autorisé; enfin, ce qui n'est plus seulement une espérance, le Ministre a donné son assentiment à l'établissement d'une *École d'industrie manufacturière,* destinée à former des chefs de manufactures et des ingénieurs civils. Le but seul indique la grandeur de l'entreprise, et il n'est pas d'institution dont le besoin soit plus pressant en France. Nous n'avons guère que des savants occupés des théories et des hautes questions de la Science. L'application est remise à des hommes peu instruits, ou qui n'ont acquis quelque instruction que par de longs tâtonnements. Si, çà et là, on rencontre quelques chefs de manufactures habiles, ils sont la plupart du temps arrêtés par le manque de contre-maîtres et d'ouvriers intelligents; les moindres perfectionnements ne sont adoptés qu'après une longue perte de temps et d'essais. Enfin, pour toutes nos constructions, nous sommes à la merci du corps des Ponts et Chaussées ou d'entrepreneurs aventureux. M. de Vatimesnil, en autorisant une Société de citoyens notables à établir l'École d'Industrie manufacturière, crée une sorte d'*École Polytechnique civile.* Ce que nous savons jusqu'ici des Membres du Conseil, du Directeur et du professorat, promet un long avenir. Nous pouvons citer MM. Péclet, un des élèves les plus distingués de l'ancienne École Normale, ex-Professeur de Sciences physiques à Marseille, qui a longtemps uni les études les plus élevées aux habitudes pratiques, et dont l'excellent *Traité de la chaleur considérée dans ses applications aux arts et aux manufactures* est un modèle dans ce genre de travaux jusqu'ici trop négligé par les théoriciens; Dumas, Professeur de Chimie au Jardin des Plantes, Répétiteur de Chimie à l'École Polytechnique; Olivier, ex-Professeur à l'École d'application de Metz; Gourlier, Architecte, Inspecteur des travaux de la Bourse; etc., etc. Un vaste local, dépendant de la Sorbonne, a été mis à la disposition du Directeur,

M. Binet-Sainte-Preuve, et prochainement les travaux y commenceront. Ainsi, au moment où s'ouvrent à Londres la nouvelle *Université* et le *Collége du Roi,* nous voyons aussi se compléter à Paris notre système d'instruction. Dans la réforme générale des études qui se prépare en Europe, nous ne resterons point en arrière. Que M. de Vatimesnil continue de consulter ainsi le vœu et les besoins du pays, qu'il prête de tous côtés la main aux tentatives généreuses des citoyens, qu'il nous approche peu à peu et par degrés du salutaire régime de la concurrence, et il aura mérité un long souvenir de reconnaissance. Si nous le combattons quelquefois, ce ne sera jamais que par zèle et par dissidence d'opinion sur les moyens. Placés à l'avant-garde, nous faisons souvent entendre des vœux prématurés, disent les gens timides; et cependant, notre pays va si vite, que déjà mille progrès, dont on proclamait naguère la réalisation impossible, s'accomplissent de toutes parts, tant il est vrai qu'à un peuple intelligent il ne faut que la liberté et la confiance dans son Gouvernement....

A côté de ces mesures, dictées par les besoins de nos arts et de notre industrie, il en est d'autres qui, à des gens prévenus, peuvent paraître des concessions au parti qui combat contre le temps, mais qui nous plaisent à nous, comme signe de l'esprit d'impartialité éclairée qui doit animer un Gouvernement. Nous voulons parler des grandes Écoles de *Juilly* et de *Pont-le-Roy,* ouvertes aux catholiques prévenus qui redoutent pour leurs enfants l'enseignement universitaire et qui préfèrent les confier à des ecclésiastiques. Une opinion réelle et puissante trouve ainsi satisfaction; c'est un droit sacré auquel le Ministre rend hommage. Plût à Dieu que ce fût là enfin le présage du véritable régime de liberté, où, pour être exercé, un tel droit n'aura plus besoin de l'autorisation d'un Ministre! Car le bien, lorsqu'il est précaire, est à peine un bien, et il ne faut rien envisager sur la tête d'un homme : les âges ministériels sont courts, il n'y a que la loi qui dure. De la loi seule datera l'établissement de la concurrence en instruction et en éducation; jusque-là, ce n'est qu'un jeu à fonds perdu.

Samedi, 11 octobre 1828.

École d'industrie manufacturière.

Dans l'article que nous avons publié mercredi dernier sur l'*École d'industrie manufacturière*, et dont quelques détails étaient empruntés au *Lycée, journal de l'Instruction publique*, il s'est glissé quelques inexactitudes qu'il importe de rectifier. Il est bien vrai que le projet d'une *École d'industrie* a été formé par M. Binet-Sainte-Preuve. Ce projet a même été agréé par l'ancien Ministre, et le Ministre actuel de l'Instruction publique n'a eu qu'à l'approuver. D'autre part, il est bien vrai encore que MM. Péclet, Olivier et Dumas sont entrés en pourparlers avec M. Binet-Sainte-Preuve; mais rien n'est terminé entre eux, nous sommes autorisés à l'affirmer. Quoi qu'il arrive, le public ne saurait toujours qu'y gagner, soit que M. Binet-Sainte-Preuve, pourvu déjà d'une autorisation, l'exploite avec les savants Professeurs que nous avons nommés, soit que ces Professeurs fondent eux-mêmes une nouvelle entreprise avec le secours de quelques actionnaires. Le Ministre qui s'est montré si prompt à suivre une bonne pensée de son prédécesseur, et qui a poussé la bienveillance jusqu'à donner un amphithéâtre, ne saurait être plus favorable à l'une des Écoles qu'à l'autre; la première autorisation n'en empêcherait pas sans doute une seconde ([1]).

([1]) Les articles que nous venons de reproduire sont du Fondateur et du Directeur du *Globe*, P. Dubois (de la Loire-Inférieure) [voir ses remarquables *Fragments littéraires*, réunis par M. Vacherot; 1879].

PIÈCES JUSTIFICATIVES

CONCERNANT LA CESSION DE L'ÉCOLE CENTRALE A L'ÉTAT.

I.

Lettre (du 25 février 1855) *de M. Lavallée à S. M. l'empereur Napoléon III.*

Sire,

J'ai l'honneur de solliciter une audience de Votre Majesté.

L'objet de ma démarche est de faire à Votre Majesté l'offre gratuite de la propriété de l'École Centrale des Arts et Manufactures, établissement que j'ai fondé en 1829 avec le concours de MM. Dumas, Olivier et Péclet, auxquels sont venus se joindre, les années suivantes, quelques hommes d'un mérite éminent comme mes trois collègues.

Sire, je vais vous parler librement de l'enseignement de l'École Centrale, car l'honneur de l'avoir créé appartient aux membres du Conseil des Études. Le seul mérite qui me revienne, c'est d'avoir réussi à fonder une école d'enseignement supérieur avec mes propres ressources, sans le secours de l'État, et d'avoir continué à la diriger dans les temps les plus difficiles, soutenu seulement par la conviction que je rendais un service à mon pays.

Si l'École Centrale était un établissement public, quelques Rapports officiels eussent déjà révélé à votre attention, Sire, les travaux de ses anciens élèves dans les diverses branches du génie industriel et la réputation que l'École s'est faite dans tous les pays où le travail cherche à s'appuyer sur la Science. On aurait signalé à Votre Majesté un succès, qui dès longtemps avait dépassé toutes les prévisions, mais qui, sous votre règne, a donné à l'École Centrale une importance inespérée. A défaut de pièces officielles récentes, je demande la permission à Votre Majesté de lui citer les termes dans lesquels la Commission de la Chambre des Députés, chargée de l'examen du budget de 1838, fit approuver la proposition du Gouvernement d'entretenir à l'École un certain nombre d'élèves sans fortune :

« Vous connaissez tous, messieurs, dit le Rapport de la Commission, cet utile établissement, fondé en 1829 par le concours d'habiles professeurs, dans l'intention de former des ingénieurs civils, des directeurs d'usines, des chefs d'ateliers et de manufactures. Cette institution privée, qui par son importance le dispute à nos premiers établissements publics, a créé et mis en pratique un système complet d'éducation industrielle. C'est à la fois une succursale de l'École Polytechnique et une annexe de nos diverses Écoles d'application. Une telle fondation répondait à un des premiers besoins de notre époque : aussi son succès est-il complet. Il est constaté, soit par les suffrages unanimes des premiers manufacturiers du pays, soit par la facilité avec laquelle se sont placés jusqu'ici tous les jeunes gens formés à l'École Centrale. »

Ce document est justifié par le discours que sir Lyon Playfair, Commissaire général de l'Exposition universelle, a prononcé à Londres en 1852. Il résume l'opinion bien connue des savants et des ingénieurs anglais sur le rôle de l'École Centrale.

Votre Majesté y verra combien sont nombreux les élèves étrangers qui viennent puiser auprès de nous la connaissance de la science industrielle, et combien sont précieux pour la France les liens qui s'établissent ainsi entre elle et les autres nations.

Si j'ajoute, Sire, que l'École Centrale a fourni à l'industrie française, depuis sa création, un si grand nombre d'ingénieurs ou de directeurs d'usines, qu'il serait bien difficile de compter maintenant les ouvriers soumis à leur influence; si je rappelle que toutes les grandes usines de la France, toutes les exploitations de chemins de fer, toutes les familles industrielles connues possèdent dans leur sein ou voient à leur tête des élèves de l'École Centrale, il me sera permis d'en conclure, d'accord avec l'opinion la plus éclairée du public, que l'École Centrale a pris dans l'enseignement supérieur du pays une place qui n'appartient désormais qu'à un établissement de l'État.

L'École avait commencé avec 150 élèves en 1829. Pendant longtemps son roulement s'était réglé vers le chiffre de 300; mais aujourd'hui elle serait forcée, par l'affluence des candidats, d'en accepter 500. Si elle essaye de limiter ce nombre, au lieu de tendre à l'augmenter, c'est qu'elle craint de rencontrer pour le maintien de la discipline, dans une agglomération plus considérable de jeunes gens de 20 à 25 ans, des difficultés que le Gouvernement surmonterait facilement. Ce rapide accroissement, cet excès de prospérité, qui est votre ouvrage, Sire, motive la démarche que je fais aujourd'hui. Nous avons écarté il est vrai, depuis la fondation de l'École, tous les périls qui menaçaient la jeunesse confiée à nos soins. Les utopies et les mauvaises passions n'ont jamais trouvé accès auprès d'elle. Mais conserverons-nous toute notre autorité quand elle s'étendra sur deux fois plus d'élèves? Nos successeurs seront-ils aussi heureux que nous dans le choix des professeurs et des agents de l'École? Ne pourrait-elle pas tomber un jour entre des mains imprudentes, ennemies peut-être? Convient-il enfin, Sire, de laisser une institution privée, quelque garantie que présente le talent de ses professeurs, en possession du haut enseignement des sciences appliquées, au moment où Votre Majesté introduit les éléments de ce même enseignement dans les Facultés, et qu'elle vient de réformer l'enseignement secondaire en vue des professions de l'industrie et du commerce?

S'il devait durer, cet état de choses serait le renversement de toute idée de hiérarchie. Votre Majesté aurait créé dans l'Université un enseignement spécial; elle aurait donné une vie nouvelle à l'étude des sciences dans les Lycées et dans les Facultés, et pour les meilleurs élèves, le but extrême, le couronnement de leurs études serait l'admission dans une école particulière. Je ne fais pas une supposition présomptueuse; je touche à la réalité. Dans la division supérieure des Lycées, les élèves se classent indifféremment comme candidats pour les écoles du Gouvernement ou pour l'École Centrale. Les auditoires des Facultés et des Écoles préparatoires des sciences sont remplis ou vont l'être de candidats à notre École.

En effet, nous assistons en France au terme de la lutte qui s'était engagée dans tous les pays civilisés entre les priviléges traditionnels des écoles et les besoins de notre âge. La carrière de l'industrie, trop longtemps dédaignée des Universités, par un reste du mépris de la civilisation romaine pour les arts, vient de conquérir une place dans l'Instruction publique; il suffit maintenant de la volonté de Votre Majesté pour que, le fait devenant le droit, elle soit à son tour dotée de son École d'enseignement supérieur.

Permettez-moi d'ajouter, Sire, que si l'École Centrale touche à la politique constante de votre famille par le but de son institution, elle est digne aussi de l'intérêt particulier de Votre Majesté par la singulière fécondité des principes sur lesquels son enseignement repose. Ce sera pour elle un éternel honneur d'avoir vu ses méthodes empruntées par les grandes institutions de l'Europe, et de compter parmi ses élèves des jeunes gens qui s'y présentent munis déjà des meilleurs diplômes des écoles technologiques de l'Allemagne, les plus florissantes de toutes.

Mais je crains, Sire, que vous ne trouviez ce langage empreint de quelque orgueil. Je m'empresse de m'en défendre. Le succès de l'École tient à la prépondérance énorme que l'industrie s'est acquise depuis le commencement du siècle. Sa fondation avait été conçue par Napoléon Ier, qui l'avait rendue nécessaire; est-il étonnant que son développement n'ait plus de limites depuis l'impulsion que Votre Majesté a donnée aux affaires du pays? La jeunesse afflue vers nous, parce qu'elle ne trouve ailleurs aucun enseignement qui soit en rapport avec sa destination, inspirée par les besoins et l'esprit du temps; et cette affluence, qui fera l'École sous peu d'années, aussi nombreuse que la Faculté de Médecine de Paris, avec laquelle on l'a comparée sous d'autres rapports, loin de nous enorgueillir, je le répète, n'est pour nous qu'un sujet de crainte. Nous sommes avancés en âge, Sire, la mort nous a déjà privés de deux de nos collègues; le temps nous presse. Notre œuvre ne peut s'achever et se perpétuer que par l'autorité toute-puissante de votre Gouvernement, par votre adoption.

Si je n'ai pas épuisé la patience de Votre Majesté, je prendrai la liberté, Sire, d'examiner une question de principe que ma demande soulève nécessairement.

L'École Centrale a pris naissance dans le Ministère de l'Instruction publique, sous M. de Vatimesnil, qui nous prodigua la bienveillance et l'appui dont nous avions besoin au début d'une entreprise aussi difficile. Mais, après la chute du Ministère Martignac, ces témoignages d'encouragement firent place à une extrême froideur et à des exigences fiscales dont nous devions nous croire affranchis. Nous demandâmes et obtînmes de passer dans les attributions du Ministère de l'Agriculture et du Commerce, où l'École s'est vue constamment l'objet d'une sollicitude qui excitera toujours notre reconnaissance. Cependant, il me paraît logique que l'École soit replacée dans les attributions du Ministère de l'Instruction publique, à qui revient la délicate mission d'étudier l'esprit de la jeunesse, de diriger et de contenir son activité.

J'irai plus loin, Sire, et j'ajoute que, par la force des choses, l'École Centrale est devenue nécessaire aujourd'hui à l'action de ce Ministère, dont les tendances ont été si heureusement modifiées par Votre Majesté. Vous avez voulu que le germe de l'instruction industrielle fût déposé dans les Lycées et dans les Facultés des départements. Or cet enseignement exige des professeurs spéciaux, que l'Université ne peut trouver dans aucun de ses établissements. Que cette nouvelle carrière s'ouvre pour les élèves de l'École Centrale, devenue École de l'État, et de grandes capacités surgiront à l'appel de Votre Majesté. On verra, Sire, le niveau des sciences appliquées s'élever à la hauteur où la France se maintient avec tant de supériorité par les sciences théoriques. C'est donc au double point de vue de l'action morale à exercer sur la jeunesse et des nécessités de notre époque, qui veut que la réforme de l'instruction publique se complète, que je désire associer l'École à ce mouvement salutaire.

C'est aussi à cause de l'analogie qui existe entre elle et quelques écoles de l'État. En effet, l'enseignement de l'École Centrale, sans négliger les détails techniques des procédés de fabrication, se dégage des spécialités et remonte aux principes généraux de la Science, d'où il déduit les applications à l'industrie; il ressemble donc de tous points par la méthode à celui des Facultés de Paris.

Les motifs qui appuient le retour de l'École au Ministère de l'Instruction publique sont, à mon avis, sérieux et profonds. Votre Majesté en décidera dans sa sagesse.

L'École apporte à Votre Majesté, avec sa forte organisation, un système administratif, des statuts et des règlements que le temps et les crises politiques ont éprouvés. Serait-ce trop oser, Sire, que de vous demander de lui conserver, autant que possible, la constitution primitive sous laquelle elle s'est développée. Elle possède une source régulière de produits qui doivent suffire, s'ils lui sont réservés, pour couvrir largement toutes les dépenses d'entretien et d'amélioration nécessaires à la dignité d'un Établissement impérial. Ne pourrait-on pas lui en garantir le libre emploi, du moins pour un certain nombre d'années, tout en respectant les droits de l'autorité supérieure et les formes de la comptabilité publique?

Comme je ne demande rien pour moi, Sire, satisfait que je suis de la situation de fortune que ma famille et le travail m'ont faite, Votre Majesté me permettra d'énoncer encore un vœu en faveur de ceux de mes collègues, membres du Conseil des Études, qui participent aux bénéfices annuels de l'École. Je désirerais que tous les avantages de leur position leur fussent conservés, et que Votre Majesté voulût bien leur faire assurer, par un prélèvement sur les bénéfices futurs de l'École et conformément aux règles que j'ai suivies jusqu'ici, les pensions de retraite, si légitimement acquises, que j'aurais stipulées pour eux et pour quelques bons et anciens employés, si j'avais dû chercher un successeur.

Cependant, Sire, il entre peut-être un sentiment personnel dans l'acte que j'accomplis en offrant l'École Centrale à Votre Majesté; je le reconnais à l'ardent désir que j'éprouve de voir sa perpétuité assurée, et d'atteindre ainsi, avant que la vieillesse arrive, le but de la mission qui a rempli toute ma vie. Mais je vous supplie de croire que je m'inspire surtout d'un sentiment national bien naturel sous votre règne, et d'un dévouement à votre auguste personne que tout ce qui m'environne partage. Placé au centre des forces productives du pays, je mesure l'étendue des services que votre sagesse et votre courage ont rendus à l'industrie. Je puis donc mieux que personne peut-être sonder jusqu'où va l'attachement dont tout ce qui travaille est animé pour Votre Majesté. Je dois plus qu'un autre m'associer aux vœux que j'entends former tous les jours autour de moi pour que Dieu vous prête une longue vie.

Sire, accordez-nous le bonheur d'apporter aussi notre pierre dans l'édifice de gloire que votre règne vous prépare.

J'ai l'honneur, Sire, de prier Votre Majesté d'agréer l'hommage du plus profond respect de votre très-humble et très-obéissant serviteur,

LAVALLÉE,
Directeur Fondateur de l'École Centrale
des Arts et Manufactures.

Paris, le 25 février 1855.

Vu et approuvé :

DUMAS,
PÉCLET, } Fondateurs de l'École.

MARY,
Aug. PERDONNET, } Délégués du Conseil des Études.

II.

Loi qui approuve la Convention passée le 13 avril 1857, pour la cession à l'État de l'École Centrale des Arts et Manufactures (19 juin 1857).

NAPOLÉON, par la grâce de Dieu et la volonté nationale, Empereur des Français, à tous présents et à venir, salut.

Avons sanctionné et sanctionnons, promulgué et promulguons ce qui suit :

LOI.

Extrait du procès-verbal du Corps législatif.

Le Corps législatif a adopté le projet de loi dont la teneur suit :

ARTICLE PREMIER. — Est approuvée la convention passée, le 13 avril 1857, entre le Ministre de l'Agriculture, du Commerce et des Travaux publics,

D'une part,

Et 1° M. Alphonse-Robert-Jean Martin-Lavallée; 2° Mme Francis-Charles-Alfred Pothier, née Lavallée, sa fille, et M. Pothier, agissant par l'autorisation de cette dernière, et, au besoin, en son nom personnel; 3° M. Alphonse-Pierre Martin-Lavallée, son fils, demeurant ensemble à Paris, rue des Coutures-Saint-Gervais, n° 1,

D'autre part,

Pour la cession à l'État de l'École Centrale des Arts et Manufactures.

2° Les produits de l'École ne se confondront pas avec les recettes du trésor, et seront spécialement affectés aux dépenses de l'établissement.

Délibéré en séance publique, à Paris, le 25 mai 1857.

Le Président,
Signé : SCHNEIDER.

Les Secrétaires,
Signé : Comte JOACHIM MURAT.
Marquis DE CHAUMONT-QUITRY,
ED. DALLOZ.

Extrait du procès-verbal du Sénat.

Le Sénat ne s'oppose pas à la promulgation de la loi qui approuve la convention passée, le 13 avril 1857, entre le Ministre de l'Agriculture, du Commerce et des Travaux publics, d'une part, et 1° M. Alphonse-Robert-Jean Martin-Lavallée; 2° Mme Francis-Charles-Alfred Pothier, sa fille, et M. Pothier, tant en son nom personnel que pour l'autoriser; 3° M. Alphonse-Pierre Martin-Lavallée, son fils, d'autre part, pour la cession à l'État de l'École Centrale des Arts et Manufactures.

Délibéré et voté en séance au palais du Sénat, le 4 juin 1857.

Le Président,
Signé : TROPLONG.

Les Secrétaires,
Signé : A. duc DE PADOUE,
Comte LE MAROIS,
Baron T. DE LACROSSE.

Vu et scellé du sceau du Sénat :
Signé : Baron T. DE LACROSSE.

Mandons et ordonnons que les présentes, revêtues du sceau de l'État et insérées au *Bulletin des lois*, soient adressées aux cours, aux tribunaux et aux autorités administratives, pour qu'ils les inscrivent sur leurs registres, les observent et les fassent observer, et notre Ministre Secrétaire d'État au département de la Justice est chargé d'en surveiller la publication.

Fait au Palais de Saint-Cloud, le 19 juin 1857.

Signé : NAPOLÉON.

Vu et scellé du grand sceau :
Le Garde des sceaux, Ministre Secrétaire d'État au département de la Justice.
Signé : ABBATUCCI.

Par l'Empereur :
Le Ministre d'État.
Signé : ACHILLE FOULD.

CONVENTION.

L'an 1857, et le 13 du mois d'avril,

Entre le Ministre Secrétaire d'État au département de l'Agriculture, du Commerce et des Travaux publics, agissant au nom de l'État et sous la réserve de l'approbation législative,

D'une part,

Et 1° M. Alphonse-Robert-Jean Martin-Lavallée ; 2° Mme Francis-Charles-Alfred Pothier, née Martin-Lavallée, et M. Pothier, agissant pour l'autorisation de cette dernière, et, au besoin, en son nom personnel; 3° M. Alphonse-Pierre Martin-Lavallée, son fils, demeurant ensemble à Paris, rue des Coutures-Saint-Gervais, n° 1,

D'autre part,

Il a été convenu ce qui suit :

ARTICLE PREMIER. — M. Martin-Lavallée et ses enfants cèdent et transportent à l'État la propriété de l'établissement d'enseignement industriel existant à Paris sous la désignation d'*École Centrale des Arts et Manufactures*.

ART. 2. — Dans la concession sont compris :

1° Le mobilier de l'École, sous la réserve de celui du cabinet de M. Lavallée père, ainsi que du mobilier à son usage et à celui de sa famille;

2° Le droit au bail de l'hôtel sis à Paris, rue de Thorigny, n° 7, et rue des Coutures-Saint-Gervais, n° 1, tel que ledit bail résulte de l'acte passé devant Mes Tresse et Turquel, notaires à Paris, le 27 juin 1853, à la charge par l'État d'en remplir les obligations ;

3° Les constructions et agencements faits dans l'École pour son exploitation, notamment ceux qui étaient en cours d'exécution au 1er octobre 1855, et ceux qui se terminent en ce moment ;

4° Les 10 000 francs payés d'avance à M. Roussilhe, propriétaire, pour six mois de loyer, M. Lavallée restant d'ailleurs obligé avec l'État, vis-à-vis dudit propriétaire, pour le cas prévu à l'art. 6 du bail ;

5° Une somme de 40 000 francs des deniers de M. Lavallée, dont la destination sera indiquée à l'art. 6.

Le présent abandon a lieu aux conditions et charges suivantes :

Art. 3. — Il sera servi, dès la première année, à MM. Dumas et Péclet, fondateurs, avec M. Lavallée, de l'École Centrale, une rente viagère de 4000 francs pour chacun, et à Mme Olivier, veuve de M. Olivier, aussi fondateur, une rente viagère de 2000 francs (état n° 1).

Art. 4. — A partir de la seconde année, il sera payé aux personnes ci-après, à dater de l'époque où elles viendraient à cesser leurs fonctions, des rentes viagères fixées ainsi qu'il suit :

A M. Empaytaz, Directeur des études, 3000 francs ; à MM. Ferry, Perdonnet, Mary, Payen et Belanger, Professeurs, chacun 2000 francs ; à M. Latruffe, employé, 1500 francs ; et à Mme veuve Bertier, concierge, 800 francs.

Les rentes stipulées en faveur des professeurs, fonctionnaires et employés dénommés ci-dessus et mentionnés dans l'état n° 2 annexé aux présentes seront réversibles par moitié sur leurs femmes ; mais il est entendu, en ce qui concerne M. Latruffe, qu'il n'y aurait pas droit s'il cessait ses fonctions avant l'âge de soixante ans, à moins d'infirmités qui le rendissent incapable de les remplir.

Art. 5. — A partir de la troisième année, il sera accordé aux autres professeurs, fonctionnaires ou agents actuellement attachés à l'École, des indemnités de sortie proportionnées à la durée et au mérite de leurs services dans l'établissement.

Ces indemnités seront d'une à six annuités de la moitié du traitement total touché, en moyenne, pendant les trois dernières années, par le professeur, fonctionnaire ou agent, et ce droit en sera réversible sur sa veuve.

Les dispositions du présent article ne sont applicables qu'aux employés figurant sur l'état n° 3 annexé aux présentes.

PIÈCES JUSTIFICATIVES CONCERNANT LA CESSION DE L'ÉCOLE. A. 41

Art. 6. — Les rentes et allocations stipulées dans les art. 3, 4 et 5 ne pourront dépasser annuellement 25 000 francs à la charge du budget ordinaire de l'École.

En cas d'insuffisance de cette somme, il sera pourvu au service des rentes viagères et des indemnités de sortie, au moyen de la somme de 40 000 francs apportée par M. Lavallée, n° 5 de l'art. 2 ; cette somme et ses intérêts devront conserver cette affectation spéciale, tant qu'elle sera nécessaire, et faire ensuite retour au budget ordinaire de l'École.

Art. 7. — La mise en possession de l'État aura lieu le 1er octobre 1857 ; à ce moment, il sera dressé contradictoirement, et aux frais des cédants, un inventaire du mobilier faisant partie de la cession, et un état des immeubles occupés par l'École.

Art. 8. — Les dépenses d'approvisionnement qui seront faites avant le 1er octobre 1857, pour les besoins de l'année scolaire suivante, et les réparations ordinaires qui seront effectuées pendant les vacances de 1857, seront, suivant l'usage de l'École, au compte de l'exercice 1857-1858.

Il en sera de même des recettes, s'il y a lieu, et spécialement de la somme qui sera reçue des élèves pour frais d'examen en vue de l'admission pour l'année suivante. Mais le dernier quart des traitements éventuels qui sera payé en octobre 1857, et le terme de loyer qui sera payé aussi en octobre 1857 par les cédants, restent entièrement à leur charge, ces dépenses n'appartenant pas à l'exercice 1857-1858.

Les recettes afférentes aux exercices 1856-1857, ou antérieures, et qui ne seraient pas encore opérées au 1er octobre prochain, appartiendront à ces exercices.

Art. 9. — Les frais d'acte et d'enregistrement, s'il y a lieu, seront à la charge de l'État.

    Signé : E. Rouher.
    Signé : Martin-Lavallée.
    Signé : Amazili F. Pothier, née Martin-Lavallée.
    Signé : F. Pothier.
    Signé : Alphonse Martin-Lavallée.

ÉTAT n° 1. ÉTAT NOMINATIF des Professeurs-Fondateurs qui ont droit à une pension viagère, en vertu de l'art. 3 de la convention, avec la date et le lieu de leur naissance, et les noms, prénoms, et le lieu de naissance de leurs femmes.

TITULAIRES.		FEMMES DES TITULAIRES.	
Noms et prénoms.	Lieu et date de la naissance.	Noms et prénoms.	Lieu de naissance.
DUMAS (Jean-Baptiste)	Né à Alais (Gard) le 14 juillet 1800.	BRONGNIART (Herminie-Caroline).	Née à Paris (Seine).
PÉCLET (Jean-Claude-Eugène)	Né à Besançon (Doubs), le 10 février 1793.	CORIOLIS (Cécile-Henriette).	Née à Nancy (Meurthe).
OLIVIER.	Décédé le ... août 1853.	RAMEY (Marguerite-Aline).	Née à Paris (Seine).

Vu pour être annexé à la convention.

Le Ministre de l'Agriculture, du Commerce et des Travaux publics.

Signé : E. ROUHER.

ÉTAT n° 2. ÉTAT NOMINATIF des Professeurs et Employés qui ont droit aux pensions viagères déterminées par l'art. 4 de la convention, avec la date et le lieu de leur naissance, et les noms, prénoms, et le lieu de naissance de leurs femmes.

TITULAIRES.		FEMMES DES TITULAIRES.	
Noms et prénoms.	Lieu et date de la naissance.	Noms et prénoms.	Lieu de naissance.
EMPAYTAZ (Bénédict-Frédéric).	Né à Paris (Seine), le 10 août 1792.		
FERRY (Achille).	Né à Vaugirard (Seine), le 11 avril 1798.	GABIOU (Élisabeth-Rosalie-Ernestine-Adèle).	Née à Paris (Seine).
PERDONNET (Auguste).	Né à Paris (Seine), le 12 mars 1801.		

PIÈCES JUSTIFICATIVES CONCERNANT LA CESSION DE L'ÉCOLE. A. 43.

TITULAIRES.		FEMMES DES TITULAIRES.	
Noms et prénoms.	Lieu et date de la naissance.	Noms et prénoms.	Lieu de naissance.
Mary (Louis-Charles).	Né à Metz (Moselle), le 11 janvier 1791.	Dupont (Émilie-Augustine-Clémentine).	Née à Saint-Valery (Somme).
Payen (Anselme).	Né à Paris (Seine), le 6 janvier 1791.	Thomas (Zélie-Charlotte-Mélanie).	Née à Paris (Seine).
Belanger (Jean-Baptiste-Charles-Joseph).	Né à Valenciennes (Nord), le 4 avril 1790.	Dumas (Louise-Aimée).	Née à Arpajon (Seine-et-Oise).
Latruffe (Alexandre).	Né à Paris (Seine), le 3 Septembre 1803.	Carton (Catherine-Élisabeth).	Née à Imbleville (Seine-Inférieure).
Veuve Berthier.	Née à Orléans (Loiret), le 14 mars 1794.		

Vu pour être annexé à la convention.

Le Ministre de l'Agriculture, du Commerce et des Travaux publics.
Signé : E. Rouher.

ÉTAT n° 3. État nominatif des Professeurs et Employés qui ont droit à des indemnités après leur sortie de l'École, en vertu de l'art. 5 de la convention, avec la date et le lieu de leur naissance, et les noms, prénoms, et le lieu de naissance de leurs femmes.

TITULAIRES.		FEMMES DES TITULAIRES.	
Noms et prénoms.	Lieu et date de la naissance.	Noms et prénoms.	Lieu de naissance.
Burat (Amédée).	Né à Paris (Seine), le 27 juillet 1809.		
Péligot (Eugène-Melchior).	Né à Paris (Seine), le 24 février 1811.	Piéron (Eugénie-Bernardine-Rosalie).	Née à Arras (Pas-de-Calais).
Callon (Charles).	Né à Rouen (Seine-inférieure) le 24 juin 1813.	Messier (Marie).	Née à Badonvillers (Meurthe).

TITULAIRES.		FEMMES DES TITULAIRES.	
Noms et prénoms.	Lieu et date de la naissance.	Noms et prénoms.	Lieu de naissance.
Thomas (Léon-Philippe).	Né à Valence (Drôme), le 29 juillet 1810.	Baraudon (Marie-Ida).	Née à Limoges (Haute-Vienne).
Martelet (Pierre-Joseph-Émile).	Né à Paris (Seine), le 20 août 1805.	Lebrun (Marie-Geneviève-Fanny).	Née à Paris (Seine).
Masson (Antoine-Philibert).	Né à Auxonne (Côte-d'Or), le 22 août 1806.	Allain (Honorine-Louise-Radegonde).	Née à Breteville-sur-Odon (Calvados).
Sonnet (Michel-Louis-Joseph-Hippolyte).	Né à Nancy (Meurthe), le 2 janvier 1803.		
Doyère (Louis-Michel-François).	Né à Saint-Jean-des-Essartiers, le 28 janvier 1811.	Rouvière (Clémence-Jeanne).	Née à Vienne (Isère).
Cahours (Auguste-André-Thomas)	Né à Paris (Seine), le 20 octobre 1813.	Robillard (Maria).	Née à Paris (Seine).
Cauvet (Jacques-Aubin-Adolphe-Alcide).	Né à Sigean (Aude), le 28 août 1824.	Peyre (Rose-Cécile-Victorine).	Née à Sigean (Aude).
Faure (Pierre-Auguste).	Né à Clermont-Ferrand (Puy-de-Dôme), le 6 mai 1807.		
Le Blanc (Félix-Jérôme-François).	Né à Florence (Toscane), alors département de l'Arno, de parents français, le 15 novembre 1813.		
Bouchet (Jules-Frédéric).	Né à Paris (Seine), le 30 novembre 1799.	Métoyen (Jeanne-Anaïs).	Née à Paris (Seine).
Tronquoy (Amable-Pierre-François).	Né à Paris (Seine), le 26 février 1808.	Chonneaux (Anne-Marie-Amélie).	Née à Paris (Seine).
Daniel (Louis-François).	Né à Saint-Malo-de-la-Lande (Manche) le 15 septembre 1815.	Dufournier (Marie-Louise).	Née à Pouilly (Nièvre).
Jacquelain (Augustin).	Né à Goro (Italie), le 29 mai 1804.	Errelle (Marguerite).	Née à Beauvais (Oise).
Valète (Charles-Guillaume).	Né à Paris (Seine), le 14 mai 1824.	Cardeau (Marie-Héloïse).	Née à Paris (Seine).

PIÈCES JUSTIFICATIVES CONCERNANT LA CESSION DE L'ÉCOLE.

TITULAIRES.		FEMMES DES TITULAIRES.	
Noms et prénoms.	Lieu et date de la naissance.	Noms et prénoms.	Lieu de naissance.
Mathurin (Antoine).	Né à Castel-Sarrasin (Tarn-et-Garonne), le 16 janvier 1820.	Chambert (Marguerite-Pauline).	Née à Castel-Sarrasin (Tarn-et-Garonne).
Dizeux (Clément-Désiré).	Né à Citerne (Somme), le 5 février 1806.	Godet (Marie-Geneviève-Denize).	Née à Maisoncelle (Marne).
Léger (François-Marin).	Né à Saint-Corneille (Sarthe), le 24 juin 1824.	Cosnard (Désirée-Julienne).	Née à Saint-Corneille (Sarthe).
Ossart (Louis-Pierre-Antoine).	Né à la Croix-Saint-Ouen (Oise), le 13 avril 1821.		
Perrin (Hubert).	Né à Troyes (Aube), le 21 décembre 1798.	Seigle (Marie-Victorine-Caroline).	Née à la Chapelle-Bourbon (Seine-et-Marne).
Géruzet (Édouard).	Né à Chartres (Eure-et-Loir), le 28 décembre 1808.	Lhoste (Théodorine-Julie).	Née à Reins (Haute-Marne).
Racine (Nicolas).	Né à Neufchâtel (Seine-Inférieure) le 17 avril 1793.	Robillard (Aimée).	Née à Paris (Seine).
Clavel (Germain).	Né à Saint-Martin-de-Belleville (Savoie), le 11 août 1813.	Bal (Suzanne).	Née à Saint-Martin-de-Belleville (Savoie).

Vu pour être annexé à la convention.

Le Ministre de l'Agriculture, du Commerce et des Travaux publics.

Signé : E. Rouher.

Certifié conforme :

Paris, le 30* juillet 1857.

Le Garde des Sceaux, Ministre Secrétaire d'État au département de la Justice,

Abbatucci.

---

* Cette date est celle de la réception au Ministère de la Justice.

III.

Arrêté du Ministre de l'Agriculture, du Commerce et des Travaux publics du 24 mai 1862, formant Règlement de l'École.

Le Ministre Secrétaire d'État au département de l'Agriculture, du Commerce et des Travaux publics,

Vu la loi du 19 juin 1857, en vertu de laquelle l'École Centrale des Arts et Manufactures est devenue établissement de l'État;

Vu l'avis de la Commission chargée de préparer le règlement de l'École;

Sur le Rapport du Conseiller d'État, secrétaire général,

Arrête :

TITRE Ier.

INSTITUTION DE L'ÉCOLE.

Article premier.

L'École Centrale des Arts et Manufactures, devenue établissement de l'État en vertu de la loi du 19 juin 1857, prend le titre d'École impériale Centrale des Arts et Manufactures.

Elle est placée dans les attributions et sous l'autorité directe du Ministère de l'Agriculture, du Commerce et des Travaux publics.

Article 2.

Elle demeure spécialement destinée à former des ingénieurs pour toutes les branches de l'industrie et pour les travaux et services publics dont la direction n'appartient pas nécessairement aux ingénieurs de l'État.

Article 3.

Des *diplômes d'ingénieur des Arts et Manufactures* sont délivrés chaque année par le Ministre de l'Agriculture, du Commerce et des Travaux publics, aux élèves désignés par le Conseil de l'École réuni en session extraordinaire (art. 36), comme ayant satisfait d'une manière complète à toutes les épreuves du Concours.

Des *certificats de capacité* sont également délivrés par le Ministre, sur la désignation du Conseil, à ceux des candidats qui, n'ayant satisfait que partiellement aux épreuves du Concours, ont néanmoins justifié de connaissances suffisantes sur les points les plus importants de l'enseignement.

Ne sont reconnus comme anciens élèves que ceux qui ont obtenu le diplôme ou le certificat de capacité.

Article 4.

L'École admet les étrangers aux mêmes conditions que les nationaux.

Elle ne reçoit que des élèves externes.

Les élèves ne portent aucun uniforme ni aucun autre signe distinctif.

Article 5.

Le prix de l'enseignement, y compris les frais de manipulations, est de 800 francs par an, exigibles en trois termes, ainsi qu'il suit :

La veille de l'ouverture des Cours	400 fr
Le 1er février	200
Le 1er mai	200

Toute somme versée demeure acquise à l'établissement.

Les frais que nécessitent les travaux graphiques et les fournitures de bureaux sont à la charge des élèves.

Article 6.

Des subventions peuvent être accordées par l'État, dans la limite des ressources inscrites annuellement au budget du Ministère de l'Agriculture, du Commerce et des Travaux publics, aux élèves qui ont subi avec distinction les examens d'admission à l'École ou les épreuves de passage d'une division à une division supérieure, et qui en même temps justifient de l'insuffisance de leurs ressources ou de celles de leurs familles pour subvenir au payement total ou partiel du prix de l'enseignement et à leur entretien à Paris.

Ces subventions ne sont accordées que pour un an; elles peuvent être continuées ou même augmentées en faveur des élèves qui s'en rendent dignes par leur conduite et par leurs progrès; elles peuvent se cumuler avec des allocations accordées aux élèves par les départements ou par les communes.

Article 7.

Lorsque dans le cours d'une année d'études, et par suite de circonstances imprévues, des élèves se trouvent hors d'état de payer le complément du prix de l'enseignement, le Ministre peut, sur la proposition du Directeur et l'avis du Conseil de l'École et par des décisions spéciales, les dispenser exceptionnellement de ce payement.

Article 8.

Le montant des subventions accordées aux élèves par l'État, les départements ou les communes, est versé à la caisse de l'École au moyen d'un mandat ordonnancé au nom de l'agent comptable, qui en donne quittance.

Les sommes destinées à l'entretien des élèves sont remises aux ayants droit sur un mandat du Directeur.

TITRE II.

MODE ET CONDITIONS D'ADMISSION DES ÉLÈVES.

Article 9.

Nul n'est admis à l'École impériale Centrale des Arts et Manufactures que par voie de Concours. Les examens sont gratuits.

Le Concours est public en ce qui concerne l'examen oral; il a lieu tous les ans. Le programme des connaissances exigées est publié une année à l'avance.

Article 10.

Le jury de Concours est composé comme il suit :

Un membre du Conseil de l'École, président;

Deux examinateurs au moins pour les sciences, et quatre au plus, suivant les besoins présumés;

Un examinateur pour le dessin linéaire;

Le sous-directeur des études, secrétaire.

Deux examinateurs suppléants pour les sciences et un pour le dessin linéaire peuvent être adjoints aux examinateurs titulaires, pour remplacer ceux-ci en cas d'absence ou de maladie pendant le Concours.

Le président du jury est désigné chaque année par le Ministre, sur une liste de deux candidats dressée pour chaque nomination à faire par le Conseil de l'École.

Les examinateurs pour les sciences sont nécessairement choisis parmi les professeurs ou les répétiteurs attachés à l'École ou à des établissements du Gouvernement, à l'exclusion de ceux qui préparent des candidats dans des institutions particulières.

Article 11.

Nul ne peut être admis au Concours s'il n'a préalablement justifié qu'il était âgé de plus de dix-sept ans au 1er janvier de l'année dans laquelle il se présente.

Article 12.

Les candidats, en se faisant inscrire pour le Concours, doivent produire un certificat de vaccine et un certificat de moralité délivré par le chef de l'établissement dans lequel ils ont accompli leur dernière année d'études, ou à défaut par le maire de leur dernière résidence.

Article 13.

Les candidats qui désirent prendre part aux subventions de l'État doivent en faire la déclaration par écrit à la préfecture de leur département. Cette déclaration doit être accompagnée d'une demande au Ministre. La demande est communiquée par le préfet au Conseil municipal du domicile du candidat ou de sa famille, à l'effet, par ce conseil, de constater leur insuffisance de fortune.

La délibération motivée du Conseil municipal, avec les pièces justificatives à l'appui, est transmise au Ministre par le Préfet, qui y joint son avis personnel.

Article 14.

Chaque année le Ministre arrête, après avoir consulté le Directeur de l'École, l'époque de l'ouverture du Concours d'admission. Il fixe également le terme de rigueur avant lequel les candidats doivent se faire inscrire au secrétariat de l'École, pour prendre part au Concours, et celui avant lequel doivent lui être adressées les demandes de subvention. L'arrêté du Ministre est rendu public avant le 1er avril par la voie du *Moniteur*.

Article 15.

Après la clôture du Concours, le jury dresse la liste par ordre de mérite des candidats admissibles. Cette liste, après avoir été vérifiée et contrôlée par le conseil de l'École, est adressée par le Directeur au Ministre qui arrête définitivement la liste des élèves admis.

Cette liste est publiée au *Moniteur*.

TITRE III.

PERSONNEL DE L'ÉCOLE.

Article 16.

L'École est administrée, sous l'autorité du Ministre de l'Agriculture, du Commerce et des Travaux publics, par un Directeur.

Le Directeur est nommé par l'Empereur, sur la proposition du Ministre.

Il est choisi parmi les personnes qui font ou ont fait, à une époque quelconque, partie du *Conseil de perfectionnement de l'École*.

Article 17.

L'autorité du Directeur s'étend sur toutes les parties du service; il assure l'exécution des règlements et des décisions du Ministre, le maintien de l'ordre et de la discipline.

Article 18.

Un Sous-Directeur, qui est également nommé par l'Empereur sur la proposition du Ministre et l'indication du Directeur, surveille, sous les ordres de ce dernier, tous les détails du service.

Il remplace au besoin le Directeur dans ses fonctions, en cas d'absence, de maladie ou de tout autre empêchement.

Article 19.

Le personnel de l'enseignement se compose :

1° D'un Directeur et d'un Sous-Directeur des études;

2° Des Professeurs pour les Cours principaux de Sciences industrielles; comprenant : la *Mécanique*, l'*Architecture* et les *travaux publics*, la *Construction* et l'*établissement des Machines*, la *Métallurgie*, la *Géognosie* et l'*exploitation des Mines*, la *Chimie industrielle*, la *Chimie analytique*, la *Physique industrielle* et les *Machines à vapeur*, les *Chemins de fer;*

3° Des Professeurs de Sciences générales, comprenant : l'*Analyse* et la *Mécanique générale*, la *Géométrie descriptive*, la *Chimie*, la *Physique*, l'*Hygiène* et l'*Histoire naturelle appliquée à l'Industrie*, la *Cinématique;*

4° Du nombre de professeurs qui sera jugé nécessaire pour les leçons à faire aux élèves sur la Législation dans ses rapports avec l'industrie, et sur certaines branches particulières des Arts et Manufactures : la *Céramique*, la *Filature*, etc.;

5° De maîtres de conférences, chefs de travaux, répétiteurs et préparateurs.

Des professeurs adjoints peuvent être nommés par le Ministre, sur la proposition du Directeur et après délibération du Conseil de l'École, pour les Cours de Sciences industrielles.

Article 20.

Le Directeur des Études s'occupe de tous les détails des travaux des élèves; il est chargé, sous l'autorité du Directeur de l'École, de veiller à l'observation des programmes d'enseignement, de suivre l'exécution des décisions qui concernent l'instruction, et d'assurer le maintien de la discipline parmi les élèves.

Il est secondé dans l'accomplissement de sa mission par le sous-Directeur des études, et par des inspecteurs dont le nombre est réglé suivant les besoins du service.

Article 21.

Le Directeur des Études et les Professeurs des Cours principaux de Sciences industrielles désignés au § 2 de l'art. 19 sont nommés par l'Empereur, sur la proposition du Ministre et suivant les formes tracées par l'art. 35 ci-après.

Le Sous-Directeur des Études et les Professeurs de Sciences générales sont nommés par le Ministre et dans les mêmes formes.

Les autres fonctionnaires de l'enseignement sont nommés par le Ministre, sur la proposition du Conseil de l'École et l'avis du Directeur.

Les inspecteurs mentionnés au dernier paragraphe de l'article précédent sont nommés par le Ministre, sur la proposition du Directeur de l'École.

Les répétiteurs et les préparateurs ne sont nommés que pour un an.

Article 22.

Le Directeur et le Sous-Directeur des Études sont choisis parmi les anciens élèves ayant obtenu le diplôme.

Article 23.

Sont attachés à l'École :

Un agent comptable remplissant les fonctions de caissier, lequel est tenu de fournir un cautionnement ;

Un conservateur du matériel et des collections ;

Un chef du secrétariat, archiviste ;

Un bibliothécaire ;

Et en outre, des employés d'administration et des agents subalternes en nombre suffisant pour les besoins du service.

Article 24.

L'agent comptable, le conservateur du matériel et des collections, le chef du secrétariat et le bibliothécaire, sont nommés par le Ministre.

Le Ministre peut déléguer au Directeur la nomination des employés d'administration et des agents subalternes ; mais, dans tous les cas, il en règle le nombre, les attributions et le traitement.

Article 25.

Un médecin ordinaire et un médecin suppléant sont attachés à l'École pour donner les premiers soins aux élèves et aux employés en cas d'accidents, et constater, s'il y a lieu, l'état de santé des élèves dont l'absence est motivée par une cause de maladie.

Les médecins sont nommés par le Ministre, sur la proposition du Directeur.

Article 26.

Un règlement intérieur arrêté par le Ministre, sur la proposition du Directeur, après délibération du Conseil de l'École, détermine dans leurs détails les attributions et les devoirs des divers membres dont se compose le personnel de l'enseignement et des fonctionnaires principaux de l'Administration.

Article 27.

Les fonctionnaires de l'École, y compris ceux qui sont attachés à l'enseignement, ne peuvent être révoqués que par l'autorité qui les a nommés.

Article 28.

Les fonctionnaires et employés sont rétribués sur les fonds du budget de l'École, conformément au tableau annexé au présent règlement.

Il n'est exercé aucune retenue sur leur traitement dans le but de leur constituer une pension de retraite.

Article 29.

Indépendamment du traitement fixe porté au tableau ci-dessus pour les Professeurs de cours principaux de Sciences industrielles, il peut être alloué à ces professeurs, par des décisions du Ministre, au cas où les revenus de l'année excèdent le chiffre prévu au budget, des indemnités dont le montant est réglé en raison de leurs travaux.

Les décisions du Ministre sont prises sur la proposition du Directeur, après avis du Conseil de l'École.

TITRE IV.

TRAVAUX ET CLASSEMENT DES ÉLÈVES.

Article 30.

La durée du cours d'Études de l'École impériale Centrale des Arts et Manufactures demeure fixée à trois années.

La première année est principalement consacrée à l'Étude des Sciences générales et de quelques-unes de leurs applications les plus élémentaires; les deux autres à l'Étude des Sciences appliquées à l'Industrie; pendant la deuxième et la troisième année, les élèves sont partagés pour les travaux pratiques en quatre spécialités : *constructeurs, mécaniciens, métallurgistes* et *chimistes*. Ils continuent néanmoins à suivre tous les cours et à subir les examens correspondants.

A la fin de la troisième année, il est ouvert un Concours dans chaque spécialité pour l'obtention du diplôme.

Le diplôme indique la spécialité pour laquelle l'élève a concouru.

Article 31.

Nul ne peut être admis à passer une quatrième année à l'École, que par décision spéciale du Ministre, prise sur l'avis conforme du Conseil de l'École et motivée sur une interruption de travail, résultant de maladie ou d'autre cause grave qui aurait mis l'élève dans l'impossibilité de satisfaire aux examens généraux de fin d'année.

Article 32.

Si un élève quitte l'École dans le courant de la première année pour une cause quelconque autre que l'exclusion, il peut y être réadmis en subissant de nouveau les épreuves du Concours; toutefois, une décision spéciale du Ministre, rendue sur l'avis du Conseil de l'École, pourra le dispenser de ces épreuves.

Article 33.

Les élèves qui ont obtenu le certificat de capacité ont le droit de concourir une seconde fois pour le diplôme, dans l'une des cinq années qui suivent celle où ils ont obtenu ce certificat.

TITRE V.

CONSEIL DE L'ÉCOLE.

Article 34.

Le Conseil de l'École se compose des Professeurs des Sciences industrielles désignées au § 2 de l'art. 19.

Les Fondateurs de l'École en sont membres de droit.

Le Conseil est présidé par un de ses membres désigné chaque année à l'ouverture des Cours par le Ministre.

Le Directeur de l'École ne fait pas partie du Conseil, mais il assiste à toutes les séances, et il prend la parole toutes les fois qu'il le juge convenable.

Le Sous-Directeur de l'École, le Directeur et le Sous-Directeur des Études assistent également aux séances du Conseil pour y donner toutes les explications qui seraient jugées nécessaires.

Le Sous-Directeur des Études y remplit les fonctions de secrétaire.

Article 35.

Le Conseil de l'École prépare et étudie les mesures qui concernent la direction et l'amélioration de l'enseignement.

Il arrête chaque année, pour être soumis à l'approbation du Ministre, le programme des connaissances exigées pour l'admission à l'École, ainsi que les programmes des Cours qui doivent être suivis et des travaux qui doivent être exécutés par les élèves.

Il prononce ou propose, suivant les cas, sur l'avis du Directeur ou du Conseil d'ordre, les peines disciplinaires à infliger aux élèves.

Le Conseil de l'École donne son avis sur le projet de budget préparé par le Directeur de l'École, ainsi que sur les dépenses éventuelles et imprévues dont la nécessité se révèle dans le courant de l'année.

Il délibère également sur les comptes de gestion que présente l'agent comptable après la clôture de chaque exercice, et sur les inventaires dressés par le conservateur du matériel.

Il dresse les listes de candidats à présenter au Ministre pour la nomination aux emplois de Directeur et Sous-Directeur des études, de fonctionnaire de l'enseignement ou de membre du jury du Concours d'admission.

Le Conseil donne son avis sur toutes les affaires qui lui sont déférées en vertu du présent règlement ou que le Directeur renvoie à son examen.

Il dresse tous les ans la liste des candidats qu'il propose d'admettre à l'École, celle des élèves admis à passer d'une division dans la division supérieure; il dresse la liste par ordre de mérite des élèves qui ont concouru pour le diplôme d'ingénieur des Arts et Manufactures, et il désigne ceux auxquels il juge qu'il y a lieu d'accorder le diplôme ou le certificat de capacité.

Il délègue tous les mois un de ses membres pour faire partie du conseil d'ordre.

Article 36.

Le Conseil délibère en session extraordinaire, avec l'adjonction de neuf anciens membres du Conseil ou anciens élèves diplômés désignés par le Ministre sur la proposition du Directeur et l'avis du Conseil de l'École :

1° Sur la liste des élèves présentés par le Conseil de l'École pour les diplômes ou les certificats de capacité ;

2° Sur les changements à introduire dans le programme d'admission, dans les programmes de l'enseignement, dans les conditions du Concours pour l'obtention du diplôme ou enfin dans le règlement de l'École ;

3° Sur la présentation des candidats aux fonctions de Professeurs compris dans les § 2 et 3 de l'art. 19.

Les neuf membres, désignés ainsi qu'il est dit au § 1er du présent article, sont nommés pour six ans ; ils se renouvellent par tiers ; ils sont rééligibles après un intervalle d'une année.

Article 37.

Dans tous les cas où le Conseil de l'École, seul ou avec l'adjonction des neuf membres désignés à l'article précédent, délibère sur la liste des élèves à présenter pour les diplômes ou les certificats de capacité, et sur les listes de candidats à proposer au Ministre pour les emplois mentionnés à l'art. 19 ou pour le jury du Concours d'admission, le Directeur, le Sous-Directeur de l'École et le Directeur des Études prennent part au vote.

Article 38.

Le Conseil de l'École, avec l'adjonction des neuf membres désignés ainsi qu'il est dit à l'art. 36, remplit les fonctions de *Conseil de perfectionnement* de l'École.

Il examine, après l'achèvement des opérations du Concours pour la délivrance des diplômes, quels ont été les résultats pendant l'année et quelle est la situation de l'École sous le rapport de l'enseignement et aussi sous le rapport de l'installation et de l'état du matériel ; il exprime ses vœux sur toute amélioration qu'il jugerait nécessaire ou désirable.

Le résultat de ses délibérations est consigné dans un rapport annuel, qui est adressé au Ministre, par l'intermédiaire du Directeur de l'École.

Le Directeur et le Sous-Directeur de l'École et le Directeur des Études font partie du Conseil de perfectionnement.

Article 39.

Le Conseil de l'École se réunit sur la convocation du Directeur, qui fixe l'ordre du jour des séances.

Aucune affaire ne peut être mise en délibération en dehors de celles qui sont portées à l'ordre du jour; dans le cas, toutefois, où il s'agit d'une question qui concerne directement l'enseignement, elle peut être mise en discussion si le Directeur ne s'y oppose pas.

Les délibérations du Conseil sont soumises à l'approbation du Ministre. Le Directeur est chargé d'assurer l'exécution des décisions dont elles sont l'objet.

TITRE VI.

ORDRE ET DISCIPLINE.

Article 40.

Pendant leur présence à l'École, les élèves sont spécialement surveillés par le Directeur des Études, le Sous-Directeur et les Inspecteurs.

Après la clôture des travaux de l'année scolaire, le Directeur des Études établit pour chaque élève un bulletin résumant les notes relatives à son travail, à ses progrès et à sa conduite.

Les bulletins de notes, ainsi établis, sont adressés aux parents ou correspondants des élèves; une copie est adressée aux préfets et aux maires pour les élèves auxquels leur département ou leur commune accorde une allocation.

Un relevé sommaire desdits bulletins est adressé au Ministre, avec mention spéciale pour les élèves boursiers.

Article 41.

Le Conseil d'ordre est institué pour prononcer sur les questions d'urgence concernant l'enseignement et la discipline, et sur les infractions au règlement intérieur de l'École, commises par les élèves. Il avertit ou réprimande les élèves signalés pour la faiblesse de leurs notes.

Article 42.

Le Conseil d'ordre se compose :
Du Directeur de l'École, président,

Du Sous-Directeur,
Du Directeur des Études,
Et du Sous-Directeur des Études,
Enfin du membre du Conseil de l'École délégué chaque mois, conformément à l'art. 35.

En cas d'absence du membre délégué, et s'il y a urgence, ce membre peut être remplacé par un autre membre que désigne le Directeur.

Les punitions qui peuvent être infligées aux élèves sont :

1° La censure particulière prononcée par le Conseil d'ordre ;

2° La réprimande prononcée par le même Conseil avec ou sans comparution devant le Conseil de l'École ;

3° La réprimande prononcée par le Conseil de l'École, avec ou sans la mise à l'ordre de l'École ;

4° Le renvoi de l'École prononcé par le Ministre, sur la proposition du Conseil de l'École et l'avis du Directeur.

Toute réprimande prononcée par le Conseil de l'École est communiquée aux parents.

Dans les cas graves, le Conseil d'ordre peut ordonner l'exclusion provisoire d'un élève. Dans le délai de quinze jours au plus tard, le Conseil de l'École est appelé à se prononcer sur la mesure, de telle sorte que le Ministre puisse statuer lui-même, dans le plus bref délai possible.

TITRE VIII.

DISPOSITION GÉNÉRALE.

Article 44.

Des arrêtés du Ministre pris, suivant les cas, sur la proposition du Directeur ou sur la proposition du Conseil de l'École, règlent toutes les mesures de détail nécessaires à l'exécution du présent règlement, et notamment en ce qui concerne la comptabilité de l'École, les livres et registres à tenir par l'agent comptable, la reddition des comptes, le mode de justification des payements et des recettes.

Paris, le 24 mai 1862.

Signé : E. ROUHER.

NOTICES NÉCROLOGIQUES.

Nous avons pensé que les Discours prononcés sur la tombe des Fondateurs de l'École Centrale qui ont disparu appartenaient à son Histoire. Les reproduire, c'est faire une dernière fois l'Éloge des travaux et des services de MM. Olivier, Péclet et Lavallée.

Il nous a semblé juste de donner le même témoignage aux deux Directeurs qui ont succédé à M. Lavallée : MM. Aug. Perdonnet et Jules Petiet.

Enfin, comme le mérite d'une pareille institution se mesure surtout aux hommes qu'elle a formés, nous avons voulu rendre le même hommage à deux anciens élèves, et nous avons choisi MM. Camille Polonceau et Charles Callon, enlevés trop tôt à la Profession qu'ils ont ennoblie.

FUNÉRAILLES DE M. THÉODORE OLIVIER
(10 août 1853).

DISCOURS
de
M. E. Peligot, Président du Conseil de perfectionnement du Conservatoire impérial des Arts et Métiers.

Messieurs,

Organe des professeurs et des fonctionnaires du Conservatoire impérial des Arts et Métiers, je viens rendre un dernier hommage à la mémoire de l'excellent collègue enlevé si rapidement à sa famille, à ses amis, à ses élèves, aux Sciences et à l'Industrie, qu'il servait avec tant de zèle et de dévouement.

Né à Lyon le 21 janvier 1793, M. Théodore Olivier fit partie de la promotion de l'École Polytechnique de l'année 1810. La Géométrie descriptive était enseignée, dans cette École célèbre, par Hachette, qui, reconnaissant dans notre collègue une aptitude toute spéciale pour cette science, mit tous ses soins à cultiver ces heureuses dispositions, associa son élève à plusieurs de ses travaux, le fit aimer de Monge et décida ainsi de la carrière du jeune officier. Monge, Hachette, Olivier, n'est-ce pas pour ceux qui m'entendent l'histoire de la Géométrie descriptive?

M. Olivier entra en 1815 à l'École d'application de Metz comme élève sous-lieutenant d'artillerie; dès cette époque, il mit la première main à l'étude géométrique des engrenages, en donnant la théorie des engrenages de White sans frottement de glissement, au succès et à la vulgarisation desquels il a contribué plus que personne.

Lieutenant d'artillerie en 1818, il restait attaché à l'École de Metz avec le titre d'adjoint à l'instituteur des sciences physiques et mathématiques. Il rédigeait alors pour cette École cette instruction sur le lavis qui, publiée dans un de ses Ouvrages les plus récents, peut être considérée comme un modèle.

L'élève de Monge et de Hachette, qui conserva toujours pour la mémoire de ses maîtres une si pieuse et si touchante vénération, débutait alors avec éclat dans l'enseignement de la Géométrie descriptive.

En 1821, le Gouvernement autorisa M. Olivier à accepter l'offre qui lui était faite par le roi de Suède, Charles-Jean, de remplir temporairement les fonctions de professeur d'artillerie et de fortification à l'École royale de Marienberg, avec le grade de capitaine instructeur au corps d'artillerie suédois. Dans ces nouvelles fonctions, qu'il remplit pendant cinq années, M. Olivier sut se concilier l'estime et l'amitié de ses nombreux élèves, au nombre desquels se trouvait le prince royal, aujourd'hui roi de Suède, qui l'attacha à sa personne en qualité d'aide de camp, et qui témoigna toujours à son ancien professeur une vive affection. Le respect, l'amitié qu'avaient pour M. Olivier tous les Suédois qui visitaient la France, la présence, dans ces lieux, de M. le comte de Lœvenhielm, ambassadeur de Suède, témoignent hautement des excellents souvenirs que M. Olivier a laissés dans ce pays. Il était chevalier de l'ordre de l'Étoile polaire de Suède et membre de l'Académie des Sciences et de l'Académie des Sciences militaires de Stockholm.

Rentré en France, M. Olivier rapportait le fruit des études auxquelles sa haute position en Suède l'avait voué. Nommé en 1830 répétiteur de Géométrie descriptive à l'École Polytechnique, il publia successivement une série de Mémoires importants sur la Géométrie descriptive, préparant ainsi les matériaux qui plus tard devaient trouver place dans les nombreux Ouvrages qui honorent les dernières années d'une vie si courte et cependant si utile et si bien remplie. Après ses études sur les *nœuds,* il fit paraître : en 1842, *Sa théorie géométrique des engrenages;* en 1843, son *Cours* et ses *Développements de Géométrie descriptive;* en 1845, ses *Compléments de cette science,* en 1847, ses *Applications;* en 1852, ses *Mémoires* et la première Partie de la nouvelle édition de son Ouvrage principal, dont la suite, aujourd'hui réimprimée, était encore, la semaine dernière, l'objet de ses plus chères préoccupations. Toujours élégant et correct dans les méthodes dont il se servait tour à tour comme moyen de recherche et de démonstration, le géomètre ne négligeait pas les applications utiles de sa science ; elles occupent, au contraire, une large place dans ses Ouvrages.

M. Olivier avait profondément réfléchi sur toutes les questions qui se rattachent à l'enseignement industriel en France; en 1829, il fondait, avec MM. Dumas, Péclet, Benoît et Lavallée, l'École Centrale des Arts et Manufactures. Une voix plus compétente que la mienne dira la part qui lui revient dans les succès de cette École, qui ouvre chaque année, à l'activité de la jeunesse, des carrières honorables et fructueuses, jusqu'alors inconnues.

Les succès que M. Olivier obtenait comme professeur à l'École Polytechnique et à l'École Centrale par sa parole claire, précise, élégante, avaient marqué sa place dans l'enseignement public industriel ; aussi, une chaire de Géométrie fut-elle créée pour lui et comprise au nombre des cinq nouvelles chaires établies au Conservatoire des Arts et Métiers par une ordonnance royale en date du 5 octobre 1839. En dehors des services rendus par M. Olivier dans cette nouvelle position par son enseignement oral, le Conservatoire lui doit une magnifique collection de modèles en relief de Géométrie descriptive, modèles se prêtant, avec une facilité merveilleuse, à la génération géométrique des surfaces et facilitant au plus haut degré l'enseignement de cette science.

Ces modèles peuvent être considérés comme la création de notre collègue. Gaspard Monge avait, à la vérité, fait exécuter quelques modèles en fils de soie pour l'enseignement de la Géométrie descriptive, lors de la fondation de l'École Polytechnique ; mais ces modèles étaient fixes, invariables de forme, de même que ceux, en petit nombre, qui furent exécutés plus tard par Brocchi, conservateur des modèles à la même École.

Dès 1830, M. Olivier avait songé à faire construire, pour ses Cours, des modèles en fil de soie à mouvement, de manière que la surface représentée par le modèle pût être modifiée dans sa forme et de manière aussi à transformer une surface en une surface d'un autre genre. Ce projet, il l'exécuta pour le Conservatoire avec un soin, une économie et une patience admirables. Cette collection, unique dans son genre, se compose de plus de cinquante modèles ; elle est, assurément, l'une des plus précieuses du Conservatoire, elle est enviée par tous les professeurs étrangers qui viennent visiter nos galeries. J'en dirai autant de la collection des engrenages employés dans l'industrie ou qui pourraient, au point de vue géométrique pur, être utilisés dans la transmission des mouvements. Elle a été faite également sous les yeux et par les soins de notre collègue.

La galerie qui réunit ces deux collections devrait porter désormais le nom de *galerie Olivier*.

Aux fonctions de professeur de Géométrie descriptive, M. Th. Olivier joignait, depuis un an à peine, celles d'administrateur du Conservatoire. Succéder à un administrateur aussi habile, aussi expérimenté que M. le général Morin n'était pas chose facile assurément. Notre collègue se voua tout entier à cette tâche, qu'il n'avait pas sollicitée, qu'il n'avait acceptée qu'à regret, sacrifiant au bien public son repos et sa tranquillité personnelle ; et c'est au moment où il allait commencer à jouir des résultats auxquels il était arrivé qu'il est tombé, épuisé par le travail nouveau qu'il s'était imposé.

Parti très-malade de Paris et se rendant aux eaux d'Aix en Savoie, M. Olivier arrivait à Lyon dans la nuit du 4 de ce mois ; la vue de sa chère ville natale sembla d'abord exercer sur sa santé une amélioration subite et inattendue. Il passa la journée du 5 à visiter la ville, le musée, les collections scientifiques, et, le lendemain, à 4 heures du matin, il expirait entre les bras de sa femme si courageuse, si dévouée, éprouvée déjà cruellement par la perte récente de son frère, M. Ramey, l'habile sculpteur, et malgré les secours empressés de M. Amussat, son ami, ainsi que de plusieurs autres médecins distingués qui l'entouraient.

La mort de M. Th. Olivier laisse un grand vide au Conservatoire des Arts et Métiers, à l'École Centrale, à la Société d'encouragement ; savant distingué, professeur éminent, homme de bien, pratiquant jusqu'à l'exagération le désintéressement et le dévouement personnel, cachant sous une apparence de rudesse et de fermeté une bienveillance beaucoup plus grande et plus réelle, sa mémoire restera toujours chère à ses amis, c'est-à-dire à tous ceux qui l'ont connu.

DISCOURS

DE

M. PERDONNET, Président du Conseil des Études de l'École Centrale des Arts et Manufactures.

Messieurs,

Après l'habile professeur au Conservatoire des Arts et Métiers que vous venez d'entendre et lorsque le savant Président de la Société d'Encouragement doit prendre la parole, il ne m'appartient pas de vous entretenir des travaux scientifiques de M. Olivier ; mais, comme Président du Conseil des études de l'École Centrale des Arts et Manufactures, c'est un devoir pour moi que de lui rendre un dernier hommage au nom des professeurs et des élèves ; comme collègue d'Olivier depuis vingt-deux ans, c'est un besoin que de lui dire un dernier adieu.

Parmi les services qu'Olivier a rendus à l'industrie pendant sa trop courte carrière, le plus important est, sans aucun doute, la fondation de l'École Centrale des Arts et Manufactures, dont il a conçu le plan en commun avec MM. Dumas, Péclet et Lavallée. Les succès obtenus par ce bel établissement en démontrent assez l'utilité, la haute portée. La position élevée qui a été faite en France et à l'étranger à beaucoup de ses élèves dans les entreprises industrielles, telles que les grandes lignes de chemin de fer, les grandes usines, prouve assez l'excellence de son enseignement.

Olivier n'était pas seulement un savant du premier ordre, un professeur d'une habileté rare, d'une parfaite lucidité; aux qualités éminentes de l'esprit, il unissait des qualités plus précieuses, selon moi, celles du cœur. Son extrême désintéressement était particulièrement remarquable ; son amour pour la Science, son amour pour ses chers élèves de l'École Centrale, lui a fait, plus d'une fois, oublier ses intérêts privés, sacrifier même sa santé. Olivier n'avait pas d'enfants; les élèves de l'École Centrale étaient devenus sa famille. Vous la voyez ici présente, cette famille.

Tous les élèves qui se trouvent à Paris ont voulu se joindre à nous pour donner à leur professeur une dernière marque de leur sympathie, de leur reconnaissance ; d'autres, éloignés de la capitale, en province ou à l'étranger, regrettent de n'avoir pu accompagner leur maître à sa dernière demeure : tous conserveront éternellement le souvenir, non-seulement de ses excellentes leçons, mais encore de ses bons conseils et de l'assistance paternelle qu'il leur a prêtée dans le cours de sa carrière. Nous, ses collègues, nous n'oublierons jamais les relations amicales que nous avons entretenues avec lui pendant un si grand laps de temps, sa participation si utile à nos travaux, son constant dévouement à notre établissement.

DISCOURS
DE
M. DUMAS, Président de la Société d'Encouragement.

Messieurs,

Il y a quelques jours, Olivier, plein de vie et d'avenir, me parlait, avec une paternelle sollicitude, de cette École Centrale qui le pleure et qu'il a tant aimée, de ce Conservatoire, dans ses mains à peine, où des projets dès longtemps conçus, savamment étudiés, allaient bientôt recevoir leur exécution et marquer son passage; enfin et surtout de cette Géométrie descriptive, la passion et l'honneur de sa vie, dont il voyait avec tant de joie l'esprit primitif, l'esprit de *Monge*, revivre dans les programmes et dans l'enseignement de l'Université. Jamais sa parole si sûre, sa voix si vibrante, sa figure si noble, son accent si loyal et si convaincu n'avaient été mieux inspirés. Il rappelait les fatigues passées, il montrait les routes parcourues; mais c'était pour mesurer sans effroi le poids des fatigues nouvelles, la longueur des routes qu'il voulait percer, et je me disais, la Science mathématique, l'Industrie, le Pays auront bientôt des services de plus à enregistrer, des dettes de plus à payer.

La mort en a ordonné autrement; elle a frappé brusque et soudaine. Olivier nous est enlevé dans sa maturité, dans sa vigueur, alors que sa vie, encore inachevée, pouvait montrer à la reconnaissance publique un passé déjà plein de souvenirs, un avenir plein d'espérances.

Olivier, né à Lyon pendant les plus mauvais jours et à la plus mauvaise date de la révolution, le 21 janvier 1793, avait gardé des impressions de son enfance l'horreur du désordre et de l'anarchie, la passion de la règle, du droit et du devoir.

Il avait emprunté à son pays et à sa race cette finesse, cette pénétration, cette puissance de méditation qui ont donné aux Jussieu, aux Ampère le pouvoir de poursuivre, sans jamais la perdre, la trace déliée des idées les plus compliquées. Ses découvertes, comme les leurs, sont le produit d'une logique si subtile, qu'une fois le chemin ouvert, le but atteint, la vérité clairement démontrée et généralement admise, il n'est pourtant donné qu'à de rares et de vigoureuses intelligences de parcourir après eux le labyrinthe de leurs raisonnements. Là où leur esprit se jouait, la plupart s'égarent, et il faut les avoir vus à l'œuvre pour comprendre à quel point leur paraissent simples les formules compliquées que leur intelligence concevait d'un seul jet.

Doué d'une pénétration rare et d'une logique instinctive, plein d'amour pour la vérité et de persévérance pour le travail, Olivier était fait pour obtenir de grands succès dans les sciences; sa place était marquée à l'École Polytechnique, et il devait y figurer au premier rang.

Aussi n'est-on pas surpris de voir Olivier, distingué dès ses débuts par ses professeurs, contracter à l'école même avec l'un d'entre eux, M. Hachette, une longue amitié qui a été le culte de sa vie.

Par une circonstance rare, il avait passé quatre années à l'École, sa santé étant cruellement éprouvée alors; mais, mettant à profit les heures solitaires de l'infirmerie, il se préparait déjà aux études qu'il a accomplies, et dont les premiers jets lui attiraient dès ce temps l'affectueuse attention de ses maîtres.

Un talent sérieux et éprouvé, des protecteurs assurés, une physionomie heureuse, pleine de grâce et de séduction, tout promettait la plus brillante carrière à Olivier, resté à Metz comme professeur dès sa sortie de l'École, lorsque, tenté par l'occasion, découragé par la situation politique du pays, il demanda et obtint l'autorisation de quitter momentanément l'armée et la France. La Suède lui offrait à la fois un grade, un emploi et l'occasion de s'essayer dans une grande création. Il y a laissé des souvenirs qui ne s'effaceront pas; il y a fondé et constitué l'enseignement polytechnique; il y avait formé les plus illustres amitiés. Sa mort sera pour la Suède l'objet d'un deuil semblable à celui qu'elle excite en France. La Suède était pour lui une seconde patrie; il n'était pas pour elle un étranger.

Revenu en France après quelques années, déjà connu comme géomètre, comme professeur, comme organisateur, il ne tarda point à prendre part à la fondation de l'École Centrale des Arts et Manufactures, à être appelé comme répétiteur à l'École Polytechnique, et plus tard comme professeur au Conservatoire des Arts et Métiers.

La Société d'Encouragement pour l'Industrie nationale, qui lui adresse par ma voix l'expression de sa reconnaissance, de son affection, de ses regrets, le comptait depuis longtemps au nombre des membres les plus dévoués de son Conseil.

Une parole plus autorisée dira un jour ce que la Géométrie descriptive était devenue entre les mains d'Olivier; il voulait la faire accepter, non-seulement comme la langue indispensable de l'ingénieur, mais aussi comme un instrument puissant de recherches et de découvertes. Peut-être ne lui a-t-il manqué, pour faire mieux comprendre sa pensée, que d'avoir employé à se servir de cet instrument une partie du temps qu'il a consacré à le perfectionner et à le décrire.

S'il eût fait beaucoup de travaux comme ceux dont les engrenages de *White* furent l'objet de sa part dès sa jeunesse, si l'on avait vu souvent, comme dans cette occasion, les préceptes de sa Géométrie, adoptés par la Mécanique pratique, fournir à celle-ci des engrenages débarrassés de tout frottement de glissement, d'une douceur et d'une durée inconnues, peut-être sa pensée eût-elle été plus écoutée.

Ce Mémoire sur les engrenages, son Rapport sur l'emploi des petites courbes dans les chemins de fer, ses nombreux Rapports sur des instruments de précision ou des mécanismes d'horlogerie, prouvent qu'il avait au plus haut degré le sens et l'instinct de la Mécanique et qu'il aurait pu faire à cette science d'utiles emprunts et lui donner de savants avis.

Mais Olivier était un peu absolu dans ses goûts comme dans sa vie; la Géométrie descriptive l'absorbait tout entier. Gardien de l'héritage de *Monge*, il se fût reproché d'en délaisser un seul moment la culture pieuse.

Sans doute, s'il fallait écrire l'histoire de la Société d'encouragement, s'opposer à la destruction du sucre indigène, restituer à *Philippe de Girard* ses droits, sa plume savait trouver des accents de reconnaissance ou une verve de conviction qui ont laissé de longs souvenirs.

Mais son culte pour la Géométrie descriptive, son rôle dans la fondation de l'École Centrale et sa part dans l'impulsion nouvelle donnée à l'enseignement des Sciences, voilà les vrais titres d'Olivier à vos regrets et à l'estime du monde.

Comme professeur de Géométrie descriptive, il était sans égal. A l'École Centrale, au Conservatoire, partout, sa parole élégante et précise, ses idées admirablement enchaînées, l'emploi de modèles heureusement inventés et souvent façonnés de ses mains, tout contribuait à charmer et à instruire ses auditeurs reconnaissants, que la lecture de ses ouvrages quelquefois secs et concis n'avait pas préparés aux grâces de sa parole.

Comme l'un des Fondateurs de l'École Centrale, il porta, à la surveillance de son enseignement, cette passion persévérante, cet amour qu'il avait pour toutes les idées justes et élevées qui fixaient son attention. A partir du premier jour, depuis les longues heures consacrées à la discussion de nos premiers programmes jusqu'à la dernière minute de sa vie, l'École a été pour Olivier un patrimoine, une famille; il en était les archives vivantes. Rien dans son passé ne lui avait échappé. Personne ne songeait plus que lui à son avenir.

Le Conseil des Études de l'École fait en lui une perte irréparable. Les élèves ne trouveront jamais un cœur qui leur soit plus dévoué que le sien, un ami meilleur.

Quand Olivier crut le moment venu de faire revivre les idées de *Monge* et de *Carnot*, les principes qui avaient animé les Fondateurs de l'École Polytechnique, il le fit avec résolution et persévérance. De courtes Notes sur ce grave sujet, publiées par lui et à peine remarquées du public, mais qui n'échappaient pas à une haute attention, ont exercé, à leur heure, une juste influence sur la nouvelle direction que l'enseignement du pays a reçue.

La vie d'Olivier a été pleine. Il a vu la plupart des idées auxquelles il a touché définitivement consacrées et admises; il a joui de leurs succès. Appelé par la confiance du Gouvernement à la direction du Conservatoire des Arts et Métiers, il trouvait dans sa nomination la juste récompense de sa loyale vie et de ses services, ainsi que l'occasion naturelle d'utiliser son expérience pour le bien de l'industrie et du pays.

Son existence, toujours sereine en elle-même et dont les soins assidus d'une compagne tendrement aimée augmentaient encore la douceur, pouvait se promettre de longs jours de bonheur. Quelques peines de famille, la mort d'*Ebelmen* qui le frappait dans ses plus chères affections lui avaient, il est vrai, fait des devoirs qu'il avait acceptés avec empressement.

Mais le moment de se reposer et de jouir semblait pourtant venu pour lui, lorsqu'une maladie, peu grave en apparence, mortelle en réalité, est venue l'enlever à sa famille désolée et à ses amis, pleins de regrets et douloureusement frappés.

Les Sciences perdent en lui un de leurs représentants les plus dignes; il les aimait pour elles, par respect pour leurs fruits, le produit le plus fécond de la pensée humaine, par dévotion pour le culte de la vérité.

L'École Centrale, le Conservatoire, perdent en lui l'un de leurs plus éminents professeurs; les élèves de l'École Centrale pleurent un père.

Nous, qui l'avons si longtemps pratiqué, si bien connu et si sérieusement aimé, nous avons le droit de dire et le devoir de proclamer que le pays perd l'un de ses meilleurs serviteurs.

Personne ne porta plus loin l'élévation des sentiments, la générosité, le désintéressement. Personne n'aima plus que lui la justice, ne fut plus esclave de l'équité. Personne ne fut plus reconnaissant des bienfaits. Olivier était l'honneur et la probité même.

Si les plus nobles dons du cœur, les plus hautes qualités de l'âme, si la pratique constante du bien peuvent ouvrir l'entrée d'un monde meilleur, c'est du haut de ce séjour de sérénité que l'âme immortelle d'Olivier reçoit l'expression de notre affection et de notre douleur, qu'elle reçoit nos derniers et cruels adieux; puissent-ils contribuer à adoucir les regrets qu'elle emporte et l'inconsolable peine qu'elle laisse!

Adieu, Olivier, adieu!

FUNÉRAILLES DE M. PÉCLET

(9 décembre 1857).

DISCOURS

DE

M. DUMAS, Président du Conseil des Études de l'École Centrale
des Arts et Manufactures.

Messieurs,

Il y a quelques jours, le savant célèbre, l'ami, oui l'ami fidèle et cher que nous accompagnons pleins de douleur à sa demeure dernière, prenait part encore, avec toute la vivacité d'un cœur que l'âge n'avait pas atteint, aux travaux par lesquels se prépare le nouvel avenir d'une École qui s'honore de le compter au nombre de ses Fondateurs, d'une École dont une de ses leçons, la première qui y fut professée, inaugura jadis l'enseignement.

Vous qu'il a tant aimés, jeunes gens, une semaine s'est écoulée à peine depuis qu'il vous a fait ses adieux, dans cette autre leçon, le dernier effort de sa vie, où vous remarquiez avec bonheur une verve nouvelle, une abondance pleine de promesses, et qui, hélas! était le chant du cygne.

Vous perdez en M. Péclet un de vos meilleurs guides, une de ces intelligences d'élite, qui savait toujours colorer des teintes d'une imagination qui ne vieillit pas les lumières d'une raison nourrie des plus fortes études et mûrie par une longue expérience.

A côté de vous, vos maîtres pleurent un homme qui fut le type de l'homme de bien, dont l'ardeur les précédait toujours dans ces chemins de la droiture, du désintéressement et de l'honneur qui lui étaient si familiers, et où nous aimions à le suivre.

Ils pleurent cette âme si naturellement ouverte au bien, cette belle âme qu'une affection mutuelle de trente années, qu'une amitié sans nuages m'avait si bien appris à connaître et à vénérer.

Et moi, vous le voyez, mon cœur ému se trouble au moment d'une séparation nouvelle et imprévue, qui me laisse seul des trois professeurs fondateurs de l'École Centrale, de cette École, l'œuvre de notre vie, le but de toutes nos pensées.

Vous savez quel rôle M. Péclet a joué dans la création de ce grand établissement, quels soins il apportait à ces leçons sans modèle, où, pour la première fois, l'industrie apprenait les règles, toutes les règles pratiques qui président à l'emploi de la chaleur, c'est-à-dire de la force souveraine et dirigeante qui anime tous les travaux des manufactures, de la force qui d'un côté donne la vie à toutes les machines, qui de l'autre met en mouvement dans les foyers des usines chimiques ou métallurgiques toutes les matières qu'elles produisent ou transforment pour nos besoins.

Vous savez surtout quelle ardeur l'animait dans ces conférences savantes et familières où les travaux de chacun de vous, examinés avec une paternelle sollicitude, devenaient tour à tour l'objet de ses critiques toujours justes, de ses éloges toujours motivés, de ses remarques toujours fines et profondes; dans ces conférences dont il savait faire l'occasion de ses leçons les meilleures, de son enseignement le plus profitable.

Depuis que la douleur était venue briser son cœur de père, et que toutes les espérances de sa vie avaient disparu étouffées longtemps avant l'heure, reportant désormais sur vous, ses seuls enfants, tous ses besoins d'épanchement et d'affection, ses conférences étaient devenues les seules distractions, les seules fêtes de sa vie. Il s'y portait avec passion, et le Conseil de l'École n'oubliera jamais avec quelle verve il savait en montrer les grands biens, et quelle ardeur il mettait à les fortifier et à les étendre dans la pratique de vos études.

M. Péclet n'avait jamais oublié ces années de sa jeunesse où, après avoir entendu les leçons de nos illustres devanciers, les créateurs de la Faculté des Sciences, il était admis comme élève de l'École Normale aux conférences intimes par lesquelles l'abbé Haüy aimait à initier quelques esprits d'élite aux mystères de la cristallographie naissante.

Il savait tout ce qu'on gagne à ces communications familières où le maître, s'abandonnant sans réserve, ouvrant son cœur tout entier, donne à son jeune auditoire tout ce qu'il possède, lui avoue tout ce qu'il ignore, et lui apprend à la fois par son propre exemple à compter avec confiance sur les moissons que le travail assure, et à résister aux faiblesses et aux découragements de l'humaine nature; les génies les plus vigoureux laissant voir alors, dans ces contacts intimes, qu'ils ont aussi leurs heures de lassitude et leurs moments d'impuissance.

Il n'avait pas oublié non plus avec quelle ardeur Ampère, l'illustre fondateur de l'électromagnétisme et le créateur fécond de tant de belles applications qui en sont la conséquence, s'était fait le protecteur de ses jeunes années et le soutien affectueux de ses premiers pas dans la carrière de l'enseignement.

Combien de fois il a payé la dette qu'il avait contractée alors envers ce grand homme, et comme il aimait à son tour à tendre à la jeunesse une main secourable, à ouvrir au talent naissant le chemin du succès!

Comment, après avoir été nourri, au sein de l'École Normale, dans le culte de la Science pure; comment après avoir été distingué par les savants les plus abstraits du commencement du siècle, et avoir été honoré de leur amitié, M. Péclet est-il devenu l'une des lumières de l'industrie moderne?

C'est sans doute parce que ses débuts dans l'enseignement l'appelèrent à Marseille, au milieu d'une cité dès longtemps florissante par le succès de ses nombreuses industries, et bien éloignée alors d'accepter l'intervention des conseils de la Science comme utile dans la pratique de ses ateliers.

Il eut le double mérite de voir du premier coup tout ce que la Science aurait à gagner à une étude attentive de ces pratiques industrielles, fruit d'une longue expérience et contrôlées par un emploi séculaire, et de comprendre tout ce qu'avait d'irrégulier et d'incorrect le maniement des forces les plus délicates et les plus mystérieuses de la nature quand une intelligence éclairée n'en gouvernait pas l'emploi.

Il se proposa dès lors, et il n'a jamais cessé de marcher d'un pas assuré dans cette carrière, de doter l'industrie d'une Physique à son usage et de faire profiter la Science à son tour des notions qu'il recueillait dans les ateliers.

Telle est restée la pensée constante de sa vie.

Elle a porté ses fruits dans la composition de ce Traité de Physique que sa science et sa clarté rangent au nombre des guides les plus sûrs de la jeunesse, et dont quatre éditions n'ont pas épuisé le succès;

Dans ce *Traité de l'éclairage,* où, pour la première fois, on voyait réunis une monographie exacte de tous les procédés d'une industrie, l'exposé des lois auxquelles la théorie les assujettit, le récit d'expériences neuves, exactes et bien dirigées, l'exemple des raisonnements les plus sûrs et les plus concluants.

Elle a porté ses fruits dans le premier essai de ses forces et de la méthode par laquelle il s'est ouvert à lui-même la voie, en même temps qu'il l'ouvrait à tous ceux qui, après lui et à son exemple, ont essayé de maintenir et de fortifier l'union de la Science pure et de l'Industrie raisonnée ;

Dans le *Traité de la chaleur* enfin, le monument de sa vie, où les qualités propres de son talent apparaissent dans toute leur force et dans toute leur maturité, Traité où l'Industrie trouvera longtemps un guide sûr, et où la Science ira longtemps chercher ses données pour la solution des plus difficiles problèmes.

Quand la mort est venue le surprendre, il mettait la dernière main à la troisième édition de ce grand Ouvrage, que le monde entier connaît et consulte, et qui occupe en Angleterre, au nord de l'Europe et aux États-Unis la place même que nos ingénieurs lui font dans leur bibliothèque. Espérons que ses dernières pensées sur un sujet qu'il a si profondément médité ne seront pas perdues. Mais je m'arrête; poursuivre cette tâche serait au-dessus de mes forces.

Le moment n'est pas venu d'étudier une vie si noble, si belle et si utile dans tous les détails des travaux scientifiques dont elle fut occupée.

Au moment d'une séparation suprême, les grandes qualités de l'âme, les dons du cœur, l'exemple des vertus, la constance dans les épreuves de la vie, voilà les traits qui se peignent de préférence à nos regards émus, que nous cherchons surtout à raviver dans nos souvenirs, et dont aucun n'a manqué à l'ami que nous pleurons.

Ah! ce n'est pas seulement le savant que nos douleurs accompagnent! Ah! ce n'est pas seulement le professeur éminent que vous honorez de vos larmes; mais c'est surtout l'homme excellent qui, dans la modestie de sa vie, ne connut que le bien, ne pratiqua que la vertu; l'âme élevée et pure qui chercha toujours la vérité, qui n'aima jamais que l'honneur.

Tel nous connaissions M. Péclet à l'École Centrale, tel il avait été à l'École Normale, dont il fut l'un des maîtres de conférence les plus chers, à l'Académie de Paris, à laquelle il appartint comme inspecteur, enfin dans le cadre des inspecteurs généraux de l'Instruction publique, où vint se terminer avec éclat sa brillante carrière universitaire.

Dans aucune des Compagnies auxquelles il a appartenu on n'a perdu le souvenir de ce collègue d'un commerce si charmant et si sûr, de ce collègue toujours le premier et le dernier au travail, toujours esclave du devoir, toujours fidèle à la tradition des hautes vertus qui doivent gouverner la vie des hommes voués à l'enseignement de la jeunesse.

Puissent les sentiments qui amènent autour de cette tombe tant de cœurs émus, tant d'amitiés fidèles, porter quelque consolation, quelque douceur dans l'âme de la compagne éminente qui fut le bonheur et l'ornement de sa vie, et qui, après avoir connu toutes les affections de l'amitié dans le frère illustre qui lui servit de père, l'amour maternel dans le fils qu'elle a perdu, la tendresse la plus douce et la plus profonde dans l'époux qu'elle pleure, n'a plus pour remplacer tous ces bonheurs évanouis que les souvenirs de son cœur et les sympathies qui éclatent autour de ce monument funèbre, où tout ce qui lui fut cher va se trouver réuni!

Adieu, Péclet, au nom de l'Université, qui a gardé longue mémoire de tes services, au nom de l'Industrie et de la Science reconnaissantes, au nom de l'École Centrale où les professeurs t'aimaient comme un vieil ami, où les élèves t'aimaient comme un père!

Adieu! au nom d'une affection que les années ne faisaient qu'accroître, et que nous retrouverons tout entière, j'en garde l'espérance, dans ces régions de sérénité qui ont déjà reçu ta belle âme! Adieu!

DISCOURS

DE

M. FAURE, Professeur a l'École Centrale des Arts et Manufactures.

Messieurs,

Devant les restes mortels d'un homme de bien, de cœur et de savoir, je viens tenter d'exprimer les sentiments et les regrets des anciens élèves de l'École Centrale, ceux des élèves actuels; je viens murmurer les adieux de vingt-neuf promotions représentées ici par cette foule compacte.

J'essayerai de défendre à mes larmes d'interrompre ce qu'a mission de vous dire un ancien entre les anciens..................

L'homme que nous pleurons, celui que les plus jeunes d'entre nous ont vu, il y a dix jours à peine, à son poste de combat, ardent, dévoué comme jadis, plus encore peut-être, venait de commencer sa vingt-neuvième campagne avec ce même entrain, ce même enthousiasme communicatif, admirés jadis par celui qui vous parle, de 1829 à 1832.

N'est-ce pas là une belle et noble vie, Messieurs, et n'y a-t-il pas une noble gloire aussi dans ces vingt-neuf années de *défrichement industriel* qui ont fécondé tant de jeunes têtes, créé tant d'hommes utiles? Disons cela, Messieurs, avec orgueil, avec bonheur, parce que, en le disant, nous honorons comme il voulait l'être, c'est-à-dire par ses œuvres, celui des fondateurs de l'École Centrale que la mort vient de frapper.

Aujourd'hui, Messieurs, lorsqu'une ère nouvelle est commencée pour l'École Centrale, arrivée grande et forte sous l'égide directe du pouvoir, il doit être bon et utile de redire à l'occasion, *de visu*, ses commencements pénibles. C'était en novembre 1829; cent-cinquante jeunes gens avaient répondu d'instinct à la féconde pensée de quatre hommes qui avaient lu dans l'avenir. En 1832, le choléra dispersait la phalange deux mois durant, et le retour du beau temps n'avait pas ramené au nid tous ceux que l'orage avait dispersés. Durant les trois années qui suivirent, avec les émotions politiques du temps, l'œuvre fonctionnait péniblement; cependant les fondateurs, avec les professeurs de 1832, eurent courageusement foi dans l'avenir.

Alors se passa un de ces faits qui honorent à toujours leurs auteurs : les fondateurs et les professeurs se réchauffèrent, se réconfortèrent les uns les autres, et tous voulurent continuer l'œuvre des fondateurs, tous se dévouèrent, tête baissée. Ces professeurs, Messieurs, ces hommes de foi et d'abnégation, ils s'appelaient : Perdonnet, Walter, Ferry, Mary, Bélanger, Payen, Peligot. Je ne sais plus en ce moment si les trois derniers professaient déjà à l'École; mais, pour sûr, ils eussent fait ce qu'ont fait les autres....

Vous tous qui êtes plus jeunes que moi, pardonnez-moi ce rappel louangeur du temps passé, ce temps des commencements où M. Dumas nous suspendait à ses lèvres, si longtemps que la plume qui prend des notes s'arrêtait fatiguée quand l'admiration marchait toujours;

Où M. Th. Olivier, avec sa parole limpide et imagée, entraînait nos esprits à travers l'espace que son doigt et sa pensée sillonnaient de lignes savantes devenues visibles;

Où M. Péclet nous donnait à flots pressés, avec une ardeur entraînante, ses enseignements sur des idées, sur des sujets ou des théories devenues pratiques dans ses mains et pour la première fois.

A ceux de mon époque, je dirai : Souvenez-vous avec moi et revoyez nos quatre fondateurs de ce temps-là; aux trois brillants professeurs fondateurs que j'ai nommés, ajoutez M. Lavallée, trait d'union constant entre des natures très-diverses, ne reculant jamais devant les sacrifices commandés par le bien de l'enseignement, aidant dès les premiers jours, et depuis et de plus en plus chaque année, avec sa bourse, ses propres deniers, les jeunes hommes indigents alors.... Disons-le, amis, parce que parmi vous, parmi ceux qui ont conquis noblement de bonnes positions, il en est qui ont gardé dans le cœur le nombre et le taux de ces encouragements matériels donnés en secret par M. Lavallée, de cette semence pécuniaire jetée, dans l'ombre, en terrain fertile.

Hommes de mon temps, vous vous souvenez avec moi de cette bonne et affectueuse figure de M. Péclet, quand il nous apparut avec son cœur chaud, avec son entrain incessant, son enthousiasme naïf et communicatif à la fois ; vous vous rappelez que trois années durant il suffit à une tâche bien rude, en créant un enseignement qui, depuis et jusqu'à ce jour, a absorbé deux dévouements distincts.

Physique générale, Physique appliquée d'abord ; puis ensuite ces leçons sur la chaleur et ses applications, qui sont la grande création, la gloire de M. Péclet. La tâche dévorante se déroulait devant nous et l'homme y suffisait toujours.

Jeunes camarades, vous me pardonnez ces souvenirs, parce que vous y retrouvez M. Péclet tel que vous l'avez vu jusqu'à ses derniers jours. Il n'avait pas vieilli, n'est-ce pas ? Et cependant il vient de mourir ! . . . .

De ces trois paroles vivifiantes que j'ai rappelées, deux sont glacées à cette heure ; de ces trois grands professeurs, deux ne sont plus déjà ! L'un dort ici tout près, depuis quatre ans passés ; l'autre est tombé hier, foudroyé par le mal, tué peut-être par sa leçon du 30 novembre !

Un seul reste, et vous venez de l'entendre. Et les jeunes ont compris pourquoi les vieux aiment à se souvenir, et l'émotion d'aujourd'hui a rappelé aux anciens les émotions d'alors. Donc vous ne vous étonnerez pas si, devant la tombe de Péclet, près de celle d'Olivier, j'ai besoin de me rappeler qu'il y a huit jours à peine je me suis senti rajeunir de vingt-huit ans en écoutant une leçon de M. Dumas.

Vous me pardonnerez ce flot de souvenirs. Il est dans ma mission, puisqu'il fait comprendre ce que furent nos fondateurs, ce que nous perdons en les perdant.

Et maintenant, Messieurs, je crois que cette mission est accomplie, puisque j'ai dit pourquoi nous sommes tous ici en train de pleurer et de nous souvenir. . . . .

Adieu M. Péclet, au nom de tous vos élèves, adieu !

Puisse votre veuve nous permettre de prendre une part quelconque, nous accorder une participation filiale à ce qu'elle voudra faire pour perpétuer la mémoire d'un homme honnête entre les honnêtes, bon entre les meilleurs, utile entre les plus utiles.

Adieu !

EXTRAIT DE L'ALLOCUTION

PRONONCÉE A LA DOUZIÈME RÉUNION GÉNÉRALE ANNUELLE,

Par M. P. DUBOIS,
(de la Loire-Inférieure)

PRÉSIDENT DU CONSEIL D'ADMINISTRATION DE L'ASSOCIATION DES ANCIENS ÉLÈVES
DE L'ÉCOLE NORMALE SUPÉRIEURE.

Promotion de 1812. — Péclet, Inspecteur général des études, en retraite, Officier de la Légion d'honneur, Professeur-Fondateur de l'École Centrale des Arts et Manufactures.

A côté d'une vie sans doute bien remplie, mais détournée de son but universitaire par les orages du temps, en voici une de quarante-quatre ans d'enseignement non interrompu, d'études paisibles et sereines, de services éminents rendus à l'Université, à la Science, à l'Industrie nationale.

Péclet (Léon-Claude-Eugène), né à Besançon, le 10 février 1793, y fit de brillantes études scientifiques qu'il vint ensuite perfectionner et couronner au lycée impérial, depuis lycée Louis-le-Grand. Entré à l'École en novembre 1812, il y passa avec nous tous, ses camarades de promotion, les douleureuses années de 1813 et de 1814, et de plus, comme élève répétiteur de Physique et de Chimie, titre conquis par son talent et ses succès, cette autre année de crises et d'angoisses, où tour à tour dénoncée comme un foyer de bonapartisme à la monarchie restaurée, et de royalisme à l'empire un moment rétabli, l'École faisait l'apprentissage de cette vie d'épreuves tant de fois renouvelée pour elle depuis quarante-huit ans, mais qu'elle traverse toujours victorieuse, parce que tous les Gouvernements finissent par y reconnaître un instrument nécessaire de leur autorité, de l'esprit et de l'éducation modernes.

Les conseils, les entretiens familiers des illustres professeurs de la Faculté des Sciences, du Collége de France et du Muséum, les Ampère, les Haüy, les Gay-Lussac, les Thenard, et surtout, redisons-le pour rendre hommage à un homme qui a laissé de profondes traces à l'École Normale et à l'École Polytechnique, l'enseignement intérieur de M. Dulong, l'avaient singulièrement enrichi et théoriquement armé, lorsqu'à la fin de 1815, il fut nommé professeur de Physique et de Chimie à Marseille. Là de nouveaux jours s'ouvrirent à son intelligence par le spectacle de l'Industrie et des nombreuses usines, fortune renaissante, aujourd'hui si merveilleusement accrue de cette grande cité; il en étudia sérieusement les pratiques, et bientôt, entré dans l'intimité des chefs de maison les plus considérables, il fonda le premier peut-être en France l'un de ces Cours municipaux depuis multipliés, où la jeunesse intelligente et studieuse, aisée ou pauvre des ateliers, vient pénétrer les secrets des procédés, jusque-là pour elle un mystère, et se mettre sur la voie des perfectionnements et des découvertes.

Là, pendant treize années, de 1815 à 1828, soit dans son Cours du collége, soit dans sa chaire publique, il poursuit sa double voie, prenant rôle et marquant ainsi sa place dans l'œuvre et dans le grand mouvement de Science appliquée qui sera l'un des caractères du siècle. Quelle a été dans le présent, quelle sera cette place dans l'avenir? Ce n'est pas à moi qu'il appartient de le dire; mais un maître illustre, son ami et son collègue dans la fondation de la troisième grande École qui, avec l'École Polytechnique et l'École Normale, complète le cycle de l'enseignement moderne, gloire unique de notre France, objet d'émulation et de généreuse envie pour le monde, un maître illustre, dis-je, a rendu témoignage. Trois livres aujourd'hui populaires, le *Traité de Physique générale*, le *Traité de l'éclairage*, le *Traité de la Chaleur*, son premier essai sans cesse perfectionné jusqu'à l'heure même de sa mort, demeurent les garants de sa mémoire; vingt-neuf générations d'élèves perpétueront l'affectueux souvenir et la tradition de son enseignement. En 1828 et 1829, j'ai vu se préparer, et il m'a été donné d'aider du concours d'une publicité puissante, alors entre mes mains, la fondation de cette grande institution née de l'alliance intellectuelle de trois hommes inspirés par les besoins de leur temps (*Dumas, Olivier, Péclet*) et de l'audacieux dévouement d'un intelligent capitaliste (*M. Lavallée*); j'ai vu et pu mesurer quelle fut la part de notre camarade dans ce premier et hasardeux élan d'une œuvre devenue à la fin, et à travers plus d'une épreuve, une source de richesse pour ses auteurs, et conduite aujourd'hui, par leur admirable accord, à la dignité d'École de l'État. Pourrais-je retracer son infatigable prédication auprès des industriels, ses appels passionnés à leurs intérêts et à leur concours, ses invocations à l'avenir qu'il sentait près d'éclore, sa diligence inquiète pour organiser les ateliers de l'École et ses collections en tout genre. On l'a rappelé sur sa tombe, c'est sa première leçon qui inaugura l'enseignement, et en marqua pour ainsi dire le caractère, surtout dans ces conférences intimes et familières dont il empruntait la tradition à notre École, où il enseignait de nouveau depuis 1828, et était revenu prendre une place plus élevée sous un Ministère réparateur; pendant dix ans, il a conduit de conserve les deux enseignements. Inspecteur de l'Académie de Paris, en 1838, Inspecteur général des études, en 1840, récompense bien méritée de tant de travaux, le professeur éminent s'est montré pendant quatorze années, dans l'administration supérieure, ce qu'il avait été dans l'enseignement : missionnaire ardent de perfectionnement, appréciateur sagace et impartial des services de tous, soutien énergique et persévérant des mérites et des prétentions légitimes, collègue aimable, facile et dévoué.

Qu'ajouterais-je maintenant sur l'homme privé que vous ne sachiez tous? Marié à la sœur du savant et vénéré *M. de Coriolis*, et devenu comme son fils d'adoption, il avait trouvé la paix et toutes les joies d'une union bien assortie : un fils lui avait été donné; mais un an jour pour jour avant celui qui devait marquer sa fin, cet enfant unique lui frayait le chemin, et le devançait devant Dieu. Frappé ainsi dans toutes les espérances de sa vieillesse, il se rattacha avec plus d'ardeur que jamais à cette autre famille, premier et dernier objet de toutes ses sollicitudes; son enseignement sembla s'animer d'un feu nouveau sous la douleur, et peut-être est-ce à l'excès d'ardeur d'une leçon, qui devait être, hélas! la dernière, qu'il faut rapporter le principe du mal qui, malgré sa forte constitution, l'a si rapidement enlevé. A nous, ses camarades de promotion, le souvenir plus attristé de sa perte; à toutes les générations de l'École et à l'Université le culte d'une mémoire qui reste un de nos titres d'honneur dans les annales de la Science et devant le pays.

FUNÉRAILLES DE M. LAVALLÉE

(19 mai 1873).

DISCOURS

DE

M. Ch. CALLON, Membre du Conseil de l'École Centrale
des Arts et Manufactures.

Messieurs,

C'est avec un vif sentiment de mon insuffisance, mais c'est aussi avec une reconnaissance profonde que j'ai accepté la mission dont m'ont honoré à la fois le Conseil de l'École Centrale et la digne famille de l'homme éminent que nous conduisons aujourd'hui à sa dernière demeure.

Messieurs, bien que les grandes affaires industrielles de notre temps, auxquelles M. Lavallée a pris une part si utile et si efficace, témoignent assez des services qu'il a su rendre à son pays, il faut reconnaître que l'École Centrale, sa fondation, son développement, son avenir ont été vraiment la préoccupation de toute sa vie; et c'est cette grande œuvre, sans devancière et sans rivale, qui, en montrant aux yeux les plus prévenus l'exemple trop rare, hélas! de ce que peut faire l'initiative privée dans un pays tel que le nôtre, fera vivre et respecter dans la postérité le nom pur et sympathique de M. Lavallée.

C'est en 1829, avec le concours dévoué et désintéressé de ses trois infatigables collègues, MM. Olivier, Péclet et Dumas, alors jeunes comme lui et passionnés comme lui pour le bien public; c'est en 1829 que M. Lavallée fonda l'École Centrale. Depuis plusieurs années, et dans le temps même où ses études de droit n'étaient pas encore achevées, il était absorbé, obsédé pour ainsi dire par cette idée, que l'industrie française manquait du levier nécessaire pour se développer définitivement en face de ses éternels rivaux. Ce levier, c'était à ses yeux l'enseignement méthodique des sciences appliquées à l'industrie.

Sans doute, beaucoup d'esprits éminents de l'époque étaient convaincus de cette grande vérité, et j'en vois la preuve manifeste en relisant, en tête du premier programme de l'École, les noms des Chaptal, des D'Arcet, des Thenard, des Arago, des Ternaux, des Casimir Périer, qui tous tinrent à honneur de faire acte d'adhésion à l'expérience hardie des quatre jeunes fondateurs de l'École Centrale. Mais, Messieurs, qu'il y a loin de la pensée à la parole, et de la parole à l'action! Et que fût-il arrivé si, au lieu d'exposer son patrimoine dans une entreprise dont le succès n'était assuré qu'aux yeux de ceux qui avaient la *foi* et l'énergie qu'elle donne, M. Lavallée se fût contenté, comme tant d'autres, de demander à cette Providence d'invention humaine qu'on appelle l'État, de faire ce que des citoyens éclairés et vraiment patriotes pouvaient seuls tenter et accomplir dans la pleine liberté de leur initiative et dans l'indépendance de leur génie?

Avec quelle chaleur convaincue, avec quelle sûreté de vues, avec quelle prescience infaillible de l'avenir ils posèrent les principes fondamentaux de leur œuvre dans ces pages du programme de 1829, où l'on reconnaît la touche magistrale de notre Président actuel, de celui qui devait devenir plus tard l'illustre Secrétaire perpétuel de l'Académie des Sciences!

Soit qu'il s'agisse de définir, c'est-à-dire, suivant l'expression étymologique du mot, de *limiter* le rôle que la Science pure doit jouer dans l'éducation des hommes « qui sont destinés par leur état à faire une application journalière des conceptions scientifiques »; soit qu'il s'agisse de déterminer les conditions du choix des professeurs de la nouvelle École « pour que l'enseignement qui y sera donné soit vraiment utile aux élèves », et pour que ces professeurs soient en mesure de « juger avec certitude de l'importance réelle des théories, de la manière d'en faire usage et des limites au delà desquelles leurs applications utiles cessent; soit qu'enfin, s'appuyant sur ce fait, que souvent les « progrès et les découvertes d'une industrie particulière sont dus à des circonstances qui semblent lui être tout à fait étrangères », les fondateurs de l'École nouvelle déclarent avec une imposante autorité que, « pour eux, la *science industrielle est une,* en sorte que tout ingénieur industriel doit la connaître en son entier, sous peine d'être inférieur au concurrent qui se présentera mieux armé que lui dans la lice. »

» Sur toutes ces questions et sur d'autres encore, l'exposé des principes qui guident les fondateurs est tellement net, tellement lumineux, que le lecteur sent passer dans son esprit la conviction qui anime ces apôtres d'une idée juste et féconde ; et alors, loin d'en être surpris, il trouve pour ainsi dire tout naturel le succès qui a couronné leurs efforts, et que constatent ces paroles extraites d'un Rapport officiel :

« Ce n'est pas exagérer que de dire que l'École Centrale ajoute à la considération du nom français et qu'elle doit être signalée parmi les moyens d'influence de la civilisation française. »

A l'époque où parut ce Rapport, M. Lavallée n'avait pas cessé de se consacrer à l'administration de l'Ecole. Pendant trente-quatre années consécutives il donna à cette administration ses soins journaliers. Grâce à sa sagesse énergique, grâce au concours dévoué de ses co-fondateurs que nous avions alors le bonheur de posséder tous, l'École traversa heureusement les difficiles crises de 1830, de 1832 et de 1848 ; et sa prospérité ne cessa de s'accroître, favorisée par le développement incessant de l'industrie française, auquel les ingénieurs sortis de l'École avaient d'ailleurs incontestablement contribué pour leur bonne part.

Mais l'heure du repos, ou du moins d'un repos relatif, avait sonné pour notre bien-aimé Directeur-Fondateur. Propriétaire du grand établissement qu'il avait contribué à fonder ; préoccupé, à un plus haut degré qu'il ne l'aurait été douze ou quinze ans plus tard, des difficultés qui semblaient pouvoir résulter de la cession de sa chère École à une société privée, quelle qu'elle fût ; enfin, entraîné par une pensée de généreux désintéressement dont purent s'étonner ceux seulement qui ne connaissaient pas cet homme d'élite chez qui se cachait, sous un extérieur grave et calme, la flamme qui brûle les grandes âmes, M. Lavallée prit la résolution, accueillie avec une ardeur égale à la sienne par ses dignes enfants, de céder gratuitement l'École Centrale à l'État, en stipulant certaines conditions qui lui parurent propres à assurer à l'École, dans les limites du possible, son indépendance au point de vue financier comme au point de vue pédagogique, de façon qu'elle pût, en maintenant ses règles originelles et ses traditions, apporter incessamment dans l'enseignement les modifications que réclame le régime, toujours mobile, de l'Industrie.

Mais, si M. Lavallée cessa alors de se mêler activement au gouvernement de l'École, sa pensée ne s'en détacha pas un seul instant. Semblable à un bon père de famille qui, dans un âge avancé, consacre encore ses dernières pensées à ses enfants devenus majeurs et les suit d'un œil attentif dans la carrière où leur activité s'emploie désormais, M. Lavallée semblait s'attacher d'autant plus à sa chère École que les années et les souffrances le forçaient davantage à s'en éloigner ; et plus d'une fois, durant ces nuits d'insomnie qu'entraînaient pour lui et l'impression douloureuse des événements sinistres que nous avons traversés et la cruelle maladie qui l'a ravi à notre affection, ses enfants l'ont surpris jetant sur le papier, d'une main défaillante, les réflexions que lui inspirait sa constante sollicitude pour les intérêts et pour l'avenir de l'École qu'il avait fondée !

Messieurs, le Conseil de l'École, dans sa séance du 16 de ce mois, sur la proposition de son illustre Président, a décidé à l'unanimité qu'un buste en marbre de M. Lavallée serait placé dans la salle de ses séances. Puisse cette marque éclatante de notre affectueuse gratitude apporter quelque consolation à sa famille si douloureusement éprouvée ! Quant à nous, membres des deux Conseils de l'École, nous n'oublierons pas que le meilleur moyen d'honorer la mémoire de tels hommes, c'est de suivre leur exemple. Nous savons tous quel est à cet égard notre devoir et nous nous efforcerons de le remplir en relevant la fortune de l'École au fur et à mesure que celle du pays tout entier se relèvera elle-même, avec l'aide de Dieu et grâce aux efforts des bons citoyens.

Et vous, mes jeunes camarades, qui avez tenu à nous accompagner au bord de cette tombe, bien que vous n'ayez point connu celui qui vient d'y descendre, cet homme de bien, l'un des types les mieux accusés de cette forte génération de 1830 dont l'esprit et le courage moral nous ont trop fait défaut dans ces derniers temps, ayez toujours devant vos yeux cet exemple salutaire d'un homme qui ne songea à faire usage de sa fortune que pour accroître par ses œuvres les forces productives de son pays et son influence dans le monde civilisé. D'ailleurs, vous ne le savez que trop, il ne s'agit plus seulement aujourd'hui, comme il y a quarante ans, d'assurer notre supériorité dans l'ordre matériel, intellectuel et moral : il s'agit, pour la jeune génération qui s'élève, de restituer peu à peu à notre chère patrie le rang qu'elle a perdu. Pour cela, un moyen infaillible me semble vous être offert, c'est celui qu'un empereur romain, à son lit de mort, recommandait aux amis qui l'entouraient par ce seul mot : *Laboremus*.

C'est celui que vous recommande aujourd'hui toute la vie de l'homme éminent dont nous déplorons la perte. Et c'est en assurant ainsi, pour votre part et autant qu'il est en vous, la perpétuité de l'œuvre créée en 1829 par les quatre fondateurs de l'École, dont l'un est heureusement encore parmi nous, c'est ainsi, dis-je, que vous apporterez aux familles de ceux qui ne sont plus, et particulièrement à la famille de M. Lavallée, la seule consolation qui soit digne de leur douleur !

Adieu, cher et vénéré maître, dont la mémoire demeurera, chez vos anciens collaborateurs et chez vos anciens élèves, comme celle d'un grand citoyen, d'un chef bienveillant et juste, d'un ami loyal et généreux, d'un véritable homme de bien !

Avec l'espoir de vous retrouver un jour, adieu !

DISCOURS

DE

M. LOUSTAU, Président de l'Association amicale des Anciens Élèves de l'École Centrale des Arts et Manufactures.

Messieurs,

Les anciens élèves de l'École Centrale présents à Paris se groupent aujourd'hui devant la tombe de l'estimable M. Lavallée pour rendre un dernier hommage de respectueux attachement à celui qui fut le Fondateur de l'École.

Je suis appelé à être leur interprète en cette triste circonstance, comme Président de leur Association amicale; j'aurais pu revendiquer cet honneur comme ancien élève de la fondation et doyen de 41 promotions.

M. Lavallée naquit à Savigné-l'Evêque, dans la Sarthe, en 1797; son père avait été fonctionnaire dans l'administration des Postes en Hollande à l'époque de la première République; mais il avait renoncé de bonne heure à cette position.

Les premières années de M. Lavallée manquèrent de direction bien déterminée; à peu près livré à lui-même, il fit ses études de droit à Paris dans une situation assez pénible, par suite de l'insuffisance des ressources mises à sa disposition.

Il épousa à Nantes, en 1825, une créole, Mlle Laurans, dont il a été donné à quelques-uns d'entre nous d'apprécier tout le mérite et les aimables qualités. Il revint à Paris vers 1827, et chercha à nouer des relations avec quelques jeunes hommes de son âge, instruits, pleins d'ardeur, animés du désir d'appliquer leurs facultés à quelque grande œuvre.

Ce fut dans ces circonstances que naquit la pensée de fonder un grand enseignement industriel; M. Lavallée s'y attacha avec empressement, avec une force de volonté remarquable, et l'École Centrale ouvrit ses portes, en novembre 1829, à une jeunesse empressée d'entrer dans cette voie nouvelle.

Je n'ai pas la mission, Messieurs, de faire en ce moment l'histoire de l'École Centrale des Arts et Manufactures; mais je dois rappeler en quelques mots les difficultés contre lesquelles son jeune et courageux fondateur eut à lutter pendant ces premières années; et ici je ne veux pas parler des difficultés matérielles inhérentes à toute entreprise au début, mais de celles, beaucoup plus sérieuses qui résultent d'événements imprévus et qui engendrent souvent les défaillances et la ruine.

M. Lavallée avait trente et un ans à peine quand il réalisa cette grande pensée de la création d'une École du Génie civil, et il eut le bonheur de rencontrer dès l'origine des hommes d'un mérite élevé qui surent le comprendre et qui s'empressèrent de lui prêter un concours dévoué comme Fondateurs de l'enseignement.

Mais les élèves des premières promotions de l'École Centrale, des trois premières surtout, étaient aussi des collaborateurs et en quelque sorte des associés, apportant dans l'entreprise commune leur part d'intelligence et d'efforts persévérants.

Ne leur a-t-il pas fallu, comme à leurs maîtres, une persévérance opiniâtre pour lutter contre les effets des perturbations politiques de 1830 et continuer leur œuvre d'Élèves-Fondateurs au milieu des bruits de l'émeute qui ne cessaient de troubler la ville, et un peu plus tard sous le coup des menaces de l'épidémie cholérique qui avait fait sa première invasion? Au début, 1830, la Révolution et les secousses qui l'ont suivie; plus tard, 1832, le choléra et son cortége de misères!

Telle était la force de volonté de ces premiers élèves du Génie civil, que, pendant cette dernière période de 1832, ils avaient le courage de résister aux sollicitations de leurs familles qui les pressaient de s'éloigner du danger et de revenir au foyer paternel pour y attendre le retour de temps plus calmes et d'une sécurité plus favorable aux études.

Mais maîtres et élèves restaient à leur poste! M. Lavallée, ses amis, ses professeurs donnaient l'exemple; les Cours n'étaient pas interrompus; les amphithéâtres et les salles continuaient à être peuplés.

Enfin, à un certain moment, on reconnaissait d'un commun accord la nécessité de suspendre momentanément les Cours, dans l'intérêt même des études et de l'avenir. On se séparait en avril 1832, mais on revenait en juillet reprendre la tâche inachevée; et la première promotion quittait l'École en novembre 1832, petite mais vaillante phalange, à la tête de laquelle se trouvait Petiet, et qui allait prouver à la France, à l'Europe, aux deux mondes, qu'un homme de cœur venait de doter son pays d'une institution éminemment utile.

Il m'a été donné d'assister et de prendre part à cette œuvre de création commencée et poursuivie en commun, sous la direction de nos quatre grands Fondateurs, Lavallée, Dumas, Olivier et Péclet.

Et en me rendant bien compte de ce qui s'est passé à cette époque, je ne puis m'empêcher de penser que l'esprit de confraternité qui unit entre eux tous les anciens élèves, et qui les rattache avec tant de force à l'École, a pris naissance dans la lutte en commun contre les épreuves des premiers temps, et que cet esprit s'est développé et fortifié depuis, sous l'administration paternelle de M. Lavallée, dont l'exemple devait justifier si bien l'ancien adage : *l'union fait la force.*

Ne devons-nous pas attribuer à cette salutaire influence l'origine de l'Association amicale à la formation de laquelle M. Lavallée avait applaudi, et dont notre ami, M. Pothier, son gendre, était, il y a peu de temps encore, le président pendant deux années consécutives ?

Après les événements des trois premières années dont je viens de parler, l'École Centrale avait conquis son rang, et nous devons espérer que, quoi qu'il arrive, elle ne le perdra jamais.

M. Lavallée resta pendant trente-deux ans à la tête de l'établissement qu'il avait fondé; pendant la première moitié de cette période, à peu près, il eut à se ressentir des secousses qui avaient accompagné les débuts; puis arriva la période d'un succès honorable et bien mérité.

Je veux dire, sans insister longuement toutefois, que possesseur d'une fortune *noblement* acquise, M. Lavallée en faisait un *noble* usage, soutenant des entreprises utiles, et secourant sans ostentation des infortunes imméritées; peu d'entre nous savent tout le bien qu'il a fait, il ne s'en vantait pas.

En 1857 il réalisa la pensée, conçue depuis quelques années déjà, d'abandonner à l'État, sans aucune rémunération, l'École Centrale amenée par ses soins persévérants au plus haut degré de prospérité; son fils, sa fille, son gendre, s'associèrent à la cession qui fut effectuée à cette époque. Ne la considérons que comme un acte de généreux désintéressement dicté par la pensée de garantir l'avenir de l'École contre les éventualités d'une gestion inconnue.

Depuis ce jour jusqu'à la fin de sa vie, M. Lavallée n'a pas cessé de penser à l'avenir de l'École; et c'est au milieu de ces préoccupations qu'il s'est éteint, le 15 mai 1873, entouré de ses enfants et de ses petits-enfants.

Qu'ils cherchent quelques consolations dans le souvenir d'une existence si honorablement remplie, et dans le témoignage unanime des sympathiques regrets de tous ceux qui ont connu cet homme de bien et surtout de ses anciens élèves qui constituaient pour lui une famille d'adoption.

Adieu, maître vénéré, adieu au nom des quarante et une promotions sorties de l'École.

DISCOURS
DE
M. MOLINOS, Président de la Société des Ingénieurs civils.

Messieurs,

Les anciens élèves de l'École Centrale viennent de vous exprimer, par la bouche de MM. Callon et Loustau, les sentiments de respect, d'affection et de reconnaissance qui les attachaient au fondateur de leur École, à M. Lavallée.

La Société des Ingénieurs civils s'associe unanimement à leurs regrets. Ainsi que M. Callon vous le rappelait tout à l'heure, la vie de M. Lavallée a été tout entière consacrée à une œuvre considérable, exemple trop rare dans notre pays de ce que peut l'initiative individuelle appliquée avec une admirable persévérance à une idée juste et féconde. Par la création de l'École Centrale, M. Lavallée a contribué plus que tout autre à fonder la profession d'ingénieur civil en France.

Jusqu'à ses derniers moments il s'est préoccupé, avec un dévouement et une ardeur que la maladie ne pouvait affaiblir, des moyens de perfectionner l'instruction des ingénieurs civils, idées bien chères à tous ceux qui aiment leur pays et qui sentent que de grands devoirs nous sont imposés désormais.

La rectitude remarquable de jugement qui distinguait M. Lavallée, la grande expérience qu'il avait acquise pendant trente années passées à la tête de l'École Centrale, donnaient à ses opinions sur ces matières une valeur et un poids exceptionnels.

Cette vie si utile, cette carrière si noblement remplie sont de beaux titres à la reconnaissance de tous.

Au nom de mes collègues de la Société des Ingénieurs civils, je viens apporter à la mémoire de M. Lavallée, membre honoraire de notre Société, le témoignage de nos regrets, à sa famille l'expression de toute notre sympathie dans le malheur qui la frappe.

FUNÉRAILLES DE M. A. PERDONNET
(4 octobre 1867).

DISCOURS
DE

M. DUMAS, Président du Conseil de l'École Centrale
des Arts et Manufactures.

Messieurs,

Pour attirer cette assistance nombreuse qui se presse autour de la tombe où vont reposer les restes mortels de M. Perdonnet, les talents, les services, l'éclat de la vie ne suffisent pas, quelque grands qu'ils soient. Un homme de bien, un grand cœur pouvait seul inspirer cette affection, ce respect, cette pieuse reconnaissance dont l'expression éclate avec tant d'unanimité dans cette foule émue. Mais M. Perdonnet ne tenait pas seulement de la Providence de rares talents, une situation élevée et une fortune indépendante, il avait encore reçu de Dieu l'esprit de charité.

Dès que l'occasion s'en présentait, son savoir, son temps, son influence, sa bourse, tout était mis en œuvre : son savoir, pour éclairer l'ignorant; son temps, son influence pour venir en aide au faible et au délaissé; sa bourse, pour le soulagement de toutes les détresses. Les témoins de sa vie savent ce que sont devenus les profits de ses années de labeur, mêlées aux plus grandes entreprises. M. Perdonnet, respectant son patrimoine comme un dépôt, considérait les fruits de son propre travail comme appartenant à ces jeunes talents que le besoin arrête en route, comme acquis à ces institutions qui éclairent et qui moralisent les classes laborieuses. Voilà le secret de cette douleur et de cette affluence. M. Perdonnet a pratiqué la charité chrétienne sous toutes les formes.

L'industrie des chemins de fer, l'Institution Polytechnique, l'École Centrale des Arts et Manufactures se sont partagé sa vie.

Le Conseil de l'École Centrale, frappé en ce jour d'un grand deuil, a voulu que son Président fît entendre l'expression de sa douleur. Il s'est souvenu que, partageant depuis trente-six ans les mêmes soins, nous nous étions toujours rencontrés dans les mêmes pensées, et que notre confiance, notre amitié même, s'étaient sans cesse accrues, à mesure que des responsabilités communes multipliant nos rapports les rendaient aussi plus étroits.

M. Perdonnet aimait la jeunesse; il en aimait le mouvement, la vie, la générosité, l'ardeur. Pour elle, il était plein de sympathie et d'indulgence, et, s'il se montrait sévère et inflexible à certaines heures, c'est qu'alors un intérêt plus grand, celui de l'École, et le maintien de la discipline et de la règle, lui en faisaient une loi. Il aimait l'École Centrale d'une passion profonde, comme un de ces instruments puissants qui donnent à la société des chefs capables de la diriger dans ses luttes avec la nature et d'assurer les progrès matériels de l'humanité vers l'ordre et la lumière.

L'École Centrale naissait à peine lorsqu'il y fut appelé. Il a fondé le premier enseignement dont les chemins de fer aient été l'objet. Il a servi d'initiateur et de modèle pour cette industrie merveilleuse qui a transformé le monde et qui compte à la tête de ses divers travaux les élèves de Perdonnet par centaines. Le *Traité élémentaire* et le *Portefeuille de l'ingénieur des chemins de fer,* qu'il a publiés, sont bientôt devenus classiques. Ils résument à la fois ses savantes leçons et l'expérience universelle des ingénieurs des deux mondes; car, lorsqu'il s'agissait d'une information à recueillir, d'une méthode à contrôler, d'une découverte à mettre en évidence, rien ne coûtait à M. Perdonnet, ni voyages lointains, ni soins, ni dépenses. Accueilli partout comme un maître, il pouvait recueillir des éléments précis d'appréciation sur tous les faits qui se produisaient dans l'industrie des chemins de fer naissants, et il a contribué plus que personne à sa rapide extension par ses informations sûres, sa critique impartiale et ses jugements éclairés.

M. Perdonnet joignait l'exemple au précepte. Administrateur du réseau de l'Est, il trouvait sans cesse l'occasion d'appliquer ou de voir à l'œuvre sur la plus grande échelle les méthodes ou les appareils qu'il avait à faire connaître dans ses leçons substantielles et pratiques. Ainsi, placé au centre des plus grandes entreprises d'une part et au milieu d'une jeunesse d'élite de l'autre, animé de l'amour du bien et plein de sympathie pour ses élèves, il était naturel qu'il voulût à la fois donner aux Compagnies des auxiliaires instruits et ouvrir la carrière aux ingénieurs qui sortaient de ses mains. Personne plus que lui n'a contribué à placer les élèves de l'École Centrale sur la route du travail et de la fortune.

Longtemps avant de recevoir le titre de Directeur de l'École, il en exerçait en ce sens, avec toute l'ardeur et toutes les délicatesses de son âme, les plus sérieuses attributions, continuant même une surveillance indirecte et discrète sur les travaux et la destinée de ses anciens disciples, dont le sort s'améliorait quelquefois tout à coup, quand ils en étaient dignes, sous la pression d'une influence qui ne se révélait pas.

Aussi, lorsqu'il fut appelé par la confiance de l'empereur à remplacer, comme Directeur de l'École Centrale, M. Lavallée, dont la longue et sage administration a tant contribué à sa prospérité, ces fonctions qui venaient le chercher à la fin de sa carrière semblaient avoir été faites pour lui. Convaincu que le régime de l'École exigeait quelque amélioration, il s'y porta avec une chaleur qui n'excluait pas la prévoyance, et avec une résolution qui n'ignorait pas les tempéraments. Si le maniement de cinq ou six cents élèves, dans l'âge des passions, exige une main sûre, les relations avec un Professorat nombreux et éminent veulent aussi des égards et des soins attentifs. M. Perdonnet réussit. Il laisse la fortune de l'École accrue, la force de ses études plus élevée, son Professorat rajeuni, l'affluence de la jeunesse intelligente vers ses Cours augmentée encore. Il laisse, enfin, tous les anciens élèves de l'École réunis en une Association amicale, société protectrice et conseil d'honneur.

Il aurait voulu vivre encore, compléter son œuvre, assurer à l'École une installation digne d'elle et lui garantir pour toujours, sous l'autorité de l'État, le maintien des principes qui assure son succès.

Tel était M. Perdonnet dans la sphère élevée de l'enseignement supérieur, tel nous le retrouvons dans le domaine plus étendu de l'enseignement qu'il a fondé en faveur des ouvriers adultes, sous le nom d'Association Polytechnique. Animé pour le peuple d'un amour sincère, il lui a beaucoup donné ; il ne lui a rien demandé. Pour le bien qu'il lui a fait, il n'a jamais accepté que des devoirs nouveaux, ses sacrifices grandissant avec le succès même de ses œuvres.

Il a servi le peuple avec un dévouement absolu. Il le voulait plus éclairé et meilleur. Dans son langage familier, saisissant, où se mêlaient des sentiments pleins de bonhomie charmante et des vues d'une grande profondeur, il lui adressait des conseils quelquefois rudes, mais toujours écoutés avec respect, car le peuple se sentait aimé de ce chef qui ne le flattait pas.

Qui que vous soyez, quand vous pénétrez dans les ateliers et que vous rencontrez des contre-maîtres ou des ouvriers familiers avec les notions de la Géométrie pratique, de la Mécanique, de la Physique ou de la Chimie, prouvant par leur langage que nos grands écrivains ne leur sont pas étrangers et par leurs sentiments qu'ils ont réglé leur vie sur la loi morale, souvenez-vous de Perdonnet avec reconnaissance. Vous êtes en présence des élèves formés par les leçons qu'il a instituées, qui ont appris sous les maîtres de son choix à réunir une main-d'œuvre plus habile à une conception plus réfléchie de la nature et au respect de la dignité humaine.

Croyez-le bien, ces ouvriers que l'éducation a relevés, ces âmes qu'elle a ennoblies, n'en ont pas pris le travail en dégoût ! Non, mais le travail a cessé pour eux de constituer une opération inintelligente et machinale, il a été rendu digne de l'homme qui le subit comme une loi fatale de la nature ; au lieu d'être le tyran de sa pensée, le travail en est devenu l'esclave, et la main n'exécute que ce que l'intelligence a compris et commandé.

Ne nous étonnons pas de ce concours et constatons avec une certaine douceur que les hommes se souviennent plus qu'on ne pense du bien qui leur a été fait et que la reconnaissance publique s'attache à tous les dévouements vraiment désintéressés. Pourquoi les plus éminents ingénieurs, les administrateurs les plus renommés viennent-ils rendre un dernier hommage à cette dépouille mortelle? C'est que M. Perdonnet plus que personne a contribué à fortifier leur pouvoir sur la matière. Pourquoi ces ouvriers, élèves de l'Institution Polytechnique, ont-ils quitté leurs ateliers pour l'accompagner pleins de vénération? C'est qu'ils avaient tous accepté leur vénérable Président comme ayant pouvoir sur leurs âmes. Pourquoi l'École Centrale des Arts et Manufactures est-elle ici tout entière? C'est qu'avant d'en être le Directeur, M. Perdonnet était pour ses élèves un maître dévoué, un indulgent ami, un père prévoyant.

M. Perdonnet, Suisse d'origine, aurait pu choisir le lieu de son repos loin des bruits de la grande ville, au milieu du calme de ses montagnes. Il est bon que sa cendre repose près de nous, sous la garde des élèves de l'Institution Polytechnique et de l'École Centrale. Il est bon que ceux-ci apprennent aux générations futures qu'elles doivent conserver le souvenir pieux d'un homme de bien, qui fit deux parts de sa vie : l'une, pour le travail et la gloire ; l'autre, pour le dévouement et la charité, et qui sort de ce monde les mains vides, sans autre profit d'un demi-siècle de labeur que la marque durable de ses œuvres et l'empreinte féconde de sa bonté.

—

DISCOURS

DE

M. J. PETIET, AU NOM DES ANCIENS ÉLÈVES DE L'ÉCOLE CENTRALE DES ARTS ET MANUFACTURES.

Messieurs,

Devant la tombe de cet homme de bien, que nous avons aimé et dont le nom ne mourra pas, au moins dans nos cœurs, un souvenir me touche, souvenir douloureux, par le contraste d'une journée pleinement heureuse avec le deuil de l'heure présente.

Ma pensée se reporte, malgré moi, à cette fête de famille du 4 novembre 1862, que présidait si joyeusement, et comme rajeuni par le succès complet de son œuvre, celui que nous pleurons.

Réunis autour de notre cher Directeur, dans un banquet vraiment fraternel, nous fêtions à la fois le trente-troisième anniversaire de l'École Centrale et la fondation de l'Association amicale de ses anciens élèves, tous disciples d'Auguste Perdonnet.

J'entends encore les paroles émues par lesquelles il répondait aux sentiments dont j'avais été l'interprète.

« Amis ! nous disait-il, je vous remercie ; amis, je suis profondément touché des marques de sympathie que vous venez de donner à l'École, à ses Fondateurs, et, en particulier, à son Directeur actuel ! »

Oui, nous étions tous ses amis ! ce sont des amis qui sont venus ici, conduits par la reconnaissance. Jamais, non, jamais nous ne pourrons oublier cet intérêt si vrai qu'il portait à nos études, et qui, persistant après notre sortie de l'École, suivait chacun de nous dans sa carrière.

C'est pour ne pas cesser de nous être utile, qu'au lieu de se donner un loisir si bien gagné, et qui eût peut-être prolongé une vie si honorable, il avait accepté la Direction de l'École Centrale. Sa généreuse initiative avait puissamment contribué à la création de notre Association amicale, et c'est avec son concours que nous l'avons fait reconnaître d'utilité publique.

Disons-le hautement : parmi les hommes de ce temps, que les services rendus feront vivre dans la mémoire de leurs contemporains, Perdonnet a été l'un des plus dignes ! Et c'est, pour un de ses anciens élèves, un grand honneur, en même temps qu'une consolation d'avoir été appelé, par ce privilége de l'ancienneté, à exprimer en votre nom, mes chers camarades, nos sentiments communs d'estime profonde et d'affectueuse gratitude pour le maître et pour l'ami.

DISCOURS

DE

M. Eugène FLACHAT, Président de la Société des Ingénieurs civils.

Messieurs,

Je viens, au nom de la Société des Ingénieurs civils de France, dire un dernier adieu à notre Président honoraire, au collègue, au camarade, à l'ami et au plus dévoué des fondateurs de notre profession. Confident de sa pensée et de ses travaux depuis quarante ans, mon âge me permet d'affirmer, comme un témoin des premiers jours, que, dans cette vie ardente au bien, pas une heure n'a été perdue, pas une heure n'a été détournée du but que Perdonnet s'était donné comme ingénieur civil et qu'il nous montrait à tous.

Envisageant la profession qu'il avait adoptée avec l'élévation naturelle à son caractère, il en a cherché l'emploi dans les grandes entreprises de travaux publics, et il y a apporté à la fois la sûreté que donne la Science et l'énergique volonté que donne le caractère.

C'est par l'amour de sa profession qu'il a été conduit aux œuvres dont une seule suffirait à l'existence la plus utilement remplie.

Passionné, avec le plus sincère désintéressement, par le grand mouvement d'idées économiques que l'année 1830 a vu surgir, et qui a vu surgir à son tour l'immense développement du travail, gloire de notre époque, Perdonnet avait commencé brillamment sa carrière d'ingénieur dans les chemins de fer, lorsqu'il comprit la nécessité d'ouvrir à la jeunesse studieuse, par un enseignement élevé, l'accès à la profession dont il entrevoyait l'avenir, et de donner aussi aux adultes les notions scientifiques qui sont l'instrument obligé de toute profession; telle fut désormais la pensée et le but constant de ses efforts.

L'École Centrale des Arts et Manufactures et l'Association Polytechnique sont aujourd'hui deux institutions, deux belles et grandes institutions; elles sont impérissables, comme tout ce qui est fondé sur la nécessité du travail, et le nom de Perdonnet restera gravé dans l'histoire, parmi les créateurs ardents, généreux et dévoués de ces deux fécondes sources d'instruction.

Le même souvenir lui sera gardé par la Société des Ingénieurs civils, qu'il aimait, parce qu'il voyait en elle la réalisation de ses grandes idées d'Association dans l'intérêt de la Science et de notre profession. Celle-ci lui témoigna sa reconnaissance en le nommant à vie son Président honoraire, et ce fut par une acclamation unanime que cet hommage lui fut rendu.

Le bonheur d'être utile était le seul stimulant de cette énergique activité; il avait en lui tout ce qui inspire le concours, l'aide, l'association, et ses belles qualités naturelles ont été l'instrument des succès de ses efforts, car il a tout réuni, tout concilié, tout mis en faisceau : les hommes éclairés de l'Administration, ses camarades de l'École Polytechnique, ses amis, ses élèves et ses adhérents.

Remercions l'homme éminent entre tous qui a pris ici la parole, pour avoir apprécié cette belle vie dans des termes éloquemment empreints de nos sentiments et de notre émotion en ce moment solennel. Notre reconnaissance lui est acquise, à ce bien-aimé de la Science, et elle nous oblige à dire qu'en signalant la grande part que Perdonnet a prise comme fondateur dans deux des plus belles branches de l'enseignement professionnel, il y a lui-même consacré sa savante initiative. Le jour qu'il a jeté sur les bienfaits privés répandus par notre ami est aussi un des côtés les plus sympathiques de cette grande figure. Une vie ainsi racontée laisse des souvenirs impérissables.

A ces paroles sensibles et éloquentes est venue se joindre la voix des élèves que l'Association Polytechnique a formés. Le bienfaiteur est ici élevé par le vrai sentiment de la valeur du bienfait. Ils viennent dire aujourd'hui que le travail est devenu pour tous la terre promise et qu'il les y a conduits comme la colonne de feu de la Genèse; que pour franchir les écueils et l'obstacle de l'ignorance, il leur a montré le phare dont la lumière, alimentée par la Science, garantit l'entrée du port. Qui ne voudrait, pour récompense, d'autre héritage à laisser à ceux qui survivent, que de pareils hommages d'affection et de reconnaissance?

Remercions aussi le digne pasteur qui a, dans cette même cérémonie, su élever notre pensée par l'éloquence et l'à-propos de sa sévère et digne parole.

Sans doute, s'emparer des forces de la nature pour les faire servir au bien-être matériel de l'humanité, ce serait pour l'ingénieur une tâche stérile, si l'amélioration intellectuelle et morale de l'humanité n'en était pas la conséquence nécessaire; mais nous puisons tous une consolation dans la certitude que l'ami que nous perdons a montré par son caractère et ses convictions que ces deux désirables résultats sont unis par un lien indissoluble. Qu'il me soit donc permis de vous dire, sur ce grave sujet, la pensée que j'ai eu le bonheur de recueillir de sa bouche même dans une de nos dernières conversations. Il entrevoyait sa fin prochaine, il en parlait avec un grand calme. Rien ne finit, disait-il, la matière recommence ses évolutions naturelles, mais l'âme continue ; et cherchant à exprimer cette conviction dans la langue la plus apte à condenser la pensée, il écrivit : *volvit materies, anima pergit.* C'était l'explication de sa tranquillité. Laissons donc au lieu du repos qu'il a choisi pour rester près de nous cette dépouille chère, mais que le temps transformera ; quant à cette âme, suivons-la, imitons-la, dans ses aspirations.

NOTICE SUR A. PERDONNET,

Publiée dans les *Mémoires de la Société des Ingénieurs civils,*

Par M. Eugène FLACHAT.

En sortant de l'École Polytechnique il y a quarante-cinq ans, les Mines et la Métallurgie furent la première étude de Perdonnet. Attaché par des liens d'amitié et de camaraderie à M. Coste, ingénieur des Mines, dont la mort prématurée, brisant une brillante carrière industrielle, a laissé de vifs regrets, M. Perdonnet fit avec son ami un séjour en Angleterre : ils publièrent ensemble leurs observations sous le titre de *Voyage metallurgique.*

La fabrication de la fonte et du fer à la houille avait pris chez nos voisins des développements considérables, mais les méthodes étaient peu répandues en France. De plus, elles y rencontraient de graves difficultés, parce que la situation de cette industrie était, dans les deux pays, fort différente par rapport aux conditions naturelles de production et de transport. Cependant, la nécessité d'une transformation générale était déjà entrevue. M. Perdonnet en était convaincu, et, comme il l'a fait plus tard dans toutes les circonstances où un grand progrès technique devait amener une révolution industrielle, il a pris hardiment l'initiative de conseils qui, s'ils eussent été suivis, auraient accéléré la transformation de l'industrie du fer en France. Les nombreuses publications de M. Perdonnet sur la Métallurgie montrent avec quelle ardeur il poursuivait le but qu'il s'était donné, et les faits accomplis démontrent aussi combien il était dans le vrai.

Ce fut dans ses voyages en Angleterre que M. Perdonnet puisa la conviction que les travaux publics ne pouvaient recevoir les développements nécessaires que par une large participation de l'industrie privée à leur exécution et à leur exploitation. Les doctrines économiques propagées, en 1830, par des hommes et des savants sortis en général de l'École Polytechnique, ne furent acceptées, en ce qui concernait cette grave question des services publics accomplis par les grandes associations, qu'après de longues discussions. M. Perdonnet, aidé de ses camarades, forma alors un centre de conversations auquel il associa le tout petit nombre d'ingénieurs civils, hommes de leurs œuvres, qui luttaient courageusement en faveur de ces idées d'émancipation. Parmi ces ingénieurs, les Seguin étaient au premier rang. La situation était d'ailleurs favorable. L'Administration des Travaux publics recevait, comme toujours, de l'impôt de si faibles subsides, qu'elle avait été obligée d'emprunter à des Compagnies financières l'argent nécessaire pour exécuter les canaux, et les dépenses imprévues lui rendaient l'exécution de cet engagement si laborieux que le système était condamné longtemps avant l'achèvement des voies navigables entreprises par ce moyen. Mais la résistance était d'autant plus grande que le domaine disputé était lui-même très-restreint, car il se bornait aux canaux, aux ports et aux docks.

De ces discussions sortirent plusieurs publications écrites sous une forme plus ou moins passionnée, mais la coopération de M. Perdonnet y fut marquée par un grand respect des formes. Sa conviction fut toujours respectée, parce qu'elle était désintéressée et qu'elle s'exprimait sans froisser ses adversaires; elle ne lui ôta pas un ami, et déjà elle faisait des progrès sensibles lorsque la découverte des chemins de fer vint donner un moyen puissant d'application aux idées sur lesquelles la lutte était engagée entre le Génie civil et l'Administration publique.

Si je rappelle toute votre attention sur cette période de la vie et des travaux de M. Perdonnet, c'est que l'influence considérable qu'il a exercée alors est, peut-être, pour les ingénieurs ses contemporains du même âge que lui, son plus grand titre à leur estime et à leur reconnaissance. Il est donc juste de faire partager les mêmes sentiments à tous les ingénieurs civils qui n'ont pas été les témoins de ces discussions.

Le Génie civil a été créé par le succès de ces efforts. De graves objections s'élevaient contre lui. Cette profession, disait-on, n'avait pas de raison d'être; il n'y avait pas d'aliments pour elle dans les services publics. Elle semblait vouloir s'enter sur le domaine officiel au grand préjudice de la communauté, puisque tout son système était basé sur des tarifs d'exploitation, tandis que l'Administration et ses ingénieurs conduisaient le pays à la gratuité d'usage des voies de transport. L'emploi du produit de l'impôt pour obtenir ce résultat était, disait-on, préférable à l'aliénation des services publics en faveur de grandes associations, quelque contrôle que l'État pût exercer sur elles.

Il est à peu près certain aujourd'hui que, sans la découverte des chemins de fer, cette doctrine aurait triomphé; mais l'urgence de les établir, la nouveauté de l'entreprise, les éventualités qui s'attachaient à l'exploitation, conduisirent le Gouvernement à demander les moyens financiers à l'épargne privée et, pour cela, à concéder les chemins de fer, à en encourager l'établissement par des subventions ou des garanties d'intérêt, tout en conservant sur leur construction et sur leur exploitation l'influence et l'autorité qui le laissaient seul juge de ce que réclame l'intérêt public.

M. Perdonnet s'était trop pénétré du système qui avait amené en Angleterre un développement des travaux publics sans exemple pour ne pas saisir avec ardeur l'occasion que les chemins de fer offraient de le réaliser en France et par l'intermédiaire du Génie civil. Il y travailla donc de toute son âme, et vous savez tous que c'est par cette heureuse circonstance que notre profession est née.

Cependant, à part les anciens élèves de l'École Polytechnique, à part quelques ingénieurs civils formés par de fortes études ou des travaux antérieurs, un si petit nombre d'hommes répondaient par l'étendue de leur instruction théorique aux exigences de l'art nouveau, que, sans une École spéciale, l'insuffisance eût promptement éclaté. Il eût fallu recourir aux ingénieurs étrangers. Ici encore M. Perdonnet montra une perception remarquable des nécessités du temps. Il considéra l'École Centrale comme un moyen de former des ingénieurs aptes à entrer dans les services publics concédés aux Compagnies, et d'autant plus aptes qu'ils auraient appris spécialement l'art de construire les chemins de fer et le matériel d'exploitation. Cet enseignement spécial devait leur tenir lieu en partie du stage habituel, et si le cours était bien fait quelques mois de pratique suffiraient pour utiliser les services des jeunes ingénieurs.

Rappelons qu'à cette époque, plus encore qu'aujourd'hui, il existait un écart considérable entre l'instruction des ingénieurs sortant des Écoles des Ponts et Chaussées et des Mines et celle que donnaient, au point de vue scientifique, les Universités et les Écoles spéciales. Il est encore vrai que, sans l'École Centrale, cet écart existerait aujourd'hui presque au même degré, rien de sérieux ne s'étant produit en dehors d'elle qui tende à le combler.

D'un autre côté, l'art subissait une rénovation qui rendait indispensable une forte instruction scientifique.

Il n'est d'ailleurs pas nécessaire d'insister sur l'utilité des vues qui ont porté des fruits aussi palpables que ceux que nous avons sous les yeux; mais ce n'est pas encore le seul service que M. Perdonnet nous ait rendu. Comme ingénieur civil, il a encore placé la profession à sa hauteur morale par sa droiture, par son abnégation et par son dévouement. Il y a d'abord apporté ce besoin d'estime publique qui est à l'honneur des anciens élèves de l'École Polytechnique, et qui les a généralement guidés dans l'exercice de leurs fonctions officielles. Nous éprouvons quelque satisfaction à le dire ici, parce que cette École a rendu ce service et bien d'autres encore, parce que M. Perdonnet en a gardé religieusement l'influence et l'a transmise à ses élèves comme un trésor qu'ils ont aussi religieusement gardé. C'est beaucoup pour cela qu'il aimait passionnément sa profession.

Un trait de sa vie montrera le dévouement que l'ingénieur apportait dans l'accomplissement de ses devoirs, et son désir de justifier la confiance qu'il inspirait. Lorsque l'achèvement du chemin de fer de Paris à Versailles, rive gauche, fut suspendu par suite de l'épuisement du capital, une subvention fut demandée au Gouvernement; un devis des dépenses d'achèvement fut dressé par les soins de M. Perdonnet et accepté par l'Administration ; mais la Commission de la Chambre des Députés hésitait, malgré le soin avec lequel le devis était établi. Un des membres sachant que M. Perdonnet était riche, lui ayant demandé s'il garantissait le chiffre du devis sur sa fortune privée, celui-ci n'hésita pas à se lier. Disons que cet engagement ne fut accepté ni par l'administration, ni par la Commission, mais il eut une influence décisive sur la décision favorable qui fut prise.

Est-il besoin de rappeler les études infatigables entreprises par M. Perdonnet comme ingénieur, et qu'il a fait servir avec tant de fruit à l'enseignement des jeunes ingénieurs. Le *Traité des chemins de fer*, le *Portefeuille de l'ingénieur* sont l'histoire la plus complète des progrès continus de l'art de les construire et de les exploiter. Ces ouvrages ont à la fois un caractère de démonstration très-méthodique et une valeur encyclopédique éclairée par une critique sévère et impartiale. Vous le savez, le progrès se fait de deux manières : par des découvertes réellement nouvelles et par le retour incessant des idées connues complétées par des moyens plus ingénieux d'en tirer parti. Cette seconde part est la moins brillante, mais son action continue agrandit ses effets. C'est pour cela qu'un traité d'art n'a toute sa valeur que lorsque les transformations successives de celui-ci y sont soigneusement décrites.

Les ouvrages de M. Perdonnet sur les chemins de fer lui survivront donc longtemps, et cela est dû à la persévérance qu'il a mise à les compléter et aux sacrifices considérables qu'il s'est imposés pour cela.

Lorsque M. Perdonnet devint administrateur du chemin de fer de l'Est, il demanda pour le Génie civil une large part des travaux, et il l'obtint sans lutte. Il avait appelé à lui M. Polonceau et M. Petiet pendant qu'il dirigeait les services techniques du chemin de fer de Paris à Versailles, rive gauche ; c'est à lui que M. Vuigner a dû la grande part qu'il a prise dans la direction des travaux du chemin de fer de l'Est. M. Perdonnet fut pendant de longues années attaché au Comité de direction de cette Compagnie ; il l'était encore quand la direction de l'École Centrale lui fut confiée. Lorsque M. Sauvage, son camarade et son ami, fut appelé à la direction de la Compagnie, M. Perdonnet, qui trouvait en lui un accord complet avec ses vues, est resté administrateur jusqu'à sa mort.

Sa vie a donc été consacrée à ouvrir un vaste champ d'activité à la profession d'ingénieur civil; à aider, par l'enseignement et par le patronage, ceux qui entraient dans cette profession avec des conditions d'instruction et de caractère méritant la confiance et l'estime. Le professorat a été pour lui un moyen de donner l'impulsion à ses élèves et d'assurer leur avenir. Rappelons-nous qu'à cette époque l'industrie, autre que celle des services publics, n'offrait qu'une ressource très-limitée aux ingénieurs civils. Aujourd'hui il en est autrement, et c'est un heureux et remarquable symptôme d'extension de la profession que le plus grand nombre de ceux qui s'y consacrent y sont appelés par leurs confrères sortis avant eux des deux mêmes Écoles, et entrés avant eux dans la carrière des Manufactures. M. Perdonnet, qui avait été le bienfaiteur des élèves par la bonne direction qu'il avait donnée à l'enseignement dont il était spécialement chargé, voyait plus tard avec bonheur, comme Directeur de l'École, les fruits heureux de l'esprit de camaraderie et de solidarité. Il l'encourageait, tout en combattant l'esprit d'exclusion. Il est donc vrai qu'il suivait le mouvement généreux et impartial des idées, dans ce mouvement qui remplace les exclusions de l'esprit de caste, de classe et de catégorie, par un sentiment d'association et de solidarité entre les hommes qui arrivent honorablement au même but par des chemins différents.

Les pensées qui ont jeté de la tristesse sur les derniers mois de la vie de M. Perdonnet, quand la maladie a trahi son activité, montrent le profond attachement qu'il portait à l'extension du Génie civil. En toute occasion, il témoignait sa surprise que le diplôme délivré par une École devenue officielle ne donnât aucun accès aux services pour lesquels des programmes d'une instruction beaucoup moins étendue sont exigés; qu'aucun stimulant ne fût offert aux meilleurs élèves par les grandes industries qu'exerce le Gouvernement, et qu'il fût plus facile d'entrer dans le plus petit atelier privé que dans les grands chantiers de l'État, où l'instruction est si nécessaire à tous les degrés, à tous les échelons du travail.

Il voulait aussi agrandir cette École, rendre l'enseignement accessible à un plus grand nombre, disant que plus elle verserait de sujets habiles dans l'industrie, plus les anciens appelleraient à eux les nouveaux et leur offriraient de facilités pour commencer leur carrière.

Les idées qu'il laisse sont un héritage précieux à recueillir, parce qu'elles sont généreuses et profondément utiles.

Je n'ai pas à vous entretenir de la partie de l'existence de M. Perdonnet qui a été consacrée à l'enseignement des adultes ouvriers, à l'aide du concours ardent et affectueux de ses camarades d'école. Il n'a pas suffi en cela d'une inspiration philanthropique : il fallait l'ensemble des qualités qui produisent la certitude, la confiance en soi puisée dans la grandeur du but. M. Perdonnet savait inspirer le concours, il savait mieux encore l'encourager et en faire apercevoir les fruits. Mais ce n'est pas ici le lieu de faire l'histoire de cette noble et grande entreprise. Nous avons dû nous borner à mettre en relief les faits et les qualités de l'homme auquel les ingénieurs civils doivent et rendent l'hommage de leur respect et de leur reconnaissance. En le nommant Président honoraire de cette Société, nous lui avions donné une première marque de ces sentiments; en suivant tous religieusement ses restes jusqu'à leur dernière demeure, nous avons accompli un autre devoir, et le dernier, celui qui nous reste et nous sera toujours facile, est de garder le souvenir de ses grandes qualités.

FUNÉRAILLES DE M. JULES PETIET

(30 janvier 1871).

DISCOURS

DE

M. A. DE ROTHSCHILD.

M. le baron A. de Rothschild prend la parole au nom du Conseil d'administration de la Compagnie des chemins de fer du Nord et signale, dans un langage élevé, les beaux titres que s'est acquis J. Petiet à la reconnaissance de cette grande administration. Ingénieur en chef du matériel et chef d'exploitation, il a donné le concours le plus habile et le plus dévoué à l'organisation des services et à leur perfectionnement.

Si la Compagnie du Nord s'est constamment distinguée parmi celles qui se sont placées à la tête du progrès, elle le doit aux conditions économiques introduites et réalisées par son organisateur; ces conditions lui ont permis de prendre l'initiative de l'abaissement des tarifs de la petite vitesse, particulièrement en ce qui concerne le transport des charbons. Cette mesure a grandement favorisé les industries situées sur le parcours des lignes du Nord; elle a été fondée sur l'économie de l'exploitation à laquelle J. Petiet a si activement concouru.

Le Président de la Compagnie, après avoir constaté la part considérable de l'ingénieur en chef dans les progrès de l'exploitation, ajoute que les Ingénieurs de l'École Centrale choisis et attirés par J. Petiet dans les services, et que l'enseignement de cette École, ont exercé la plus utile influence sur cette situation. Il ne regrette pas seulement l'ingénieur habile, il regrette le collègue, l'ami dévoué dont il aimait à partager les travaux.

DISCOURS

DE

M. DUMAS, Président du Conseil de perfectionnement
de l'École Centrale des Arts et Manufactures.

Messieurs,

A l'époque de la fondation de l'École Centrale, il y a quarante ans, tous les professeurs avaient remarqué un élève, le plus jeune par l'âge, le plus mûr par la raison, le premier par le talent; ils suivaient avec une égale sympathie ses travaux et ses progrès; ils applaudissaient avec la même chaleur à un succès qui ne s'est pas renouvelé, et qui permettait à M. Petiet, au terme de ses études, de sortir de l'École un diplôme d'ingénieur dans chaque main [1].

De tous ces professeurs qui n'avaient jamais oublié ces brillants débuts, je reste seul aujourd'hui, pour en rappeler le souvenir sur cette tombe ouverte avant l'heure, et pour témoigner de l'affection constante avec laquelle ses maîtres avaient suivi M. Petiet pendant le cours de sa carrière si bien remplie, affection dont il leur avait, de son côté, donné tant de preuves sérieuses et touchantes.

Ce que nous aimions alors en M. Petiet, ce n'était pas seulement l'élève consciencieux et appliqué, l'esprit ferme et sûr, l'intelligence large et ouverte; c'était, il m'en souvient encore, le premier exemple, et le meilleur, des résultats que la création de l'École Centrale promettait au pays. Si les fondateurs de l'École avaient conservé des doutes pour l'utilité du nouvel enseignement et sur sa fécondité, M. Petiet, par une rare fortune, semblait avoir été créé pour les rassurer dès le début. Comme élève, notre enseignement le trouvait disposé à tout aborder, à tout comprendre, à tout retenir. Comme ingénieur, il se trouva préparé plus tard pour toutes les œuvres, fort contre tous les obstacles, armé contre toutes les difficultés. Ses études lui avaient donné des réponses à toutes les questions, ou du moins lui avaient appris la méthode qui permet de les découvrir par soi-même.

---

[1] M. Petiet avait concouru en effet à la fois pour le Diplôme d'Ingénieur-Constructeur et pour celui d'Ingénieur-Métallurgiste.

Ainsi, M. Petiet démontrait, par un exemple irrécusable, que les nouvelles études étaient bien réglées; qu'elles ne dépassaient pas les forces des jeunes gens auxquels elles étaient destinées, et qu'après en avoir atteint le terme, ceux-ci étaient prêts à mettre à profit les leçons de la grande pratique et à prendre bientôt, grâce à leur aide, une place éminente dans l'industrie du pays.

Notre rêve, longtemps médité, prenait corps et M. Petiet réalisait du premier coup, sous les yeux de ses maîtres heureux et surpris, l'image vivante du type de l'élève de l'École Centrale, de ce type parfait que nous avons vu si souvent reproduit depuis, qui a été égalé quelquefois, mais qui n'a pas été surpassé.

C'est ainsi que nous n'avons jamais perdu M. Petiet de vue, et que sa carrière a toujours inspiré l'intérêt le plus paternel à chacun de ses maîtres. Nous savions par son exemple qu'on pouvait réclamer des élèves dans l'École la quantité de travail dont il s'était montré capable lui-même, et que nous pouvions ensuite espérer pour eux les mêmes succès qu'il avait obtenus dans l'Industrie.

En effet, à peine nous avait-il quittés, qu'il déployait et développait toutes les qualités de l'ingénieur, sous les yeux des meilleurs guides, il est vrai, dans ses travaux sur les hauts-fourneaux et la production de la fonte, et dans son concours à l'œuvre du chemin de fer de la Grand'Combe. Lorsque des esprits chagrins nous prédisaient un échec, soutenant que la France n'était pas mûre pour la carrière de l'ingénieur civil, et qu'en tout cas mieux valait suivre pour les former le procédé tout pratique préféré par les Anglais, nous pouvions répondre en montrant ce qu'il avait fait. Au milieu des difficultés qui n'ont pas été épargnées à l'École Centrale à ses débuts, M. Petiet, sans s'en douter, en poursuivant sa carrière simple, honnête, laborieuse et prospère, était pour nous l'étoile fidèle qui nous dirigeait, qui nous maintenait dans ce chemin bien tracé où l'École a trouvé sa prospérité, où le pays trouvait, de son côté, un élément nouveau de richesse et de grandeur, par l'intervention des ingénieurs civils dans la création et dans la conduite de ses manufactures.

Je ne rappellerai pas l'utile coopération de M. Petiet dans l'œuvre considérable de l'établissement et de la direction du Chemin de fer du Nord. Que pourrait-on ajouter à ce témoignage déposé sur cette tombe, au nom d'un homme illustre, qui semblait reparaître un moment au milieu de nous, pour inspirer les paroles que son digne fils vient de faire entendre, et que vous avez recueillies avec tant d'émotion? Ceux qui ont connu le baron James de Rothschild, et qu'il a honorés de ses sympathies, savent combien son jugement était sûr, combien toujours sa confiance était bien placée, son estime méritée, son éloge digne de respect; ils n'oublieront jamais les sentiments que M. Petiet avait inspirés à l'un des meilleurs cœurs, à l'un des plus pénétrants esprits de notre temps. L'École Centrale peut les enregistrer avec orgueil dans ses annales.

Comment oublierait-elle, d'ailleurs, que c'est par suite de cette confiance en M. Petiet, que l'administration du Chemin de fer du Nord a appelé sur ses travaux un grand nombre de nos élèves, et qu'ils y ont fait leurs preuves, sous sa ferme et loyale direction? Leur empressement autour de ces nobles restes et leur douleur disent à la fois la grandeur de leur reconnaissance pour leur chef et leur ami, et celle de la perte qui atteint la Compagnie à laquelle il les avait attachés.

Lorsque, par suite de la retraite prématurée de M. Lavallée et de la mort imprévue de son successeur, M. Perdonnet, l'École eut besoin d'un Directeur, l'opinion n'hésita pas ; elle désigna M. Petiet. Celui qui pendant son séjour à l'École et, plus tard, pendant le cours de sa carrière longue et brillante, s'était toujours maintenu au premier rang, était mieux que personne digne de gouverner un établissement que son exemple honorait, et que ses dévouements devaient contribuer à élever encore.

M. Petiet montra de suite qu'il était fidèle aux traditions de l'École et qu'il entendait les respecter. Personne n'avait au même degré le droit d'en proclamer la sagesse et l'utilité. Il avait vu naître l'École; il en avait sucé le premier lait; dans les occasions les plus importantes, il avait apprécié tout ce que renfermaient de généreux ces premiers aliments de sa jeune intelligence, et ce qu'avait de vigoureux cette première impulsion donnée à son caractère et jamais affaiblie. Il voulut que l'amour du travail, la droiture, la dignité, le respect de soi-même, dont il était l'exemple, fussent pour les élèves les principes de leur propre discipline. Il voulut que l'enseignement, demandant toujours des préceptes à la

Science et des faits à la pratique, ne méconnût pas que l'École s'est fondée sur la base de cette union intime et constante de la pratique et de la Science, dont il ne s'était point écarté lui-même.

Mais il avait une autre ambition pour l'École, qu'il avait puisée peut-être dans les habitudes que le gouvernement d'une grande Compagnie inspire naturellement. Il désirait la voir plus largement installée. Il trouvait que les moyens de travail de ses élèves n'avaient pas grandi, en proportion de leur nombre et des services qu'ils rendent au pays. Il espérait pouvoir un jour lui assurer la possession d'un établissement digne de sa destinée et propre à soutenir la comparaison avec celui des Écoles scientifiques, nouvellement fondées à l'étranger.

Noble et patriotique mission, poursuivie avec une passion vive, communicative et pénétrante, qui se montrait à la fois ingénieuse dans ses moyens et persévérante dans leur application.

L'École lui doit ce registre ouvert à ses bienfaiteurs, où viendront s'inscrire les dons qu'elle est destinée à recevoir, livre d'or, qui grâce à M. Petiet compte déjà un si grand nombre de noms connus et respectés de l'industrie et où figurent au premier rang le nom vénéré de M. Lavallée et ceux de ses enfants.

S'il n'a pas été donné à M. Petiet de conduire l'œuvre de l'installation définitive de l'École à son terme et si les circonstances cruelles que nous traversons en éloignent l'accomplissement, il en aura du moins posé les bases d'une main ferme et ses successeurs n'auront qu'à développer ses plans et à les mettre à exécution lorsque les circonstances le permettront.

M. Petiet aimait la France, chérissait l'École, adorait sa famille. Il s'était accoutumé à contempler la patrie grande et respectée; à sentir l'École prospérer sous sa main; à vivre au milieu des siens, loin du monde et de ses exigences, tout aux affections et aux douceurs du foyer domestique.

A le voir au milieu de cette fièvre du travail de la plus vaste des administrations, celle du chemin de fer du Nord, à la tête de cette foule agitée d'employés et d'ouvriers, réclamant des ordres précis, de voyageurs pressés et de commerçants ne songeant qu'à leur trafic immense, personne n'aurait deviné que son esprit et son cœur, dominant ces tumultes, demeuraient toujours lucides et calmes, l'un pour régler sans embarras tant d'intérêts croisés et complexes, l'autre pour s'épanouir aux tendres effusions de l'intimité et de la famille. Tous ces succès, toutes ces joies, cependant, devaient se changer en tristesses.

Nous qui avons été les témoins de ses douleurs dans ces dernières épreuves du pays, nous devions à sa mémoire un témoignage suprême, au nom des intérêts qui ont pris une si grande place dans les pensées de ses derniers jours.

Oui, ce Chemin de fer, que ses soins avaient porté si haut dans l'opinion du monde entier, échappait à ses mains, coupé par l'ennemi; ses gares demeuraient closes, les locomotives éteintes, les wagons au repos.

Oui, cette École qu'il avait reçue si brillante, tout à coup fermée et vide; ces projets d'installation définitive qu'il poursuivait, tout à coup compromis; sa femme, ses enfants qu'il avait éloignés de Paris, et dont il se séparait pour la première et pour la dernière fois, hélas! ne pouvant lui donner même signe de vie pendant les longs jours du siége; enfin, son neveu, tombant patriotiquement sous le feu de l'ennemi, près de son illustre père, toutes ces émotions, ces secousses l'avaient frappé au cœur.

Ceux qui avaient chaque jour l'occasion ou le devoir de le rencontrer, pouvaient constater avec tristesse les signes infaillibles d'une altération profonde dans cette nature énergique. Non qu'il ait jamais désespéré ni de la Patrie, ni de l'École, ni de la Providence sur laquelle il comptait pour lui rendre les siens. Au contraire, c'est lui qui raffermissait les courages ébranlés, et qui nous reprochait nos défiances. Il aimait trop la France pour douter de sa fortune; il chérissait trop l'École pour douter de son avenir; il portait sa famille trop passionnément dans son cœur pour admettre, même un instant, la pensée d'une séparation suprême. Hélas! il ne devait pas la revoir, et son fils lui-même manque à cette triste cérémonie, qui eût encore augmenté son deuil, en lui apprenant par le spectacle de notre douleur, à mesurer mieux encore la grandeur du malheur qui le frappe.

Oui! c'est une âme noble, généreuse, soumise à tous les devoirs, que la main de Dieu enlève à ce monde troublé, pour la diriger vers l'asile éternel du calme et de la paix. Tous nos regrets l'accompagnent. Le souvenir de M. Petiet demeurera parmi nous comme celui d'un grand ingénieur et du meilleur des hommes; comme celui d'un ami fidèle de l'École, et de l'administrateur éclairé de ses plus chers intérêts.

Quand ces témoignages des plus vives sympathies de son Conseil, de ses Professeurs, de ses Élèves, parviendront à Madame Petiet et à ses enfants, leur cœur y trouvera la seule consolation digne de leur douleur, l'expression de notre vénération profonde pour la mémoire de l'homme éminent et digne de tous les respects que sa famille, l'École et la France viennent de perdre !

En adressant à la dépouille mortelle de M. Petiet un dernier et cruel adieu, je ne puis me défendre d'exprimer encore un vœu. Puisse le grand exemple qu'il nous a donné demeurer toujours présent au cœur des élèves de l'École ! Puissent-ils s'inspirer sans cesse de cette existence sincère et simple qui ne connut que le droit chemin ! Puissent-ils prendre à jamais pour modèle le chef aimé que nous pleurons tous, et se souvenir qu'il dut tous ses succès à son ardeur au travail, à la pureté de ses sentiments, à la noblesse de son caractère, à la dignité de sa vie, à son culte pour le devoir et à son amour pour la justice !

DISCOURS
DE
M. POTHIER, Président de l'Association amicale des Anciens Élèves de l'École Centrale des Arts et Manufactures.

Au moment où vont se réunir les familles, les amis, les camarades, que tant d'événements douloureux ont séparés, notre Association amicale des anciens élèves de l'École Centrale perd l'un de ses plus constants bienfaiteurs.

M. Petiet nous est enlevé lorsque son autorité était plus nécessaire que jamais à sa direction, et quand ses camarades, ses élèves, avaient le plus besoin du concours actif et généreux qu'il aimait à leur donner. Lorsque notre Association fut fondée en 1862, il eut l'honneur d'être désigné le premier pour la présider. Son esprit d'organisation sut concourir à la rédaction de nos statuts, au règlement de notre comptabilité.

Dans nos assemblées, il a constamment été nommé Membre du Comité, et lorsque le Ministre, en se conformant aux vœux de nos camarades, le désigna à la direction de notre École, ce choix fut acclamé de tous.

Petiet entra à l'École Centrale le 3 novembre 1829, c'est-à-dire qu'il fit partie de la première promotion des élèves sortis en 1832. Sa famille le destinait à l'École Polytechnique; un avenir sûr et brillant s'ouvrait à sa jeune intelligence, il n'avait que 16 ans, mais avait lu ce premier programme de l'École, qui porte en titre : École fondée par MM. Lavallée, directeur, Dumas, Olivier, Péclet, professeurs. Sa vocation l'entraînait vers les sciences appliquées, et son caractère vers les fonctions libérales. Après trois années d'études, il obtenait au concours le diplôme dans deux des quatre spécialités : celui d'ingénieur métallurgiste et d'ingénieur constructeur.

Petiet s'occupa d'abord de travaux de forges, de desséchements, d'études de chemin de fer; en 1842, il était ingénieur en chef du chemin de fer de Versailles (rive gauche); en 1845 il devint ingénieur au chemin de fer du Nord, où il se distingua tout autant par sa grandeur d'âme et son équité que par le talent de l'ingénieur.

Le mérite l'avait placé au premier rang et sa bonté le disposait à distinguer ses camarades pour leur être utile. Il sut s'entourer de ceux qu'il avait remarqués, et, en les faisant avancer en même temps qu'il grandissait lui-même dans son administration, il donnait à notre Association ce bel exemple d'union et d'estime mutuelles qu'il est si utile d'observer entre nous.

Petiet, désigné au choix du Ministre par les fondateurs survivants, MM. Dumas et Lavallée, par le Conseil des Études, et les vœux des anciens élèves, prit avec bonheur la direction de l'École. Il aimait à réunir, chaque année, ses camarades, ses amis, qui, en se retrouvant, en échangeant leurs pensées, ont pu fortifier nos principes d'association.

Enfin Petiet partageait avec nous tous cette pensée : que l'École ne peut se conserver qu'en entretenant l'esprit traditionnel auquel est due sa prospérité. Il savait que pour bien la diriger il était nécessaire de s'y être formé, et que cette direction, qu'il avait acceptée par dévouement, devait revenir après lui à l'un de nos camarades.

Nous lui avons entendu dire que, d'accord avec les fondateurs de l'École, il pensait que son successeur devait être un de ses camarades des premières promotions, membre du Conseil de l'École, et, comme lui, ancien président de notre Association.

Petiet s'est acquis des droits à la reconnaissance de tous ceux qui aiment l'École, dont il a su sauvegarder et garantir les traditions. Il aimait le travail et nul mieux que lui ne savait apprécier la vie de famille. C'est depuis l'investissement de Paris que, séparé de sa femme et de ses enfants, Petiet a été atteint du mal auquel il a succombé. Dieu seul sait s'il faut en attribuer la cause aux événements; mais assurément, si une vie si belle, si noblement remplie laisse parmi nous tant de regrets, que penser de la douleur de Mme Petiet et de ses enfants absents, lorsqu'ils apprendront le malheur qui les frappe; les marques d'intérêt et de sympathie de ses amis et de ses camarades seront une consolation pour sa famille.

Au nom de M. Lavallée, de sa famille; au nom de tous nos camarades absents, je prononce un dernier Adieu sur la tombe de Petiet.

DISCOURS

DE

M. VUILLEMIN, Président de la Société des Ingénieurs civils.

Au nom de la Société des ingénieurs civils, dont Petiet fut l'un des fondateurs et l'un des plus illustres Membres, je viens à mon tour, en ma qualité de Président de cette Société, donner un dernier témoignage de sympathie à notre Collègue, et déplorer la perte immense qu'éprouve le Génie civil.

Élu plusieurs fois président de la Société, Petiet en fut le plus ardent organisateur et le généreux bienfaiteur; c'est à son initiative et à ses efforts constants que cette Société doit en grande partie la notoriété et l'influence qu'elle s'est justement acquise.

A peine sorti de l'École Centrale, en 1832, comme premier

élève, sous le rapport de la capacité et du numéro d'ordre, Petiet apparut dans le monde industriel à une époque à laquelle la profession d'ingénieur civil était presque inconnue, mais où elle devait prendre bien rapidement un grand essor, grâce à la transformation et au développement que l'emploi de la vapeur allait faire subir à la plupart de nos grandes industries; grâce aussi, il faut le dire, à la pépinière de jeunes ingénieurs que les Écoles Centrale et des Arts et Métiers mettaient à la disposition de ces industries.

Je ne puis énumérer ici en détail, il faudrait un long Mémoire pour le faire, tous les travaux de l'éminent ingénieur; je me bornerai à rappeler en quelques mots les principaux.

De 1835 à 1842, en collaboration avec Eugène Flachat, celui-ci aussi l'un des fondateurs de notre Société et du génie civil en France, Petiet s'occupa de la création et de la transformation d'un grand nombre d'usines métallurgiques dans l'Est et dans le Centre de la France; c'est grâce aux perfectionnements apportés par ces deux grands ingénieurs aux moteurs hydrauliques, à l'application des moteurs à vapeur, et surtout à l'utilisation qu'ils ont su faire des chaleurs perdues, que l'industrie métallurgique a pris dans ces contrées un si grand et un si prompt développement. Ces deux ingénieurs ont été aussi des premiers à donner aux fers laminés ces formes variées, qui ont tellement contribué à répandre l'emploi du fer dans toutes les constructions.

Enfin, en ce qui concerne cette industrie, MM. Flachat, Petiet et Barrault ont publié, en 1845, un grand ouvrage sur la métallurgie du fer, fort apprécié.

Dans le même intervalle, Petiet fut occupé à de nombreux travaux de toutes sortes, études et tracés de canaux, de chemins de fer, de docks, constructions d'ateliers, d'entrepôts, usines à gaz, etc.

Appelé, en 1842, à diriger le service du matériel et de la traction sur le chemin de fer de Versailles (rive gauche), après la terrible catastrophe du Val-Fleury, il sut, par son énergie et son esprit d'équité, dégager la responsabilité de la Compagnie, et démontrer par suite de quelles fatales circonstances l'accident s'était produit.

Après un court séjour au chemin de fer de la rive gauche, dont l'exploitation n'offrait pas un champ suffisant à ses habitudes de travail, Petiet entra au chemin de fer du Nord, comme Directeur de l'exploitation. Sur ce vaste théâtre, notre collègue put déployer toute la science de l'ingénieur, l'habileté de l'administrateur et l'activité dévorante qui le caractérisait. Après avoir réuni les divers services de l'exploitation, du matériel et de la traction, vous savez tous à quel degré de prospérité le chemin du Nord est parvenu entre des mains aussi fermes, aussi habiles et aussi honnêtes. C'est à l'initiative de Petiet que l'on doit la création de ces trains nombreux et rapides, qui mettent en quelques heures Paris en communication avec Londres, avec Bruxelles, et avec tout le nord de l'Europe, et de ces énormes trains de marchandises, qui apportent à Paris les combustibles du Nord et de la Belgique, à des prix souvent inférieurs à ceux de la navigation. Puis lorsque, par suite de cette savante organisation, le trafic a acquis un tel développement, que les machines deviennent insuffisantes, l'ingénieur n'hésite pas, il les remplace par de plus puissantes; c'est ce que Petiet a fait dans ces dernières années.

En 1840, Petiet publia, avec M. Eugène Flachat, le *Guide du mécanicien, conducteur de locomotives*, qui est devenu plus tard, en collaboration avec MM. Lechâtelier et Polonceau, le *Guide du mécanicien, constructeur de locomotives*, ouvrage tout à fait classique sur cette partie de la grande industrie des Chemins de fer.

MM. Dumas et Pothier vous ont parlé, au nom de l'École Centrale, de l'ancien élève dont la réputation avait acquis une telle notoriété qu'il devait nécessairement en devenir un jour l'habile directeur, et du camarade bienveillant et généreux, toujours disposé à rendre service et à venir en aide à ses collègues. M. le baron de Rothschild, président de la Compagnie du Nord, vous a signalé les obligations qu'il doit à son dévoué collaborateur. Associé autrefois aux travaux de Petiet, et aujourd'hui président d'une Société à la prospérité de laquelle il a tant contribué, j'ai voulu aussi dire un dernier adieu à l'ami dévoué et à l'illustre Ingénieur, et exprimer sur cette tombe les sentiments unanimes de regret et de sympathie de tous les membres du génie civil.

Adieu Petiet, avec l'espoir que nous nous retrouverons un jour dans un monde meilleur; nous conserverons toujours de toi le plus affectueux souvenir.

A. S.

DISCOURS

DE

M. LOUSTAU.

Messieurs,

Des voix plus autorisées que la mienne vous ont dit tous les services que Petiet a rendus à son pays comme savant ingénieur, comme administrateur habile, comme directeur éclairé d'une de nos grandes Écoles; mais il m'appartient peut-être de faire entendre ici quelques paroles pour rappeler à ceux qui le savent, pour apprendre à ceux qui l'ignorent, combien son cœur était bon et généreux; j'ai été à même de l'apprécier pendant une période de quarante-deux ans d'intimité depuis notre entrée à l'École Centrale en 1829 jusqu'au jour où la mort est venue le frapper, trop tôt, hélas! pour sa famille, pour ses amis, pour ses collaborateurs et collègues du chemin de fer du Nord, de l'École Centrale des Arts et Manufactures, de la Société des ingénieurs civils et de l'Association des anciens élèves de l'École Centrale; aucun d'eux n'oubliera l'empressement qu'il mettait à faire le bien, à aider ceux qui étaient dans la peine ou qui avaient besoin de son influence, et c'était toujours sans ostentation, sans chercher un remercîment, sans exiger de la reconnaissance : combien je pourrais compter de bonnes œuvres faites ainsi sans bruit et ignorées du plus grand nombre!

On sait le dévouement et l'ardeur avec lesquels il travaillait à la prospérité de toutes les institutions auxquelles il était attaché, et l'on se rappelle le zèle ingénieux avec lequel il cherchait à accroître leurs ressources, prenant toujours l'initiative des mesures qui pouvaient contribuer à leur développement, donnant l'exemple de la générosité, et faisant un noble usage d'une fortune patrimoniale qu'il avait su accroître par quarante années de travail; je rappellerai aussi le bonheur qu'il éprouvait à réunir autour de lui, dans des fêtes de famille, ses vieux amis, ses jeunes camarades de l'Association amicale, ses collaborateurs du chemin de fer du Nord et ceux de l'École Centrale.

Tous sont encore une fois près de lui, sauf un seul, son dévoué collègue pendant près de trente ans, retenu loin d'ici par un devoir impérieux, celui d'organiser les transports du ravitaillement de Paris; tous sont venus lui adresser un dernier adieu et remplacer autour de sa tombe sa femme et ses enfants que les malheurs des temps ont éloignés, qu'il espérait revoir bientôt et qui auront la douleur de ne plus le retrouver au retour! Que, plus tard, ce soit une consolation pour eux de savoir tous les témoignages d'affection et tous les regrets dont est entourée la mémoire de celui qui vient de nous quitter. Il appartenait à son plus dévoué et plus ancien ami de s'en rendre l'interprète.

Adieu, Petiet, adieu!

CAMILLE POLONCEAU

(21 septembre 1859).

NOTICE SUR SA VIE ET SES TRAVAUX,

Par Aug. PERDONNET.

Les ingénieurs, dans notre siècle industriel, jouent un rôle important. On les trouve aujourd'hui dans toutes les grandes Compagnies, non-seulement comme directeurs de la partie technique, mais encore comme chefs de la partie administrative.

Parmi ceux qui ont été attachés aux Compagnies de chemins de fer, Camille Polonceau, successivement directeur général des chemins de fer d'Alsace, et ingénieur en chef, régisseur de la traction au chemin de fer d'Orléans, Camille Polonceau, qui vient d'être frappé au milieu de sa carrière par une mort prématurée, figure en première ligne. En retraçant les principales phases de sa trop courte existence, je veux en même temps faire mieux connaître aux nombreux employés et ouvriers de la Compagnie du chemin de fer d'Orléans et de l'ancienne Compagnie des chemins de fer d'Alsace l'homme qui est l'objet de leurs regrets unanimes, et apprendre aux jeunes ingénieurs ce que peut, dans leur profession, la capacité réunie au travail et à un noble cœur.

Polonceau a été mon élève, mon ami. Sa perte imprévue a été pour moi très-douloureuse. Lorsque la réalité nous échappe, on cherche quelques consolations dans les souvenirs : j'espère en trouver dans ceux d'une vie souvent mêlée à la mienne.

Camille Polonceau était le fils de M. Antoine-Remi Polonceau, inspecteur général des Ponts et Chaussées, l'une des gloires de son corps. Entré en 1833, à l'École Centrale, il s'y montra supérieur comme il le fut toujours plus tard. Ses trois années d'études accomplies, il en sortit *hors ligne*. Il me souvient encore de l'étonnement, j'ai presque dit de l'admiration de ses professeurs, trouvant dans son projet de concours l'œuvre sans défaut non d'un débutant, mais d'un ingénieur expérimenté. Le génie, chez lui, avait suppléé à la pratique.

Polonceau, tout jeune qu'il était, avait compris l'avenir des chemins de fer. Je venais d'être nommé l'un des ingénieurs en chef du chemin de fer de Versailles (rive gauche). Il me demanda de travailler sous mes ordres. Je fus heureux de trouver un pareil auxiliaire, et je lui accordai d'emblée un traitement supérieur à celui qu'obtiennent généralement les jeunes gens qui ont à peine terminé leurs études. Polonceau justifia ma confiance.

On débutait alors dans l'industrie des voies ferrées; ingénieurs, entrepreneurs, fabricants, tous étaient ignorants, et le maître n'en savait guère plus que l'élève.

M. Payen, mon collègue, et moi, nous nous étions partagé le travail. J'avais à m'occuper plus particulièrement du matériel fixe et roulant, et de certains travaux de terrassements exécutés à l'aide de chemins de fer provisoires.

Polonceau étudia d'abord sous notre direction le tracé et les projets de matériel, puis il conduisit les travaux de la grande tranchée de Clamart.

La difficulté n'était pas seulement de faire, c'était de faire avec peu d'argent, car la Compagnie du chemin de fer de Versailles (rive gauche), écrasée par les exigences de l'administration supérieure, en ce qui concerne le tracé, avait bientôt épuisé la presque totalité de son capital. Polonceau avait un esprit éminemment fertile. Il nous fut de la plus grande utilité. C'est à son initiative que nous dûmes le matériel le plus léger qui ait jamais été construit pour un chemin de fer, matériel dont le public aujourd'hui ne se contenterait plus, mais qui alors atteignit parfaitement notre but.

La rotonde de locomotives qui, à plusieurs égards, a servi de modèle aux remises du même genre établies depuis lors en France, a aussi été étudiée par Polonceau; c'est également à cette époque qu'il inventa, pour les halles rectangulaires, un nouveau système de combles avec arbalétriers en bois ou fer et tirants en fer, dont il envoya un modèle à l'Exposition de 1837. Ce système est aujourd'hui l'un des plus répandus en France et à l'étranger. Il réunit la simplicité à la solidité, et permet d'établir à peu de frais des charpentes d'une très-grande portée. Il a été employé dans plusieurs de nos grandes gares ; M. Flachat, au chemin de l'Ouest, en a fait usage pour l'établissement d'un magnifique comble de 40 mètres de portée. Ce genre de charpente ayant été de nouveau exposé en 1855, le rapporteur du Jury en fit le plus grand éloge, et déclara qu'il eût proposé à la Commission de décerner une récompense d'un ordre élevé à M. Polonceau, si le règlement ne l'eût mis hors de concours comme membre lui-même de ce Jury.

A la tranchée de Clamart, Polonceau nous fut d'un grand secours : nous faisions l'essai, dans cette tranchée, d'une organisation de chantiers toute nouvelle ; plusieurs plans inclinés automoteurs servaient à transporter les déblais, avec une grande rapidité, d'un étage à un autre. Ces appareils se dérangeaient souvent ; les cordes, les poulies se cassaient, les wagons déraillaient, les échafauds se rompaient sous le poids des wagons, et cinq cents ouvriers étaient exposés à rester des heures entières inactifs. Polonceau avait remède à tout. Le mal, qui paraissait presque irréparable, était réparé en peu d'instants. Polonceau, à cette époque déjà, dominait les employés, les ouvriers, par son talent autant que par son caractère.

Les travaux ayant été suspendus pendant quelques mois, nous en profitâmes, Polonceau et moi, pour faire un voyage en Angleterre. Nous visitions les fabriques comme il est permis généralement de les visiter, c'est-à-dire en traversant les ateliers *au pas de course*; mais Polonceau saisissait tout ce qu'il y avait d'intéressant avec une rapidité de coup d'œil incroyable, et j'étais émerveillé en le voyant, au sortir de l'atelier, faire un croquis complet de machines que j'avais à peine entrevues.

Le chemin de fer de Versailles terminé, je me retirai, et le Conseil confia la direction de l'exploitation à notre jeune collaborateur.

Il remplissait ces nouvelles fonctions depuis un an environ, lorsque les administrateurs du chemin de Versailles (rive gauche) signèrent un traité de fusion avec ceux du chemin de la rive droite. Au même moment, la Compagnie des chemins de fer d'Alsace était en quête d'un directeur. La consommation de combustible sur ce chemin était effrayante, et le combustible, étant fort cher, devenait une lourde charge pour la Compagnie. On tenait donc beaucoup à avoir pour directeur un ingénieur qui réduisît cette consommation. Consulté par le président du Conseil, je recommandai Polonceau. Il fut nommé à ce poste élevé malgré sa grande jeunesse.

Le début de notre ami au chemin de Bâle à Strasbourg fut brillant. Les locomotives, si ma mémoire est fidèle, brûlaient alors sur ce chemin 16 kilogrammes de coke par kilomètre parcouru; la première année, cette consommation fut réduite à 12 kilogrammes; puis, les années suivantes, elle le fut successivement à 10, à 8, et enfin à 5, avec des trains à la vérité très-légers. De 16 à 5, la différence était de 11 kilogrammes. Le kilogramme coûtant 6 centimes, c'était une économie de 66 centimes par kilomètre, soit, sur le parcours total, qui était d'environ 550 000 kilomètres, de 360 000 francs, soit environ $\frac{1}{4}$ de la dépense totale de la Compagnie.

Polonceau ne se borna pas à perfectionner les machines, il améliora toutes les branches de l'administration.

Ce fut alors qu'il obtint son premier grade dans l'ordre de la Légion d'honneur, celui de chevalier.

L'Alsace était pour lui un théâtre trop limité. Autorisé par le Comité de direction des chemins de fer de l'Est, je lui proposai d'entreprendre, comme régisseur, la traction du réseau, dont quelques kilomètres seulement étaient alors livrés à l'exploitation. Nous avions déjà, après de nombreuses conférences, arrêté les bases d'un traité, lorsque la Révolution de 1848 éclata.

Dans l'état d'agitation où se trouva alors la France, le Conseil d'administration de l'Est ne crut pas devoir donner suite à ce traité, et Polonceau, devenu libre, écouta les propositions de la Compagnie d'Orléans. Bientôt après, il traitait avec M. Sauvage, administrateur du séquestre de cette Compagnie.

Dès la première année, il réalisait au profit des actionnaires une économie de plus de deux millions sur les frais de la traction. La seconde, la troisième, la quatrième année, les économies allèrent toujours croissant. Le terme du traité étant arrivé, la Compagnie s'empressa de le renouveler, et elle n'eut qu'à s'en louer. Polonceau, qui semblait parvenu à la limite inférieure de la dépense, la réduisit encore.

Il étudiait son matériel jusque dans les moindres détails.

Nous sortirions du cadre que nous nous sommes imposé si nous indiquions les nombreux perfectionnements qu'il a apportés aux machines; on en trouvera une description complète dans le *Nouveau Portefeuille de l'ingénieur* et dans la seconde édition du *Traité élémentaire des chemins de fer*. Qu'il nous suffise de dire que ses machines locomotives et machines-outils ont été jugées dignes, aussi bien que son comble en fer, de la plus haute récompense par le jury de la grande Exposition internationale de 1855.

Aux chemins de l'Est on a adopté comme parfait le modèle de machines de gares du chemin d'Orléans. Les modèles de machines à marchandises et de machines de voyageurs, du même chemin, marchant à de moyennes vitesses, sont aussi fort appréciés de la grande majorité des ingénieurs. Le succès des modèles de machines à grande vitesse n'a pas été aussi général : les Compagnies du Nord, de l'Est et de Lyon leur préfèrent le modèle Crampton. Sans prétendre décider la question, nous ferons observer toutefois qu'en Angleterre, malgré le mérite incontestable des machines Crampton, on continue à faire usage, pour les trains express, de machines qui ont une grande analogie avec celles de Polonceau.

Au jour de la grande Exposition de 1855, la place de Polonceau était marquée dans le jury international. Il fit partie de la Commission des ateliers, dont la confiance de ses collègues l'éleva au poste de rapporteur.

Les fatigues de la pratique n'excluaient pas chez lui l'amour de l'étude. La Société des ingénieurs civils et la Conférence des ingénieurs n'avaient pas de membre plus assidu.

Rendant hommage à ses lumières et à son dévouement, la Société des ingénieurs civils lui avait conféré, en 1856, la présidence annuelle.

Polonceau a pris part à la rédaction d'ouvrages d'une certaine importance : le *Guide du Mécanicien* et le *Portefeuille de l'ingénieur*. Il devait enrichir le *Nouveau portefeuille* d'un chapitre sur le matériel roulant. Il n'a pu rédiger ce chapitre. Les souscripteurs l'apprendront avec regret, mais au moins sommes-nous heureux de pouvoir leur annoncer que nous possédons des Notes complètes sur d'importantes expériences qu'il avait faites dans le but d'éclaircir la théorie des chemins de fer, et que ces notes seront publiées.

Tant de travaux de natures diverses méritaient une récompense exceptionnelle. L'Empereur nomma Polonceau officier de la Légion d'honneur à un âge où rarement les industriels obtiennent une distinction aussi élevée.

Un ingénieur est incomplet s'il ne joint à la science et à la pratique l'habileté de l'homme d'affaires et de l'administrateur. Polonceau possédait ces qualités à un degré éminent. Je ne puis mieux faire que de reproduire l'opinion, à cet égard, de M. Revenaz, ancien élève de l'École Polytechnique, ancien administrateur des Messageries impériales, administrateur du chemin d'Orléans, chargé de contrôler le service de la traction : « Je n'ai jamais vu, me disait-il il y a quelques jours, de livres mieux tenus que ceux de notre régisseur de la traction, je n'ai jamais connu un homme plus habile en affaires. »

Les qualités du cœur égalaient, chez Polonceau, celles de l'intelligence.

Il savait que, si noblesse oblige, intelligence et fortune obligent aussi. La mission de l'ingénieur placé à la tête d'un nombreux personnel n'était pas, à ses yeux, purement matérielle. Il ne croyait pas avoir rempli complétement son devoir en assurant un salaire raisonnable à ses employés et à ses ouvriers, et il s'était attaché à leur procurer le plus de bien-être moral et physique possible.

Grâce aux belles institutions de prévoyance dont il était l'auteur, le personnel tout entier de la Compagnie d'Orléans, celui de l'exploitation aussi bien que celui de la traction, trouve dans les magasins de la Compagnie les vêtements et les denrées aux prix les plus modérés. Cet avantage est d'autant plus précieux que le commerce, dans les villes de province, affiche de grandes exigences à l'égard des employés et des ouvriers des Compagnies.

A Paris, le réfectoire d'Ivry, fonctionnant depuis le 26 janvier 1857, moralise l'ouvrier en l'éloignant des cabarets et lui donne le goût de la vie de famille, source du plus grand bonheur et des sentiments les plus honorables.

On a aussi constaté que, depuis qu'il est établi, l'état sanitaire des ouvriers, mieux nourris, bien qu'à meilleur marché, s'est sensiblement amélioré.

Rien ne semblait manquer au bonheur de Polonceau lorsqu'il a été si subitement et si inopinément frappé. Il avait perdu fort jeune une première femme qui lui avait laissé un fils. Marié de nouveau il y a six ans environ, il avait rencontré dans la fille de M. Bérenger, président de chambre à la Cour de cassation, une compagne accomplie qui possédait toutes les qualités qui rendent un homme parfaitement heureux sur cette terre, et qui était devenue pour son fils la meilleure des mères. Trois enfants, fruits de cette union, venaient encore en resserrer les liens.

Polonceau était entouré de parents qui lui devaient leur bien-être, et jouissait de l'affection ou de l'estime de tous ceux avec lesquels il était en relation. Il s'était assuré par le travail et par son talent une existence indépendante et s'était créé aux portes de Paris, à Viry-Châtillon, une délicieuse habitation où il se promettait de longs jours de félicité. C'est au milieu de toutes ces prospérités que la mort l'a atteint subitement. Triste et terrible exemple de la fragilité des choses humaines !...

Sa veuve n'a pas voulu que sa dépouille mortelle fût transportée à Paris dans un tombeau de famille. Elle a désiré qu'elle reposât à quelques pas de ce beau château où les rêves si doux d'avenir ont fait place au deuil le plus profond.

Les employés, les ouvriers du chemin d'Orléans, venus en foule dire un dernier adieu à celui qui les avait tant aimés, conserveront éternellement le souvenir des paroles touchantes que leur a adressées sur la tombe M. Didion, directeur général du chemin de fer d'Orléans.

« Polonceau, leur a-t-il dit, a rendu des services éminents à la Compagnie d'Orléans. Elle se plaît à le proclamer par mon organe ; mais elle n'oublie pas aussi qu'il a eu pour collaborateurs toute cette nombreuse famille d'employés et d'ouvriers dont je suis entouré. Si le père de famille n'est plus, la famille subsiste ; son esprit planera sur elle ; les traditions qu'il a laissées ne seront pas perdues, et nous nous ferons tous un devoir de compléter son œuvre. »

Sans doute, vous tous, collaborateurs et amis de Polonceau,

qui possédiez sa confiance et qui, mieux que personne, connaissiez sa pensée, vous ferez en sorte qu'elle porte ses fruits ; sans doute, vous tous, employés et ouvriers, qui avez été formés sous sa direction, vous aurez toujours ses préceptes et son exemple présents à l'esprit, et, soyez-en persuadés, M. Didion, chez lequel le cœur le plus généreux s'allie à la plus belle des intelligences, en a pris l'engagement, l'administration du chemin d'Orléans, qui vous a recommandé de marcher sur les traces de votre chef, prouvera aussi par ses actes, mieux encore que par ses paroles, combien elle a apprécié son œuvre. Elle la continuera, maintiendra et développera ces institutions de prévoyance, qui attestent si bien sa sollicitude pour vous.

Aug. Perdonnet,

Professeur à l'École Centrale des Arts et Manufactures, administrateur membre du Comité de direction des chemins de fer de l'Est, Président honoraire de la Société des Ingénieurs civils, Président de l'Association Polytechnique pour l'instruction gratuite des ouvriers.

FUNÉRAILLES DE M. CHARLES CALLON

(23 septembre 1878).

DISCOURS

DE

M. A. BURAT, Membre du Conseil de l'École Centrale
des Arts et Manufactures.

Messieurs,

L'École Centrale vient de subir une perte douloureuse : Callon était une de ses illustrations. Il avait conquis un rang élevé dans l'exercice de sa profession d'ingénieur, et, mettant à profit son expérience pratique, il avait créé à l'École un enseignement qui peut être considéré comme un modèle.

Cet enseignement nous restera, nous saurons en conserver la tradition; mais, en perdant le professeur et l'ami, nous nous sentons le cœur brisé par les regrets.

Callon était une expression glorieuse de l'École Centrale. Diplômé en 1833, alors que la profession d'ingénieur civil existait à peine, il contribua puissamment, par ses études et ses constructions, à la création de la spécialité d'ingénieur mécanicien.

En même temps se développait en lui la faculté de l'enseignement, qui fut sa passion dominante.

Travailleur infatigable, il sut être à la fois l'ingénieur qui étudiait et faisait exécuter de grands projets, qui en assurait le succès; et en même temps le professeur consciencieux et sympathique qui savait communiquer à ses élèves sa science, son jugement et l'amour du travail.

Fait bien remarquable, ils étaient deux frères, Charles et Jules Callon. Jules, sorti de l'École Polytechnique, s'éleva aux premiers rangs de l'administration des mines, et fut, à l'École des mines de

Paris, un professeur éminent. Charles Callon, sorti de l'École Centrale, devint un des présidents des ingénieurs civils, et un des professeurs qui sut réunir la science à la pratique, réalisant ainsi les conditions que cherchait l'École Centrale pour assurer le succès de son enseignement.

Combien de jeunes ingénieurs se sont formés et ont grandi en mettant à profit ses leçons pénétrantes ! Là se trouve à nos yeux la gloire de Charles Callon, et je viens, au nom de mes collègues du Conseil de l'École, au nom de notre président en ce moment éloigné de Paris, exprimer ici notre plus haute estime et nos regrets les plus sympathiques.

Le plus grand éloge que nous puissions faire de Charles Callon est de dire à nos jeunes ingénieurs : « Souvenez-vous de ses leçons et suivez les exemples de sa vie laborieuse et méritante. »

DISCOURS
DE
M. H. TRESCA, Président de la Société des Ingénieurs civils.

Messieurs,

En prenant la parole, au nom de la Société des Ingénieurs civils, sur la tombe de M. Charles Callon, je me trouve vraiment dans une situation bien particulière.

Ces paroles de regret, ces hommages aux services rendus que nous réservons d'ordinaire pour les funérailles, nous les avions déjà offerts à notre collègue au commencement de cette année. Nous savions qu'en demandant pour lui la situation qui était due à son caractère et à son dévouement, nous lui procurerions la plus grande satisfaction qu'il pût recevoir parmi nous.

« Je tiens, disions-nous à cet époque, à vous proposer, en raison des services que M. Callon vous a rendus, en raison de sa longue et laborieuse carrière d'ingénieur civil, en raison aussi de son habile professorat à l'École Centrale, auquel on peut dire avec justice qu'il s'est complétement dévoué depuis près de vingt-cinq ans, de le comprendre au nombre de vos présidents honoraires. »

Cette proposition, qui était dans tous les cœurs, fut immédiatement votée à l'unanimité et M. Callon nous fit connaître bientôt toute la joie qu'il en avait recueillie.

Déjà atteint, dans l'état de sa santé, de graves symptômes, il voyait dans cette mesure le couronnement de ses travaux et l'expression de la reconnaissance de ceux pour lesquels il avait travaillé au premier rang à l'établissement définitif de la profession d'ingénieur civil dans notre pays. Si nous nous rappelons que Callon fut, au commencement, l'un des promoteurs de la Société, il devenait ainsi notre premier et notre dernier président.

L'année ne devait pas finir sans que la perte que nous redoutions ne fût consommée, et nous en mesurons mieux encore aujourd'hui toute l'importance.

Nous n'aurions sur cette tombe rien de plus à dire, si ce n'est quelques indications sur une vie si bien remplie. M. Charles Callon, le grand-père, était venu d'Angleterre exercer en France la profession d'ingénieur civil au moment où elle n'existait pas encore, et son fils lui avait succédé dans la même voie.

Il ne faut donc pas s'étonner que notre collègue se soit habitué de bonne heure à la pensée de suivre la même carrière, sous l'égide de conseils aussi expérimentés, et que la famille ait profité avec empressement de la fondation de l'École Centrale des Arts et Manufactures pour y procurer à l'aîné des fils l'enseignement professionnel qui, jusqu'alors, nous faisait défaut.

Charles Callon entra à l'École Centrale la deuxième année de sa fondation, en 1830, avec MM. Laurens, Félix Mathias et avec Léonce Thomas, qui devait devenir, comme lui, l'un des habiles professeurs de l'École.

Combien cet enseignement devait satisfaire un esprit déjà préparé aux nécessités de l'industrie, et combien aussi Callon y compléta, avec un véritable sentiment des choses, une instruction qui ne demandait qu'à s'utiliser !

Les relations de la famille lui fournissaient, dès sa sortie de l'École, le milieu dans lequel ses connaissances pouvaient le mieux fructifier ; son père, qui se l'était associé, affermit ses premiers pas, et c'est ainsi que notre jeune ingénieur acquit bien vite une notoriété exceptionnelle dans les divers travaux dont il avait pu se charger.

L'étude des usines hydrauliques et l'industrie de la papeterie le trouvèrent toujours à la hauteur des progrès à accomplir, et il s'en fit en quelque sorte une véritable spécialité.

C'est aussi dans cette double direction que Callon publia ses deux livres, qui sont comme la préface des services qu'il a ensuite rendus.

Ils datent de 1846 et 1848, et ils ont pour titre, l'un en collaboration avec M. Ferdinand Mathias : *Études sur la navigation fluviale par la vapeur*, l'autre en collaboration avec M. Laurens : *De l'organisation de l'industrie; Application à un projet de Société générale des papeteries françaises*. Ces livres sont remplis de vues élevées, et sont encore aujourd'hui consultés avec intérêt.

Plus tard, Callon discutait trop avec lui-même pour produire d'autres publications : un des traits de son caractère consistait, en effet, dans la rigueur de ses appréciations du pour et du contre sur chaque question qu'il retournait à tous les points de vue, jusqu'à ce qu'il fût arrivé à formuler, pour lui-même et pour ses élèves, une sentence définitive.

Ses conférences, destinées à montrer, dans l'étude de chaque projet, la marche à suivre, devraient être avec soin recueillies.

Aucun ingénieur peut-être n'a accompli, sur toutes les questions qui lui étaient soumises, un pareil travail de discussion, dans lequel il excellait entre tous. Personne moins que lui ne se laissait entraîner à un mouvement incomplétement réfléchi, et nous avons pu, dans nos expertises communes, apprécier sa sûreté de jugement et sa parfaite équité.

Je ne citerai qu'un exemple de cette sûreté de conclusion : l'établissement des transmissions à grande vitesse devint un jour fort à la mode, et l'on croyait généralement que l'on obtenait ainsi, avec une grande diminution dans les frais de premier établissement, une économie notable sous le rapport des résistances passives; il n'en était rien cependant et, lorsque Callon se fut assuré, théoriquement et pratiquement, de cette erreur d'appréciation, son attitude ne fut pas sans une grande influence sur le retour aux vraies conditions.

Plus tard, cependant, il fit connaître tous les avantages des transmissions à grandes distances, par câbles, et sa Notice sur ce sujet, insérée dans les *Bulletins* de l'Association amicale des anciens élèves de l'École Centrale, constitue certainement le meilleur guide à suivre en cette matière.

Son père avait beaucoup amélioré la construction des excellentes roues de côté et avait contribué, pour une grande part, à faire connaître leurs avantages. Dans son concours pour le diplôme de l'École, alors qu'il s'agissait de satisfaire, pour l'établissement d'un moteur hydraulique, à certaines conditions spéciales, Charles Callon, avec trois de ses camarades seulement : Laurens, Prisse et Thomas, adopta l'emploi d'une turbine, qui était la vraie solution, et l'on sait combien il est resté fidèle à ce premier succès, améliorant et fixant avec précision tous les détails de la construction de ce nouveau récepteur, dont l'histoire restera liée à la sienne.

Pendant le cours de ses travaux hydrauliques, Callon a contribué, plus que tout autre, au succès de ces turbines, des turbines Girard en particulier, qui étaient sur beaucoup de points les siennes. Il estimait le sens pratique de cet ingénieur, auquel il savait apporter, au moment voulu, les connaissances théoriques qui lui faisaient défaut. On ne saurait mieux caractériser leurs rapports que par le fait suivant, que je tiens de la bouche même de notre collègue. Girard avait combiné le régulateur à contre-poids qui porte son nom, et en avait même déterminé les proportions sans avoir pu se rendre compte de leur exactitude.

Il a fallu que Callon fît, sans le dire et *a posteriori*, la théorie de l'appareil pour reconnaître et démontrer que les dimensions des divers organes étaient précisément celles que Girard avait réalisées à première vue et qui faisaient de cet instrument un modérateur absolument isochrone.

Charles Callon avait un frère plus jeune que lui de trois ans, avec qui il m'avait été donné d'être lié d'amitié depuis le moment de nos études à l'École Polytechnique, il y a de cela quarante-cinq ans.

Jules Callon avait suivi une carrière analogue, et quoique ses fonctions d'inspecteur général des mines lui fissent une obligation des études administratives, ce qui le distinguait entre tous, c'était une appréciation toujours vraie de tout ce qui touchait aux besoins de l'industrie privée, qui a fait de lui le conseil le plus écouté de nos grandes exploitations minières. Les deux frères avaient la même droiture d'esprit, la même sûreté de jugement; ils sont morts du même mal, après avoir, pendant leur carrière, aidés, dans deux directions différentes, par la parole et par leurs écrits, aux progrès industriels qui ont surtout marqué la dernière moitié de notre siècle.

Personne ne nous reprochera de les comprendre dans le même adieu, et de dire, de l'un comme de l'autre, qu'ils ont bien mérité de la Science et de l'Industrie.

Ami fidèle jusqu'à l'exagération;

Ingénieur vraiment digne de ce titre, discutant les moindres détails de ses projets jusqu'à ce que la lumière fût faite;

Professeur éminent et sûr, restant pour ses élèves le conseiller le plus affectueux;

Administrateur éclairé, voulant tout voir et tout contrôler avant de formuler une opinion;

Père plein de sollicitude pour la famille qu'il dirigeait;

Patriote ferme et dévoué, mais libre de tout engagement compromettant;

Chrétien convaincu sans ostentation;

Charles Callon était pour la grande famille de l'École Centrale, pour la nôtre comme pour sa famille propre, l'homme de bien que vous savez, et si sa mort nous rassemble ici, pour la dernière fois, en un concert de louanges et de regrets, que son souvenir au moins reste longtemps vivant parmi nous.

Adieu, au nom de tous nos Collègues, adieu!

DISCOURS

DE

M. CLÉMANDOT, Président de l'Association amicale des Anciens Élèves de l'École Centrale des Arts et Manufactures.

Messieurs,

A la joie que l'on éprouve de voir chaque jour se resserrer davantage les liens de véritable union, de véritable camaraderie, qui rattachent les uns aux autres tous les enfants de notre grande famille, de notre chère École, le Président de l'Association voit se mêler, hélas! bien souvent des tristesses, des douleurs dont il a le triste devoir de venir ici se rendre l'écho! Après Geyler, de Dion; après de Dion, Callon! Vous le voyez, Messieurs, la mort choisit parmi nous les plus méritants et les plus illustres!

Callon! Qui n'a pas connu cet homme si bon, ou plutôt qui ne l'a pas aimé? A qui ce professeur si consciencieux n'a-t-il pas transmis sa science si profonde et en même temps si pratique? Qui de nous n'a été charmé par cette modestie, cette bonhomie charmante, qui faisaient de lui le meilleur des hommes?

Ai-je besoin de vous dire, Messieurs, que notre regretté camarade fut un des promoteurs, un des donateurs-fondateurs de notre Association amicale, que renommé, chaque année, par acclamation, membre du Comité, il en était pour ainsi dire le Président perpétuel? Vous savez tout cela, Messieurs, et tout cela était justice; car non-seulement Callon fut le type de l'ingénieur éminent, mais aussi le type de l'honnête homme, plein de bonté et de bienveillance!

Adieu donc, cher Callon, au nom de l'Association amicale, au nom de tous ceux qui sont sortis de l'École et dont vous avez été le maître! Adieu à cette dépouille mortelle, à cette main amie que nous ne presserons plus, hélas! mais non adieu à cette âme si belle, si droite, qui vous survivra, qui restera à tout jamais dans nos souvenirs, souvenirs qui se transmettront d'âge en âge dans cette École que vous aurez doublement illustrée, et comme un de ses élèves les plus brillants, et comme un de ses meilleurs et de ses plus éminents professeurs!

Adieu, cher et bon Camarade, adieu!

DISCOURS
DE
M. E. FERAY, Sénateur.

Messieurs,

Au nom de relations d'estime et d'amitié qui se sont continuées sans interruption et sans nuage pendant trois générations, je viens dire quelques paroles d'adieu à celui qui, après avoir été un excellent fils, s'est montré un bon époux, un bon père, un ami fidèle, un citoyen dévoué à son pays.

Au commencement de ma carrière industrielle, il y a plus de cinquante ans, j'ai connu Charles Callon, l'aïeul de notre ami, qui était ingénieur civil distingué à l'époque où cette profession n'existait pas encore. Ma maison était liée d'affaires avec lui ; elle travaillait d'après ses plans. Charles Callon a été dignement remplacé par son fils, et lorsque celui-ci venait à Essonnes pour nous remettre ses commandes, il amenait souvent avec lui son jeune fils et me demandait pour lui mon amitié, de même que plus tard, je demandais à celui que nous pleurons son amitié pour mes fils.

Entre ces trois générations des Callon d'une part, moi et mon fils Léon Feray de l'autre, il y a une véritable association. MM. Callon étaient la tête qui concevait, nous étions le bras qui exécutait.

Charles Callon était une de ces natures d'élite auxquelles les sentiments les plus élevés viennent naturellement. Doué d'un sens droit, il a constamment marché dans la ligne du devoir, n'écoutant jamais que sa conscience.

Il fut un des premiers élèves de cette École Centrale, qui a produit une pléiade d'ingénieurs distingués. Il en devint un des meilleurs professeurs. Charles Callon s'était identifié avec l'École Centrale, il en suivait avec amour les développements, et, de même que pour les troupiers de l'armée d'Afrique le maréchal Bugeaud était le père Bugeaud, pour les élèves de l'École Centrale, Charles Callon était le père Callon : tous avaient pour lui une affection filiale, et cet homme, en apparence si froid, trouvait les accents les plus chaleureux lorsqu'il faisait l'éloge d'un de ces jeunes ingénieurs dont il pressentait le brillant avenir.

Lors de nos malheurs en 1870, Charles Callon accepta la tâche pénible d'adjoint de son arrondissement ; puis, l'estime et la confiance de ses concitoyens l'appelèrent aux fonctions de conseiller municipal de Paris. Là, comme partout, Charles Callon était à sa place ; il devint vice-président du Conseil, et son digne président, mon ami M. Vautrain, sait ce qu'il déploya de loyauté, de travail infatigable, de courageux dévouement.

La considération est venue à Charles Callon sans qu'il l'ait jamais cherchée. Jeunes ingénieurs qui m'écoutez, vous voyez où l'on arrive par la loyauté, la vertu, le désintéressement, par un dévouement sans bornes à son pays. Suivez un si bel exemple.

Charles Callon n'est plus, mais sa mémoire vivra toujours parmi nous; il laisse à sa veuve et à ses fils le plus bel héritage, le souvenir d'une vie pure et sans tache et des services qu'il a rendus.

Adieu, notre ami, adieu!

DE L'INSTITUTION,

DANS LES ÉCOLES INDUSTRIELLES,

D'UN COURS D'APPLICATION DE LA SCIENCE ET DE L'INDUSTRIE

A LA

CONSTRUCTION DU MATÉRIEL DE GUERRE ET A L'EXÉCUTION
DES TRAVAUX MILITAIRES;

Par M. Émile LEVEL [1].

I.

L'industrie s'est justement préoccupée des conséquences de la loi par laquelle l'Assemblée nationale vient d'abroger le décret du 10 septembre 1870 sur le commerce et la fabrication des armes de guerre.

Elle pourrait cependant se rassurer, car, en attendant qu'un projet de loi ait statué définitivement sur la matière, il a été entendu dans la discussion :

1° Que la loi portant abrogation du décret du Gouvernement de la Défense nationale, du 10 septembre 1870, était purement provisoire;

2° Que le Gouvernement accorderait toutes les autorisations nécessaires à l'industrie privée soit pour la fabrication, soit pour l'exportation des armes.

D'un moment à l'autre, l'industrie peut donc être appelée à exécuter d'importantes commandes d'armes sous l'inspection et le contrôle de l'État. Il lui importe grandement d'y être préparée à l'avance et de se trouver en mesure de répondre à tous les besoins.

Il n'est peut-être pas inutile de signaler ici les circonstances au

---

[1] *Bulletin* de l'Association amicale des anciens élèves de l'École Centrale (septembre 1871).

milieu desquelles le sentiment public a réclamé le concours de l'industrie privée, dont les succès procèdent de la responsabilité de chacun, de la hardiesse des conceptions et du perfectionnement des moyens d'exécution, du progrès en un mot, si difficile à réaliser dans la fabrication dirigée par l'État, malgré l'habileté des hommes placés à la tête de nos arsenaux.

La part prise par le génie civil dans l'histoire du siége de Paris montrera quels services il peut rendre au pays s'il suit résolûment la voie où les événements l'ont engagé, et s'il s'y prépare par une modification des plus simples apportée à l'enseignement des écoles industrielles, notamment à celui de l'École Centrale

II.

En attribuant exclusivement à des corps spéciaux et officiels le soin de perfectionner notre armement, la mission d'observer à l'étranger les progrès de l'art militaire dans toutes ses branches, en reléguant les secrets de cet art dans le sanctuaire du génie militaire, le pays s'est inconsidérément privé du précieux auxiliaire des hommes de science, des représentants autorisés de l'industrie et de toutes les richesses accumulées par le génie civil dans les divers ordres de ses travaux.

Nous venons d'en faire la pénible expérience. Au moment où les chefs du génie militaire, entraînés en Allemagne ou renfermés dans Metz, disparaissaient du théâtre de la lutte, le pays s'est trouvé en face de l'invasion, absolument livré à lui-même, sans aucune organisation industrielle et civile en état de se substituer à l'administration militaire qui venait de s'effondrer.

Cependant notre industrie était florissante; son outillage était puissant. Elle était assurément plus capable de construire un canon que les manufactures d'armes de l'État ne l'étaient de créer, de toutes pièces, une locomotive ou la moindre machine. Le génie civil, illustré par des travaux considérables, était debout, prêt à se consacrer tout entier à la Défense nationale.

Personne dans les sphères officielles, malheureusement, n'a ajouté foi à sa puissance, à la perfection de ses œuvres; personne n'a cru possible la transformation rapide de son immense outillage, pour l'appliquer à la construction du matériel de guerre.

Ce qu'il a fallu déployer de patience et de patriotisme, ce qu'il a fallu soutenir de discussions, à Paris tout au moins, pour amener l'administration de la guerre à puiser, à pleines mains, dans les ressources de l'industrie privée, tous ceux qui ont été, plus ou moins, mêlés à ces efforts et à ces polémiques ne le savent que trop. C'est de haute lutte que le génie civil l'a emporté sur les préjugés de la routine administrative, sur l'esprit de corps et les coteries des partis militaires. Mais, pendant ces laborieuses controverses, le temps, un temps précieux, se perdait, nos vivres diminuaient et l'industrie, ne sachant quelle serait l'issue de ces luttes déplorables, demeurait inactive. Elle, qui aurait accompli des prodiges et fourni rapidement tout un matériel de guerre, attendait, en se morfondant, l'heure où l'hésitation ferait place à l'action, où sa force, son activité et ses merveilleuses facultés de fabrication seraient enfin appréciées par le Gouvernement de la Défense nationale : gouvernement qui ne pouvait devenir capable d'accomplir virilement les obligations nées du péril public, qu'en secouant le joug de la routine engluée dans les sentiers bureaucratiques, qu'en appelant à lui toutes les initiatives, toutes les intelligences qui, après avoir fécondé le territoire par de gigantesques travaux, étaient en mesure de concourir, dans un effort immense, à l'œuvre de la délivrance.

On sait ce qui est advenu. Obéissant moins à ses inspirations personnelles qu'aux exigences de l'opinion publique, justement irritée de ces attermoiements, le Gouvernement, après deux mois de luttes stériles, a accepté l'assistance de l'industrie privée. Il a nommé une Commission composée d'ingénieurs civils, choisis parmi les plus éminents, et lui a confié la mission de préparer un matériel de guerre complet. Le travail était nouveau pour la Commission et pour l'industrie. Cependant, tout le monde s'est mis courageusement à l'œuvre et le but a été en partie réalisé. Malheureusement, il était trop tard. Si l'atelier de Paris est parvenu à transformer les fusils à percussion en armes à tir rapide et à construire des canons et le matériel accessoire, c'est à peine si, aujourd'hui, quelques industriels ont réussi à créer l'outillage spécial nécessaire à la fabrication courante du chassepot.

La fabrication du chassepot, et particulièrement du *canon* de l'arme, dans une ville investie, a subi de longs tâtonnements et a absorbé un temps considérable. Malgré l'activité déployée par la Commission d'armement, la perte des deux premiers mois a été irréparable.

Ces retards, ces incrédulités, ces hésitations qui ont paralysé l'industrie aux débuts du siége, on les retrouve, non moins désastreux, dans les applications de l'expérience du génie civil aux travaux de fortification et de défense.

Personne n'ignore les difficultés qu'a éprouvées le corps du génie volontaire recruté parmi les ingénieurs civils. Ayant derrière lui des entrepreneurs habiles et expérimentés, il était prêt à exécuter de vastes travaux de fortification avancés, qui auraient étendu au delà des forts la sphère d'activité de l'enceinte fortifiée et par suite reculé les lignes d'investissement : travaux qui auraient probablement épargné à la capitale les horreurs du bombardement, et, dans tous les cas, singulièrement favorisé le succès de nos sorties. On a paru tout faire pour décourager ses généreux efforts et amoindrir le résultat de ses études.

Dans le chaos des conflits, si le corps du génie auxiliaire a pu faire quelque chose pour la défense, on le doit à sa composition particulière. Recruté parmi les ingénieurs des Ponts et Chaussées et des Mines, dont le point de départ, à l'École Polytechnique, se reliait à celui des officiers du génie militaire, il a excité moins de défiance. Encore, que n'a-t-on écouté ses conseils et suivi ses avis ?

III.

Nous le reconnaîtrons volontiers, la méfiance qui s'est tout d'abord attachée à l'efficacité du concours du génie civil prenait peut-être sa source dans ce fait que les ingénieurs civils n'avaient jamais eu l'occasion de se montrer dans les travaux de la guerre, leur rôle étant, par essence et par principe, essentiellement pacifique.

Eh bien, il faut que le génie civil mette son honneur à conquérir le droit de se dévouer scientifiquement au service du pays dans les grandes crises qu'il peut avoir à traverser.

Pendant le siége, il s'est hautement affirmé. Ses travaux modestes ont été remarqués, nul ne saurait amoindrir la part active qu'il a prise à la Défense nationale.

Au milieu des incrédulités, en dépit des hésitations et des mauvais vouloirs, ce sera l'une de ses gloires d'avoir mérité la reconnaissance du pays par d'utiles travaux.

Abandonnant le cours de ses études ordinaires, les travaux qui assurent son existence, lui qui n'émarge pas au budget, il s'est énergiquement consacré à l'œuvre patriotique. Ses efforts laborieux et persévérants se sont traduits aux yeux de la foule et des militaires par ces magnifiques canons de construction ingénieuse, ces projectiles si parfaitement calibrés, ces caissons et ces véhicules soignés comme la carrosserie de luxe, ces harnais solides et par tout ce beau matériel devant lequel les artilleurs eux-mêmes se sont inclinés : toutes choses exécutées avec la perfection des œuvres de l'atelier de Paris et dont les moindres parties ont leur prix de revient déterminé, grâce à l'admirable comptabilité de l'industrie privée.

Ils se sont manifestés, peut-être avec moins d'éclat, mais avec autant d'utilité et de succès, par ces travaux de terrassement et de défense improvisés parfois jusque sous le feu de l'ennemi.

En prêtant son concours dévoué, l'expérience de ses chefs, l'aide de son outillage puissant, l'industrie privée ne s'est pas moins distinguée.

Une branche nouvelle est sortie de l'arbre vigoureux, qui symbolise l'accumulation de nos industries et dont l'ombre bienfaisante s'étend au loin pour assurer notre bien-être pendant que ses racines, plongeant dans les masses profondes de la nation, en utilise les forces, les intelligences et les énergies, véritables sources de la séve industrielle.

Cette nouvelle branche, c'est la fabrication du matériel de guerre sous toutes ses formes ; c'est l'application à l'art militaire des procédés d'exécution des grands travaux d'utilité publique.

Il y a là pour le génie civil comme pour l'industrie privée une conquête féconde à consolider, une occasion unique d'agrandir la sphère de leur activité.

Mieux éclairé sur les conditions vraies des forces militaires des

États européens, le pays refuse aux manufactures de l'État le monopole absolu de la construction des armes et du matériel de guerre dont le perfectionnement, dans le temps, dit de civilisation, où nous vivons, décide du sort des armées. Il veut que l'industrie participe à la confection de ce matériel et le perfectionne en raison des progrès de la Métallurgie, de la Chimie et de la Mécanique modernes. Il réclame la coopération du génie civil dont les travaux et l'expérience ont réalisé de si grandes transformations dans les arts métallurgiques et chimiques auxquels l'artillerie a, jusqu'ici, emprunté les matériaux de choix nécessaires à la fabrication de ses engins et de ses poudres de guerre. Il réservera, de même, aux représentants autorisés du génie civil, qui connaissent les ressources de l'industrie, une place honorable dans les Comités militaires techniques, où les destinées du pays sont parfois l'enjeu d'une décision désastreuse. Il demandera la lumière là où régnait l'obscurité, la discussion là où l'obéissance aveugle, souvent l'obéissance résignée, était seule de mise. Appelant à lui tous les concours éclairés, mettant en présence le génie civil et le génie militaire, le pays obtiendra, à la faveur d'une noble et savante émulation, la plus grande somme possible de sécurité. Cette compensation lui est bien due après les efforts héroïques qu'il a tentés pour sa délivrance.

Le génie civil aura donc à jouer un rôle sérieux dans la réforme militaire. Il faut qu'il s'y prépare. Il ne saurait demeurer plus longtemps étranger aux questions d'artillerie au moment où l'industrie privée va être, selon toute probabilité, appelée à seconder la construction de notre matériel de guerre.

IV.

C'est sous l'empire de ces considérations que nous réclamons, pour l'École Centrale, l'honneur d'instituer le premier Cours *des applications de la Science et de l'industrie à la construction du matériel de guerre et aux travaux d'art militaire.*

L'École Centrale est admirablement organisée pour cet enseignement, notamment pour l'étude des problèmes d'artillerie.

Qu'est-ce, en effet, que l'artillerie, si ce n'est l'application de la

Science et de l'industrie à l'art de la guerre, en vue de l'établissement et du mode d'emploi des machines propres à la destruction rapide des corps d'armée?

La possibilité de créer ces engins de destruction, de les amener à un haut degré de perfectionnement, de précision et de puissance, de les multiplier avec rapidité, est le fait d'un peuple avancé dans la carrière industrielle.

On l'a dit, avec raison, la fabrication des armes, les règles qui doivent présider à leur confection, constituent des problèmes industriels semblables à tous les autres, car, avec la condition accessoire de l'instantanéité nécessaire de l'action, la poudre à canon, comme la vapeur, est employée à la production du travail utile qui consiste à lancer un corps avec une vitesse déterminée suffisant au renversement des obstacles éloignés.

Les enseignements combinés de la Mécanique, de la Métallurgie et de la Chimie, professés à l'École Centrale, sont éminemment propres à assurer la solution pratique des problèmes de l'artillerie et à féconder cette partie si importante de l'art militaire, dont le développement prendra ainsi un essor nouveau.

Grâce aux Cours d'Analyse, de Cinématique, de Mécanique, de Physique et de Chimie, l'enseignement de l'École aurait bien peu d'objets à intercaler dans les leçons des professeurs pour y introduire la théorie des questions d'artillerie.

Le Cours de Métallurgie fournirait de nombreuses occasions de traiter des métaux les plus convenables à la construction des canons.

Il serait également facile d'introduire dans le Cours de Chimie industrielle quelques notions exactes sur la fabrication des poudres de guerre, et dans le Cours de Chimie analytique les meilleurs procédés d'analyse de ces matières.

Quelques leçons, dont l'ensemble constituerait le Cours *spécial* que nous appelons de nos vœux, suffiraient pour exposer aux élèves les principaux problèmes d'artillerie dont ils auraient à poursuivre la solution pratique dans les usines et ateliers.

Après avoir rappelé les notions de Balistique données dans le Cours de Géométrie analytique, on pousserait plus à fond cette science pratique, qui est la clef de voûte de l'artillerie. On examinerait les conditions que doivent remplir les métaux destinés à établir les bouches à feu de la marine, les pièces de siége et de place et les canons de campagne. On étudierait les différents modes d'exécution du matériel en fonte, en bronze et en acier.

Ensuite, on passerait à l'étude des projectiles, dont l'effet varie suivant leur dureté, leur densité et leur forme. On ferait connaître les différentes natures des projectiles employés par les artilleries de terre et de mer de la France et de l'Étranger, projectiles pleins, creux, mixtes, incendiaires, etc.

Puis, on exposerait les effets qu'ils produisent en pénétrant dans les maçonneries, le roc, le bois, la terre et les métaux, leur déformation, leur rupture, les accidents qui les accompagnent et les résultats de leur explosion.

Enfin, on traiterait de la fabrication des cartouches, des balles, des boulets, des obus et des bombes, qui offre à l'industrie matière à de fructueuses applications.

De son côté, la question des affûts, qui est tout industrielle et mécanique, ne serait pas négligée. Les conditions d'établissement des affûts de campagne, de siége, de place, de côte, de la marine, qui ont des destinations différentes, et réclament l'emploi de matériaux et de procédés de construction divers, donneraient lieu à quelques leçons instructives.

Sans doute, on ne ferait pas des *artilleurs* dans le sens absolu du mot, mais on mettrait sur la voie ceux d'entre les élèves qui voudraient s'engager dans la direction nouvelle que les événements viennent d'ouvrir à l'industrie.

Le Cours de Construction ne serait pas moins propre à fournir l'occasion de parler des principaux travaux de fortification et de défense. On en poursuivrait l'étude plus complète dans le Cours *spécial*. Et c'est chose nécessaire, car l'emploi de pièces à longue portée et le système barbare du bombardement des villes ont complétement bouleversé la science de la fortification. La ville ouverte du Havre a prouvé qu'il était possible d'échapper aux horreurs d'un bombardement par l'installation de travaux de défense assez avancés pour rendre impuissante la longue portée des pièces allemandes. Il paraît nécessaire de mettre les ingénieurs civils en état d'exécuter rapidement un système de travaux de défense, dans les conditions de ceux de la ville du Havre.

V.

Le pays gagnerait très-certainement à cette extension des études. Le génie civil introduirait dans le matériel d'artillerie, notamment, des perfectionnements de tout genre, et les artilleurs eux-mêmes n'auraient pas à se plaindre du renfort qui leur viendrait de ce côté. Les États-Unis ont fait la guerre avec des ingénieurs et des industriels ; ils ne le regrettent pas. C'est à M. Krupp que les Allemands sont en partie redevables de leurs succès.

Si l'on ne peut juger la valeur d'une institution que par les effets qu'elle produit, comme on apprécie l'arbre par ses fruits, il est possible, toutefois, de se rendre compte de l'importance d'une création en supputant les résultats auxquels elle aurait conduit, dans une circonstance déterminée, si elle eût existé.

Supposons qu'un Cours spécial des applications de la Science et de l'industrie à l'art militaire ait été professé depuis dix ans à l'École Centrale, après l'avénement du canon rayé, par exemple. Depuis dix ans, deux à trois mille jeunes ingénieurs eussent été initiés aux problèmes de l'artillerie ; ils se seraient fortement intéressés aux progrès de l'art en France et à l'étranger, et leurs efforts, leurs études et leurs relations auraient provoqué depuis longtemps une mesure législative dans le sens de la liberté de la fabrication et du commerce des armes et du matériel de guerre. L'État aurait réalisé d'importantes économies, par l'intervention de l'industrie privée dans la construction du matériel et des armes, et, au moment de l'invasion, le pays eût été pourvu d'importants outillages qui lui auraient permis de s'armer rapidement.

Ces deux ou trois mille ingénieurs, âgés de vingt à trente ans, auraient fourni d'excellents sous-lieutenants d'artillerie dont la valeur pratique eût été certainement supérieure à celle des élèves de l'École Polytechnique auxquels on a conféré ce grade pendant le siége de Paris.

Ils eussent, en outre, été en mesure de fortifier d'une manière intelligente les villes de province, tout en remplissant leurs fonctions d'officiers d'artillerie.

Voilà pour le passé; quant à l'avenir, les événements feront comprendre, nous l'espérons, la nécessité de faire un soldat de tout citoyen; les ingénieurs en possession des notions de l'art militaire trouveront l'emploi naturel de leur science dans les armes spéciales du génie et de l'artillerie.

Mais une considération supérieure nous frappe.

Est-il admissible que ces deux ou trois mille ingénieurs, après avoir suivi attentivement le Cours spécial, auraient passé devant les canons fabriqués avec l'acier Krupp, qui ont été exposés en 1867, sans comprendre l'importance de cette innovation? N'auraient-ils pas saisi l'opinion publique de ce perfectionnement inattendu?

Et, à son tour, l'opinion publique, remontant des effets aux causes, ne se serait-elle pas émue en présence du formidable déploiement des forces militaires allemandes, que cette innovation de détail lui aurait fait toucher du doigt?

Que de discussions publiques eussent surgi de cet incident! que de lumineux enseignements auraient éclairé nos gouvernants sur la véritable puissance militaire de la Prusse, si absolument ignorée en France il y a dix mois!

Parmi les mesures qui seront, il faut l'espérer, prochainement adoptées en vue de la régénération de la puissance militaire du pays, la création que nous proposons pour l'École Centrale et les établissements industriels analogues ne sera pas l'une des moins utiles et des moins fécondes.

TABLE DES MATIÈRES.

	Pages.
Dédicaces.	v
Préface.	ix

PREMIÈRE PARTIE.
L'ÉCOLE CENTRALE, ÉTABLISSEMENT PRIVÉ.
1829-1857.

Chapitre I.	— Introduction.	1
Chapitre II.	— Fondation de l'École Centrale.	10
Chapitre III.	— Fondation de l'École Centrale (*suite*).	24
Chapitre IV.	— Installation et ouverture de l'École.	31
Chapitre V.	— Première organisation.	37
Chapitre VI.	— Enseignement et discipline.	45
Chapitre VII.	— Premier Rapport du Conseil de perfectionnement. — Nouvelle répartition des Cours.	57
Chapitre VIII.	— Crise traversée par l'École en 1832. — Modifications successives introduites dans son organisation et son enseignement.	66
Chapitre IX.	— De la place prise par l'École Centrale dans l'estime publique pendant cette première période.	101
Chapitre X.	— L'École Centrale en 1848. — Fondation de la Société centrale des Ingénieurs civils.	112
Chapitre XI.	— Résumé de cette première période.	121

DEUXIÈME PARTIE.
L'ÉCOLE CENTRALE, ÉTABLISSEMENT DE L'ÉTAT.
1857-1878.

Chapitre I.	— Introduction.	127
Chapitre II.	— Cession de l'École à l'État.	141
Chapitre III.	— Organisation du Concours d'admission.	159

TABLE DES MATIÈRES.

Pages

CHAPITRE IV. — Améliorations intérieures résultant de la cession à l'État.... 175
CHAPITRE V. — Marche intérieure de l'École de 1857 à 1878................ 182
CHAPITRE VI. — Des conditions générales et de la portée de l'enseignement de l'École.. 198
CHAPITRE VII. — L'Agriculture à l'École Centrale.......................... 219
CHAPITRE VIII. — Création de l'Association amicale des anciens élèves de l'École Centrale....................................... 237
CHAPITRE IX. — Résumé de cette deuxième période...................... 250

TROISIÈME PARTIE.

DE L'AVENIR DE L'ÉCOLE CENTRALE.

1879.

CHAPITRE I. — Introduction.. 273
CHAPITRE II. — Travaux de la Commission de l'École Centrale............. 282
CHAPITRE III. — Délibération du Conseil municipal....................... 290
CHAPITRE IV. — L'École Centrale telle qu'elle est et telle qu'elle doit être... 298
CHAPITRE V. — Des Écoles techniques à l'étranger....................... 307
CHAPITRE VI. — Conclusions.. 322

APPENDICE.

PIÈCES JUSTIFICATIVES ET DOCUMENTS DIVERS.

Tableau général du personnel enseignant et administratif de l'École Centrale.. A. 3
Liste par ordre alphabétique des fonctionnaires de tout ordre attachés à l'École Centrale depuis sa fondation................................. A. 9
Articles extraits du *Globe*... A. 27
Pièces justificatives concernant la cession de l'École Centrale à l'État........ A. 31

NOTICES NÉCROLOGIQUES.

FUNÉRAILLES DE M. THÉODORE OLIVIER.

(10 août 1853.)

Discours de M. E. PELIGOT, Président du Conseil de perfectionnement du Conservatoire impérial des Arts et Métiers................................ A. 59
Discours de M. PERDONNET, Président du Conseil des études de l'École Centrale des Arts et Manufactures.. A. 63
Discours de M. DUMAS, Président de la Société d'Encouragement............. A. 64

TABLE DES MATIÈRES. A. 147

FUNÉRAILLES DE M. PÉCLET.
(9 décembre 1857.)

Pages.

Discours de M. Dumas, Président du Conseil des études de l'École Centrale des Arts et Manufactures.. A. 70
Discours de M. Faure, Professeur à l'École Centrale des Arts et Manufactures.. A. 75
Extrait de l'allocution prononcée à la douzième réunion générale annuelle, par M. P. Dubois (de la Loire-Inférieure), Président du Conseil d'administration de l'Association des anciens élèves de l'École Normale supérieure... A. 78

FUNÉRAILLES DE M. LAVALLÉE.
(19 mai 1873).

Discours de M. Ch. Callon, Membre du Conseil de l'École Centrale des Arts et Manufactures... A. 81
Discours de M. Loustau, Président de l'Association amicale des anciens élèves de l'École Centrale des Arts et Manufactures................................. A. 85
Discours de M. Molinos, Président de la Société des Ingénieurs civils.......... A. 89

FUNÉRAILLES DE M. A. PERDONNET.
(4 octobre 1867.)

Discours de M. Dumas, Président du Conseil de l'École Centrale des Arts et Manufactures... A. 90
Discours de M. J. Petiet, au nom des anciens élèves de l'École Centrale des Arts et Manufactures... A. 94
Discours de M. Eugène Flachat, Président de la Société des Ingénieurs civils.. A. 95
Notice sur A. Perdonnet, publiée dans les *Mémoires de la Société des Ingénieurs civils*, par M. Eugène Flachat.. A. 98

FUNÉRAILLES DE M. JULES PETIET.
(30 janvier 1871.)

Discours de M. A. de Rothschild.. A. 105
Discours de M. Dumas, Président du Conseil de perfectionnement de l'École Centrale des Arts et Manufactures.. A. 106
Discours de M. Pothier, Président de l'Association amicale des anciens élèves de l'École Centrale des Arts et Manufactures.............................. A. 111
Discours de M. Vuillemin, Président de la Société des Ingénieurs civils........ A. 113
Discours de M. Loustau... A. 116

CAMILLE POLONCEAU.
(21 septembre 1859.)

Notice sur sa vie et ses travaux, par M. Aug. Perdonnet...................... A. 118

TABLE DES MATIÈRES.

FUNÉRAILLES DE M. CHARLES CALLON.
(23 septembre 1878.)

	Pages.
Discours de M. A. Burat, Membre du Conseil de l'École Centrale des Arts et Manufactures..	A.126
Discours de M. H. Tresca, Président de la Société des Ingénieurs civils........	A.127
Discours de M. Clémandot, Président de l'Association amicale des anciens élèves de l'École Centrale des Arts et Manufactures............................	A.131
Discours de M. E. Feray, Sénateur..	A.132

SUR LA CRÉATION D'UN NOUVEAU COURS,
PAR M. ÉMILE LEVEL.

De l'institution, dans les Écoles industrielles, d'un Cours d'application de la Science et de l'Industrie à la construction du matériel de guerre et à l'exécution des travaux militaires.. A.135

Table des matières.. A.145

PLANCHES.

Pl. I.	— Perspective de l'École actuelle............................	Frontispice.
Pl. II.	— Plan de l'École actuelle...................................	32
Pl. III.	— Perspective de l'École projetée............................	272
Pl. IV.	— Plan de l'École projetée...................................	300

ERRATA.

Page 15, ligne 9,	au lieu de :	1814	lisez :	1816.
Page 288, ligne 7,	»	cinq millions,	»	cinq millions et demi.
Page 304, ligne 17,	»	3 500 000 fr.	»	4 000 000.
Page 306, ligne 7,	»	3 500 000 fr.	»	4 000 000.

4516.   Paris. — Imprimerie de GAUTHIER-VILLARS, quai des Grands-Augustins, 55.

MINISTÈRE DE L'AGRICULTURE ET DU COMMERCE.

ÉCOLE CENTRALE

DES ARTS ET MANUFACTURES.

1829-1879.

PARIS. — IMPRIMERIE DE GAUTHIER-VILLARS,
3153.   Quai des Augustins, 55.

www.ingramcontent.com/pod-product-compliance
Lightning Source LLC
Chambersburg PA
CBHW071619230426
43669CB00012B/1989